Traumziel
Königreich Thailand

Gerhard Rauchwetter

Traumziel Königreich Thailand

Süddeutscher Verlag

Mit 137 Farb- und 43 Schwarzweiß-Aufnahmen des Autors.
Weitere Farbaufnahmen von Wolfgang Roncka (2) S. 19 und S. 51 (oben rechts), Gerhard Gronefeld (S. 14 unten), Privatsekretariat des Königshauses S. 65. Weitere Schwarzweiß-Aufnahmen: Archiv Rauchwetter (8) (S. 12, 45, 48, 52, 53, 56, 61), Bangkok Post (S. 66), Deutsche Botschaft Bangkok (S. 59), Gustav Dietrich (S.183), Nationalarchiv Bangkok (6) (S. 58 / 59, 64), Khao Yai Nationalpark (S. 146), Tourist Authority of Thailand (S. 187).

Der Autor bedankt sich für die hilfreiche Zusammenarbeit bei der Tourist Authority of Thailand (TAT) in Bangkok und deren Büro in Frankfurt am Main, bei den Hoteldirektoren Alois X. Fassbind (Pathaya) und Franz Wyder (Bangkok), den Dolmetschern und Fahrern seiner Touren und zahlreichen hilfsbereiten Menschen im ganzen Lande.

Schutzumschlag, Titelseite:
Mit dem Wettbewerb für die schönsten Blüten- und Laternenflöße wird auf den Wasserflächen der früheren Hauptstadt Ayutthaya das alljährliche Loy-Kratong-Fest der schwimmenden Blüten gefeiert.

Rückseite: Die Statue des Phra Buddha Chinarat im Haupttempel (Wat Mahathat) der Stadt Pitsannlok stammt aus dem 14. Jahrhundert und gilt als eine der schönsten und meistverehrtesten Buddha-Bildnisse Südostasiens.

Schutzumschlag-Gestaltung: Kaselow Design, München
Vorsatzkarte: Christl Aumann, München
Karten im Text: Studio Neuwirth, Schondorf

ISBN 3-7991-6206-2

© 1988 Süddeutscher Verlag
in der Südwest-Verlag GmbH & Co.KG., München
Alle Rechte vorbehalten. Printed in Germany
Satz: Compusatz, München
Druck: Appl, Wemding
Bindearbeit: Spiegel, Ulm

Inhalt

Einleitung:
BUDDHAS LETZTES GROSSES KÖNIGREICH 7
Zentrum der buddhistischen Kulturen — Ein Strom aus zwei Quellen — Starke und tiefe Wurzeln tragen den Wandel

Das Land und seine Natur:
DER »ELEPHANTENKOPF« THAILAND ALS
TROPISCHE LEBENSBASIS 13
Ein Kerngebiet und vier Regionen — Asiens Reisschale, Schöpfung von Natur und Menschenwerk — Das Klima: Wechsel nur zwischen feucht und trocken — Die Flüsse ernähren den Reis — »Hochwürdige Mutter Wasser« — Stauseen mit dreifachem Nutzen — Der Süden liefert Gummi und Zinn — Alte Wasserstraßen, neue Land- und Luftwege — Licht-und Schattenseiten des Tourismus.

Geschichte:
WURZELN UND WANDLUNGEN
EINES STOLZEN VOLKES 25
Die Steinbeile vom "River Kwai" — Eine sehr alte Bronzekultur — Von allen Seiten ein lockendes Ziel — Das erste große Reich: Funan — Das Rätsel der alten Golfzentren — Unbekannte Ruinen im Dschungel? — Die Macht der Seewege: Srividjava — Das Erbe der Mon — Die Herrschaft der Khmer — Die Herkunft der Thais — Siams erste Thai-Zentren: Chiangmai und Sukhothai — Der Aufstieg- und Fall von Ayutthaya — Der Retter der Einheit — Festigung und Aufstieg — Im Spannungsfeld der großen Mächte — Vom Mittelalter ins 20. Jahrhundert — Erster Weltkrieg: Sieger aus dem Abseits — Machtverschiebung — Zweiter Weltkrieg: Die Japaner sind da! — Die Tragödie des jungen Königs — Am Rande von Vietnam — Balance und Fortschritt — Zeittafel

Volksglaube und Lebensart:
»DER MITTLERE WEG« 70
Aufschlußreiche Symbole — Natürlichkeit und Selbstverantwortung — Ethik der Selbstbestimmung

Die Metropole Bangkok:
MAGNET DER MACHT, DES MARKTES
UND DER HOFFNUNGEN 78
Gestern "Venedig des Ostens", heute zuwenig Hauptstraßen und Schienenstränge — Neue Zentren und der alte Kern — Altar der Könige, Zentrum des Reiches — Die ältere Schwester Thonburi — Zonen des Wachstums — Stadt ohne Grenzen

Die Zentralregion:
NÄHRMUTTER DER KULTUREN 94
"River Kwai": Schicksalsfluß erschließt Urlandschaft — Nakhon Pathom: Buddhas Brückenkopf — Ayutthaya und Bang Pa In: Glanz und Tragik eng verflochten — Lopburi, ein historischer Knotenpunkt — Kamphaeng Phet: Ruinen der Einsamkeit — Phitsanulok: Ein kostbares Erbstück — Sukhothai: Die Hauptstadt des Ersten Reiches — Si Satchanalai: Die Zwillingsschwester von Sukhothai

Der Norden:
BERGE UND TÄLER — ZWEI WELTEN! 118
Berg-, Wald- und Talvölker — Lampang und Lamphun: Zwei tausendjährige Städte — Chiangmai: Der Magnet des Nordens — Mae Hong Son: "Thailands Sibirien" — Am "Goldenen Dreieck" — Im Bergwald des Nordens: Die unsichtbare Grenze

Der Nordosten:
DAS WEITE TROCKENE HINTERLAND 139
Korat: Das Tor zum Nordosten — Khao-Yai-Nationalpark: Schutz und Erlebnis der Natur — Phimai und die Khmer-Tempel: Kastelle einer strengen Herrschaft — Surin: Das große Fest der Elefanten — Ban Chiang: Schatzkammer der Archäologen — Ban Phu: Der Wald der Pilzfelsen — Der Mekong: Grenzfluß ohne Brücke

Der Südosten:
URWÄLDER, FISCHER UND TOURISTEN 155
Die Küste der Fischer — Pattaya: See, Sonne, Sand...und Service — Chantaburi: Eine Kathedrale und der "Berg der Edelsteine" — Ko Samet: Die Insel des Dichters

Der Süden:
SIAMS LANGER RÜSSEL 171
Nur wenige touristische Zentren — Petchaburi: Das Observatorium des Königs — Cha Am und Hua Hin: Badeorte an endlosen Stränden — Ko Samui: Gebremste Wandlung — Nakhon Si Thammarat: Das alte, mysteriöse Zentrum das Südens — Die Taksin-Legende — Die Insel Phuket: Buchten, Bungalows und neuer Luxus — Hatyai und Songkhla: Magnete im Grenzland

REISEZIEL THAILAND 189
Ein- und Ausreise — Internationale Flugverbindungen — Aufenthalt und Visum-Bestimmungen — Zoll- und Devisenbestimmungen — Währung und Reisezahlungsmittel — Impfungen — Stadtverkehr Flughafen Bangkok–Don Muang — Ausreiseverkehrsmittel — Geschäftszeiten — Kalender und Uhrzeit

Feiertage und Feste 191
Kulturelle und geographische Thai-Begriffe 191
Literatur 191

REGISTER 192

Einleitung:
BUDDHAS LETZTES GROSSES KÖNIGREICH

Im Glanz ihres blanken Goldes erstrahlt die drei Meter hohe, mit der rechten Hand die Erde anrufende Buddhagestalt im Wat Trimitr, dem meistbesuchten Tempel im geschäftigen Chinesenviertel von Bangkok. Mit ihrem Gewicht von fünfeinhalb Tonnen ist diese aus Gold gegossene Statue von unschätzbarem Wert.

Weit darüber hinaus verleihen ihr Herkunft und Geschichte einen besonderen Rang unter den Buddha-Statuen der thailändischen Hauptstadt und ihrer mehr als 360 Tempel. Ihr Alter wird auf etwa 700 Jahre geschätzt, denn nach ihrem Stil gehört sie zur Sukhothai-Periode des ersten unabhängigen Thai-Königreiches, das sich um 1240 von der Khmer-Herrschaft befreit und um 1300 seine höchste Blüte erreicht hatte. Offenbar hat die Statue dann in der Bedrängnis der birmanischen Bedrohung vor der Zerstörung der Hauptstadt Ayutthaya (1767) jene Stuckverkleidung erhalten, die danach fast 200 Jahre lang ihren wahren Wert verborgen gehalten hat. Erst 1953 entdeckte man den goldenen Kern der Statue, die seither zu den berühmtesten Buddha-Bildnissen Asiens gehört.

Diese jetzt wieder in ihrer alten Schönheit erstrahlende Statue bedeutet vielen Thais ein kostbares Symbol für die lange, wechselhafte Geschichte und bisherige Selbstbehauptung ihres Volkes, einschließlich seiner Herkunft und seiner uralten Beziehungen zum großen Nachbarn China. Der jetzige Standort in einem zentralen Tempel von Chinatown und dessen überwiegend chinesische Gemeinde unterstreichen diese historische Partnerschaft, in der die Thailand-Chinesen auch einen gewissen Wohlstand kaum verleugnen können.

Doch für die Menschen in Thailand verkörpert dieses Gold des Buddha nicht in erster Linie einen materiellen Wert, sondern vor allem die Unzerstörbarkeit und den ewigen Bestand des Buddhismus, so wie das Gold nach uralter Erfahrung unzerstörbar und wertbeständig ist. Darum ist das Gold im Buddhismus ein Farbsymbol von höchster spiritueller Bedeutung. Es gehört zu den fast alltäglichen Ritualen der Buddhisten der alten, südlichen Schule (Theravada), beim Tempelbesuch für ein paar Baht (etwa im Gegenwert von einer deutschen Mark) einige hauchdünn geschlagene Blättchen Gold zu kaufen und sie an eine Buddha-Statue zu heften. Damit bringt man ein kleines Opfer dar und hinterläßt außerdem in seiner eigenen Vergänglichkeit einen winzigen unzerstörbaren Anteil im ewigen Reich des Erleuchteten und seiner vom Leid der Welt erlösenden Lehre.

Auch die leuchtend safranorangen Roben der buddhistischen Mönche in Thailand gehören zu dieser eindrucksvollen Farbsymbolik, ebenso die gelbe Farbe der buddhistischen Flagge mit dem Rad der Lehre, das Buddha nach seinen eigenen Worten in Bewegung gesetzt hat.

In der Hauptstadt Bangkok wie im ganzen Lande signalisieren die glanzvollen Tempel und leuchtenden Mönchsroben die Tatsache, daß der über 2500 Jahre alte Buddhismus in diesem Land die kulturtragende Volks- und Staatsreligion ist und von einer großen Mehrheit der Thais als Glaubensbekenntnis bejaht wird. Dabei umfaßt dieser Glaube auch eine große Toleranz gegenüber anderen Religionen, was selbst Papst Johannes Paul II. bei seinem Thailand-Besuch im Mai 1984 hervorgehoben hat.

Der Buddhismus der alten südlichen Schule ist in Siam von Sri Lanka her im Gefolge des Hinduismus etwa zur gleichen Zeit verbreitet worden wie das Christentum in Europa. Nach der ursprünglichen Lehre Buddhas soll der Mensch durch sein eigenes Tun und Lassen den Weg der Erlösung vom Leid der Welt suchen. Diese Schule wird auch Hinayana „Kleines Fahrzeug" genannt, im Unterschied zum Mahayana-Buddhismus des „Großen Fahrzeugs", der sich von Nordindien aus nach China, Korea und Japan ausgebreitet hat und in Tibet die spezielle Ausprägung des Lamaismus entwickelt hat. Der Mahayana-Buddhismus kennt viele Heilshelfer, die Bodhisattvas, und ließ einige sogar zu göttlichen Ehren aufsteigen, so die Gnadengottheit Avalokiteshvara, in China Kuanyin, in Japan Kwannon, die dort einen hochverehrten Platz neben Buddha in den Tempeln einnimmt oder gar eigene Tempel hat.

Zentrum der buddhistischen Kulturen

Mit seinen rund 51 Millionen Menschen, davon 93 Prozent Buddhisten, ist Thailand heute in zweifachem Wortsinn – politisch wie spirituell – als Buddhas letztes großes Königreich anzusehen. Seine Monarchie beruht auf einer tief im Volke verwurzelten Tradition und nationalen Identität. Als neunter Monarch der 1782 auf den Thron gehobenen Chakri-Dynastie ist König Rama IX. Bhumibol Adulyadej seit 1946 das verfassungsmäßige Staatsoberhaupt und zugleich der oberste Schirmherr des Buddhismus. Nach den dramatischen Veränderungen des 20. Jahrhunderts ist unter den souveränen Monarchien Asiens allein Thailand als letztes bedeutendes Königreich mit buddhistischer Staatsreligion übriggeblieben. Nur im kleinen Himalaya-Königreich Bhutan pflegen etwa drei Viertel der rund 1,4 Millionen Einwohner ihren Mahayana-Buddhismus gl1eichfalls als Staatsreligion, doch haben sie gewisse Protektoratsrechte an den großen Nachbarn Indien übertragen. Thailands Nachbarn Kambodscha und Laos waren Monarchien bis 1955 und 1975 und sind seit dem Ende des Vietnamkrieges (1975) „Demokratische Volksrepubliken" unter der Vorherrschaft des kommunistisch regierten Vietnam. Im benachbarten Birma, einer Hochburg des Buddhismus, haben die Briten von Indien her schon 1885 die zuletzt unzulänglich repräsentierte Monarchie ausgeschaltet; nach der Souveränitätserklärung von 1946 hat dort ein System sozialistischer Militärherrschaft eigenen Charakters die

Als kostbares Erbstück des alten Siam in der neuen, 1782 gegründeten Hauptstadt Bangkok erstrahlt dieser aus Gold gegossene Buddha heute im Wat Trimitr, dem bekanntesten Tempel der Chinesenstadt von Bangkok. Für lange Zeit war das Gold der Statue unter einer dicken Stuckschicht verborgen, es wurde erst 1953 wieder entdeckt, als die mit 5 ½ Tonnen ungewöhnlich schwere, drei Meter hohe Statue einem Kran entglitt. Ihr Alter wird nach dem Sukhothai-Stil auf etwa 700 Jahre geschätzt. Vermutlich hat die Stuckschicht sie davor bewahrt, eine Beute der Birmanen nach dem Fall der alten Hauptstadt Ayutthaya (1767) zu werden.

Macht ergriffen. Die Insel Sri Lanka (Ceylon), ursprünglicher Hort des Theravada-Buddhismus der „Alten Schule", war wegen ihrer strategischen Lage schon früh zu einem Objekt europäischer Kolonialpolitik geworden. Den Portugiesen folgten die Holländer und diesen die Briten, die 1802 dort ihre Kronkolonie proklamierten und 1818 den letzten König von Kandy entthronten, nachdem sie den Widerstand seiner Getreuen gebrochen hatten. Zwischen der Mehrheit der buddhistischen Singhalesen (etwa 70 Prozent) und der Minderheit der hinduistischen Tamilen zieht der Streit eine lange Blutspur durch die Geschichte bis in die jüngste Zeit dieser seit 1948 unabhängigen Republik. Auch in Vietnam bildeten die in verschiedene Sekten geteilten Buddhisten die größte Glaubensgemeinschaft vor den Katholiken, doch gibt es darüber seit den Siegen der Kommunisten – 1954 im Norden, 1975 im Süden – keine neueren Angaben mehr. Der letzte souveräne König regiert dort von 1848 bis 1883 und lieferte durch eine grausame Christenverfolgung den Franzosen einen Grund zu militärischen Aktionen, die seine Herrschaft beendeten und das Land in das französische Kolonialreich eingliederten, das dann im Zweiten Weltkrieg zerbrach.

Schon dieser kurze Rundblick zu den nächsten Nachbarn Thailands läßt die besondere Rolle erkennen, die die geschichtliche Entwicklung diesem souveränen Königreich buddhistischer Prägung in seinem Kulturkreis zugewiesen hat. Wenn man den Bogen auf die Länder des Nördlichen Mahayana-Buddhismus erweitert, wird die Position Thailands als Zentrum der heutigen buddhistischen Welt nur bestätigt. In Indien, der Heimat des Gautama Buddha vor rund 2500 Jahren, hat seine aus dem Hinduismus abzweigende Lehre schon seit langem kaum noch Anhänger. Die Statistik beziffert sie auf 0,7 Prozent, was bei mehr als 700 Millionen Indern allerdings noch immer rund 5 Millionen bedeutet, und dies mit steigender Tendenz, weil Angehörige niedriger Kasten zum Buddhismus wie zum Christentum überwechseln, wo es keine Kasten gibt. Auch im Königreich Nepal, dessen buddhistische Bauten und Kunstwerke als eindrucksvolle Magnete des internationalen Tourismus bekannt sind, bilden die Buddhisten selbst nur eine Minderheit von etwa 20 Prozent, rund 70 Prozent der mehr als 15 Millionen Nepalesen bekennen sich zur hinduistischen Staatsreligion. Nur Nepals kleiner Nachbar im Osten, das Königreich Bhutan, hat in seiner isolierten Lage seine alte buddhistische Kultur und Religion, eine spezielle Mahayana-Schule, bewahren können.

Beim größeren Nachbarn im Norden, Tibet, haben die Chinesen durch ihre Besetzung im Jahre 1950 das geistliche und weltliche Oberhaupt, den Dalai Lama, vertrieben und das Land ihrer kommunistischen und zunächst sehr religionsfeindlichen Dominanz unterworfen. In Tibet leben jetzt etwa zwei Millionen Menschen, davon etwa ein Drittel Chinesen und zwei Drittel Tibeter, die ihrem buddhistischen Glauben, dem speziellen Lamaismus, und dessen Oberhaupt, dem im Exil lebenden Dalai Lama, verbunden geblieben sind.

In der einstigen Heimat der buddhistischen Gandhara-Kunst, dem heutigen Pakistan, lebt heute nur noch eine sehr kleine Minderheit von rund 4000 Buddhisten in einer Bevölkerung von mehr als 93 Millionen, von denen sich 97,2 Prozent zur Staatsreligion des Islam bekennen. Einst aber zogen indische Mönche von dort aus über die Karawanenwege der Seidenstraße nach China und brachten auf dieser Landroute den Mahayana-Buddhismus in den Fernen Osten, wo er vom 3. bis 6. Jahrhundert nach Chr. zuerst in China und dann auch in Korea und Japan große Kulturenergien freigesetzt hat. In diesem Sektor des vom Buddhismus mitgeprägten Kulturkreises bedeutet China heute ein großes Fragezeichen, weil auch nach der neuen Öffnung des Landes noch kaum jemand die Wiederbelebung des religiösen Lebens überblicken kann. Nach grober Schätzung leben dort noch etwa 100 Millionen Buddhisten, also rund 10 Prozent der Gesamtbevölkerung Chinas, die trotz rigoroser Geburtenbeschränkung (Ein-Kind-Ehe) auf über eine Milliarde Menschen angewachsen ist (Zählung 1953: 582,6 Millionen; offizielle Schätzung 1986: 1050 Millionen). In der kommunistischen Kulturrevolution der sechziger Jahre wurden zahlreiche Tempel beschädigt oder gar zerstört und alles religiöse Leben wurde unterdrückt. Doch haben die Wandlungen der achtziger Jahre vielerorts Initiativen des Wiederaufbaus, der Reparaturen und der neuen Ausgestaltung hervorgerufen. Seit 1976 ist die Ausübung der Religion wieder offiziell erlaubt. In den erneut geöffneten Tempeln zeigen sich gelassen und selbstbewußt buddhistische Mönche aller Altersklassen. Noch ist es schwer zu sagen, ob dieser Wiederaufbau buddhistischer Tempel in erster Linie den Werken der Tradition und Kunst gilt oder ob damit auch die Wiederbelebung von Glaubensinhalten bei einer breiteren Volksschicht verbunden ist. So ist die Zukunft für den Buddhismus in China wieder ganz offen und nicht ohne Hoffnung. Dabei könnten die alten und guten Beziehungen zwischen China und Thailand auch kulturell neue Bedeutung erlangen, vor allem durch die Erleichterungen im Reiseverkehr, die von zahlreichen Auslandschinesen, auch solchen aus Thailand, zum Besuch der großen alten Heimat genutzt werden.

Die Angaben aus dem nichtkommunistischen China – so aus Taiwan, Hongkong und Singapur – lassen mit etwa 40 Prozent Buddhisten, 20 Prozent Taoisten, 10 Prozent Konfuzianern und knapp 5 Prozent Christen im allgemeinen auf die chinesischen Verhältnisse bei freier Religionsausübung schließen, auch wenn diese Zahlen noch einiges offen lassen.

Im japanischen Kaiserreich ist für die Dynastie des Tenno ein Ursprung vor mehr als zweieinhalb Jahrtausenden überliefert, als der legendäre Jimmu Tenno, nach dem Shinto-Mythos ein Enkel der Sonnengöttin, im – später datierten – Jahr 660 vor Chr. die Macht errang. Neben den Ursprungslehren des Shinto-Kults („Weg der Götter") hat auch der Buddhismus alte und starke Wurzeln in Japan und spielt mit großen Organisationen eine wichtige Rolle im geistigen Leben des gegenwärtigen Japan.

Doch haben sich beide Glaubenssysteme sehr stark miteinander verflochten, viele Millionen Japaner betrachten sich als beiden angehörig, etwa nach der Regel: „Shinto regiert die Geburt und Buddha mit seiner Erlösung den Tod." Daher finden zumeist die Riten für die Neugeborenen im Shinto-Schrein und für die Toten im buddhistischen Tempel statt. Das sehr starke Nationalbewußtsein der Japaner ist eng mit dem Shintoismus verknüpft; daher kann das Inselreich nur mit Einschränkung zu den buddhistischen Ländern gezählt werden.

Ähnliche Vorbehalte wie in Japan gelten auch in Korea. Dort hat die Verbreitung des Buddhismus im 4. und 5. Jahrhundert ein neues religiöses Zeitalter eingeleitet und sich, von China kommend, nach Japan fortgesetzt. Doch wurde zugleich die staatliche und gesellschaftliche Ordnung von der Philosophie des Konfuzius geprägt und es entstand eine Rivalität zwischen diesen beiden Denkschulen, deren Spannungsfeld – hier das Volk mit Buddha, dort die Staatsorgane mit Konfuzius – sich bis in die Gegenwart auswirkt. Beide Systeme werden in der offiziellen Statistik Südkoreas als eigene Religionsgemeinschaften seiner über 40 Millionen Einwohner geführt: über 30 Prozent sind Buddhisten, rund 15 Prozent Konfuzianer, daneben gibt es über 20 Prozent Christen der verschiedenen Konfessionen; außerdem bestehen Gemeinschaften des Volksglaubens, in dem der Schamanenkult noch lebendig ist. So haben die Wandlungen des 20. Jahrhunderts diesen einst bedeutenden Brückenpfeiler des Buddhismus im Fernen Osten nicht nur in technologischer, sondern auch in religiöser Hinsicht sehr verändert. Dies gilt noch mehr für den Norden Koreas mit seinen rund 20 Millionen Menschen, von denen kaum noch Nachrichten über religiöses Leben an die Außenwelt dringen, seit dort nach 1945 die kommunisti-

sche Ideologie ihre Monopolherrschaft errichtet hat.
Die Betrachtung der heutigen Situation in all diesen Ländern des buddhistischen Kulturkreises zeigt mit eindeutiger Klarheit, daß Thailand mit seinen über 51 Millionen Einwohnern, davon rund 48 Millionen Buddhisten der Alten Schule, das ungebrochene Bollwerk dieser Kultur- und Glaubensgemeinschaft geblieben ist. Die Weltstatistik zeigt das große Umfeld dieser Position. Im Rang der Religionen stehen die rund 350 Millionen Buddhisten an vierter Stelle hinter den Christen (ca. 1,15 Milliarden), den Muslimen (ca. 600 Millionen) und den Hindus (ca. 550 Millionen) in der Weltbevölkerung, die 1987 die Fünf-Milliarden-Marke überschritten hat.
Thailands führende Rolle in der buddhistischen Welt zeigt sich in seinen Kunst- und Bauwerken aus eineinhalb Jahrtausenden. Sie dokumentieren die enge Verflechtung des Buddhismus mit dem hinduistischen Kulturgut, aus dem die Lehren des Erleuchteten hervorgegangen sind.
Doch kommt zu diesen beiden Strömungen aus dem alten Indien noch ein drittes Element hinzu, das dem kulturellen Spektrum des Landes eine ganz eigene Synthese gebracht und schließlich seinen eigenständigen Charakter ausgeprägt hat.

Ein Strom aus zwei Quellen

So wie Thailands großer Strom, der Menam Chao Phraya, sich aus zwei Quellflüssen vereinigt, dem Ping aus dem Nordwesten und dem Nan aus dem Nordosten, so ist auch die Kultur dieses Landes eine Synthese aus zwei sehr verschiedenen Quellen der Weltkulturen: Indien und China.
Diese Aussage bringt einen komplizierten historischen Prozeß auf einen kurzen Nenner, der die Wanderungen und Machtverschiebungen der Völker in Siam im Laufe von zwei Jahrtausenden umfaßt. Dieser Prozeß begann mit der Ausbreitung der Hindu-Kultur vom Süden her, setzte sich nach der Ankunft der Buddha-Lehren fort, erlebte die Wanderungswellen des Thaivolkes vom Norden und dessen Staatsbildung, die schließlich die kulturelle Synthese herbeigeführt hat.
Das Kapitel über die Geschichte Thailands legt die Phasen dieses Prozesses eingehend dar. Auf dem Boden alter Kulturen hat das aus dem Norden kommende Thai-Volk mit seiner dem Chinesischen verwandten Sprache den aus Indien stammenden Buddhismus und auch eine altindische Schrift übernommen und seine ganz eigene Identität als Staatsvolk hergestellt und bis heute behauptet. Das Besondere an dieser Wanderung und Wandlung, die vor mehr als sieben Jahrhunderten begann, ist in der Tatsache zu sehen, daß die Sieger nicht die Altäre der Unterworfenen gestürzt, sondern ganz im Gegenteil deren Religion, den Buddhismus, sowie hohe Kulturgüter der Kunst und Architektur, auch der Landwirtschaft und Wassernutzung, übernommen und weiterentwickelt haben. Nicht Sieg und Niederlage, sondern die Verschmelzung der militärisch überlegenen Zuwanderer mit den kulturellen Kräften der einheimischen Bevölkerung verschiedener kleinerer Mon-Reiche erzeugte die Synthese einer neuen nationalen Identität, die immer lebendig geblieben ist. Ähnliches ist auch in Birma geschehen, wo das aus dem Himalaya stammende, mit den Tibetern verwandte Volk der Birmanen nach Süden drängte und um 1000 nach Chr. sein erstes machtvolles Reich von Pagan gründete. Auch dort wurden kleinere Mon-Reiche unterworfen, und mit deren Kulturgütern wurde auch der Buddhismus von den neuen Herrschern übernommen. Später entwickelte sich aus dem Streit um das Land der Mon die Erbfeindschaft zwischen Birmanen und Thais, die fünf Jahrhunderte Unfrieden zwischen den beiden Nachbarvölkern verursacht hat. Doch anders als Thailand ist Birma bis heute praktisch ein Land sehr verschiedener Völker, Sprachen und Kulturen geblieben, in dem die Birmanen nur das Zentrum besiedelt haben und die Regierung es sehr schwer hat, große Bereiche der anderen Völker, der Shan, Karen, Chin und Kachin in den bergreichen, schwer zugänglichen Nord- und Ostgebieten zu kontrollieren.
Schon im alten Siam konnte sich mit der Infrastruktur der Wasserwege die zentrale Staatsmacht der Thais und ihrer Könige durchsetzen und zeitweise weit über die heutigen Staatsgrenzen hinaus behaupten. In diesem Einheitsstaat wurden die verschiedenen kulturellen, sozialen und rassischen Stränge vereinigt und zu einem bunt schillernden Gewebe verflochten, das sich nun schon seit Jahrhunderten als charakteristische Thai-Kultur präsentiert. Doch ist es reizvoll und interessant, darin noch immer Elemente der ursprünglichen Bestandteile zu entdecken und zu erkennen, was aus Indien und was aus China gekommen und hier miteinander verknüpft worden ist. Der Blick auf bedeutungsvolle Symbole in der heutigen Thai-Kultur, wie Garuda als allgegenwärtiges Staatswappen und das zu jedem Haus gehörende Geisterhäuschen, vermittelt auch im modernen Thailand aufschlußreiche Erkenntnisse über diese historischen Zusammenhänge.
Dem realistischen Betrachter mögen die alten historischen Wurzeln und kulturellen Quellen vielleicht als sehr entrückt oder auch unaktuell erscheinen, gemessen am täglichen Leben der Menschen in diesem Lande mit all ihren Problemen in unserer Zeit, in der sich vieles schnell verändert. Gerade dieser Wandel hat in jüngster Zeit viele Fremde in dieses noch vor kurzen Jahrzehnten ganz abgelegene, exotische Land gebracht und zwischen den Thais und der Außenwelt vielschichtige Kontakte geschaffen, die sehr plötzlich gekommen und wohl von beiden Seiten innerlich noch kaum bewältigt sind.

Starke und tiefe Wurzeln tragen den Wandel

Der technische Fortschritt, moderne Verkehrsverbindungen, das politische Geschehen, speziell in Asien, dem „Kontinent von morgen", dazu die sozialen Spannungen in einer sehr rasch gewachsenen Bevölkerung mit ebenso veränderten Wirtschafts- und Gesellschaftsstrukturen haben auch diesem exotischen Lande in seiner tropischen Natur viele Probleme gebracht. Wie überall hat auch hier der Fortschritt seine Licht- und Schattenseiten. Doch kann man den Eindruck gewinnen, daß ein starkes Selbstbewußtsein und ein Festhalten an Traditionen und Regeln im Zusammenleben den Thais viel Spannkraft und auch geschmeidige Flexibilität verleihen, um solche Probleme auf ganz eigene Weise zu meistern oder zumindest ihr Gewicht zu vermindern.
Ein solches Problem war und ist der Ausbau eines modernen Verkehrsnetzes. Das alte Siam war ein Land der Wasserwege. Entlang der Flüsse, Kanäle und Küsten haben sich dort seit Jahrtausenden Handel und Wandel bewegt und entfaltet. Waren, Kulturgüter, Völkerwanderungen, Kriegszüge und Staatsaktionen bewegten sich hauptsächlich auf den Wasserwegen. Und sie bildeten noch im 20. Jahrhundert, von den Quellflüssen im Norden bis zu den langgestreckten Golfküsten im Süden, die Infrastruktur des Thai-Reiches und seiner Machtentfaltung. Hinzu kam in den letzten Jahrzehnten die große Welle der Motorisierung, die ein Land überrollte, das vorher

Nachfolgende Seiten,
Seite 10:
Als Gefolge der Götter sind diese Kinnari-Gestalten – Menschenleiber auf Vogelbeinen – schon mit den ersten indischen Einflüssen kurz nach der Zeitwende nach Thailand gekommen. Im Königstempel von Bangkok, Wat Phrakkeo, stehen sie als Schöpfungen des frühen 19. Jahrhunderts auf der Plattform des Pantheons der Chakri-Dynastie, Prasat Phra Thepidorn, und gehören zu den bekanntesten Gestalten der traditionsreichen Thai-Kunst.

Seite 11
Das kulturelle Erbe des alten Siam ist in den traditionellen Tänzen und Gewändern lebendig geblieben, die auch in der Gegenwart mit freundlichem Stolz dargeboten werden.

kaum Landstraßen gekannt hat. Die gigantische Investition für ein modernes Straßennetz mußte praktisch in relativ kurzer Zeit aus dem Boden gestampft werden. Der Ausbau der Eisenbahnlinien war dem der Landstraße um einige Jahrzehnte vorangegangen. Ihre Hauptstränge hatten bereits um die Jahrhundertwende die wichtigsten Verbindungen von der Hauptstadt nach Norden, Süden und Osten hergestellt, nur nicht nach Westen zum alten Gegner Birma; dort blieb der Bahnbau der Japaner und ihrer Gefangenen am River Kwai eine dramatische Episode des Zweiten Weltkrieges. Nun aber hat das Land in den jüngsten Jahrzehnten ein Straßennetz von Tausenden von Kilometern erhalten. Nur die Benutzer kennen diese Fortschritte, die für die Außenwelt kaum bemerkbar vorangebracht worden sind, wenn sie nicht die schnelle Unaktualität von Straßenkarten wahrnahm. Dieser Straßenbau ist im Lande draußen viel schneller vorangekommen als in der Hauptstadt Bangkok, in der sich die Blechlawinen des Autoverkehrs zu einer wahren Heimsuchung verdichtet haben, weil ein zu weitmaschiges Straßennetz wegen der ungeheuren Kosten für den Grundstückskauf nur schwer verbessert werden kann und auch ein Schienennetz für den Massenverkehr fast völlig fehlt. Mit der Motorisierung vom Bootsmotor bis zum Lastwagen ist außerdem eine Kostenlawine in Bewegung geraten, die die gewohnte Balance von landwirtschaftlichen Erlösen und Kosten ins Wanken bringen mußte – und dies in einem Lande, das noch immer als Asiens Reiskammer auf seine alte Bauernbasis und ihr Auskommen angewiesen ist.

Die Landflucht und der schnelle Zuwachs der städtischen Bevölkerung steigern nur die Probleme, weil sich die industriellen Arbeitsplätze und auch die städtischen Dienstleistungen nicht in jenem enormen Umfang vermehren lassen, der die Landflucht auffangen könnte. Die Konsequenz wird in rapid wachsenden Slums vor allem um Bangkok herum sichtbar, die es noch vor einigen Jahren nicht gegeben hat und die sich als unselige Brutstätten der Hoffnungslosigkeit und Kriminalität vermehren.

Der Zuwachs der Bevölkerung tut ein übriges, den sozialen Druck zu verdichten. Einst hatte die Volkszählung des Jahres 1911 nur 8,3 Millionen Einwohner für das ganze Land ermittelt. Binnen 35 Jahren hatte sich diese Zahl auf 17,6 Millionen im Jahre 1946 mehr als verdoppelt. Doch in den letzten vier Jahrzehnten hat sich die Zahl von 1946 nahezu verdreifacht: Für 1988 schätzt man rund 51 Millionen Einwohner Thailands, davon 8 Millionen im Ballungsgebiet der Hauptstadt, von denen 6 Millionen in ihren Stadtgrenzen leben – oder zu existieren suchen. 1975 noch schätzte man dort 3 Millionen und fand dies schon mehr als zuviel. Auch die städtischen Zentren in den Provinzen haben einen starken Zuwachs zu verzeichnen, sind jedoch mit Zahlen um 100 000 Bewohner wesentlich kleiner als die Hauptstadt. Insgesamt leben knapp 20 Prozent der Gesamtbevölkerung in den Städten. Somit stellen die Bauern noch immer die große Mehrheit des ganzen Volkes. Die enge Verbundenheit mit ihrer alten, ungebrochenen Kultur, mit den Gewohnheiten des Alltags und den Traditionen der Festtage, bildet noch immer eine breite Basis für das Leben des Volkes. Dieser starke, alte, bäuerliche Buckel hat durch die Zeiten hindurch viel Wandel bei den oberen Schichten ertragen, und er schleppt noch immer das Saatgut auf die Felder und die Ernte auf die Boote, die zum Markte fahren.

Vielleicht ist die aus alten, zähen Wurzeln ungebrochen lebende Kultur einer breiten Schicht das Existenzgeheimnis dieses Volkes, um durch den Wandel der Zeiten hindurch seinen ganz eigenen Charakter zu bewahren. Ganz offensichtlich gehört es zu diesem Charakter, daß die Thais aller Schichten es wie kaum ein anderes Volk verstehen, die Probleme, die ihnen zu schaffen machen, hinter ihrem Lächeln zu verbergen.

Die Franzosen, die 1685 nach Siam kamen, haben die erste ausführliche Darstellung des Königreichs veröffentlicht. Die Prozession der königlichen Prunkschiffe vor der Hauptstadt Ayutthaya illustriert den Bericht der französischen Jesuiten von 1689.

Das Land und seine Natur:
DER »ELEFANTENKOPF« THAILAND ALS TROPISCHE LEBENSBASIS

Im alten Siam galt der Elefant als Symbol- und Wappentier des Landes. Wildlebend und gezähmt war er weitverbreitet, seine Anzahl ging in die Hunderttausende. Zu Beginn des 19. Jahrhunderts soll es über 200 000 gezähmte Arbeits- und Kriegselefanten im Lande gegeben haben, dazu große Herden in den Dschungeln. Seither hat die Landnahme des Menschen diesen Lebensraum des asiatischen Elefanten sehr eingeengt und seine Wanderwege abgeschnitten. Heute schätzt man den Bestand noch auf einige Tausend, von denen die meisten zur Arbeit gehalten werden und nur noch wenige Hundert in der Freiheit von Nationalparks und entlegenen Urwäldern leben können.

Mit der Bedeutung des Elefanten für Thailand trifft es zusammen, daß dessen geographische Konturen leicht mit einem Elefantenkopf mit dem nach Süden hängenden Rüssel und dem großen Ohrlappen des Nordostens verglichen werden können. Nur die Stoßzähne fehlen. „Sie sind nach Hongkong verkauft!" lautet dazu ein ironischer Thai-Kommentar.

Ein Kerngebiet und vier Regionen

Mit einer Fläche von 513 115 Quadratkilometern hat Thailand etwas mehr als die doppelte Ausdehnung der Bundesrepublik Deutschland, ist jedoch mit rund 51 Millionen Einwohnern kaum halb so dicht besiedelt. In der geographischen Gliederung dieses „Elefantenkopfes" wird das Zentralgebiet des Menam-Beckens von vier Regionen umgeben, deren Landschaftscharakter sehr verschieden ist. Das ebene Becken des Menam Chao Phraya bildet das zentrale Kernland mit seinen alten Zentren und der Hauptstadt Bangkok. Im Westen ragen steile Bergketten empor, in denen sich die nahe Grenze zu Birma entlangzieht. Der Norden besteht aus Gebirgszügen, die von Flußtälern durchbrochen sind. Den Nordosten bildet das weite, wellige und trockene Plateau von Korat, begrenzt vom mächtigen Bogen des Mekong. Im Südosten erheben sich schwer zugängliche Dschungelberge hinter der anmutigen Küstenlandschaft am Golf. Den Süden bildet der langgestreckte, zum Teil sehr schmale Landstreifen, der sich auf der Halbinsel Malakka verbreitet und dort an Malaysia grenzt.

Die anderen Nachbarn Thailands sind Birma im Westen und Norden, Laos im Nordosten und Osten, Kambodscha im Südosten. Mit dem wichtigen Partner China gibt es keine gemeinsame Grenze. Im Norden bilden Birma und Laos einen breiten Riegel zwischen Thailand und der chinesischen Provinz Yünnan, der alten Heimat des Thai-Volkes. Wichtiger für den Handels- und Reiseverkehr mit China war seit alter Zeit der Seeweg vom Südchinesischen Meer zum Golf von Siam.

Die Grenzen mit Birma, Laos und Kambodscha sind als Folge des politischen Geschehens weitgehend geschlossen. Mit einer Luftlinie von mehr als 1300 Kilometern verläuft die birmanische Grenze fast überall durch unwegsame Bergketten. Sie trennt zwei Völker, die jahrhundertelang Erbfeinde waren und jetzt praktisch einander den Rücken zukehren. Keine einzige offene Straße führt an der langen Westflanke Thailands über die Pässe, die einst von großen Heeren überquert wurden. Nur ganz im Norden ist an der Brücke des Grenzortes Mae Sai das Tor nach Birma geöffnet, doch nur für den „kleinen Grenzverkehr", nicht für Touristen.

Auch an der fast ebenso langen Grenze zu Laos ist das einst rege Hinüber und Herüber des Flußverkehrs auf dem Mekong erstarrt, und dies auf einer Länge von rund 700 Kilometern mit der Grenzlinie in der Flußmitte. Jeder Bootsverkehr hält sich strikt an sein Ufer, offen ist nur die Fährverbindung nahe der laotischen Hauptstadt Vientiane. Geschlossen sind auch die Straßen nach Kambodscha. Nur die Flüchtlinge und Widerstandskämpfer haben sich Übergänge irgendwo im Dschungel geschaffen. So besteht eine weitgehende Selbstisolierung der Nachbarn Birma, Laos und Kambodscha gegenüber dem weltoffenen Königreich Thailand im Zentrum der Region.

Asiens Reisschale, Schöpfung von Natur und Menschenwerk

Weite Wasserflächen breiten sich während der Regenzeit in den Ebenen und Tälern Thailands aus. Fliegt man in den Monaten von Juli bis Oktober darüber hinweg, so vermutet das unkundige Auge große Überschwemmungen als Heimsuchung der Natur, wie man sie aus den Straßen der Hauptstadt Bangkok kennt. Dort ist die Überflutung in der Regenzeit von Jahr zu Jahr höher gestiegen und hat die Straßen in Kanäle zurückverwandelt, durch die die Autos mit hochsprühenden Bugwellen hindurchrauschen, während die Fußgänger in der trüben, lauwarmen Brühe waten müssen.

Doch draußen im Lande ist die Überschwemmung der Felder keine Heimsuchung, sondern eine Gnade der Natur. Durch ein uraltes System von Wasserwegen, Dämmen und Schleusen wird dort das lehmbraune Wasser der von den Regengüssen angeschwollenen Flüsse ganz planmäßig auf die Reisfelder geleitet. Dort steigert es auf zweierlei Weise die Fruchtbarkeit: Der mitgeführte Schlamm setzt sich als natürliches Düngemittel ab; zugleich begünstigt das stehenbleibende Wasser Wachstum und Ertrag mit der Schubkraft tropischer Üppigkeit.

Aus diesen Gründen ist der „nasse Reis" allen anderen Anbauarten weit überlegen und hat sich in seinen tropischen Anbaugebieten seit Jahrtausenden als wichtigstes Nahrungsmittel behauptet. In weiten Teilen Thailands wird der Reis in der Regenzeit gesät und in mühsamer Handarbeit gesetzt, um nach vier bis fünf Monaten in der Trockenzeit geerntet zu werden. Doch gibt es bereits Gebiete, in denen das schnelle Wachstum und neue Bewässerungssysteme eine zweite jährliche Ernte ermöglichen.

Das Klima: Wechsel nur zwischen feucht und trocken

Anders als in den gemäßigten Zonen, wo Sommer und Winter den Rhythmus des Pflanzenwuchses bestimmen, steuert in die-

Oben:
Am Ostufer des Menam Chao Phraya wurde der Kern der heutigen Metropole 1782 gegründet. Der erste Chakri-König Rama I. erwarb dort von einer chinesischen Kolonie Grundstücke für seine Paläste und Tempel, die zum Teil hinter den alten Lagerhallen des Flußhafens erbaut wurden. Im Vordergrund beherrscht die Tempelanlage des Wat Arun das westliche Flußufer der älteren Schwesterstadt Dhonburi, die jetzt mit Bangkok zur Metropole beiderseits des Flusses zusammengewachsen ist.

Links:
In der Regenzeit von Mai bis September ballen sich fast täglich dunkle Wolken über der Hauptstadt, ihre Wolkenbrüche überschwemmen oft die Straßen der langsam in ihren feuchten Untergrund absinkenden Stadt.

Rechts:
Die Regenzeit, die die Hauptstadt mit ihren Überschwemmungen heimsucht, bringt den Reisfeldern das Wasser und den Schlamm als fruchtbare Basis der jahrtausendealten Reisbauernkultur. Der noch immer mit der Hand in die bewässerten Felder gesetzte Reis erbringt die höchsten Erträge und in einigen Gebieten auch schon zwei Ernten pro Jahr.

sen Breiten der Wechsel zwischen Regen- und Trockenzeit das Leben in der Natur. Die jahreszeitlichen Tagestemperaturen schwanken in Bangkok etwa zwischen 24 Grad Celsius im Januar und 35 Grad im April – für Europäer ein ewiger Sommer zwischen warm und heiß! Doch einige Monate ganz ohne Regen und dann Monate mit sehr viel Regen – diese tropischen Jahreszeiten wirken ganz anders auf die Natur als der Wechsel von Sommer und Winter in den gemäßigten Zonen. In der großen Mitte des Landes, den Ebenen und Flußtälern zwischen Bangkok und Chiangmai im Norden spricht man von drei Jahreszeiten: Trockenzeit, heiße Saison und Regenzeit. Die erste währt von November bis etwa Ende Februar mit gleitendem Übergang in die gleichfalls trockene heiße Zeit, die dann ihren Höhepunkt etwa in der Aprilmitte erreicht, bis sie mit den ersten Gewittern von der dritten abgelöst wird, die mit regionalen Schwankungen von Mai bis Oktober anzusetzen ist. Diese Jahreszeiten werden vom Sonnenstand und den Monsun-Winden bestimmt. Dabei gilt als Faustregel: Der Monsun weht dorthin, wo die Sonne am höchsten steht. Und dort regnet es auch am meisten, weil die senkrecht stehende Sonne wie ein Kamin wirkt und die Luftmassen erhitzt nach oben zieht, bis sie als schwere Gewitterwolken ihre mitgeführten Wassermassen wieder ausschütten. Thailand liegt zwischen dem Äquator und dem Wendekreis des Krebses, der weiter im Norden seine Linie durch Yünnan und Birma zieht. Dies bedeutet in Thailand steile bis senkrechte Sonnenstände von Mai bis August. Der Monsun dieser Periode kommt aus Südwesten und weht übers Meer, wo er viel Feuchtigkeit aufnimmt, um sie in heftigen Gewittern und im Stau vor höheren Bergen wieder herunterprasseln zu lassen. Darum ist die bergige Golfküste im Südosten der regenreichste Teil des Landes, während im Windschatten der Bergketten weniger Regen fällt.

Wenn die Sonne Ende September den Äquator passiert hat und weiter nach Süden rückt, dann folgt ihr der Monsun mit einiger Verzögerung und weht in Thailand aus der Hauptrichtung Nordost. Er kommt von den Hochländern Zentralasiens und erwärmt sich rasch als trockener Fallwind über den Ebenen des nordöstlichen und zentralen Thailand, wo er im Oktober die Regenzeit ablöst. Doch beim Überqueren des Golfs von Thailand und des Südchinesischen Meeres kann dieser Nordost-Monsun wieder soviel Feuchtigkeit aufnehmen, daß es vor den Bergen des Südens und noch mehr in Malaysia gerade während Bangkoks Trockenzeit zu heftigen Regenschauern kommen kann. Schon diese Hinweise bestätigen die Erfahrung: Im Süden ist vieles anders – auch das Klima!

In der Vegetation der Wälder bewirkt der Wechsel von Regen- und Trockenzeit das in diesem Lande besonders charakteristische Phänomen der „laubabwerfenden Trocken- oder Monsunwälder" in den Bergen des Westens, Nordens und Nordostens. Als Schutzfunktion der Natur werfen viele Baumarten, darunter auch der Teakbaum mit seinen großen Blättern, mit Beginn der Trockenzeit ihr Laub ab, um einige Monate später auf den ersten Regen mit frischem Grün zu reagieren. In der touristischen Reisesaison der Trockenzeit können diese kahlen Wälder mit ihrem Boden voller trockenem Laub manchem Besucher Spätherbstvisionen vermitteln, nur daß hier Trockenheit und Hitze statt des Frostes der gemäßigten Zonen diesen Rückzug der pflanzlichen Lebenssäfte veranlassen. Im Gegensatz zu diesen Trockenwäldern bestimmt im Süden und Südosten die immergrüne Vielfalt tropischer Regenwälder und des undurchdringlichen Dschungels das Landschaftsbild.

Die Flüsse ernähren den Reis

Noch funktioniert das etwa drei Jahrtausende alte System, das dieses Land zu „Asiens Reisschale" gemacht hat und seine jüngst vervielfachte Bevölkerung noch immer sättigt: Die Flüsse ernähren den Reis! Mit ihrer planmäßigen Überschwemmung der Felder setzen Thailands Reisbauern alljährlich Gebiete von der Fläche Österreichs – mehr als 85 000 Quadratkilometer – unter Wasser. Dafür haben sie zwischen den Flüssen ein fein gesponnenes Netz von großen und kleinen Kanälen (Klongs) angelegt. Sie führen das Wasser bis zum letzten Acker, so wie die Adern eines lebendigen Organismus bis zu den feinsten Kapillaren dessen Zellen mit dem Lebenssaft des Blutes versorgen.

Der Schlamm des Flußwassers führt dem Boden Nährstoffe zu, die eine künstliche Düngung noch immer überflüssig machen. Der Reis wird im Saatbeet sehr dicht gesät, dann aber werden die jungen Pflanzen mit der Hand in die unter Wasser stehenden Felder eingesetzt, um im richtigen Abstand voneinander gedeihen zu können – eine Arbeit, die bisher noch keine Maschine mit gleichem Erfolg übernehmen konnte! Diese ausgeklügelte Nutzung von Land und Wasser zum Reisanbau ist weit älter als die jetzigen Völker dieser Region, die dieses System jeweils von unterworfenen Vorgängern übernommen und als eigene Reisbauernkultur fortgesetzt haben. Dabei ist das Volk der Thai nur das letzte Glied einer Kette, deren Anfang sich im Dunkel der Vorgeschichte verliert.

Die Flüsse und Kanäle ergänzen mit ihrem Fischreichtum die tägliche Speisefolge mit dem nötigen Eiweißanteil. Mit Wurf- oder auch großen Hängenetzen holen sich die Bauern überall im Lande die nahrhafte Beute aus dem Wasser.

In vielen Dörfern bildet der Fluß oder Klong noch immer die Haupt- und Dorfstraße, der die auf Pfählen stehenden Häuser mit ihren Veranden zugewandt sind. Hier hat das Leben des Dorfes seine offene Bühne, die Kinder lernen von klein auf den vertrauten Umgang mit dem Wasser, auch mit dem Boot, dem uralten Verkehrsmittel dieses Landes. Wo es noch einen traditionellen „schwimmenden Markt" gibt, fällt es auf, daß fast überall Frauen in den Booten sitzen und ganz souverän den Transport, Kauf und Verkauf der Dinge des täglichen Bedarfs in der Hand haben. Hier zeigt sich, wie auch sonst auf vielen Märkten des Landes, ein altes asiatisches Naturrecht, das den Markt als Domäne der Frauen eingeteilt hat. Ihre Überzahl im Gewimmel der schwimmenden Märkte und ihre Geschicklichkeit im Umgang mit Booten und Rudern beruht noch immer auf jener alten Aufgabenteilung. Doch während man überall die Frauen mit dem kurzen Paddel in der Hand sieht, sind ganz offenbar die schnellen Motorboote mit ihren röhrenden Außenbordmotoren zur modernen Männersache geworden.

„Hochwürdige Mutter Wasser"

Der wichtigste Fluß Thailands wird meist nur Menam genannt. Er durchfließt die zentrale Ebene von Norden nach Süden und mündet bei Bangkok ins Meer. Sein voller Name ist jedoch Mae Nam Chao Phraya. Mae bedeutet Mutter, Nam Wasser, beides zusammen Fluß; hinzu kommt Chao Phraya als Titel eines hohen Würdenträgers, alles zusammen also etwa „Hochwürdige Mutter Wasser", was klar die Beziehung dieses Volkes zu seinem großen Fluß offenbart.

Zwei lange Flüsse, der Ping aus dem Nordwesten und der Nan aus dem Nordosten, vereinigen sich bei der Stadt Nakhon Sawan zum wasserreichen Menam-Strom, der in breiten Schleifen mit einer Länge von 365 Kilometern dem Meer zustrebt. In der wei-

Die Übersichtskarte zeigt die verschiedenen Regionen und die wichtigsten Verkehrswege des Königreichs. Seine Ausdehnung beträgt bis zu rund 750 Kilometer in der West-Ost-Richtung und etwa 1750 Kilometer von Norden nach Süden, davon rund 1000 Kilometer entlang des südlichen »Elefantenrüssels«. Mit einer Fläche von 513 115 Quadratkilometern ist Thailand mehr als doppelt so groß wie die Bundesrepublik Deutschland, hat aber mit 52,5 Millionen Einwohnern weniger als die halbe Besiedelungsdichte (102,4 pro km², Bundesrepublik 61,1 Millionen, 245,8 pro km²).

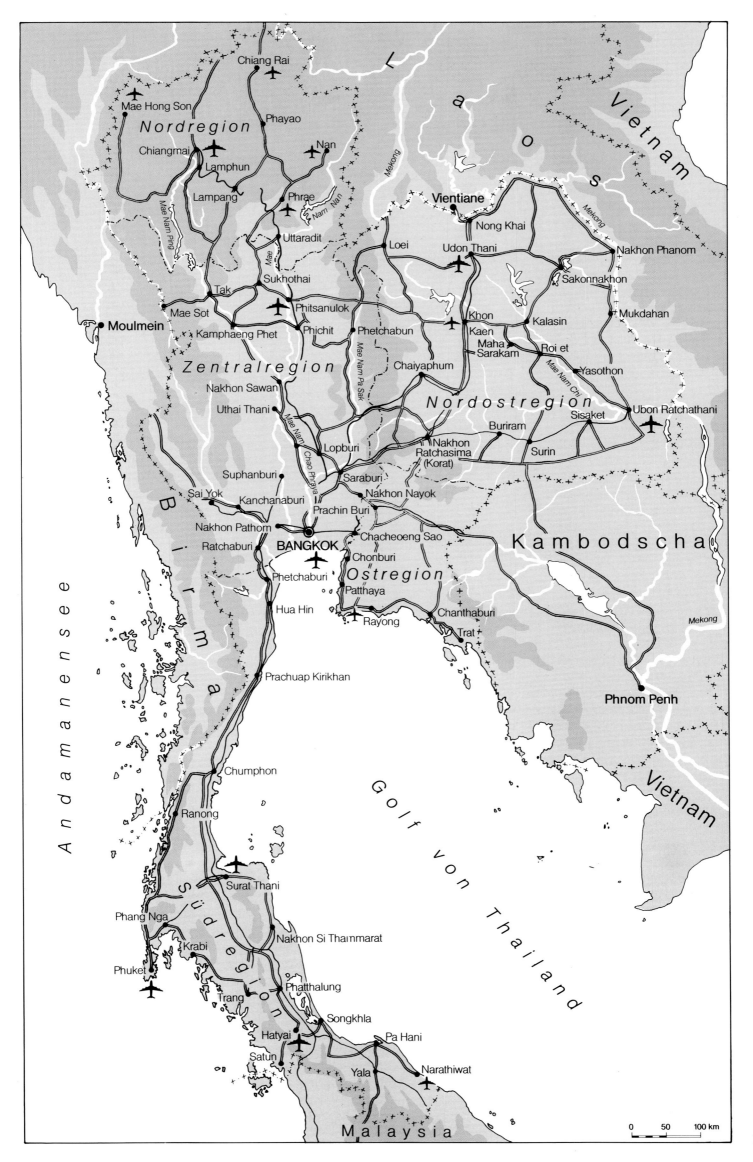

18

Links oben:
Weite Teile der zentralen Ebene verwandeln sich in der Regenzeit in ungezählte Wasserspiegel, wenn das schlammtragende Hochwasser aus den Flüssen und Kanälen auf die Reisfelder geleitet worden ist. Dieses Luftbild zeigt die alte Struktur des Landes mit der Besiedelung an den Wasserwegen und der Unterteilung der Felder durch schmale Dämme. Der große Fluß trägt den Schlamm heran, der hier seit Jahrtausenden immer wieder die Fruchtbarkeit erneuert.

Links:
Die Überschüsse der Reisernte füllen die großen Lagerhallen des Hafens von Bangkok. Hier wird der in Säcken herantransportierte Reis entleert, damit moderne Gebläseanlagen dann die Schiffe beladen können. Der Reis war lange das wichtigste Exportgut des Landes, ist jedoch als Devisenbringer in jüngster Zeit vom Tourismus übertroffen worden.

Rechts:
Im »schwimmenden Markt« konzentrieren sich noch immer viele Merkmale der typischen und althergebrachten Lebensweise der bäuerlichen Bevölkerung. Der Klong (Kanal) ist zugleich Hauptstraße und Marktplatz. In den Booten sitzen vor allem die Frauen, die ihre Produkte anbieten und ihre Käufe tätigen. Wichtigstes Transportmittel sind hier die Boote geblieben, die auch größere Lasten viele Kilometer weit befördern können. In dieser Ortschaft Damnernsaduark nahe des alten Zentrums Nakhon Pathom zeigt sich noch immer der Charakter des alten Siam als Land der Wasserwege.

ten Ebene vor der Mündung teilt er sich in zwei Hauptarme, von denen der östliche die größere Wassermenge führt und die Hauptstadt Bangkok mit einer weit geschwungenen S-Kurve durchfließt. Seine lehmigen Fluten tragen große Mengen fruchtbaren Schlamms ins Meer hinaus, das an diesem sumpfigen Küstenstrich jährlich um etwa sechs Meter zurückweicht. Die jetzt mehr als 60 Kilometer landeinwärts liegende Stadt Nakhon Pathom war einst eine Hafenstadt, in der vor rund 2000 Jahren Mönche aus Ceylon mit den Lehren Buddhas das Land betraten. Dieser Zuwachs an unfruchtbarem Schwemmland, in dessen salzhaltigem Boden sich für Jahrzehnte nur die Salzsumpf-Flora der Mangroven ansiedeln kann, führt ein großes Problem vieler Tropenflüsse vor Augen. Der fruchtbare Schlamm, der hier ins Meer hinausgeschwemmt wird, entzieht in gleichem Maße dem Binnenland seine segensreichen Mineralien und Schwebstoffe. Solange Überfluß herrschte, fragte man nicht nach dem Woher und Wohin. Doch das Zeitalter der sprunghaft gewachsenen Bevölkerungszahlen und der Fehl- und Unterernährung in großen Teilen der Welt schärft den Blick für die Bewältigung der Probleme mit Hilfe der Natur, dort wo sie noch verfügbar ist. Das Menam-System zeigt mit seinem Flußschlamm auf den Feldern ein positives Beispiel der Nutzung. Andererseits weist das unfruchtbare Schwemmland am Golf auch auf die Aufgabe hin, das Hinausströmen des Schlamms ins Meer noch wirksamer aufzuhalten. Dabei werden andere Tropenflüsse noch weit weniger als der Menam genutzt und könnten doch die gleiche Aufgabe erfüllen. Im näheren Umkreis sind dies der Irrawady in Birma, der gewaltige Mekong, in Indien Ganges und Brahmaputra. Ähnliches gilt auch für viele große und auch kleinere Flüsse, die an den tropischen Küsten Asiens, Afrikas und Südamerikas ungeheure Mengen fruchtbaren Schlamms ins Meer hinaustragen.

Beim Nil, dessen Schlamm seit Jahrtausenden Furchtbarkeit bedeutet, hat man den Assuan-Staudamm gebaut, ohne den Schlammtransport gebührend zu beachten. Jetzt füllt der Schlamm den großen Stausee des Oberlaufs auf, bleibt jedoch auf den Äckern des Unterlaufs und des Deltas aus. Das Studium und die Nutzung des Schlammtransports der Tropenflüsse wird heute nur von wenigen Experten ins Visier genommen. Doch weist das Beispiel der „Hochverehrten Mutter Wasser" bereits den Weg, auf sinnvolle Weise Kapital und Arbeit in die Ernährungsbasis der Dritten Welt und damit in deren soziale Zukunftssicherung zu investieren.

Stauseen mit dreifachem Nutzen

Seit den sechziger Jahren wurden in verschiedenen Regionen, vor allem im Norden und Nordosten große Staudämme gebaut, hinter denen sich weite Seen aufgestaut und den Charakter ganzer Landschaften total verändert haben. Sie haben sich in mehrfacher Hinsicht als nützlich erwiesen. Durch die Stromerzeugung ihrer Wasserkraftwerke konnte das Elektrizitätsnetz im ganzen Lande ausgebaut werden; heute gibt es nur noch wenige entlegene Dörfer, die nicht daran angeschlossen sind. Durch die Regulierung der Bewässerung konnten die Anbauflächen für eine zweite Reisernte im Jahr wesentlich erweitert und allein in den fünf Jahren vor 1979 von etwa 40 auf 500 Quadratkilometer ausgedehnt werden. Für weitere rund 20 000 Quadratkilometer Reisfelder – ein knappes Viertel der gesamten Anbaufläche von 86 000 Quadratkilometern – kann die Überflutungskontrolle nunmehr Ernteschäden verhindern. Auf dieser Gesamtfläche wurden zuletzt jährlich 17,2 Millionen Tonnen Reis geerntet, von denen etwa 10 Prozent exportiert wurden. Auf diese Reisfelder entfällt die reichliche Hälfte der gesamten landwirtschaftlichen Nutzfläche Thailands, die in jüngster Zeit vor allem im trockenen Nordosten wesentlich ausgeweitet worden ist. Dort verbessern die neuen großen Stauseen mit der Verdunstung ihrer riesigen Wasserflächen das regionale Klima durch mehr Luftfeuchtigkeit. Dadurch wurde vor allem der Anbau der Cassava- oder Maniok-Pflanze gefördert, aus deren Wurzeln das Stärkemehl Tapioka gewonnen wird. In der Exportbilanz hat Tapioka in jüngster Zeit den Reis auf den zweiten Platz verwiesen. Thailand erzeugt nunmehr 95 Prozent des Weltbedarfs dieses vielseitig verwendbaren Stärkeprodukts, größter Abnehmer ist die Bundesrepublik Deutschland.

Die Anbauflächen für Mais und Rohrzucker wurden im letzten Jahrzehnt sehr vergrößert und führten zu rasch steigenden Exportmengen, vor allem als Tierfutter. Auch Tabak, der in milden Sorten im Norden gedeiht, sowie Sojabohnen, Kokos- und Erdnüsse werden in steigendem Maß exportiert. Nach Hawaii und den Philippinen ist Thailand der drittgrößte Produzent von Ananas-Konserven.

Den hohen Preis für die Ausweitung der landwirtschaftlichen Nutzflächen haben die Wälder des Landes zahlen müssen, deren Anteil 1961 noch 57 Prozent der Gesamtfläche betrug, doch in nur 13 Jahren auf 37 Prozent vermindert worden ist. Diese Zah-

len bedeuten den Einschlag wertvoller, alter Baumbestände auf einer Fläche von mehr als 100 000 Quadratkilometern, vor allem im Nordosten und Norden sowie im Westen der zentralen Ebenen. In der Folge hat die Regierung den weiteren Einschlag der Wälder zu unterbinden gesucht und allenthalben Programme der Aufforstung in Gang gesetzt. Doch der große Verlust an Waldfläche kann damit nur gebremst, aber kaum rückgängig gemacht werden.

Der Süden liefert Gummi und Zinn

In den an Malaysia angrenzenden Südprovinzen einschließlich der Insel Phuket ist Naturgummi das Hauptprodukt großer Anbauflächen, die insgesamt mehr als 1540 Quadratkilometer bedecken. An dritter Stelle nach Malaysia (36 Prozent) und Indonesien (25,6 Prozent) produzierte Thailand 1986 rund 790 000 Tonnen und damit 19,6 Prozent der Weltproduktion mit stark steigender Tendenz. Zwar ist der Anteil des Naturkautschuks seit den dreißiger Jahren auf 35 Prozent des Weltbedarfs abgesunken, doch haben die Ölpreise den synthetischen Kautschuk in den siebziger Jahren derart verteuert, daß der Naturgummi wieder im Kommen ist und auch – beispielsweise für Winterreifen – mehr Bedarf deckt.

Die deutschen Importe standen 1985 mit 207 000 Tonnen an vierter Stelle des Weltverbrauchs nach den USA (819 000 Tonnen), Japan und China, noch vor der Sowjetunion, wobei Thailand ein wichtiger Lieferant bleibt.

Mit seiner Ausbeute reicher Zinnvorkommen im Süden steht Thailand an vierter Stelle der Weltproduktion nach Malaysia, Indonesien und Bolivien und lieferte mit etwa 12 Prozent die Hälfte der malaysischen Erzeugung. Doch haben stark sinkende Nachfrage und ein enormer Preisverfall die Zinnproduzenten in eine schwierige Lage gebracht. Ihre „Ausgleichslager" zur Stabilisierung der Preise füllten sich so sehr, daß die Produktion gedrosselt werden mußte. In Thailand sank die Zinngewinnung in einem einzigen Jahr (1983 bis 84) von 26 200 Tonnen auf 19 900 Tonnen, also um beinahe ein Viertel, während beim Nachbarn Malaysia zahlreiche kleinere Zinngruben geschlossen wurden. Ein Reichtum an Bodenschätzen, der einst hohe Gewinne gebracht hat und heute große Sorgen bereitet!

Beim raren Wolfram gehört Thailand nach China und der Sowjetunion zur Spitzengruppe der Erzeuger und gewann in den achtziger Jahren mit rund 4000 Tonnen jährlich etwa 10 Prozent der Weltproduktion.

Zu den besonderen Bodenschätzen des Landes gehören auch die Edelsteine, die in verschiedenen Landesteilen, vor allem im Südosten und im Westen der Zentralregion gefunden werden. Sie haben seit alter Zeit das Können der siamesischen Goldschmiede herausgefordert, deren kunstvolles Handwerk auch heute einen hohen Rang einnimmt.

Alte Wasserstraßen, neue Land- und Luftwege

Trotz seiner langen Landgrenzen von mehr als 3500 Kilometern ist Thailands Verkehr mit der Außenwelt hauptsächlich auf die alten Wasser- und neuen Luftwege angewiesen, mit Ausnahme der Bahn- und Straßenverbindung nach Malaysia und Singapur, die auch dort am Meer endet. Die Wasserstraßen des Golfs führen zu den Flußhäfen des Menam wie in einen Trichter. Inder und Chinesen haben sie seit mehr als 2000 Jahren für den Handel mit diesem Lande benutzt. Das alte Siam war als Handelspartner gewiß die lange Reise wert, sonst hätten die Kaufherren ganz Asiens, von Persien und Arabien bis China und Japan, nicht ihre Schiffe und Kolonien in die reiche Haupt- und Hafenstadt Ayuttaya am Menam geschickt. In der Nachfolge dieses 1767 total zerstörten Macht- und Handelszentrums war die neue Hauptstadt Bangkok näher am Meer auch für die größeren Schiffe des 19. und 20. Jahrhunderts besser erreichbar, so daß sie als der einzige große Hafen des Landes zunehmende Bedeutung erlangte. In jüngster Zeit sind neue Hafenanlagen südlich der Stadt am Klong Toey auch für den modernen Container-Transport ausgebaut worden; monatlich werden dort rund 5000 dieser genormten Großbehälter be- und entladen. Doch erfordert die verschlammte Menam-Mündung ständige Baggerarbeiten. Daher werden die großen Tanker bereits an die neuen Anlagen nahe der Raffinerie in Sri Racha an der Südostküste nördlich von Pattaya geleitet. Außerdem wird der Ausbau der bisher nur als Kriegshafen genutzten Bucht von Sattahip 30 Kilometer südlich von Pattaya zum modernen Handelshafen vorangetrieben; eine 153 Kilometer lange Bahnlinie von der Hauptstadt nach Sattahip ist bereits in Bau. Das weit größere Projekt des Kanals, der die südliche Halbinsel bei Kra durchqueren und den Schiffahrtsweg zwischen Indien und China verkürzen soll, ist seit dem 19. Jahrhundert eine Utopie geblieben. Zuerst waren die Engländer in Singapur keine Freunde dieses Projekts, jetzt haben die Japaner die Rentabilität wieder einmal untersucht – und verneint. Also bleibt es bei dem Umweg und der Bedeutung von Singapur an der alten Route.

Linke Seite:
Der Bhumibol-Yanhi-Staudamm im Nordwesten der Zentralregion hat eine Länge von fast 500 Metern und eine Höhe von 154 Metern. Er staut den Ping-Fluß in Gebirgstälern zum größten Binnensee des Landes mit rund 300 Quadratkilometern und einer Länge von etwa 120 Kilometern auf und ist ein wichtiger Stromlieferant und Bewässerungsregulator geworden.

Links:
Die Tapioka-Verladung im Hafen von Bangkok beschäftigt Scharen von Trägern für die Säcke mit dem feinen Stärkemehl, das nicht für die modernen Gebläse geeignet ist. Hauptabnehmer ist die Bundesrepublik Deutschland.

Nachfolgende Doppelseite:
Die Quellflüsse in den Bergen des Nordens spenden dem Lande seine Lebensadern und haben auch die Wege seiner Völkerwanderungen gewiesen. Diese Flußlandschaft am Mae Nam Kok bei Chiangrai ist charakteristisch für den Norden nahe am »Goldenen Dreieck« und seinen Grenzen zu Birma und Laos.

Auf viele kleinere Häfen ist Thailands große Fischfangflotte verteilt. Mir mehr als 10 000 registrierten und motorisierten Booten nimmt sie in Asien nach Japan und China den dritten und weltweit den siebten Rang ein. Mehr als 350 000 Fischer fahren mit diesen Booten immer weiter ins Meer hinaus, denn die Küstengewässer bieten in jüngster Zeit nicht mehr den einst gewohnten Fischreichtum.

Im Binnenland haben die Wasserwege ihren früheren Vorrang an die Straßen und Bahnlinien abgegeben, auch wenn noch immer reger Verkehr auf den Flüssen und Kanälen herrscht und die Schleppzüge der Lastboote viele Massengüter transportieren.

Für den Personenverkehr ist das gut ausgebaute Busnetz zum wichtigsten und preiswerten Transportmittel geworden, das sternförmig von der Hauptstadt aus alle Landesteile bedient. Zwar wurden die Gleise der Bahn in diesem Lande vor den meisten Straßen gelegt, doch gibt es nur die Hauptstrecken von Bangkok nach Süden (bis Singapur), nach Norden und Nordosten und wenige Nebenlinien. Das Gesamtnetz hat eine Länge von 3765 Kilometern, auf denen nur relativ wenige Züge verkehren. Demgegenüber hat das Straßennetz eine Länge von über 54 000 Kilometern und wurde allein in den Jahren von 1971 bis 1978 von 26 101 bis auf 51 162 Kilometer fast verdoppelt. Auch in den landwirtschaftlichen Bezirken macht die Motorisierung schnelle Fortschritte, kleine Dieselmotoren setzen einfache Fahrzeuge eigener Herstellung in Bewegung, Motorpflüge ersetzen die Wasserbüffel der Reisbauern. Doch brachte die weltweite Steigerung der Erdölpreise dem Lande mitten in dieser Ausbreitung des Motors einen starken Schub der Kosten und Preise, aber auch eine fieberhafte Suche nach eigenen Öl- und Erdgasquellen; letztere wurden 1981 vor der Golfküste entdeckt und tragen nunmehr mit steigendem Anteil zum Energiehaushalt bei.

Erst mit der raschen Verdichtung des interkontinentalen Flugnetzes in den sechziger Jahren ist Bangkok in das Zentrum der asiatischen Verbindungen gerückt. Die geographische und die politische, weltoffene Lage der thailändischen Hauptstadt wirkten zusammen und brachten den steilen Aufstieg zu einem der wichtigsten Flughäfen des Kontinents, zumal die Passagiere – anders als die Güter – heutzutage in großer Zahl die weiten Strecken Asiens und vielerlei Hindernisse ausschließlich auf dem Luftweg überspringen.

Eine Reihe internationaler Fluglinien sowie die Jumbo-Flotte von Thai International verbinden Bangkok mit den wichtigsten Zentren Asiens, Europas, Australiens und der nordamerikanischen Westküste. Im Inland bedient das Netz von Thai Airways insgesamt 24 Flughäfen, von denen Chiangmai im Norden und die Insel Phuket im Süden die beliebtesten touristischen Ziele sind.

Licht- und Schattenseiten des Tourismus

Seit dem Beginn des „Jumbo-Zeitalters" zu Anfang der siebziger Jahre sind die Zahlen der Touristen in Thailand steil in die Höhe geschnellt. Diese Entwicklung wurde durch die Amerikaner eingeleitet, die das ihnen freundschaftlich verbundene Thailand als gastliche Etappe ihrer in Vietnam kämpfenden Soldaten und Stützpunkt ihrer Bomberflotten benutzten. Ihnen folgten bald zu tausenden die Europäer, darunter die Deutschen der großen Fernreisewelle, die hier die Exotik eines sehr fernen tropischen Landes und den freundlichen Charme seiner Menschen erleben lernten. Die Thais entdeckten im Tourismus eine interessante Industrie, die sie nach Kräften ausgebaut haben und deren Erlöse in Dollar, DM, Yen und anderen „harten" Währungen nunmehr alle anderen Exportgüter und sogar den Reis übertreffen. Im „Visit-Thailand"-Jahr 1987 kamen 3,48 Millionen Ausländer, davon rund 148 000 Deutsche, ins Land, letztere gaben dort rund 190 Millionen DM aus. Damit wurde die Rekordmarke von 2,27 Millionen Touristen im Jahre 1982 überboten, der wegen des erhöhten Dollar-Kurses und der daran gekoppelten Baht-Währung ein empfindlicher Rückgang, vor allem aus Europa, gefolgt war. Inzwischen wurde die Dollar-Bindung des Baht etwas gelockert und der D-Mark und den anderen europäischen Währungen werden günstige Wechselkurse geboten, die das ihrige zur Steigerung der Gästezahlen beitragen. Die „Tourismus-Industrie" hat zahlreiche Arbeitsplätze geschaffen und Existenzen gesichert, nicht nur in den touristischen Betrieben, wie Hotels und Restaurants, sondern auch in ihrem weiten Umfeld, bis hin zu den Schneidern und – eben auch – Massagesalons. Dabei darf man die ungezählten Werkstätten nicht vergessen, in denen eine große Vielfalt kunsthandwerklicher Erzeugnisse angefertigt wird. Noch weit größer ist der Bedarf an landwirtschaftlichen Produkten für die täglichen Gaumenfreuden der Gäste. So leben nunmehr ganze Fischerflotten vom Tourismus, auch Obst- und Gemüseplantagen, die sich auf diesen Bedarf selbst mit früher unbekannten Produkten, beispielsweise Kartoffeln, eingestellt haben, bis hin zu den Krabbenteichen, die sogar in den Tälern des Nordens angelegt wurden, um auch dort diese eigentlichen Meeresbewohner frisch servieren zu können, was vor allem die Thais selbst und ihre chinesischen Landsleute zu schätzen wissen.

Eine Statistik aus der Mitte der achtziger Jahre nennt rund 550 000 Arbeitsplätze, die durch den Tourismus geschaffen worden sind, davon knapp 250 000 für die ausländischen Gäste und über 300 000 für den inländischen Tourismus, der offenbar in hohem Maße den Ausbau dieser „Industrie" zu nutzen weiß. Jeder Reisende in Thailand kann speziell an den Wochenenden und Feiertagen beobachten, wie sehr die Thais selbst die touristischen Attraktionen ihres Landes schätzen gelernt haben. Viele bessergestellte Familien entfliehen an den Wochenenden den Städten und fahren ans Meer oder in die etwas kühleren Berge. Vor allem ist die jüngere Generation aufgebrochen, ihr eigenes Land zu entdecken.

Zu dieser sehr dynamischen Entwicklung ist anzumerken, daß sich der ausländische Gästestrom hauptsächlich in speziellen Zentren konzentriert. Neben Bangkok ist dies vor allem der Badeort Pattaya an der Südostküste sowie die Hauptstadt der Nordregion, Chiangmai, gefolgt von den Inseln Phuket und – mit einigem Abstand – Samui sowie dem Badeort Hua Hin an der westlichen Golfküste. Im Umkreis dieser Zentren liegen interessante Ausflugsziele, doch fehlen dort vielfach die Quartiere, so daß die Besucher immer wieder in ihre Hotels zurückkehren. Erst die jüngste Entwicklung vom Gruppen- zum Individualtourismus und die verbesserte Landeskenntnis von Thailandfreunden bringt jetzt auch mehr Gäste zu lohnenden Zielen abseits der touristischen Zentren und eingefahrenen Routen.

An den Stätten der Überentwicklung zeigen sich auch die negativen Begleiterscheinungen. Vor allem ist es die totale Kommerzialisierung im Griff nach dem leicht erreichbaren Touristengeld, das zudem in der Ferienstimmung auch leichter als im Alltag ausgegeben wird. Wer hier wen „ausbeutet", das ist so einseitig – wie es manche Kritiker zu Lasten der Touristen darstellen – wohl kaum zu beantworten. Auch das vielzitierte „älteste Gewerbe" hat in Asien eine weit ältere Tradition als der Tourismus, dem dieses Angebot hier jedoch offener als in anderen Ländern dargeboten wird, wobei es Auswüchse gibt, die von den Thais selbst heftig kritisiert werden. Das eigentliche Problem sind dabei die „Kunden" aus aller Welt, jetzt auch aus Japan und Arabien, denen das Schweigen der höflichen Gastgeber gilt.

Die Licht- und Schattenseiten der sehr jungen touristischen Entwicklung sollten nicht getrennt gewertet, sondern als ein Gesamtbild beurteilt werden, dessen lichte Seiten zweifellos die dunklen überwiegen. Dieses Land und seine Menschen sind es wert, besser verstanden und mit Fairneß gesehen zu werden, gerade dort, wo die Probleme nicht so leicht zu meistern sind.

Geschichte:
WURZELN UND WANDLUNGEN EINES STOLZEN VOLKES

Die Flußtäler und Ebenen Thailands sind uralter Kulturboden. Die Spuren menschlichen Lebens reichen weit zurück in die Vor- und Frühgeschichte und bilden sehr alte Wurzeln für die Kultur des heute so stolzen und eigenständigen Volkes. Unter den Rassen und Völkern der verschiedenen Zeitalter in Südostasien stellt das heutige Staatsvolk der Thais das jüngste Glied einer Kette dar, seit es vor acht Jahrhunderten in dieses Gebiet vom Norden her eingewandert ist. Aus der Besitznahme sehr alten kulturellen Mutterbodens und der Unterwerfung der ansässigen Stämme wurde jene Synthese herbeigeführt, die zur Bildung des eigenständigen Thai-Staates von Siam geführt hat.

Die historischen Wurzeln und Epochen in diesem Kulturraum geben Aufschluß über die Schichten und Wandlungen, die die lebendig gewachsene Basis für die heutige Existenz dieses souveränen Volkes hergestellt haben. Verschiedene bisher weniger bekannte Einzelheiten sollen dieses vielgestaltige Mosaik der Thai-Kultur und -Geschichte mit ihren Facetten bereichern.

Die Steinbeile vom »River Kwai«

Die Archäologie vorgeschichtlicher Spuren ist in Thailand eine ganz junge Wissenschaft, der noch eine große Entfaltung bevorsteht. Denn ihr noch wenig erschlossenes Aktionsfeld ist sehr weit und – im direkten Wortsinn – vielschichtig. Schon die ersten vorgeschichtlichen Entdeckungen haben in den vierziger Jahren bedeutende, auch für die internationale Öffentlichkeit eindrucksvolle Funde aus sehr verschiedenen frühen Stufen der Menschheitsentwicklung zutage gefördert.

Die bekanntesten Namen solcher Fundstätten sind Ban Kao im Flußtal des Mae Nam Kwae Noi – international bekannt als »River Kwai« – in der westlich von Bangkok gelegenen Provinz Kanchanaburi sowie das Dorf Ban Chiang in der Nordostprovinz Khon Kaen. Die Steinwerkzeuge von Ban Kao lassen auf sehr frühe Menschen der Altsteinzeit schließen. In Ban Chiang wurde dagegen eine Hochkultur der frühen Bronzezeit ausgegraben – die Zeitspanne zwischen diesen Epochen beträgt fast eine halbe Million Jahre!

Die Fundstätte von Ban Kao wurde mitten im Drama des Zweiten Weltkrieges entdeckt. Der fachkundige Holländer Dr. van Heekeren war den Japanern in die Hände gefallen, als sie das niederländische Kolonialgebiet des heutigen Indonesien besetzten. Zusammen mit Tausenden von alliierten Gefangenen wurde er nach Thailand gebracht und 1943/44 von den Japanern zum Streckenbau für die Birma-Bahn am River Kwai gezwungen. Dabei fand er ganz zufällig im Kies und Geröll einer Flußterrasse behauene Kieselsteine, die er als Werkzeuge von Menschen der Altsteinzeit erkannte. Nach der Heimkehr veröffentlichte er 1947 in London unter dem Titel »Die Steinbeile von der Todesbahn« seine Entdeckung und deren dramatische Umstände. Damit erregte er Aufsehen und lenkte das Interesse der Fachwelt auf diese Fundstätte. Nach einer amerikanischen Bestätigung der Entdeckung unternahm 1961 eine thai-dänische Expedition systematische Grabungen bei Ban Kao und förderte eine ganze Reihe von Steinwerkzeugen verschiedener Zeitalter zutage, darunter roh behauene Faustkeile der frühen Perioden, aber auch viel feiner geformte und geschliffene Steinbeile von späteren Entwicklungsstufen, deren zeitlicher Abstand auf Tausende von Jahren zu veranschlagen ist. Die Funde von Ban Kao haben diesen Namen zu einem Markstein der asiatischen Vorgeschichte gemacht.

Die frühesten Steinwerkzeuge von Ban Kao und weiteren seither entdeckten Fundstätten werden auf ein Alter von etwa 500 000 Jahren geschätzt, als diese Menschen der ältesten Kulturstufe durch eine Zwischeneiszeit zu Wanderungen aus den kälter werdenden Zonen gemäßigten Klimas nach Süden gezwungen wurden. Dem noch früheren Homo heidelbergensis (1907 bei Heidelberg gefunden) und den ältesten Knochenfunden in China und Afrika gibt die Wissenschaft ein noch um 100 000 Jahre höheres Alter. Die ältesten in Ban Kao gefundenen Steinwerkzeuge sind roh behauene Keile und Schaber sowie deren kleinere Absplitterungen. Sie wurden von den Menschen, die das Land als Jäger und Sammler durchstreiften, sehr vielseitig bei der Jagd, zum Zerlegen des Wildes und auch zum Ausgraben eßbarer Wurzeln benutzt. Von diesen Menschen gibt es bisher in Thailand keine Skelettfunde, jedoch von Tieren, wie Rinder, Schweine und Hirsche, die als ihre Nahrung angesehen werden. Auch gewisse Anhäufungen von Fischgräten und Muschelschalen werden als Spuren dieser Urmenschen gedeutet.

Eine sehr alte Bronzekultur

Weitere Forschungsergebnisse aus jüngeren Schichten lassen darauf schließen, daß die systematische Landwirtschaft dieser Region mit dem Anbau von Pflanzen wie Bohnen, Nüssen, Gurken und Kürbissen und der Zucht von Rindern und Schweinen bereits im 7. Jahrtausend v. Chr. begann und der Reisanbau etwa um 3500 v. Chr. einsetzte. Hauptfundstätte dieser frühen Bauernkultur ist das Gebiet von Non Nok Tha in der Nordostprovinz Khon Kaen. Dort haben von 1965 bis 1968 amerikanische und thailändische Archäologen sehr intensiv geforscht und gegraben, bevor das Tal vom Stausee des Ubolratana-Dammes überflutet wurde. Im Wettlauf mit dem Wasser förderten die Forscher dort aus den untersten Grabungsschichten Tierknochen, Steinwerkzeuge und unbemalte Tonkrüge zutage. Darüber fand man menschliche Skelette mit Brandspuren, Bronzebeile und auch Steinformen zum Gießen derselben, außerdem Abdrücke von Reiskörnern in Tonscherben, was die Datierung des frühen Reisanbaus im vierten Jahrtausend v. Chr. ermöglichte – auch dies ein wichtiger Markstein in der Vorgeschichte dieser »Reisschale Asiens«.

Die ergiebigste und aufschlußreichste Fundstätte der Vorgeschichte wurde 1967 in dem Dorf Ban Chiang entdeckt, das rund 120 Kilometer nordöstlich von Non Nok Tha, nahe der Straße von Udon Thani nach Sakon Nakhon, an einem kleinen Nebenfluß des etwa 70 Kilometer entfernten Mekong liegt. Aus dieser Gegend waren schon vorher alte Keramik- und Bronzestücke von

Zeugen der Vorgeschichte

Linke Seite, oben:
Der durch den Film von David Lean weltweit bekanntgewordene »River Kwai« (Mae Nam Kwae Noi) führt zu den Spuren vorgeschichtlicher Besiedelung. Als dort während des Zweiten Weltkrieges Tausende von alliierten Kriegsgefangenen für die Japaner die berüchtigte »Todesbahn« nach Birma bauen mußten, entdeckte der Holländer Dr. van Heekeren im Geröll des Ufers behauene Faustkeile und Steinbeile. Spätere Grabungen bestätigten seine Entdeckung. Dieses Bild zeigt den von Gefangenen aus Holzstämmen erbauten Bahnviadukt am Kwai-Ufer nahe der Fundstätten von Ban Kao.

Linke Seite, unten:
Diese großen Faustkeile weisen zahlreiche behauene Stellen auf und stammen aus einer frühen Periode der Funde von Ban Kao, bei denen ein Alter bis zu 500 000 Jahren vermutet wird.

Rechts:
Die 1967 entdeckten Funde von Ban Chiang im Nordosten Thailands haben zu der Vermutung geführt, daß dort eine der ältesten Bronzekulturen ihre Spuren hinterlassen habe. Ein Teil der Grabungsstätte von Ban Chiang ist in ihrem freigelegten Zustand belassen worden. Die Archäologen haben hier Grabstätten mit ihren Beigaben in den Schichten dreier Perioden freigelegt, von denen die älteste in das frühe 5. Jahrtausend zurückreicht.

Unten links:
Die Bronzefunde von Ban Chiang aus dem 5. Jahrtausend v. Chr. haben die Weltkarte der frühen Metallzeitalter verändert und neben Ägypten, Anatolien, Mesopotamien und China das thailändische Binnenland im Mekong-Bogen als einen weiteren Schwerpunkt der frühen Bronzegußtechnik hinzugefügt.

Unten rechts:
Auch die Tonkrüge von Ban Chiang haben mit ihren charakteristischen Farben und Mustern weit über die Fachwelt hinaus Interesse gefunden. Die Datierung der bemalten Krüge aus hellem Ton mit ihren Parallel-Linien in Ocker reicht bis ins frühe 4. Jahrhundert v. Chr. zurück. Auf dem Kunstmarkt gibt es Beutestücke illegaler Grabungen, aber auch viele Kopien. Dieses Bild zeigt die charakteristischen Ban-Chiang-Vasen im Museum von Khon Kaen (Nordost-Thailand).

Findern und vermutlichen Grabräubern angeboten worden. Das systematische Vorgehen der Archäologen legte hier Grabstätten mit zahlreichen Beigaben in den Schichten dreier Perioden frei, von denen die älteste in drei Metern Tiefe auf das frühe 5. Jahrtausend v. Chr. mit der Bandbreite einiger Jahrhunderte eingestuft wurde.

Großes Aufsehen erregte die Tatsache, daß dort an Skeletten der untersten Schicht Bronzeringe gefunden wurden. Diese Grabungsfunde aus dem 5. Jahrtausend v. Chr. lassen auf eine sehr alte Bronzegußtechnik schließen, was auf Zeugnisse aus einer ganz frühen Bronzezeit hindeutet. Im Vergleich dazu datiert man den Beginn der Bronzezeit in Ägypten um 2700 v. Chr., nachdem das Schmelzen von Kupfer, Silber und Gold dort schon seit etwa 3700 v. Chr. vorausgegangen war. Noch weit ältere Kupferarbeiten stammen aus Mesopotamien und Kleinasien, wo die Wissenschaft bisher den Ursprung der Metallverarbeitung vermutet. Die älteste Fundstätte von Blei- und Kupferarbeiten ist die anatolische Stadtsiedlung Catal Hüyük, die um 6700 v. Chr. bestand. Doch tauchen die ersten Legierungen von Kupfer und Zinn, die der Bronzezeit den Namen gaben, auch dort erst im 3. Jahrtausend v. Chr. auf. In China stammen die ältesten Bronzegegenstände aus der Zeit der Hsia-Dynastie (etwa 1689-1766 v. Chr.), sind also etwas jünger als die der Ägypter. Unter der nachfolgenden Shang-Dynastie (etwa 1766-1122 v. Chr.) erreichte der chinesische Bronzeguß einen hochkünstlerischen Formenreichtum, der dem des Mittelmeerraumes durchaus gleichzusetzen ist. Nun aber haben die Funde von Ban Chiang seit 1967 die weitaus jüngere Datierung der asiatischen Bronzezeit gegenüber den alten Hochkulturen des östlichen Mittelmeerraumes mit einem großen Fragezeichen versehen. Auch muß man sich jetzt fragen, woher Chinas Bronzetechnik kam: aus eigener Entwicklung, auf den uralten Handelswegen aus Ägypten oder Mesopotamien – oder aber aus Südostasien, der Wiege einer ganz eigenen Bronzekultur?

In jedem Fall bestätigen die Bronzefunde von Ban Chiang die sehr alte Kunstfertigkeit des Bronzegusses, der auch im heutigen Thailand nach den überkommenen Erfahrungen als traditionsreiches Handwerk gepflegt wird.

Von allen Seiten ein lockendes Ziel

Die hier aufgezeigten zeitlichen Dimensionen lassen das jüngste Jahrtausend, in dem das Thai-Volk die Geschicke des Landes übernommen und bestimmt hat, nur als den letzten Abschnitt einer langen Entwicklung erscheinen und nach den zugrundeliegenden Wurzeln und Schichten fragen. Für die Zeit vor dem 13. Jahrhundert gibt es zwei historische Perspektiven. Die eine – von den Thais bevorzugte – richtet sich auf die Herkunft dieses Volkes im Südwesten des chinesischen Großraumes und dessen Staatsbildung in Siam, während die andere Perspektive auch die Völker und Kulturen vor dieser Einwanderung in die nationale Identität einbezieht und dadurch ein sehr wandlungsreiches Gesamtpanorama erlangt. Erst aus beiden Perspektiven kann das Verstehen für die einzigartige Synthese erwachsen, die diesem Lande und Volke heute seinen ganz eigenen Charakter gibt.

Dieser historische Prozeß ist – ganz im Sinne der Thai-Tradition des Bronzegusses – als eine Legierung zu verstehen, die aus unterschiedlichen Grundstoffen und Zutaten in einem Schmelztiegel vermischt wurde und daraus mit neuen Qualitäten – wie aus einem Guß – hervorgegangen ist.

Wer in dieser »Reisschale« auch zugleich einen großen Schmelztiegel der Völker und Kulturen erkennt, der wird die verwirrende Vielfalt kultureller Zeugnisse und historischer Fakten in diesem Lande als ein faszinierendes Mosaik sehen lernen, das sich zu einer großen Bildkomposition vereinigt.

Das alte Zentrum des Landes, das Menam-Becken, war in den jüngsten drei Jahrtausenden das lockende Ziel von Menschen- und Kulturströmen, Handelswegen und Kriegszügen aus allen Himmelsrichtungen.

Aus dem Nordosten und Osten kamen die ersten Bauernvölker, von denen nur die Spuren, wie in Ban Chiang, bekannt sind, aber keine Namen. Ihnen folgten die sprachlich verwandten Völker der Mon und Khmer, von denen die Mon im heutigen Birma und Thailand um 300 bis 500 n. Chr. kleinere Staaten gründeten, während die Khmer ihre zentrale Machtbasis in Kambodscha ausbauten und Siam von Südosten her jahrhundertelang beherrschten. Von Süden her gelangten über die See- und Landwege der Halbinsel Malakka die Handels- und Kulturgüter Indiens nach Siam. Von Westen hingegen ergossen sich vom 13. bis zum 18. Jahrhundert die Kriegszüge des Nachbarn Birma ins Land. Von Norden kam das Thai-Volk, das zuvor zwischen Tibet und China einen zeitweise großen und machtvollen Staat gegründet hatte. All diese Völkerwanderungen haben sich in Siam wie Schichten übereinander gelegt und sind in diesem Schmelztiegel der Rassen, Religionen, Lebensweisen und Herrschaftssysteme zur ganz eigenen siamesischen Kultur verschmolzen worden, in der das Thai-Volk die dominierende Rolle, aber auch viel Vorgefundenes übernahm. Wie überall auf der Welt wurden diese Völkerdramen dadurch vollzogen, daß die jeweiligen Sieger die ansässigen Bewohner entweder unterwarfen oder verfolgten und abdrängten. Das erstere geschah mit den Mon, die bis auf wenige Reste praktisch in der Thai-Bevölkerung aufgegangen sind, ihre Sprache aufgegeben haben, doch als Rasse im Volke sichtbar weiterleben.

Hingegen mußte die älteste Rasse der negroiden Ureinwohner schon seit langer Zeit das Schicksal hinnehmen, immer weiter in entlegene Gebiete abgedrängt und dezimiert zu werden.

Das erste große Reich: Funan

Den frühesten historisch belegten Namen im Bereich des heutigen Thailand trägt das legendäre Reich Funan. Dieser chinesische Name bedeutet »König der Berge«, doch beschreiben chinesische Chronisten im 3. Jahrhundert n. Chr. die Lage der Hauptstadt Go-oc-eo an einem westlichen Arm des weitgefächerten Mekong-Deltas im Süden des heutigen Vietnam. Dieses Reich Funan beherrschte auf der Höhe seiner Macht weite Küstenstriche am Golf von Siam und dessen Handelsstraßen zu Wasser und zu Lande, die die Verbindung zwischen Indien und China herstellten. Der Bestand des Reiches währte von etwa 100 v. Chr. bis um 550 n. Chr.; im Osten traten dann die Khmer, im Westen die Küstenstaaten des Srividjaja-Reiches und im Norden die Mon-Staaten seine Nachfolge an. Die Gründungslegende von Funan beschreibt den Sieg des von Westen übers Meer kommenden Brahmanen Kaundinya über die Tochter des göttlichen Schlangenkönigs, die sich als Königin mit ihren Bootsleuten tapfer, doch vergeblich wehrte. Der Eroberer heiratete die besiegte Königin und begründete die Kaundinya-Dynastie, die das Reich einige Jahrhunderte lang regierte und den kulturellen Einfluß Indiens verkörperte.

Mit China herrschte ein reger Handel und nützlicher Frieden, weil die späteren Funan-Könige – anders als ihre Khmer-Nachbarn – die Großmacht des Ostens wiederholt durch Tributmissionen anerkannten, was jedoch die Feindschaft mit den aufstrebenden Khmer vertiefte. Seither sind die Funan-Städte und -Häfen im Morast der Mangrovensümpfe an den sich immer weiter ins Meer hinausschiebenden Flußmündungen versunken. Es gibt keine steinernen Zeugnisse dieses Reiches, nur das Symbol des Schlangenkönigs, die neunköpfige Naga, ist von den Khmer und auch von den Siamesen als Symbol des Schutzes heiliger Stätten, besonders aber des Buddha, übernommen worden. Die auf Funan folgenden Khmer-Reiche von Champa an der Ostküste und von Angkor im Zentrum dieses sogenannten Indochina haben den Hinduismus als Staatsreligion übernommen.

Funan bestand etwa vom 1. Jahrhundert v. Chr. bis ins 6. Jahrhundert und kontrollierte auf der Höhe seiner Macht den siamesischen Bereich der Handelsrouten zwischen Indien und China. Schlüsselpositionen dieser Route waren die Häfen der siamesischen Halbinsel, wo kurze Land- und Flußrouten den langen und gefährlichen Umweg um die Halbinsel Malakka ersparten. Die kleinen Reiche Tambralinga und Langkasuka erblühten an den Häfen dieser Routen und waren die Eingangstore für indisches Kulturgut in Siam.

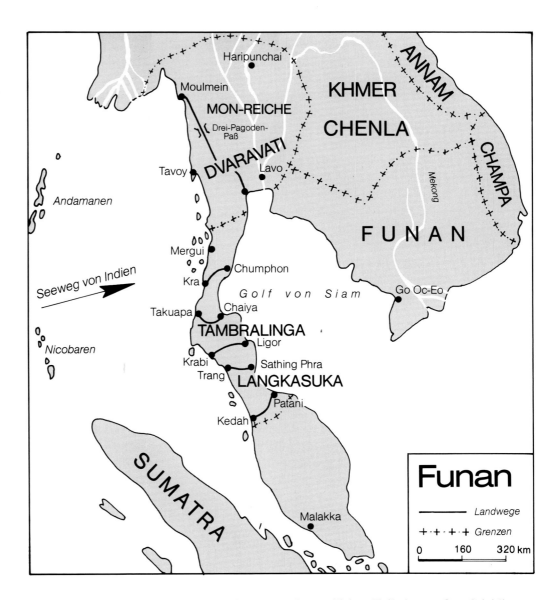

Das Rätsel der alten Golfzentren

Die Chronisten des alten China schrieben im Geiste konfuzianischer Ordnung knapp, sachlich und präzise. Ihre Texte sind voller Fakten und Zahlenangaben. In diesem Stil berichtete der Verwalter kaiserlichen Militärgutes in Peking, Chang Chun, im 7. Jahrhundert n. Chr. über seinen Besuch im »Königreich der Roten Erde« in der »Südsee« von Funan. Die Reisezeit dorthin betrug 100 Tage. Dann wurde sein Schiff in einem Fluß einen Monat lang mit einem Seil aus Metall geschleppt, bis es vom nördlich gelegenen Meer die von Bergen umgebene Hauptstadt Seng Chih erreichte, wo die chinesische Delegation mit großen Ehren empfangen wurde. »Die Stadt hat dreifache Tore, die mehr als hundert Schritte voneinander entfernt sind«, berichtet der Chinese mit militärisch geschultem Blick für solche Einzelheiten. »An jedem Tor sind Malereien mit fliegenden Geistern, Bodhisattvas und anderen Unsterblichen, und sie sind mit goldenen Blumen und leichten Glocken behängt. Gruppen von Frauen machten entweder Musik oder hielten goldene Blumen oder Ornamente in die Höhe. Vier Männer in der Kleidung der Riesenwächter buddhistischer Pagoden standen an den Toren ... Muscheln wurden geblasen und Trommeln geschlagen ... Es ist der Brauch, Buddha anzubeten, doch noch größere Verehrung wird den Brahmanen gezollt. ... Im Lande leben 500 Familien aus Indien und mehr als tausend indische Brahmanen. Die Menschen folgen ihren Riten und geben ihnen Töchter zur Ehe, infolgedessen gehen viele Brahmanen nicht wieder weg. Sie tun nichts anderes als heilige Bücher zu studieren, mit Blumen und Wohlgerüchen zu baden und unablässig bei Tag und Nacht ihre Frömmigkeit zu praktizieren. ... Alle Gebäude des Königspalastes bestehen aus mehrfachen Pavillons mit den Toren an der Nordseite. Der König sitzt auf einer dreistufigen Plattform mit dem Blick nach Norden in rosenfarbiger Bekleidung mit einem Kranz goldener Blumen und Halsketten aus Edelsteinen. Vier Hofdamen geleiten ihn zu beiden Seiten, mehr als hundert Soldaten sind seine Leibwache. ... Einige hundert Brahmanen sitzen sich an der Ost- und Westseite in Reihen gegenüber.«

Dieser Bericht schildert den Glanz einer Hauptstadt, deren indischer Name Tambralinga ein Königreich bezeichnet, das in der Mitte der malaiisch-siamesischen Halbinsel viele hundert Jahre lang, etwa von 500 bis 1100 n. Chr., eine wichtige Schlüsselstellung einnahm. Teils als Vasall von Funan, später als nördlicher Teil des großen Srividjaya-Reiches und auch mit eigener Macht und Souveränität kontrollierte Tambralinga einen wichtigen Landübergang und Knotenpunkt des See- und Handelsweges zwischen Indien und China – mit der Abzweigung ins alte Siam. Durch die Kombination der Seewege mit Flußabschnitten und Landrouten quer durch die Landenge wurde der lange und unsichere Umweg um die Halbinsel Malakka herum vermieden. Dies erklärt die Bedeutung der alten Handels- und Machtzentren an der Golfküste.

Weiter im Norden erblühten etwa zur gleichen Zeit die verschiedenen Mon-Reiche, von denen Dvaravati im Süden des Menam-Beckens den ersten Rang einnahm. Auf dem Wege über die Golfhäfen gelangten die faszinierenden Kulturgüter Indiens, seine Religion, Kunst und Literatur zu den Mon-Staaten, die sowohl in Siam als auch in Birma mit der Verbreitung und Weitergabe dieser Güter den heutigen Charakter dieser Länder geprägt haben.

Aus diesem Grunde verdient das alte Tor im Süden, Tambralinga, besondere Beachtung. Einige Einzelheiten in der Beschreibung des Chinesen Chang Chun haben unter den Geographen, Historikern und Archäologen in jüngerer Zeit ein großes Rätselraten ausgelöst.

Indiens Götter herrschten im Süden

Linke Seite:
Im ersten Jahrtausend n. Chr. haben sich vielfältige Einflüsse aus Indien speziell im Süden des alten Siam verbreitet. Indische Kaufleute kamen in die Hafenstädte, ihre Brahmanen verbreiteten den Hinduismus als Basis des wenig später folgenden Buddhismus, der jedoch die Hindu-Götter nicht verdrängte. Diese große Steinstatue des Gottes Wischnu hat eine Höhe von 2,35 Metern und stammt aus dem 7. Jahrhundert n. Chr., gefunden in Takua Pa, Provinz Phangnga, jetzt im Museum von Nakhon Si Thammarat.

Rechts:
Ein berühmtes Kunstwerk des Mahayana-Buddhismus, der vom Srividjaya-Reich etwa im 7. Jahrhundert auch nach Siam gelangte, ist dieses Bronzebildnis des Bodhisattva Padmapani (Höhe 63 cm). Es wurde im Jahre 775 n. Chr. im Wat Wiang bei Chaiya einem König von Srividjaya mit einer entsprechenden Inschrift gewidmet und befindet sich jetzt im Nationalmuseum Bangkok.

Rechts:
Die Stadt Chaiya war vom 7. bis 11. Jahrhundert ein bedeutendes Handelszentrum an der westlichen Golfküste, während vom Süden her das Srividjaya-Reich die Meerenge und die Seewege beherrschte. An diesem Tempel in Chaiya werden die Fundamente und Grundmauern sorgfältig freigelegt und restauriert, sein Srividjaya-Stil entspricht dem des berühmten Borubudur-Tempels in Zentral-Java und zeigt die damalige Bedeutung dieses Reiches, das seinen aus Nordindien stammenden Mahayana-Buddhismus zeitweilig von Java bis Siam verbreiten konnte.

Unbekannte Ruinen im Dschungel?

Wo lag diese große, reiche Stadt Tambralinga? Wo verbindet ein längerer Fluß ein von Bergen umkränztes Tal mit dem Meer im Norden?

Noch liegen die Ruinen von Tambralinga unentdeckt im Dschungel. Aber es gibt Anhaltspunkte, die mit den Angaben des Chang Chun übereinstimmen und den näheren Umkreis bezeichnen, in dem eine Suche Aussicht auf Erfolg haben könnte. Alte Quellen nennen die traditionsreiche Hauptstadt der Südregion, Nakhon Si Thammarat, im Zusammenhang mit dem Königreich Tambralinga, das auch Ligor genannt wurde. Doch die Lage zum nahen Meer im Osten, das Fehlen eines Kranzes von Bergen und eines langen Flusses zum Meer im Norden schließen diese Stadt dort, wo sie heute liegt, von der präzisen chinesischen Beschreibung aus. Verfolgt man jedoch die Routen ins Hinterland der Stadt, so umgeben dort dicht bewaldete Bergketten das Quellgebiet des Mae Nam Ta Pi, der mit vielen Windungen und einer Länge von 214 Kilometern nach Norden fließt. Er mündet bei Surat Thani ins Meer, eben dort, wo der Golf eine große Bucht bildet und seine Küste für mehr als 60 Kilometer in west-östlicher Richtung verläuft, bevor sie wieder nach Süden abbiegt. Für Reisende, die hier mit einer langsamen chinesischen Dschunke einst mühsam am Seil flußaufwärts gezogen wurden, muß es eine wochenlange Reise durch ein Land im Süden des Meeres gewesen sein. Dort aber lag möglicherweise die Stadt sehr geschützt an einer der wichtigen Straßen durch den Isthmus, die vermutlich von dem Westküstenhafen Krabi oder Trang zur Ostküste führte. Es wäre aus Gründen der Sicherheit durchaus verständlich, daß der Gastgeber von Tambralinga der Delegation der großen Macht im Osten den vorhandenen langen Weg vom Meer zu ihrer Hauptstadt und nicht den kürzesten zeigten, der etwa 40 Kilometer beträgt und damals noch etwas kürzer gewesen sein konnte.

Diese Vermutungen um die Lage von Tambralinga beschäftigen die Fachwelt schon seit einiger Zeit. Auch der britische Autor Steward Wavell widmet dieser Möglichkeit ein Kapitel seines Reiseberichts in dem 1964 erschienenen Buch »The Naga King's Daughter« (Die Tochter des Schlangenkönigs). Der Verlauf seiner Expedition versagte es ihm, in den Dschungelbergen westlich von Nakhon Si Thammarat nach den Ruinen von Tambralinga zu suchen. Auch war seither keine Suchaktion möglich, weil sie mit militärischer Absicherung erfolgen müßte, denn gerade dieses Gebiet galt noch lange wegen der dort operierenden Insurgentengruppen als unsicher.

Doch liegt jetzt der hier erstmals veröffentlichte Bericht des lange in Bangkok ansässigen deutschen Korrespondenten Gustaf Dietrich († 1986) vor, dem schon vor Jahren ein Mönch von Ruinen im Dschungel bei Nakhon Si Thammarat erzählt hat. Etwa Anfang der vierziger Jahre begleitete dieser Augenzeuge als Junge von 13 Jahren einen Jäger in den Bergen bei Lan Saka, einem kleineren Ort etwa 20 Kilometer westlich von Nakhon Si Thammarat. Auf einem Dschungelpfad erreichten sie einen langgestreckten Talkessel und sahen dort im dichten Gestrüpp und unter abgefallenem Laub »in einem großen Gebiet die Überreste umgefallener Mauern, Pagoden und anderer Bauwerke, sogar die Reste großer Boote«. Die von dem Mönch geschilderte Gegend entspricht dem schon bisher vermuteten Quellgebiet des Ta-Pi-Flusses und würde den nun schon mehr als 1200 Jahre alten Bericht des Chinesen Chang Chun in jenen Einzelheiten, die bisher die ungelösten Rätsel aufgaben, voll bestätigen.

Vielleicht ist die Entdeckung jener alten Ruinen von Tambralinga dort im tiefen Dschungel jetzt nur noch eine Frage von Zeit und Geld – und militärischer Sicherheit. Und in der Nachbarschaft dieser Stätte bliebe die alte Stadt Nakhon Si Thammarat ihrem Rufe treu, das von Geheimnissen umwitterte uralte Zentrum des Südens zu sein. Die Hauptstädte kleinerer Nachbarreiche waren Chaiya im Norden und Langkasuka im Süden. Die damalige Handelsroute, die den Hafen Taku Pa an der Westküste mit Chiaya am Golf verband, benutzte zwei Flußläufe für einen großen Teil ihrer über 200 Kilometer langen Strecke, doch war sie weit länger als die nur 130 Kilometer lange Verbindung von Krabi an die Ostküste bei Nakhon Si Thammarat.

Das heutige Chaiya liegt in der fruchtbaren Küstenebene etwa 40 Kilometer nördlich der Provinzhauptstadt Surat Thani. Einige Tempelanlagen, zum Teil Ruinen, zum Teil auch restauriert, erweisen ihr Alter von mehr als tausend Jahren durch Elemente des sogenannten Srividjaya-Stils.

Der weiter südlich gelegene Bereich von Langkasuka hatte seinen Golfhafen vermutlich bei Sathing Phra, einer Fundstätte von Bau- und Kunstwerken jener Epoche. Doch gibt die Verkehrslage dieses Ortes noch Rätsel auf, denn er liegt mitten auf der 80 Kilometer langen Landzunge, die sich zwischen dem Meer und dem großen, flachen Binnensee Thale Sap entlangzieht. Die Spuren der alten Verkehrswege sind hier wie auch weiter im Norden bei Krabi und Takua Pa noch wenig erforscht.

Die Macht der Seewege: Srividjaya

Entlang der Küste zwischen Chaiya und Nakhon Si Thammarat gibt es an der Strecke von rund 200 Kilometern mehr als 50 Fundstätten von Steinbauten und teils hinduistischen, teils buddhistischen Kunstwerken jener von Indien gekommenen Kultur, die den Namen der Seemacht Srividjaya erhielt. Mit dem Abbröckeln der Macht von Funan als Zentrum des kurzen Land- und Seeweges über den Isthmus und den Golf im 6. Jahrhundert begann der Aufstieg von Srividjaya bis zur Beherrschung des weitgespannten Seegebietes der Inseln, Meerengen und Küsten von Java bis zum Golf von Siam. Chaiya im Norden und die imponierende buddhistische Tempelanlage des Borobudur in Zentraljava umreißen die Spannweite dieses Imperiums, das im 8. Jahrhundert unter der Sailendra-Dynastie den Gipfel seiner Macht erreichte und dann drei Jahrhunderte lang gegen seinen Abstieg anzukämpfen hatte. Die Flotten Srividjayas bekämpften energisch die Seeräuber, die von den Küsten Malakkas und Sumatras aus die Meerengen unsicher machten. Mit der Sicherung dieser Seewege verlagerte sich auch die Handelsroute zwischen Indien und China auf die Meerengen und damit weg von der Kombination der Land- und Seewege über den Isthmus und den Golf von Siam. Anders als die chinesischen Fluß- und Küstenschiffer wagten sich die indischen, malaiischen und persischen Seefahrer mit mehr Mut und bald auch mehr Erfahrung aufs offene Meer hinaus.

Diese Routen konzentrierten sich zwischen Malakka, Sumatra und Java in den Meerengen, wo Palembang im Süden Sumatras zum Macht- und Handelszentrum von Srividjaya aufstieg, jedoch keine bedeutenden Kulturdenkmäler hinterlassen hat.

Die Bedeutung dieser Seewege wird in neuerer Zeit durch den Aufstieg von Singapur unterstrichen. Doch der Handel zwischen Europa und dem Fernen Osten hat eine lange Vorgeschichte. Nur wenige Kenner der römischen Verhältnisse wissen, daß in dem Jahrhundert von Augustus bis Vespasian (30 v. bis 79 n. Chr.) über Ägypten ein reger Handelsverkehr römischer Schiffe mit Indien bestand; für das Jahr 20 n. Chr. ist die Zahl von 120 dort verkehrenden Schiffen genannt, die Pfeffer und andere Gewürze, Edelsteine und Elfenbein, aber auch Reis und Zucker für Rom geladen hatten. Im Jahr 120 n Chr. kam eine offizielle Mission Roms in China an und benutzte die siamesische Route über den Isthmus und den Golf. Eine Handelsmission der Kaufleute von Alexandria und Antiochia folgte im Jahre 166.

Nach 225 lösten die Perser die Griechen und Römer auf der Indienroute ab und folgten

Links:
Das Symbol des Hindu-Gottes Schiwa als Zerstörer und Erneuerer ist der Lingam. Bei diesem Fund aus dem Bezirk des alten Handelsplatzes Chaiya trägt die Steinsäule auch den Kopf des Gottes. Stilelemente weisen auf eine Arbeit des 6. Jahrhunderts n. Chr. hin und damit zugleich auf die Periode des Hindu-Einflusses in Siam. (Nationalmuseum Bangkok)

Rechts:
Ein aufschlußreiches Beweisstück für den Handel zwischen West und Ost in der Antike ist diese römische Öllampe aus Bronze. Sie stammt aus dem 2. Jahrhundert n. Chr. und wurde in Phong Tuk, Provinz Kanchanaburi, dem Kerngebiet der Dvaravati-Kultur gefunden. (Nationalmuseum Bangkok)

später den Indern bis nach China. Ein Chronist des Jahres 717 zählte in Kanton 35 persische Schiffe, die dort im Geleit eines indischen Seglers über Ceylon und Srividjaya angekommen waren. Im 8. Jahrhundert folgten die vom Propheten Mohammed dynamisierten Araber den Persern auf den Seewegen bis nach China. Ein Schlaglicht der Geschichte: Im Jahre 758 brachen in Kanton Kämpfe zwischen Moslems und Chinesen aus, wobei die Stadt in Schutt und Asche sank; sie wurde erst 34 Jahre später wieder für den Handel geöffnet.

Mit der Verschiebung der großen Handelsroute nach Süden büßten die Wege und Zentren am Golf von Siam ihre Schlüsselstellung ein und die Schwerpunkte der Macht wanderten zu den kontinentalen Völkern aus dem Norden, den Mon und den Khmer, die viel indisches Kulturgut aufgenommen hatten.

Das Erbe der Mon

Eine wichtige Schlüsselrolle für die spezifische Kultur des alten Siam und heutigen Thailand spielt das Volk der Mon, das im Menam-Becken wie auch im benachbarten späteren Birma etwa um 100 bis 300 n. Chr. nach der Einwanderung aus dem Norden seine ersten historisch überlieferten Staaten gebildet hat. Die Mon-Staaten waren die Zeitgenossen von Funan und der reichen Handelszentren am Golf bis zum Abstieg von Srividjaya. Aber sie waren kein einheitliches Reich. Für mehr als ein Jahrtausend waren die Mon die Vorgänger der Thais, die von ihnen ein reiches kulturelles Erbe übernahmen, das die Mon ihrerseits von Indien her empfangen und sich zu eigen gemacht hatten. Dazu gehörte vor allem der Theravada-Buddhismus der »Südlichen Schule«, der von Ceylon her etwa im 3. bis 4. Jahrhundert n. Chr. mit Schriften der südindischen Pali-Sprache ins Land gebracht wurde, nachdem der Hindu-Kult mit der Sprache der Brahmanen, dem nordindischen Sanskrit, verbreitet worden war. Doch blieb der Buddhismus in Siam stets eingebettet in vielfältige Glaubensinhalte, Riten und Bräuche des Hinduismus, so wie der Chinese Chang Chun schon das Nebeneinander beider Religionen in der Hauptstadt von Tambralinga beschrieben hatte. Aber auch so reale Dinge wie die Pfahlbauhäuser, die Bewässerung der Reisfelder, das Kanalnetz und der Bootsbau für den intensiven Verkehr auf den Wasserstraßen waren Errungenschaften und Erbgut der Mon-Kultur.

Von den Mon-Staaten in Siam waren Dvaravati im Süden des Menam-Beckens und Haripunchai im Norden mit der Hauptstadt Lamphun die bedeutendsten. Die eigene Kultur- und Stilrichtung hat sich im 6. und 7. Jahrhundert n. Chr. ausgeprägt, nachdem sich der Buddhismus bei den Mon-Stämmen ausgebreitet und starke Kulturenergien ausgelöst hatte. Als Zentren von Dvaravati gelten Nakhon Pathom und Lavo, das spätere Lopburi. Nach der Überlieferung erreichte die Lehre des Erleuchteten den Boden Siams in Nakhon Pathom bereits zur Zeit des indischen Königs Asoka. Er regierte von 273 bis 232 v. Chr. und förderte die Ausbreitung des Buddhismus. Zwei Mönche namens Sona und Uttara hatte dieser Herrscher nach Siam geschickt, das damals von den Indern Suvarnabhumi (Land des Goldes) genannt wurde. Sie landeten in der volkreichen Hafenstadt, die später von den Thais Nakhon Pathom genannt wurde und seither – immer mehr ins Binnenland gerückt – als Eingangstor der Buddha-Lehre nach Siam angesehen wird. Aus diesem Grunde veranlaßte König Mongkut 1860 den Bau eines riesigen Chedi über dem alten Heiligtum, erlebte aber die Fertigstellung dieses höchsten Bauwerks des Buddhismus (127 Meter) nicht mehr.

Die Kunstwerke der Dvaravati-Epoche aus der Zeit vom 6. bis zum 11. Jahrhundert dokumentieren nicht nur die Verbreitung des Buddhismus in vielen Teilen des Landes, sondern auch den intensiven Kulturaustausch mit Indien – und darüber hinaus.

Im Gebiet von Gandhara – im Nordwesten des indischen Subkontinents im heutigen Pakistan gelegen – lebten vom 2. bis 5. Jahrhundert Künstler, die aus dem alexandrinischen Kulturkreis hellenisch-europäische Elemente in ihren Stil aufgenommen hatten und zu jener Zeit auch die ersten Buddha-Statuen gestalteten. Sie setzten den Erleuchteten nach Art europäischer und ägyptischer Herrscher auf einen Thron und umhüllten ihn mit einem langen, faltenreichen Gewand nach Art der von den Römern verbreiteten Toga. Nach diesen Vorbildern sitzen auch die frühen Buddhas des Dvaravati-Stils auf einem Thron; erst in den nachfolgenden Stilepochen wurde der asiatische Lotossitz übernommen. Wer daher im lokkeren Faltenwurf thailändischer Mönchsgewänder eine römische Toga zu erkennen glaubt, der ist der Wahrheit näher, als die Distanz zwischen Rom und Bangkok vermuten läßt. Der in der frühen buddhistischen Welt verbreitete Stil von Gandhara hat das äußere Erscheinungsbild des Buddha und seiner Gefolgschaft derart charakteristisch ausgeprägt, daß davon vieles bis heute lebendig geblieben ist.

Ein deutlich sichtbares Zeichen für den indohellenischen Einfluß in der Dvaravati-Kunst zeigen verschiedene Stuck-Reliefs

Die Ankunft des Buddha

Bei den Mon-Stämmen in Zentral-Siam konnte der Buddhismus schon früh im ersten Jahrtausend nach der Zeitwende Fuß fassen und sich in seiner Alten Schule (Theravada) erhalten, die keine Bodhisattvas als Heilsvermittler kennt. Die Kunst der Mon und ihrer Dvaravati-Epoche vom 6. bis zum 11. Jahrhundert zeigt Merkmale der nordwestindischen Gandhara-Kunst und ihrer hellenischen Einflüsse, die den Erleuchteten erstmals figürlich dargestellt haben und mit dem frühen Buddhismus bis nach Siam gelangt sind. Dieser Buddha-Kopf ist mit seinem lebendigen Ausdruck und seinen weichen Linien charakteristisch für den Dvaravati-Stil, die erste Epoche buddhistischer Kunst in Siam (im Museum Nakhon Pathom).

Das »Rad der Lehre« war gemäß den Worten des Gautama Buddha das Symbol seiner Verkündigung, bis er selbst erst Jahrhunderte nach seinem Tode in der Gandhara-Kunst dargestellt wurde. Mon-Künstler haben dieses steinerne Rad in der mittleren Dvaravati-Epoche (8. Jahrhundert) für einen Tempel von Nakhon Pathom geschaffen (jetzt im Nationalmuseum Bangkok).

Rechte Seite:
Mit einer Höhe von drei Metern ist diese Steinskulptur des thronenden Buddha Phra Kantharat eines der bedeutendsten Werke der Dvaravati-Epoche aus ihrer Spätzeit (11.–12. Jh.). Ursprünglich stammt die Statue aus einem Tempel des alten Mon-Zentrums Nakhon Pathom, von wo sie in die Hauptstadt Ayutthaya gebracht wurde. Dort hat sie die Zerstörungen von 1767 überstanden und ihren Ehrenplatz im Wat Na Phra Men erhalten.

aus dem 8. oder 9. Jahrhundert, die 1968 an der Basis des Chedi Chulapraton in Nakhon Pathom freigelegt worden sind. Die lockeren und bewegten Körper dieser Szenen sind von ganz anderer Art als die asiatische Formensprache und lassen auf lange nachwirkende Einflüsse aus dem weit nach Osten ausgetauschten hellenischen Kulturgut schließen (siehe Bilder Seiten 34 bis 36).

Die verschiedenen Mon-Staaten haben dem Druck der Khmer, der Birmanen und der Thai-Einwanderung nicht lange standgehalten. Als letztes Mon-Reich unterlag Haripunchai im Jahre 1283 dem Thai-König Mengrai, der in der Nähe des Mon-Zentrums Lamphun seine Hauptstadt Chiangmai errichten ließ. Doch blieben die Mon mit ihrer Landwirtschaft und Kultur ein tragendes Basiselement des Landes, in dem die Khmer und schließlich die Thai-Könige die zentrale Macht erkämpften. Einzelne Ortschaften konnten ihre Mon-Identität bis in die Gegenwart bewahren, so das Dorf Phra Pradaeng am westlichen Menam-Ufer nahe der Mündung, wo man die typischen breiten Mon-Gesichter antrifft, wie sie in der Dvaravati-Kunst, aber auch noch in vielen anderen Reisbauerndörfern zu sehen sind.

Die Herrschaft der Khmer

Vor mehr als 2000 Jahren zogen mit den Mon auch die sprachlich verwandten Khmer aus Zentralasien entlang der Flußtäler nach Süden. Ohne Kontakt mit der chinesischen Kultur durchquerten sie das Gebiet von Yünnan, das vom Oberlauf des Mekong durchflossen wird. Dieser über 4500 Kilometer lange Strom wies den Khmer den Weg zu seinem Unterlauf, in dessen fruchtbarem Gebiet sie ihren Staat begründeten. In den Jahrhunderten von 500 bis 850 unterwarfen die Khmer-Könige die Rivalen auf der hinterindischen Halbinsel, Funan im Westen und den Hindu-Staat Champa an der Ostküste im heutigen Vietnam. Am Nordufer des großen Binnensees Tonle Sap gründeten sie die Hauptstadt Angkor und errichteten in den folgenden Jahrhunderten darin zu Ehren Schiwas und ihrer Könige die imponierende Tempelanlage von Angkor Wat, die als eines der bedeutendsten Kulturdenkmäler der Menschheit dank ihrer soliden Steinbauweise die Jahrhunderte überdauert hat. Im Zentrum der Khmer-Tempel wurde der Lingam als das Phallus-Symbol des Schiwa verehrt. Als machtvoller Zerstörer, aber auch als Gott der Zeugung und Erneuerung allen Lebens stand er im Hindu-Kult der Khmer lange an der Spitze einer vielgestaltigen Götterwelt, der Repräsentanz aller erwünschten wie auch gefürchteten Naturkräfte.

Unter den späteren Khmer-Königen ist ein kultischer Wandel zu Wischnu als erhaltender und beschützender Hauptgott und schließlich zum Mahayana-Buddhismus an den Baudenkmälern und Kunstwerken abzulesen. Vom letzten bedeutenden Khmer-Herrscher, Jayavarman VII., heißt es, er habe sich selbst als Bodhisattva empfunden und dies durch gigantische Steinportraits am Bayon-Tempel der Hauptstadt Angkor verewigen lassen. Schon unter seinem Nachfolger mußte das Khmer-Reich schwere Niederlagen von Seiten der aufstrebenden Thai-Nachbarn einstecken, die schließlich im Jahre 1431 Angkor eroberten und das Reich zerschlugen.

Zur Zeit ihrer größten Machtentfaltung hatten die Gouverneure des militanten, zentral regierten Khmer-Reiches im 11. und 12. Jahrhundert das Gebiet des heutigen Thailand mit Ausnahme des Südens beherrscht und die Fürsten der Mon und anderer Stämme als unterworfene Vasallen behandelt. Daher finden sich alte Khmer-Bauwerke mit ihrer charakteristischen, oben abgerundeten Turmform (Prang) in vielen Teilen des Landes. Am bekanntesten sind die Khmer-Tempel von Phimai in der Nordostregion sowie in den alten Zentren Lopburi und Sukhothai, in denen Khmer-Gouverneure ein strenges Regiment führten und die erfolgreiche Rebellion von Thai-Hauptleuten herausforderten.

In der Reihe der siamesischen Kunstepochen folgte der Mon-Kunst von Dvaravati der Khmer-Stil von Lopburi mit deutlichen Tendenzen der Strenge und Erstarrung. Aus dem sanften, freundlichen Gesicht des Dvaravati-Buddha wurde eine in göttlicher Überhöhung herausgehobene Gestalt jenseits der irdischen Existenz, wozu auch eine den erleuchteten Lehrer und Weisen total entrückende Legendenbildung und -darstellung beigetragen hat. Auf diesem Wege kamen auch viele Mahayana-Elemente in den siamesischen Buddhismus hinein, der aber später die allein auf Buddha zurückgeführten Lehren der Alten Schule erneuert und sich darauf konzentriert hat.

Trotz der mit blutiger Härte ausgetragenen Feindschaft zwischen dem absteigenden Khmer-Reich und dem aufsteigenden Thai-Staat haben die siamesischen Könige auch vieles von den Khmer-Herrschern übernommen, so vor allem die Machtfülle der Könige und die straff zentralistische Staatsstruktur. Auch wenn die Khmer-Herrschaft nur eine verhältnismäßig kurze Episode in der siamesischen Geschichte gewesen ist, so hat sie doch ihre Prägung der staatlichen Struktur bis in die Gegenwart hinterlassen. Auch haben siamesische Baumeister wie-

Links:
Paar im Boot. Terrakotta-Relief aus dem Fries des Chedi Chula Pathon, charakteristisches Beispiel der Dvaravati-Kunst des 6. bis 8. Jahrhunderts, die Einflüsse des nordindischen Gandhara-Stils übernommen hat (Museum Nakhon Pathom).

Rechte Seite:
Im Khmer-Stil von Lopburi (12. Jahrhundert) stellt dieses Steinrelief den auf einem Fabeltier ruhenden Gott Wischnu dar. Der 1,80 Meter lange Torsturz stammt vom Prang Ku Suang Teeng in der Nordostprovinz Buriram. Er wurde dort 1964 »illegal entfernt« und in Amerika zum Verkauf angeboten. Käufer war der bekannte amerikanische Kunstsammler und Präsident des Internationalen Olympischen Komitees, Avery Brundage, der das Relief aber nicht in sein der Stadt San Francisco gestiftetes Museum übernommen, sondern dann an Thailand zurückgegeben hat. (Nationalmuseum Bangkok)

derholt auf den eindrucksvollen Stil der Khmer-Bauten zurückgegriffen, wofür das Wahrzeichen Bangkoks, Wat Arun, der zu Beginn des 19. Jahrhunderts auf dem Westufer des Menam erbaute »Tempel der Morgenröte«, ein charakteristisches Beispiel ist.

Die Herkunft der Thais

Auch die Thais sind ein Volk aus dem Norden. Gleich den Mon und den Khmer gelangten sie an der alten Völkerwanderungsstraße des oberen und mittleren Mekong aus Yünnan kommend in den Norden des siamesischen Beckens. Diese Wanderung war mit ihrem Höhepunkt im 13. Jahrhundert eine Aktion voller historischer Dramatik, die einen wesentlichen Charakterzug des Thai-Volkes erkennen läßt: den absoluten Willen zur Freiheit und Selbstbehauptung, der bis in die Gegenwart wirksam geblieben ist. Der heutige Name des Staates »Muang Thai« bedeutet »Land der Freien« und geht auf den respektvollen Namen zurück, den die Chinesen vor rund 1500 Jahren ihren Nachbarn im Westen gegeben haben. »T'ai« bedeutet soviel wie frei und stark, groß und ruhmreich. Der erste souveräne Thai-Staat Nan Chao hat sich zwischen Tibet und China unter 14 Königen von 679 bis 1253 behauptet. Sein Gebiet waren die heutigen chinesischen Provinzen Szetchuan und Yünnan, die zu Füßen der über 5000 Meter hohen Ostketten des Himalaya mit Höhenlagen um 2000 Meter »Chinas bestes Klima« haben sollen, so daß dort seit alter Zeit der Reis und die Maulbeerbäume (für die Seidenraupen) gut gedeihen. Tiefe Flußtäler durchziehen das Hochland und haben den Völkern die großen Wanderwege gewiesen: der Yangtsekiang quer durch China nach Osten, der Rote Fluß nach Vietnam, der Mekong nach Laos, Siam und Kambodscha, der Saluen und der Irawadi nach Birma. Das Thai-Königreich Nan Chao lebte meistens in Frieden mit seinen tibetischen Nachbarn im Westen und viel im Krieg mit den Chinesen im Osten, wo im 13. Jahrhundert eine zusätzliche Gefahr drohte. Es war das »Jahrhundert der Mongolen«, die 1210 unter Dschingis Khan in China eindrangen und von Ostasien bis Mitteleuropa (1241 Schlacht von Liegnitz und Mongolensturm nach Ungarn) Angst und Schrecken verbreiteten. Auch die Thais in Nan Chao mußten ein solches blitzschnell operierendes Reiterheer der Mongolen fürchten. Der in Peking residierende Kublai Khan schickte 1252 ein Heer nach Westen, um Nan Chao zu unterwerfen. Doch der Schlag ging ins Leere, der größte Teil der Thai-Bevölkerung hatte das Hochland verlassen und die Flucht nach Süden zu den fruchtbaren Tälern des nördlichen Siam angetreten. Einige Reste blieben zurück; eine Thai sprechende Minderheit in der chinesischen Provinz Yünnan wurde 1984 auf etwa 600 000 Angehörige geschätzt.

Die Thais aus Nan Chao verteilten sich in drei Richtungen: nach Nordost-Birma, wo die Schan-Staaten daraus entstanden und heute eine Volksgruppe von mehr als zwei Millionen bilden, nach Laos, wo das Staatsvolk der Laoten mit den Thais eng verwandt geblieben ist, und in der Mitte zwischen diesen beiden Gruppen nach Siam, das damals teilweise von den Mon und anderen Stämmen besiedelt war und von den Khmer-Zentren aus beherrscht wurde.

Es ist verständlich, daß die Thais ihren von den Chinesen geprägten stolzen Namen gern mitgeführt und beibehalten haben, um ein neues »Land der Freien« zu begründen. Offiziell hat der Staatsname »Muang Thai« oder auch »Prathet (Königreich) Thai« erst im Jahre 1949 endgültig die Landesbezeichnung Siam (Sayam) abgelöst. Der alte Name stammt aus dem Sanskrit und bedeutet sowohl Gold als auch dunkel, was die Beziehung auf das Edelmetall oder auch dunkelhäutige Menschen offenläßt. Er wurde von den Khmer als geographischer Name eingebürgert, während Thai sich als ethnographischer Name des Staatsvolks behauptet hat.

Seit der Wanderung und neuen Staatsgründung im 13. Jahrhundert bildet der freie Bauernstand die materielle Existenzbasis des Landes unter Königen und Prinzen mit vielen abgestuften Privilegien, von denen die Vielehe eine besonderes königliches Vorrecht gewesen ist. Sukhothais großer König Rama Kamhaeng hat die Freiheitsrechte ausdrücklich für Handel und Gewerbe bestätigt, so daß die ausgeprägte Marktorientierung der Thais auch auf alte Rechte und Traditionen zurückgeführt werden kann.

Als Erbe ihrer nördlichen Herkunft haben die Thais eine entfernte Verwandtschaft mit den Chinesen in Sprache und Rasse mitgebracht. Doch hat die Auseinanderentwicklung von einem Jahrtausend dahin geführt, daß beide Völker ihre unterschiedliche Identität fortentwickelt haben. Dieses Nebeneinander setzt heute im Verhältnis der Thais und der chinesischen Minderheit in ihrem Lande viele Trennstriche, ermöglicht aber auch Brücken praktischen Zusammenlebens, die hier offenbar recht gut passierbar sind.

Die Herrschaft der Khmer

Linke Seite:
Im 11. und 12. Jahrhundert beherrschte das straff geführte Khmer-Reich von Angkor aus große Teile Siams. Dort war das heutige Lopburi ein wichtiges Zentrum der Khmer-Macht und ihrer vom Schiwa-Kult des Hinduismus inspirierten Kultur. Sie schufen massive Steinbauten mit den charakteristischen Tempeltürmen (Prasat). Durch die Übernahme buddhistischer Elemente bildete sich der Lopburi-Stil heraus, der die Formensprache der Khmer mit buddhistischen Motiven vereinigt. Das Wat Phra Si Ratana Mahathat von Lopburi ist ein typisches Beispiel für diese Khmer-Architektur.

Oben:
Im Lopburi-Stil des 11. Jahrhunderts verkörpert dieses Steinrelief des Gottes Wischnu die im Hinduismus wurzelnde Khmer-Kultur. Das Werk stammt aus dem Ku-Suam-Tang-Tempel von Buriram (Nordost-Thailand) und befindet sich jetzt im Museum des bedeutenden Khmer-Zentrums Phimai.

Rechts:
Torso der Steinstatue des Khmer-Königs Jayavarman VII. aus dem Khmer-Tempel von Phimai, jetzt im Nationalmuseum Bangkok. Dieser König regierte von 1181 bis 1219 und war der letzte machtvolle Khmer-Herrscher. Sein Übertritt zum Buddhismus markiert einen tiefen Wandel in diesem Reich der Gottkönige, konnte aber dessen Niedergang kaum aufhalten.

**Siams erste Thai-Zentren:
Chiangmai und Sukhothai**

Die Thais lebten stets als Volk der Täler und Flüsse in diesem Lande, aber nicht in den Bergen, in denen noch immer andere Volksgruppen leben. Man kann die über 800 Kilometer lange Nord-Süd-Route vom »Goldenen Dreieck« bis zum Golf fast überall in Tälern und Ebenen und auch größtenteils auf Wasserwegen bewältigen. Die Flüsse und Kanäle bilden bis in die Gegenwart die Verkehrsadern, mit deren Hilfe die Thais ihr Reich wirtschaftlich und militärisch kontrollieren und zusammenhalten konnten.

Im äußersten Norden war Chiang Saen an der Mekong-Schleife des »Goldenen Dreiecks« und der alten Völkerwanderungsstraße des großen Stroms das Tor nach Siam. Die ersten Thais aus ihrem Nan-Chao-Reich im Norden hatten dort schon im 8. Jahrhundert Fuß gefaßt und flußabwärts am Mekong ihr »Reich der Million Elefanten« (Lan Xang) mit der Hauptstadt Luang Prabang – das spätere Laos – gegründet.

Die weiteren Stationen der Thai-Wanderung nach Süden waren Chiangrai und Phayao, frühe Thai-Staaten an den Mekong-Zuflüssen Lao und Ing. Dann folgte Chiangmai zu Füßen hoher Bergketten im Tal des Ping, der bereits zum Menam fließt und den Weg nach Süden weist. An dieser Route liegen Sukhothai, Ayutthaya und schließlich Bangkok – und so kennzeichnen diese Stätten rund tausend Jahre Thai-Geschichte.

Im Zentrum von Chiangmai steht ein Denkmal, das drei Thai-Fürsten in freundschaftlicher Verbundenheit darstellt und an eine Szene des Jahres 1296 erinnert, als der König Mengrai von Chiangrai im Süden seines Landes die neue Hauptstadt Chiangmai gegründet hatte und die Fürsten der benachbarten Thai-Staaten, Ngam Muang von Phayao und Rama Kamhaeng von Sukhothai, ihn zur Wahl des Platzes beglückwünschten – statt des üblichen Rivalenkampfes eine Geste der Verbundenheit! Diese Einigkeit der Thais bereitete dann in jenen Jahrzehnten des ausgehenden 13. Jahrhunderts der Khmer-Herrschaft in Siam ein schnelles Ende. Siedlergruppen bemächtigten sich der Täler des Nordens, wo so unzählige Reisfelder angelegt wurden, daß das Land alsbald Lan Na Thai (Million Thai Reisfelder) genannt wurde und sich mit der neuen Hauptstadt Chiangmai zu einem blühenden Reich entfaltete.

König Mengrai regierte von 1259 bis 1317 und eroberte 1281 das im Süden benachbarte kleine Mon-Königreich Haripunchai mit der Hauptstadt Lamphun, das dort mehr als sechs Jahrhunderte lang bestanden hatte.

Die Unterwerfung der Mon führte jedoch zu Konflikten mit dem westlichen Nachbarn Birma, wo ebenfalls Mon-Staaten bestanden. Damit begann eine Erbfeindschaft mit Birma, die in zahllosen Kämpfen ausgefochten wurde, wobei Chiangmai mehrfach, am längsten von 1558 bis 1774, unter birmanische Herrschaft geriet. Am Ende des 18. Jahrhunderts war Chiangmai zwanzig Jahre lang eine tote Stadt. Erst 1796 wurde die Nordregion in das Königreich Siam eingegliedert und dann 143 Jahre lang vom Fürstenhaus Kawila als Vasall der Könige von Thailand regiert. Der Wiederaufstieg hat Chiangmai zur heute zweitgrößten Stadt Thailands – mit großem Abstand zu Bangkok – gemacht.

Zu Beginn des 13. Jahrhunderts war Sukhothai der Sitz eines Khmer-Gouverneurs, in dessen Gebiet sich bereits Thai-Bauern angesiedelt hatten und auch Thais als Soldaten dienten. Mit der Eroberung Chinas durch die Mongolen nach 1215 verstärkte sich der Strom der Zuwanderer und wurde nach 1253 mit der Auflösung des Thai-Reiches von Nan Chao zu einer Flutwelle, die in dem jungen Thai-Staat von Sukhothai eine aufnahmebereite neue Heimat fand. Im Jahre 1239 (eine andere Datierung nennt 1220) vertrieben Thai-Rebellen den Khmer-Gouverneur von Sukhothai und erhoben ihren Anführer zum König. Dessen zweiter Sohn Rama Kamhaeng regierte von 1275 bis 1317 und schuf mit der politischen, wirtschaftlichen und kulturellen Blüte seines Königreichs die Grundlage für die Größe und Bedeutung Thailands bis zur Gegenwart. Er stellte gute Beziehungen mit China her, um sich den Rücken im Kampfe gegen die Khmer freizuhalten. Seine Feldzüge unterwarfen Randstaaten und Küstenstriche bis nach Malakka der siamesischen Krone. Handel und Gewerbe konnten sich ohne Steuerlast frei entwickeln, auch gab es keine Sklaven, wie sonst überall im Orient und auch später wieder in Siam (bis 1874/1905). Mit Hilfe ceylonesischer Mönche wurde der Theravada-Buddhismus nach seinen alten Grundregeln erneuert. Die Bauwerke, Bronze- und Steinskulpturen erreichten im Sukhothai-Stil eine faszinierende Höhe künstlerischer Qualität. Doch wird als bedeutendste Hinterlassenschaft des Rama Kamhaeng seine Einführung eines Alphabets für die Thai-Sprache angesehen. Er wählte analog zur Pali-Sprache der buddhistischen Schriften südindische Buchstaben für die aus dem chinesischen Großraum stammende Sprache und schuf damit die bis heute wirksame Synthese der eigenständigen Thai-Schriftsprache und Kultur.

Doch die Macht von Sukhothai verfiel schnell unter drei weniger fähigen Nachfolgern des großen Rama Kamhaeng. Nach einer verlorenen Schlacht wurde Sukhothai 1378 zum Vasallen von Ayutthaya degradiert und verlor bald an Bedeutung. Zurück blieb das Trümmerfeld einer großzügig angelegten Stadt, deren Ruinen noch die Spuren einstigen Glanzes erkennen lassen. Auf den Gesichtern der Buddha-Gestalten von Sukhothai ruht eine beglückte Gelöstheit, von der man die innere Verfassung des Landes und seiner Menschen in jener kurzen Blütezeit noch immer ablesen kann.

Ähnliches sagt auch der berühmte Inschriftenstein, das erhalten gebliebene Nationalmonument von 1293: »Dieses Sukhothai ist gut. Im Wasser sind Fische. In den Feldern ist Reis. Der König belastet sein Volk nicht mit Abgaben. Wer mit Elefanten handeln will, der handelt. Wer mit Pferden handeln will, der handelt. Wer mit Gold und Silber handeln will, der handelt. Die Gesichter der Menschen strahlen hell...« So war Sukhothai ganz offensichtlich ein blühendes »Land der Freien« von historisch nur kurzer Dauer, das nun umso mehr vom Volke verehrt und in seinen Legenden verklärt wird.

Der Aufstieg und Fall von Ayutthaya

Für 417 Jahre, von 1350 bis 1767, war Ayutthaya die große und glanzvolle Hauptstadt der Könige von Siam. Die Chronik nennt insgesamt 33 Herrscher von vier Dynastien, die einander auf dem Thron von Ayutthaya ablösten, bis der letzte König Ekatat 1767 in den Trümmern der vom Erbfeind Birma zerstörten Hauptstadt deren tragisches Ende teilte.

Ayutthaya war lange vor dem Aufstieg zur Hauptstadt auf einer Insel gegründet worden, die sich an der Einmündung zweier Nebenflüsse in den Menam befindet. Die zentrale Lage an den Wasserstraßen hatte die Stadt zu einem wichtigen Handelsplatz und Stützpunkt der Khmer-Herrschaft gemacht, die vom 11. bis ins 13. Jahrhundert von Lopburi (Lavo) aus das Menam-Becken kontrollierte. Im Südwesten der Zentralregion war im 14. Jahrhundert das Fürstentum Uthong erstarkt. Nach der Überlieferung verlegte dessen Fürst wegen einer Cholera seine Residenz nach Ayutthaya und ließ sich dort im Jahre 1350 als König ausrufen. Dieser Rama Thibodi I. drängte die Khmer energisch zurück und machte Siam zur Vormacht der Region. Acht Jahrzehnte später wurde die Khmer-Hauptstadt Angkor 1431/32 von der Thai-Armee des Königs Boromoraja II. erobert und zerstört.

Von den zurückgedrängten Khmer übernahmen die Könige von Ayutthaya jedoch viele Hindu-Riten und -Bräuche des Königshofes, vor allem auch die den Göttern nahe, sehr überhöhte Stellung des Königs. Der Titel Rama als Avatara (Herabstieg, Inkarnation) des Gottes Wischnu in der Ge-

stalt des Helden des Ramayana-Epos verknüpft die alten Hindu-Mythen mit den Thai-Monarchen bis in die Gegenwart, auch wenn die sehr strengen protokollarischen Bräuche von Ayutthaya inzwischen etwas abgemildert worden sind. Dort beherrschten Riten der totalen Unterwürfigkeit das höfische Leben. Jeder mußte sich vor dem König niederwerfen, niemand durfte ihn anblicken, geschweige denn berühren. Die nächsten Verwandten des Königs hatten mannigfaltig abgestufte Ränge und Privilegien. Außerdem gab es einen sogenannten Zweiten König mit genau eingestuften Ehren, Vorrechten und Pflichten, zumeist als Heerführer. Selbst unter dem Schuldspruch der Todesstrafe durfte kein königliches Blut vergossen werden. Aus diesem Grunde wurde die Exekution dadurch vollstreckt, daß der Verurteilte in einen Sack gesteckt und mit Knüppeln aus Sandelholz erschlagen wurde. Zumeist waren es Hofintrigen und Machtkämpfe, von denen nur wenig außerhalb der Palastmauern bekannt wurde, oder auch dramatische Liebesaffären mit Frauen des Königs, die solche Urteile zur Folge hatten. Doch soll nach Gerüchten und Legenden, die das Volk phantasievoll ausmalte, der eine oder andere Verurteilte dadurch davongekommen sein, daß an seiner Stelle ein getreuer Diener, hilfloser Sklave oder gar ein quietschendes Schwein in dem Sack zu Tode kam und der Prinz dabei lediglich

Oben links:
Das Denkmal vor dem Rathaus in Chiangmai vereinigt die siegreichen Thai-Fürsten in Siam, Rama-Kamhaeng von Sukhothai, König Mengrai und König Ngam Muang von Phayao, zur Gründung der Stadt durch Mengrai im Jahre 1296.

Oben rechts:
Als kulturhistorisches Zeugnis ersten Ranges hat der »Stein von Sukhothai« mit seiner das Leben im ersten Thai-Reich schildernden Inschrift einen Ehrenplatz im Nationalmuseum Bangkok.

seine Identität nebst allen Vorrechten einbüßte. Darüber gibt es jedoch keine Protokolle und zuverlässigen Beweise, nur eben jenes merkwürdige Verfahren, das einen solchen Austausch von Todeskandidaten möglich machte und dem Volke bewußt war.
Der König von Siam war absoluter Herrscher (bis 1932) und Herr über Leib, Leben und alles Land – jedenfalls auf dem Gipfel der Macht von Ayutthaya. Er hatte das Vorrecht der Polygamie, deren Grenzen nur von seiner Natur gezogen wurden. Infolgedessen gab es Scharen von Prinzen und Prinzessinnen, aber auch die weise Regelung, den Rang ihrer Nachkommen von Generation zu Generation herabzusetzen, bis sie nach fünf Stufen wieder normale Bürger wurden, es sei denn, daß Heldentaten oder

sonstige Verdienste wieder mit höheren Einstufungen belohnt wurden.
So war der Staat von Ayutthaya nicht mehr jenes »Land der Freien« von Sukhothai, sondern eine Gesellschaftspyramide mit einer hohen Spitze von Rängen und Privilegien und der breiten Basis des Volkes. Darin behauptete sich der freie Bauernstand aufgrund alter Rechte und Traditionen, was bis in die Gegenwart fortwirkt. Wie fast überall in Asien bildete auch im alten Siam ein namenloses Heer von Sklaven die unterste Schicht der Bevölkerung. Meist waren es die Kriegsgefangenen zahlreicher Feldzüge zu den Nachbarn ringsum, die auf diese Weise mit dem Leben davonkamen – ein Schicksal, das ebenso auch die Thai-Soldaten erwartete, wenn sie dem Gegner in die Hände fielen. Auch in dieser Klasse bildeten sich Abstufungen heraus, bis hin zu jenen Leibeigenen des 19. Jahrhunderts, die sich selbst oder ihre Kinder in die totale Abhängigkeit verkauft hatten – auch diese Art von Menschenmarkt hat noch immer ihre beklagenswerten und lebhaft diskutierten Nachwirkungen und neuen Formen aus alten Bräuchen.
Die Chroniken der großen und glanzvollen Metropole Ayutthaya nennen Könige und Tempelbauten, Siege und Niederlagen, gute und schlimme Zeiten. Unvergessen ist eine die Stellung der Frau in jener Zeit heraushebende Geschichte der Königin Suriyothai,

**Erste Thai-Reiche:
Sukhothai und Chiangmai**

Links:
Als bedeutendster König des ersten Thai-Reiches in Siam, Sukhothai, gilt Rama Kamhaeng, der von 1275 bis 1317 regierte. Sein Denkmal neben den Ruinen der einstigen Hauptstadt Sukhothai ist zu einer Stätte der Verehrung und des Nationalbewußtseins geworden.

Rechte Seite, links:
Die Hauptstadt der Nordregion, Chiangmai, wurde 1296 von König Mengrai gegründet und in einem Viereck von Wassergräben erbaut. Das größte Monument der Stadt war einst der aus Ziegelsteinen errichtete Chedi des Wat Luang mit einer 1454 erreichten Höhe von 90 Metern. Das Erdbeben von 1545 hat die Spitze zerstört, doch läßt die Ruine noch immer die einstige Größe erahnen.

Rechte Seite, rechts:
In Alt-Sukhothai ist die dicke Mauer des Wat Si Chum erhalten geblieben, die den riesigen Buddha wie ein oben offener Kasten umgibt. In der Mauer führt ein Gang in die Höhe; durch ein Loch hinter dessen Kopf soll einst eine machtvolle Stimme die birmanischen Feinde zum Abzug veranlaßt haben.

Unten:
Sukhothai war nur für rund anderthalb Jahrhunderte – von 1220 (oder 1239) bis 1378 – die erste Thai-Hauptstadt, doch lassen die Ruinen der Tempel und Paläste die großzügige Anlage und hohe Qualität des Sukhothai-Stils sehr eindrucksvoll erkennen. Im Zentrum der sorgfältig gepflegten Ruinen bezeugen die Mauern, Chedis und Buddha-Bildnisse des Wat Mahathat die einstige Größe.

die im Jahre 1549 auf ihrem Kriegselefanten den von den Birmanen bedrängten König Chakrapat rettete und dabei selbst den Tod fand. Diese Tat wirft ein Schlaglicht auf die ständigen Kämpfe zwischen Ayutthaya und Birma, die sich mit wechselndem Kriegsglück über fast drei Jahrhunderte bis zum dramatischen Ende der siamesischen Hauptstadt hinzogen. Doch keine Chronik erwähnt die namenlosen Reisbauern, die in all jenen Jahrhunderten durch ihre rastlose Arbeit auf den Feldern den Staat auch nach seinen schlimmsten Niederlagen immer wieder lebensfähig gemacht haben.

Ayutthaya war auch die Stadt, in der die ersten Europäer das alte Siam kennenlernten und beschrieben haben, um darin Fuß zu fassen, Handel und allzubald auch das Kriegshandwerk zu betreiben, allerdings nicht gegen die Siamesen, sondern mit ihnen gegen deren Feinde. Die Portugiesen bildeten in Ayutthaya wie überall in Südostasien die bald verdrängte Vorhut Europas. Mit ihren Schiffen, den besten jener Zeit, erreichten sie die siamesische Hauptstadt im Jahre 1511. Kurz zuvor hatten sie den Hafen von Malakka einem Sultan entrissen, der sich gegen die Oberhoheit des Königs von Siam erhoben hatte. So konnten sie freundschaftliche Beziehungen mit Ayutthaya anknüpfen. Außerdem lieferten sie den Siamesen sehr begehrenswerte Feuerwaffen, dazu auch Schützen und Kanoniere. Als 1538 der erste von insgesamt weiteren 24 Kriegen mit Birma ausbrach, leisteten 120 Portugiesen mit ihren überlegenen Musketen und Kanonen ihren Anteil zum Sieg der Siamesen, und Portugal erhielt das Recht, Handelsstationen zu errichten; die Freiheit des Christenglaubens war ihnen schon vorher zugesichert worden. Doch sie konnten es nicht verhindern, daß die Birmanen im Jahre 1569 die durch Verrat geöffnete Hauptstadt Siams besetzten und das Land für 15 Jahre als Vasall unterwarfen.

Der Retter nach dieser Niederlage war Prinz Naresuan, einer der bedeutendsten Männer der thailändischen Geschichte. Er kannte die Birmanen, weil er ihnen dienen mußte. Als Kronprinz von Siam schüttelte er 1584 das Joch der birmanischen Herrschaft ab und stabilisierte die siamesische Vorherrschaft im Gegenzug bis weit nach Birma hinein. Im Zweikampf auf Elefanten besiegte Naresuan 1593 den birmanischen Kronprinzen und wurde damit vollends zum triumphalen Sieger. In seiner Regierungszeit von 1590 bis 1605 folgten die Spanier und Holländer den Portugiesen auch nach Siam und erhielten gleiche Rechte der Niederlassung, des Handels und der Religionsausübung.

Ayutthayas Macht, Glanz und Größe wurden auch in Europa bekannt. Menschen vieler Völker, von Japan bis Westeuropa, strömten in die reiche Stadt und erhielten an ihrem Rande Wohnbezirke zugewiesen. Eine Karte des späten 17. Jahrhunderts zeigt Bereiche der Chinesen, Japaner, Malaien, Portugiesen, auch Niederlassungen der Holländer und Franzosen auf den Inseln zwischen den Flüssen und Kanälen südlich des Stadtkerns mit seinen Märkten, Tempeln und Palästen. In jener ersten Hälfte des 17. Jahrhunderts war Ayutthaya eine weltoffene Stadt. Dies änderte sich jedoch, als auch die Siamesen die zunehmenden Machtansprüche der europäischen Kolonialmächte kennenlernten und in deren Rivalität verwickelt wurden.

Da verfolgten die Holländer portugiesische Schiffe, die Engländer neideten den Holländern den Erfolg auf asiatischen Märkten, und schließlich errangen die Franzosen in Siam die spezielle Gunst des Königs. Der Mann, der dies zuwege brachte, war ein Grieche, der sich Constantin Phaulkon nannte. In der Regierungszeit des Königs Narai (1656-1688), der Lopburi als Residenz bevorzugte, war der sprachbegabte und ehrgeizige Grieche im Zoll- und Handelsdienst des Königs schnell aufgestiegen. In der geschickten Wahrnehmung der königlichen Interessen gegenüber den Ausländern hatte er die höchste Gunst erworben. Hohe Titel, ein machtvolles Amt neben dem Finanzminister (Praklang), vor allem aber das Ohr des Königs gaben ihm den ersten Rang in der Handels- und Außenpolitik. Sein Rat war es, den zunehmenden Ansprüchen der Holländer das Gewicht Frankreichs entgegenzusetzen, das in Europa Krieg gegen die Niederlande führte. So wurden Botschaften mit dem Sonnenkönig Ludwig XIV. ausgetauscht. Nachdem eine erste siamesische Delegation durch Schiffbruch spurlos verschwunden war, dauerte die Reise einer zweiten über 200 Tage um das »Kap der guten Hoffnung«. Den im Gegenzug kommenden Botschaftern Frankreichs waren Missionare vorausgereist, von denen detaillierte Landkarten und Berichte über Siam stammen. Truppen folgten ihnen. 632 Soldaten des Sonnenkönigs sollten im Jahre 1687 zwei Forts beiderseits des Menam an der Stelle der späteren Hauptstadt Bangkok besetzen, doch nur 492 trafen dort ein, jeder fünfte hatte die Reise nicht überlebt. Ihr Aufenthalt währte dann nur ein knappes Jahr, die Zahl der Rückkehrer nach Frankreich ist nicht bekannt. Der Versuch der Franzosen, den ihnen freundlich zugewandten König zum Christentum bekehren zu wollen, überspannte den Bogen. Gegner des Griechen unter den Offizieren des Hofstaats nutzten die Schwäche des schwer erkrankten Königs und verhafteten Phaulkon unter der Anklage des Verrats zugunsten der Franzosen. Das umgehend gefällte Todesurteil wurde unverzüglich vollstreckt.

König Narai starb wenige Wochen später als der letzte der großen Könige von Ayutthaya. Dem anschließenden grausamen Machtkampf fielen auch die Thronfolger seiner Abkunft zum Opfer. Mit seinem Nachfolger Pra Petrarja kam eine Dynastie auf den Thron, der die Chronisten Ausschweifungen, Sorglosigkeit nach langer Friedensdauer, Günstlingswirtschaft, tödliche Machtkämpfe und schließlich Schwäche und Unfähigkeit vorwerfen, wodurch der alte Erbfeind Birma wieder auf den Plan gerufen wurde.

Gleich nach dem Tode König Narais waren die Franzosen aus dem Lande gedrängt worden, nur wenige Missionare durften wegen ihrer Krankenpflege bleiben. Damit begann eine Isolierung gegenüber den Europäern, die praktisch mit wenigen, schließlich scheiternden Ausnahmen für Holländer und Spanier, für rund 130 Jahre fortwähren sollte. Das Drama von Ayutthaya vollzog sich ohne die aktive Beteiligung von Europäern in einem neun Jahre währenden Krieg gegen Birma. Nach zweijähriger Belagerung erlahmte die Verteidigung und die Birmanen konnten im April 1767 die reiche Hauptstadt überrennen, plündern und radikal zerstören.

Vor diesem Kriege lebten schätzungsweise über eine Million Menschen im Großraum dieser mächtigen Metropole, danach in ihren Ruinen knapp zehntausend. Die Sieger verschleppten Abertausende, darunter zahlreiche Angehörige des getöteten letzten Königs Ekatat, in ihr Land, wo die meisten nach den Bräuchen der Zeit in der Sklaverei endeten.

Der Retter der Einheit

Im Zentrum von Thonburi, heute der Stadtteil Bangkoks auf dem westlichen Menam-Ufer, steht das imponierende Reiterdenkmal des Königs Taksin, dem das Land nach der Kriegskatastrophe von Ayutthaya die rasche Wiederherstellung seiner Einheit verdankt.

Den Namen Sin (wertvoll) erhielt der 1734 in Ayutthaya geborene Sohn eines chinesischen Steuereinnehmers und einer Thai-Mutter von einem hohen Adligen, der den talentierten Jungen adoptierte und ihm eine Laufbahn in königlichen Diensten ermöglichte. Als Gouverneur von Tak – dem anderen Teil seines Namens – erlebte er den Angriff der Birmanen und wurde zur Verteidigung der Hauptstadt herangezogen. In der letzten Phase des Krieges schlug er sich durch die Reihen der Belagerer, um draußen im Lande Soldaten zum Entsatz der eingeschlossenen Stadt zu sammeln und den Ring der Birmanen zu sprengen. Er wandte sich in die vom Kriege verschonte Südostre-

Im Jahre 1712 erschien eine der ersten deutschen Beschreibungen des Königreichs Siam mit dieser Darstellung der Hauptstadt Ayutthaya, abgekürzt Judia. Die Phantasie des Zeichners und Kupferstechers fügte eine Bergkulisse hinzu, hatte jedoch keinen Zugang zu den Formen siamesischer Tempelbauten und ersetzte sie schlicht durch europäische Kirchtürme.

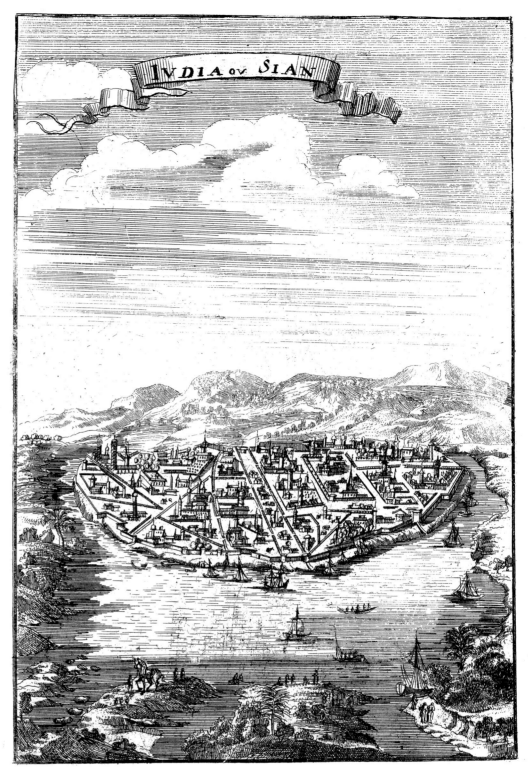

gion, wo er nach dem Fall der Hauptstadt auf sich allein gestellt den Kampf fortsetzte. Seine Gegner waren neben den Birmanen, die ihre Siegesbeute heimschleppten und nur kleinere Kontingente zurückließen, auch die Gouverneure und Fürsten verschiedener Landesteile, die durch ihre Souveränitätserklärungen die Einheit des Landes zerbrachen. Mit geschickt geführten Schlägen schaltete Taksin einen Gegner nach dem anderen aus. Dabei konnte er nur sieben Monate nach dem Fall Ayutthaya wieder besetzen. Doch die Menge der Trümmer und die strategische Lage mit den Zugängen von Westen und Norden bewogen ihn, auf den Wiederaufbau zu verzichten und seine Residenz weiter im Süden zu gründen. So wurde Thonburi – am westlichen, etwas höheren Menam-Ufer durch ein Netz von Kanälen abgesichert – die Hauptstadt des Taksin, der dort 1774 von seinen Offizieren zum König ausgerufen wurde. Als Heerführer in den verschiedenen Feldzügen bewährte sich der Taksin freundschaftlich verbundene General Chao Phya Chakri. Er vertrieb 1776 die letzte birmanische Armee aus Siam und unterwarf 1778 Laos wieder zum Vasallen.

Aus Vientiane brachte er ein vom Volke hochverehrtes Buddha-Bildnis aus grünlichem Halbedelstein – in überhöhender Verehrung »Smaragd-Buddha« genannt – in die Hauptstadt. Dort jedoch zeigte sich des Königs Geist zunehmend von Wahnvorstellungen umnachtet, die darin gipfelten, daß er Mönchen gebot, ihn als Inkarnation des Buddha zu verehren. Der Weigerung folgte die Prügelstrafe, die auch Familienangehörige und Hofbeamte heimsuchte, um Geständnisse zu erzwingen. Während 1782 General Chao Phya Chakri einen Feldzug nach Kambodscha führte, bemächtigte sich der Kommandant von Thonburi, Phya Sanka, des Königs, der keinen Widerstand leistete und nur noch als Mönch in einem Kloster leben wollte. Von dieser Nachricht alarmiert, eilte General Chakri auf seinen schnellsten Elefanten von Kambodscha nach Thonburi, wo er sofort nach der Ankunft – am 6. April 1782 – zum König proklamiert wurde. Zum gleichen Zeitpunkt wurde – der offiziellen Geschichtsschreibung zufolge – an Taksin das Todesurteil vollstreckt, nach dem Gesetz durch Erschlagen in einem Sack. Der neue König soll ein letztes Lebewohl wortlos und sehr traurig verweigert haben.

Ayutthaya: Die Tragödie einer glanzvollen Hauptstadt

Oben:
Die Niederlage und Zerstörung von 1767 hat die einst prunkvolle Hauptstadt Ayutthaya als großes Trümmerfeld und Mahnmal ihres Dramas hinterlassen. In den Ruinen der Tempel und Paläste zeugen zahlreiche Buddha-Statuen mit abgeschlagenen Köpfen von der radikalen Vernichtung durch den alten Erbfeind Birma, der jedoch den anschließenden Wiederaufstieg des Landes und seiner neuen Hauptstadt Bangkok hinnehmen mußte.

Links:
Der Glanz der einstigen Hauptstadt Ayutthaya spiegelt sich in den Festen, die heute dort gefeiert werden. Beim Loy-Kratong-Fest wurden ursprünglich Kerzen in Lotusblüten ins Wasser gesetzt, doch in Ayutthaya ist daraus ein Wettbewerb der schönsten und größten Blüten- und Laternenflöße geworden.

Rechte Seite:
Die Geschichte und Tragödie von Ayutthaya ist das Thema einer Licht-, Ton- und Feuerwerk-Schau, die alljährlich zum Ayutthaya-Festival in den Ruinen der einstigen Hauptstadt in Szene gesetzt wird.

Als Grund für diesen Tod des Taksin wird angegeben, man habe seine Rückkehr aus dem Kloster und Rivalenkämpfe verhindern wollen. Doch statt eines Lohnes durch den neuen König ereilte auch den Offizier, der Taksin entmachtet hatte, die Todesstrafe wegen dieser Rebellion gegen einen König, die – so heißt es – nicht ungesühnt bleiben durfte. Den Tod des Taksin umranken jedoch Gerüchte über seine Flucht nach Süden. Diesem »Rätsel des Taksin« ist der Autor nachgegangen und widmet ihm im Zusammenhang mit dem Schauplatz im Süden, Nakhon Si Thammarat, einen ergänzenden Hinweis (s. Seite 183).

Festigung und Aufstieg

Die staatliche Macht und Einheit, die der erste Chakri-König 1782 in einer Stunde der Krise übernahm, war noch sehr zerbrechlich und von militärischer Gewalt bestimmt, wie er sie selbst in seinen Feldzügen als siegreicher General durchgesetzt hatte. Nach dem tiefen Schock des Dramas von Ayutthaya und dem Verlust der alten, großen Hauptstadt war es eine schwere Aufgabe, dem Lande und seinen Menschen wieder inneren Halt und Frieden, ein erneuertes Nationalbewußtsein und dazu eine neue, glanzvolle Hauptstadt als Zentrum der äußeren Macht und inneren Kraft zu geben.
Das Thai-Volk hatte Glück mit seinem ersten Monarchen der neuen Dynastie und dessen Nachfolgern. Auch wenn die Kräfte, die eine solche Festigung bewirken und den Aufstieg vollziehen, im Volke selbst, in seinen vielen Schichten, vorhanden sein und freigesetzt werden müssen, so kann doch eine gute oder schlechte Staatsspitze dafür sehr fördernd oder auch hinderlich sein. In jener Reisbauernkultur seit Tausenden von Jahren waren Erfahrung, Fleiß und Arbeit dieser Menschen im Einklang mit der Natur und ihrem Zyklus von Saat und Ernte seit jeher die Lebensbasis für den Einzelnen wie für den ganzen Staat. Und die seit alter Zeit bemerkenswerten Überschüsse dieser Anbauweise waren es, die als Reichtum des Landes Warenströme in Bewegung setzten und Heeren von Soldaten und Bauarbeitern, Künstlern, Mönchen und Würdenträgern vieler Grade bis hinauf zu den unüberschaubar großen königlichen Familien standesgemäßen Unterhalt gewährten.
Dies sei vorausgeschickt, bevor die Chronik fortfährt, den Weg eines Volkes nach dem Maßstab der Historiker mit den Namen an seiner Spitze zu markieren.
Im neuen Königreich Siam repräsentieren die Namen der neun Könige in den zwei Jahrhunderten der Chakri-Dynastie in der Tat historische Abschnitte, was auch schon

Audienz des französischen Botschafters bei König Narai in Lopburi, vor ihm auf dem Boden der Grieche Konstantin Phaulkon als Berater und Dolmetscher (Französischer Stich von 1686)

Rechte Seite: *Kampf auf Elefanten, wie er jahrhundertelang in den Kriegen zwischen Siam und Birma ausgetragen wurde (Bronzerelief in Sukhothai).*

aus der durchschnittlichen Regierungszeit von mehr als zwanzig Jahren pro Monarch erkennbar ist. Dabei hat König Rama V. Chulalongkorn 42 Thronjahre, davon fünf in der Minorität, erreicht und König Rama IX. Bhumibol konnte 1988 auf eine ebensolange Regierungszeit zurückblicken.
Als ersten wichtigen Staatsakt verlegte Rama I. den Sitz der Hauptstadt von Thonburi auf das gegenüberliegende Ufer des Menam, weil er den Schutz des breiten Flusses gegen die Birmanen im Westen bevorzugte und dabei selbst das niedere, oft von Überschwemmungen heimgesuchte Ufer des dortigen Dorfes Bang Kok in Kauf nahm. Dieser Ort hatte sich zu einem Flußhafen und Handelsplatz der Chinesen entwickelt. Der König kaufte von einem reichen Chinesen das Gelände für seinen Palast und den Tempel des »Smaragd Buddha«, dessen Bau im Stil der großen Tempel von Ayutthaya binnen drei Jahren (1785) fertiggestellt wurde und seither als Nationalheiligtum angesehen wird.
Im Jahre 1785 mußte Rama I. einen Angriff der Birmanen abwehren, die an fünf Stellen vom Norden bis zum tiefsten Süden die Grenze überschritten. Der Gegenschlag von 1793 nach Birma scheiterte an den Nachschubproblemen durch das unwegsame Bergland. Seither schlief die tiefe Feindschaft zwischen Birma und Siam langsam ein, zumal Birma mehr und mehr den Druck der britischen Interessen von Indien her zu spüren bekam.
So gelang es in der ersten Hälfte des 19. Jahrhunderts, den Bestand des Königreiches Siam nach innen zu festigen und nach außen zu erweitern, zumal die Europä-

er durch und nach Napoleon sehr mit sich selbst beschäftigt waren.
England war zur stärksten Industrie- und Kolonialmacht emporgestiegen und meldete auch in Siam seine Interessen an, nachdem Singapur 1819 und Malakka 1824 strategisch wichtige Stützpunkte der Briten geworden waren.
Schon 1826 war ein erster Freundschafts- und Handelsvertrag mit England abgeschlossen worden, der die Interessengrenzen auf der Halbinsel Malakka absteckte und »freien Handel nach Landesbrauch« zusicherte, jedoch den Briten den Import von Opium und den Export von Reis verbot, letzteres um das Geschäft mit dem Hauptprodukt nicht Ausländern zu überlassen. Danach drängten die Briten auf günstigere Bedingungen und extraterritoriale Rechte, so wie sie 1842 mit ihren Kanonenbooten in China Begünstigungen erzwungen hatten. Gegen Ende der Regierungszeit des dritten Chakri-Königs schien eine Krise mit England unabwendbar. Doch 1851 trat nach dem Tod des Königs keiner der 22 Söhne, sondern sein Bruder, der Mönch Mongkut, die Thronfolge an, ein König, der wie keiner seiner Vorgänger die Weltsprache Englisch beherrschte. Er hatte sich in seinem Kloster viel Zeit genommen, das Geschehen draußen in der Welt, vor allem die Fortschritte der Wissenschaften und der Technik mit großem Wissensdrang zu studieren.

Im Spannungsfeld der großen Mächte

»Er bestieg den Thron, als der europäische Imperialismus Asien in Stücke riß«, so be-

schrieb der englische Historiker A.B. Griswold die Situation des Jahres 1851, als der Abt Mongkut von seinem Kloster zum Großen Palast geleitet wurde, um das höchste Amt des Landes anzutreten. Der verstorbene König Rama III. Nangklao hatte keinen seiner Söhne ausdrücklich zum Thronfolger bestimmt, also konnte der Thronrat unter den in Betracht kommenden nächsten Verwandten des Königs die Krone auch dessen Bruder, dem 47jährigen Mönch Mongkut zusprechen. Es war eine staatspolitisch bedeutsame Entscheidung, die das Leben des Mönchs von einem Tag auf den anderen total änderte, ihn aber nicht unvorbereitet überraschte. Er brachte als Mönch Kontakte mit dem Volke und dessen Problemen mit und außerdem ein weitgespanntes Wissen über die Entwicklung bei jenen großen Mächten, die ihren technischen Vorsprung nun auch zur Beherrschung Asiens nutzen wollten. Die großen Rivalen auf diesem Felde waren England und Frankreich, nachdem die einst großen See- und Handelsmächte Portugal und Holland an Bedeutung verloren hatten. Das britische Empire hatte in Indien und auch in China sowie auf den Seewegen bereits wichtige Positionen gewonnen, während die Franzosen mit desto größerem Ehrgeiz in Hinterindien Fuß gefaßt hatten. Wo Siams alte asiatische Gegner schwach geworden waren, traten alsbald immer mehr die Briten und Franzosen an deren Stelle, so daß Siam sich von allen Seiten von den neuen Kolonialmächten umringt sehen mußte. In Birma hatten die Briten schon 1828 mit Hilfe indischer Truppen Gewinne in der Küstenregion erzielt und die Kontrolle des Königs auf das Hinterland mit der Hauptstadt Mandalay eingeschränkt. Nach zähem Widerstand des Königs Mindon, der als Zeitgenosse Mongkuts von 1852 bis 1878 regierte, wurde dessen unglücklich operierender Nachfolger Thibaw 1885 vertrieben und das Land dem indischen Herrschaftsgebiet eingegliedert.

Im Süden hatten die Briten 1826 auf der Halbinsel Malakka die Straits Settlements – Singapur, Malakka, Penang und das Festland nahe dieser Insel – als ihr Protektorat erklärt. Als um 1870 die Zinngewinnung interessant wurde, weiteten sie den »Schutz« auf vier Zinn-Fürstentümer aus und sicherten ihn 1895 als Föderation vertraglich ab. Mit dem Vorrücken der Gummiplantagen und dem mit der Motorisierung rasch zunehmenden Gummibedarf auf dem Weltmarkt verdrängten die Briten schließlich 1909 die siamesische Oberhoheit von vier weiteren malaiischen Sultanaten durch einen friedlich ausgehandelten Vertrag. Die siamesisch-britischen Beziehungen in jenen Jahrzehnten von 1850 bis 1910 waren ein kompliziertes Poker- und Balancespiel der Diplomatie, in dem König Mongkut und sein Nachfolger Chulalongkorn ihre freundschaftlichen Kontakte zu den Ausländern geschickt zu nutzen wußten.

Eine Episode war bezeichnend für Siam: Mongkut ließ 1862 in Singapur eine englische Erzieherin für seine rasch wachsende Kinderzahl engagieren. Als Mönch hatte er ganz enthaltsam leben müssen, als König hingegen streifte er mit 47 Jahren diese Fesseln ab und nutzte sein Vorrecht der Vielehe derart intensiv, daß er mit 82 Kindern von 35 Müttern einen Rekord der Chakri-Dynastie aufstellte, den auch sein viel länger regierender Sohn Chulalongkorn mit 77 Kindern von 36 Müttern nicht übertraf.

Die englische Erzieherin, Mrs. Anna Leonowens, blieb fünf Jahre am Hof in Bangkok und veröffentlichte 1870 ihre Erlebnisse und Erfahrungen, die 70 Jahre später von der amerikanischen Autorin Margaret Landon zu einem Bestsellerroman verarbeitet wurden. Dieser Roman diente als Vorlage für das Musical »Der König und ich« und den Hollywood-Farbfilm, in dem Yul Brynner den König darstellte und als exaltierten exotischen Monarchen weltbekannt machte, mit einer Distanz von der Fiktion zur Wirklichkeit »so weit wie von Hollywood nach Bangkok«, so ein Kommentar aus Thailand.

Kundige Thais sehen in der Hollywood-Show über den tyrannischen König und die tapfere Gouvernante ein totales Unverständnis für diesen König, der es verstand, sein Land für die Fortschritte des Westens zu öffnen und trotzdem dessen politischem Druck geschickt auszuweichen. Hatte er doch nach den vergeblichen Bekehrungsversuchen einiger Missionarsfrauen im königlichen Gefolge in seinem Brief vom 26. Februar 1862 an Mrs. Leonowens nach Singapur seine Erwartung ausgesprochen, sie möge ihr Bestes geben »für die Kenntnisse der englischen Sprache, Wissenschaft und Literatur, aber nicht für die Bekehrung zum Christentum, weil die Anhänger des Buddha sich zumeist gleich denen des Christus der Macht von Wahrheit und Tugend bewußt seien und den Zugang zur englischen Sprache und Literatur mehr wünschten als neue Religionen.« Im Buddhismus trat er für die Reinheit der alten Lehre ein und

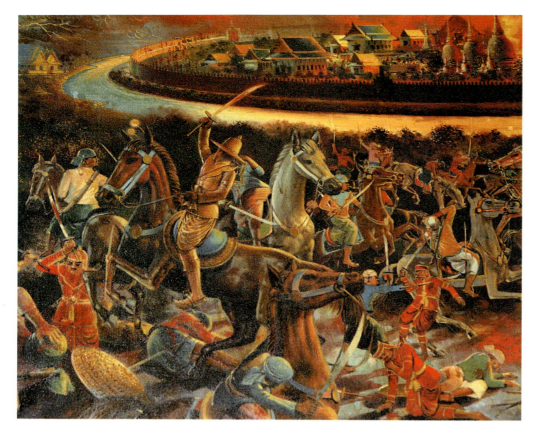

Einheit und Aufstieg

Links:
Der General Taksin durchbricht den Ring der Birmanen um die eingeschlossene Hauptstadt Ayutthaya. (Gemälde im Taksin-Gedenkschrein der Stadt Tak).

Unten links:
Als Befreier und Einiger des Landes ist König Taksin unvergessen. Seine Standbilder – so hier in Tak, wo er als Gouverneur regierte – werden gepflegt und geschmückt; sein tragischer Tod ist von Legenden umgeben.

Unten:
Als erster König nach dem Fall von Ayutthaya (1767) gründete Taksin seine Hauptstadt Thonburi auf dem westlichen Ufer des Menam gegenüber der Ortschaft Bangkok. Die Eingangshalle des Tempels Wat Arun am Flußufer von Thonburi ist heute eine Gedenkstätte für Taksin, der von hier aus seine Feldzüge zur Vertreibung der Birmanen und Einigung des Landes führte.

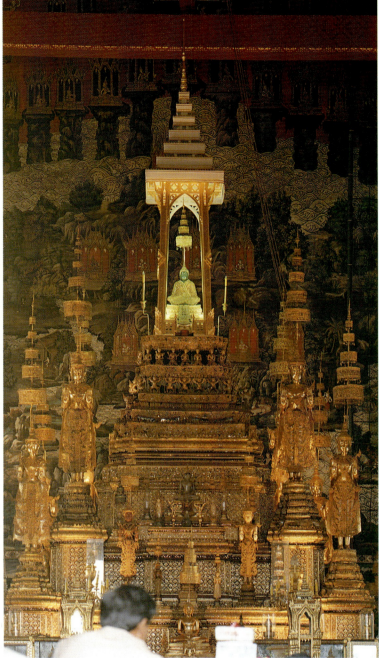

Oben:
Als Nachfolger von Taksin wurde der General Chakri 1782 gekrönt und damit zum Gründer der regierenden Chakri-Dynastie. Zugleich verlegte er die Hauptstadt von Thonburi nach Bangkok. Dort ließ er den Königstempel Wat Phrakkeo als religiöses Zentrum des Reiches erbauen.

Oben rechts:
Seit mehr als zwei Jahrhunderten wird im Wat Phrakkeo der sogenannte »Smaragd-Buddha« als nationales Heiligtum verehrt. Die 75 Zentimeter hohe Statue besteht aus einem grünlichen Halbedelstein. Sie ist seit 1434 mit der Geschichte der Thais und ihrer laotischen Nachbarn verknüpft und wurde von dem siegreichen General Chakri aus Vientiane in die Hauptstadt gebracht.

Rechts:
Im Pantheon der Chakri-Könige steht der Gründer der Dynastie, Rama I., als goldglänzende Gestalt im Zentrum seiner Nachfolger. Diese Ehrenhalle Prasat Phra Thepidorn wird jährlich nur für einen Tag geöffnet, wenn am 6. April der Chakri-Tag gefeiert wird.

gründete dafür einen eigenen Orden. Ebenso veranlaßte er den Bau des großen Tempels von Nakhon Pathom mit seinem riesigen Chedi als Monument der »Ankunft Buddhas« in diesem Lande. Das Christentum sah er mit kritischen Augen, zugleich aber setzte er sich für die Freiheit des Glaubens ein und spendete Geld und Land für den Bau christlicher Kirchen und einer Moschee. Für die Mühen der Missionare in der Krankenpflege und Linderung der Not zollte er distanzierte Anerkennung.

In jener kritischen Phase der britischen Machtausbreitung in Asien waren die von gegenseitiger Hochachtung getragenen Kontakte des britischen Diplomaten Sir John Bowring zum König von Siam von weit größerem Gewicht als der Eifer der – nach eigener Darstellung – sehr eigensinnigen und trotzigen Lehrerin und Dolmetscherin Anna Leonowens, die ihre Abreise als »Flucht aus der Fron« neben ihrem Hauptthema, des Königs Harem, geschildert hat. Sir John Bowring leitete eine britische Politik gegenüber Siam ein, die anders als in Birma und China der Diplomatie den Vorrang vor Kanonenbooten und Soldaten gab und ihre Positionsgewinne auf diesem Wege aushandelte. Diese durch zwei Persönlichkeiten, Mongkut und Bowring, eingeleitete Weichenstellung zeigt ihre Auswirkungen im späten 20. Jahrhundert. Wie König Mongkut selbst, so öffnete sich sein Land – wenn überhaupt – der englischen Sprache und Wissenschaft, doch nur, um desto besser die eigenen Interessen wahren zu können.

In der Regierungszeit des König Mongkut wurden auch die ersten offiziellen Beziehungen zwischen den damaligen deutschen Staaten und dem Königreich Siam angeknüpft. Als Vorhut schlossen die Hansestädte 1858 einen ersten Handelsvertrag. Ihnen folgte 1861 die diplomatische Delegation des Deutschen Zollvereins unter Führung des preußischen Gesandten Graf zu Eulenburg, der binnen drei Monaten seinen Auftrag ausführte, einen Freundschafts-, Schiffahrts- und Handelsvertrag mit dem Königreich Siam abzuschließen. Sein ausführlicher Bericht über diese Mission von 1861/62 ist ein aufschlußreiches Zeitdokument. Es schildert des Königs Frage, ob Preußen Kolonien besitze oder deren Erwerb anstrebe. Auf die – zu jener Zeit noch zutreffende – Antwort, daß tropische Gegenden dafür kaum in Betracht kämen, schien der König erleichtert und meinte nach Eulenburgs Bericht, »er freue sich um so mehr, neue uneigennützige Freunde zu finden, als die alten ihm schwierig würden.« Nach dem Abschluß dieses Vertrages wurde 1862 in Bangkok ein deutsches Konsulat eingerichtet, das 1888 zur Ministerresidentur des Deutschen Kaiserreiches erhoben wurde; 1908 wurde daraus eine Gesandtschaft, 1955 die Botschaft der Bundesrepublik Deutschland, die 1982 »120 Jahre Deutsch-Thailändische Freundschaft« gefeiert hat.

Ganz anders als mit England und Deutschland entwickelte sich das Verhältnis zwischen Siam und Frankreich, dessen Politik in dieser Region weniger durch diplomatische Talente, als durch Militärs und Kanonenboote vorangetrieben wurde. In ihrer Konkurrenz zu den Briten in Indien, Birma und Malaya konzentrierten die Franzosen sich auf Indochina. Dort besetzten sie 1861 die Hauptstadt von Cochinchina, Saigon, und rückten nach Kambodscha vor, wo sie dem König Norodom, einem Vasallen Siams, Hilfe zur Abschüttelung dieses Jochs versprachen. Die Ereignisse in Europa – der für Frankreich verlorene Krieg und der Sturz des Kaisers Napoleon III. – bedeuteten im fernen Indochina nur eine Unterbrechung der französischen Operationen. Gerade dort sahen die Spitzen der neuen Republik eine Chance, durch Raumgewinn und Machtzuwachs das angeschlagene Prestige Frankreichs in der Welt wieder aufzuwerten. Mit Opfern und Eifer erkämpften die Franzosen schließlich das Protektorat über ganz Vietnam (1882) und von dort aus über Laos und Kambodscha (1893), wo noch eine Oberhoheit des Königs von Siam bestand. Dessen politischer Widerstand wurde schließlich durch Kanonenboote bezwungen, die im Juli 1893 in den Menam einliefen, den Verkehr blockierten und Bangkok zu beschießen drohten. Der vor Zorn und Kummer erkrankte König Chulalongkorn mußte sich den französischen Bedingungen beugen und nicht nur die Kontrollrechte der Franzosen in Laos und Kambodscha anerkennen, sondern auch seine Armee vom Mekong zurückziehen und drei Millionen Goldfrancs zahlen. Die Briten hatten sich herausgehalten und den Thai-Diplomaten ein Nachgeben empfohlen – damals bahnte sich bereits der Abbau der britisch-französischen Konkurrenz und die kommende Entente in Europa an.

Linke Seite:
Ankunft des Generals Chakri 1882 in Thonburi nach dem Sturz des Königs Taksin, dessen Nachfolge Chakri antritt und die Hauptstadt Bangkok gründet. (Zeitgenössische Darstellung).

Rechts:
Aus der Frühzeit der Fotografie stammt dieses Bild von König Rama IV. Mongkut, aufgenommen 1868 kurz vor seinem Tode.

Vom Mittelalter ins 20. Jahrhundert

Mit den französischen Kanonenbooten vor seiner Hauptstadt hatte ein König seine große außenpolitische Krise zu bestehen, der sich eigentlich eine Fülle innerer Reformen zum Ziele gesetzt und auch verwirklicht hat. Zu jenem Zeitpunkt regierte Rama V. Chulalongkorn bereits seit 20 Jahren und trug die Krone noch fünf Jahre länger. Als sein Vater, König Mongkut, 1868 unerwartet schnell an einer Malaria gestorben war, war der Thronfolger Chulalongkorn erst 15 Jahre alt und zunächst in seinen Amtspflichten fünf Jahre lang von einem Regenten vertreten. König Mongkut war das Opfer seines persönlichen wissenschaftlichen Eifers geworden. Er hatte eine totale Sonnenfinsternis selbst genau berechnet und für deren optimale Beobachtung eine Gegend südlich von Hua Hin ermittelt. In diesem sumpfigen Gebiet hatte er ein Lager aufschlagen lassen, um vor in- und ausländischen Gästen den Triumph seiner exakt eintreffenden Voraussage auszukosten. Zugleich aber befiel ihn das Fieber. Sein Verhalten bei dieser Erkrankung wurde von den ausländischen Ärzten der Hauptstadt sehr bedauert, denn er ließ keinen von ihnen an sich heran, sondern vertraute auf traditionelle Methoden, die dieser Ansteckung nicht gewachsen waren und den schnellen Tod nicht verhindern konnten.

Für den jungen Sohn war dieser tragische Tod des Vaters und darüber hinaus der Zustand des Landes eine große Herausforderung, mit einer Fülle von Reformen den Anschluß an die moderne Wissenschaft, Technik, Rechtspflege und Verwaltung zu gewinnen. Es wirkte wie ein erster, großer Schritt heraus aus dem Mittelalter strenger höfischer Riten, als Chulalongkorn 1873 bei der Zeremonie seines Regierungsantritts zuerst die vor dem König niedergeworfenen Anwesenden zum Aufstehen aufforderte, wie es zuvor nur das Vorrecht ausländischer Legationen war. Dies war der Auftakt für eine zügige »Revolution von oben«, mit der dieser König sein Land dem Fortschritt zu öffnen suchte.

Schon bei seiner ersten Krönung kurz nach dem Tod des Vaters hatte der 15jährige Chulalongkorn die Abschaffung der Sklaverei proklamiert, die in den Jahrhunderten nach dem Reich von Sukhothai aus jenem »Land der Freien« eine Gesellschaft von Freien und Unfreien mit vielen Rang- und Klassenstufen gemacht hatte. Die Aufhebung der Leibeigenschaft konnte jedoch nur schrittweise vollzogen werden und erst 1905 abgeschlossen werden, wobei auch der Widerstand von Leibeigenen zu überwinden war, denen die soziale Sicherheit in der totalen Abhängigkeit lieber war als die unsichere Freiheit. Für eine weitreichende Rechtsreform zog der König ausländische Berater heran, unter denen der Belgier Rolin Jacquemyns sich besonders verdient machte und 1899 mit hohen Ehren heimkehrte, nachdem ein modernes System von Gerichten verschiedener Ebenen das alte System der oft sehr willkürlichen Rechtsprechung durch Fürsten oder Gouverneure abgelöst hatte. Durch des Königs Initiativen wurden die ersten Schulen und Krankenhäuser gegründet, jedoch hat er die erstrebte allgemeine Schulpflicht nicht mehr erlebt. Die ausländischen Experten und Berater wurden sorgfältig aus verschiedenen Ländern ausgewählt, um jede Vormachtstellung zu vermeiden. So gewöhnte man sich daran, daß der Finanzberater möglichst aus England, der Berater für auswärtige Angelegenheiten aus Amerika und der Justizberater aus Frankreich kommen sollte. Für den Eisenbahnbau wurden deutsche Ingenieure geholt, die unter der Leitung des preußischen Baurats Karl Bethge und des Ingenieurs Luis Weiler von 1892 bis zum Ersten Weltkrieg wesentlich zum Bau des Bahnnetzes beitrugen und dabei sehr mit den Schwierigkeiten des Klimas und der Landschaft mit ihren vielen Flüssen und Kanälen, Sümpfen und Bergketten zu kämpfen hatten.

Es war die Tücke der Natur zusammen mit irregeleitetem Fehlverhalten, die den jungen König in Schmerz und Trauer stürzten, als er 1881 den Tod seiner Lieblingsfrau Sunanda und ihrer kleinen Tochter hinnehmen mußte. Sie ertranken in den Fluten des Menam, als ihr Boot vor der Sommerresidenz Bang Pa In kenterte und die begleitenden Höflinge es nicht wagten, sie zu packen und aus dem Wasser zu ziehen. Das strikte Tabu, königliche Personen nicht zu berühren, hatte ihre Sinne derart verwirrt, daß sie selbst hinzueilende Bauern von Rettungsversuchen fernhielten.

In den folgenden Jahren rückte die jüngere Schwester der Toten, Prinzessin Saowabha, zur Ersten Königin auf. Zwei ihrer fünf Söhne wurden später die Könige Rama VI. und VII., die von 1910 bis 1925 und 1925 bis 1935 regierten. Die Hauptstadt verdankt der 42jährigen Periode unter König Chulalongkorn eine Reihe repräsentativer Bauwerke und die Anlage des breiten Straßenzuges der Rajadamnoen Avenue (Straße des Königlichen Fortschritts), die den von 1876 bis 1880 erbauten Großen Palast mit der 1907 fertiggestellten Dusit-Thronhalle verbindet. Diese Hauptachse des Regierungsviertels blieb – selbst dem modernen Autoverkehr gewachsen – eine großzügig angelegte Ausnahme im eher chaotischen Straßennetz der Metropole.

Neben dem Großen Palast und der Dusit-Thronhalle ist der vielbesuchte »Marmor-Tempel« (Wat Benchamabopitr), der zur Jahrhundertwende fertiggestellt wurde und als einer der schönsten Tempel des Landes gilt, ein weiteres Bauwerk aus der Zeit Chulalongkorns. Die private Residenz des Königs befand sich einige Jahre lang in dem ganz aus Teak-Holz errichteten Vivanmek-Mansion nahe bei der Dusit-Thronhalle. Mit vielen Erinnerungsstücken aus der Zeit der Jahrhundertwende wurde der Vivanmek-Palast erst kürzlich als Museum freigegeben. Der breiten Öffentlichkeit weniger bekannt ist das im europäischen Stil gehalte-

53

Öffnung und Fortschritt

Oben:
Rama IV. Mongkut, der erst mit 47 Jahren 1851 den Thron bestieg und 1868 starb, war unerwartet König geworden. Er hatte vorher als Mönch und Abt für die Erneuerung des Buddhismus gearbeitet und sich mit guter Kenntnis der englischen Sprache westlichen Wissenschaften gewidmet. Nach langer Isolierung des Landes betrieb er eine Politik der »nützlichen Öffnung«.

Oben rechts:
Als Nachfolger seines Vaters Mongkut bestieg Rama V. Chulalongkorn 1868 den Thron und regierte bis zu seinem Tode im Jahre 1910. König Chulalongkorn bereiste Europa und brachte den technischen Fortschritt seiner Epoche ins Land: Eisenbahn, Brückenbauten, Automobile, dazu Reformen der Rechtspflege und Verwaltung. Auch ließ er in der Hauptstadt repräsentative Bauwerke errichten und breite Straßenzüge anlegen. Dieses Denkmal in Bangkok vereint ihn mit dem Kronprinzen Vajiravudh, der als sein Nachfolger Rama VI. von 1910 bis 1925 regierte.

Unten:
Der Bau der Dusit-Thronhalle wurde 1907 auf Weisung des Königs Chulalongkorn begonnen, aber erst nach seinem Tode fertiggestellt. Der repräsentative Kuppelbau diente nach 1932 zeitweise als Tagungsort der Nationalversammlung. Alljährlich findet auf dem Platz davor zum Geburtstag des Königs eine Parade der Garde in ihren farbenprächtigen Uniformen statt, die König Rama V. vor 100 Jahren eingeführt hat.

Rechte Seite:
Auf Weisung des Königs Chulalongkorn wurde der »Große Palast« 1876–80 nach dem Entwurf eines englischen Architekten im Viktorianischen Stil für die Jahrhundertfeier der Chakri-Dynastie (1882) erbaut und zusätzlich mit spitzen Thai-Dächern versehen. Er ersetzte ältere Palastbauten und wird nur bei großen repräsentativen Anlässen benutzt.

ne Palais »Barompimarn Mansion«, das Chulalongkorn nahe dem Großen Palast für den Kronprinzen Vajiravudh erbauen ließ und das heute als nobles Gästehaus für höchste Staatsbesucher dient.

Als erster König seines Landes trat Chulalongkorn weite Auslandsreisen an und schloß viele Freundschaften mit den auf der Höhe ihrer Macht stehenden europäischen Fürstenhöfen. Zweimal – 1897 und 1907 – besuchte er die wichtigsten Staaten Europas, darunter auch Deutschland als Gast des Kaisers Wilhelm II. In Bad Homburg feierte er 1907 während einer Kur seinen Geburtstag und stiftete eine Thai-Sala, die dort noch heute an ihn erinnert.

Viele seiner 32 Söhne, die nach dem Rang ihrer Mütter unterschiedlich eingestuft waren, verteilte er zum Studium und zur militärischen Ausbildung auf europäische Länder, neben England auch Deutschland, Rußland und Dänemark.

Ein Jahr nach seiner ersten Krönung war 1869 der Suezkanal eröffnet worden, der die Schiffsrouten zwischen Europa und Ostasien wesentlich verkürzte. In jenen Jahrzehnten lösten zahlreiche Dampfschiffe die Segler auf den Weltmeeren ab und vervielfachten die Kapazitäten der Schiffahrt für Personen und Güter. Die wichtige strategische Route vom Suez-Kanal nach Ostasien führte zu den indischen Häfen und von dort nach Singapur, Hongkong, Schanghai und Japan. Infolge seiner geostrategischen Lage abseits dieser Route blieb Bangkok ein Hafen, der nur dem Ex- und Import des eigenen Landes diente, aber keine internationale Drehscheibe oder strategische Schlüsselstellung bedeutete. Aus dieser Lage ist die englische Politik verständlich, deren Interessen es entsprach, dort keinen Stützpunkt zu brauchen, aber Ruhe, Frieden und keinen Feind zu haben.

Der junge König Rama V. Chulalongkorn in der Zeremonialkleidung seiner ersten Krönung im Jahre 1868, als er mit 15 Jahren die Nachfolge seines Vaters Mongkut antrat.

Erster Weltkrieg: Sieger aus dem Abseits

Diese politische Großwetterlage galt auch für die Zeit des Ersten Weltkriegs, der jene Region kaum berührt und verändert hat. Siam wurde in jenen Jahren von Rama VI. Vajiravudh regiert, der 1910 die Nachfolge seines Vaters Chulalongkorn angetreten und ein geordnetes, fortschrittliches Land voller Hoffnungen übernommen hatte.

Bei Ausbruch des Ersten Weltkrieges erklärte die Regierung die Neutralität des Königreiches, während die Sympathien des Königs England bevorzugten, wo er seine militärische Ausbildung erhalten hatte. Andererseits hatten die Franzosen wenig Sympathien im Lande, während die deutschen Ingenieure und Kaufleute als nützlich und zuverlässig geschätzt wurden. Eine ganze Reihe von deutschen Handelsschiffen, die in den ostasiatischen Gewässern vom Kriegsausbruch überrascht wurden, hatte in den Gewässern des neutralen Königreiches Zuflucht gefunden. In Bangkok bestaunte man die Operationen des deutschen Kreuzers »Emden« im englisch beherrschten Indischen Ozean, in deren dramatischem Verlauf vor den Toren Thailands die britischmalaiische Insel Penang beschossen wurde. Danach änderte sich die Lage zugunsten der Alliierten, als 1917 die USA in den Krieg eintraten und die Neutralen mit der Parole »Recht gegen Macht« zum gleichen Schritt aufforderten. Also folgte auch die Regierung von Siam den Sympathien des Königs, was ihr das beschlagnahmte Eigentum deutscher und österreichischer Staatsbürger und rund 40 deutsche Schiffe einbrachte, die dann in Thai-Diensten verblieben. Eine Motortransport-Einheit und einige Piloten in Ausbildung kamen noch vor Kriegsende in Frankreich an; ihr wichtigster Beitrag war die Teilnahme an den Siegesparaden. Die Diplomaten des Landes nahmen ihre Plätze im Kreise der Siegermächte beim Abschluß des Vertrages von Versailles und bei der Gründung des Völkerbundes ein.

Machtverschiebung

Als großes Problem der Nachkriegsjahre erschien vielen Thais ein König ohne Kinder – was man nicht kannte – und mit einem großen Hang zum Geldausgeben, was den Staatshaushalt ins Wanken brachte und kritische Köpfe an die Machtfrage heranführte. Die hohen und viele mittlere Funktionen des Staates waren durch ein Heer von Prinzen und Adligen der verschiedenen Stufen besetzt, deren Name bereits den ihnen gebührenden Rang bedeutete, doch nur noch in Ausnahmefällen die entsprechende Leistung. Demgegenüber stieg die Zahl jener Söhne gehobener Schichten, die zum Studium ins Ausland gingen und dort die Ideen und politischen Strukturen der zwanziger Jahre kennenlernten: Englands parlamentarische Demokratie ebenso wie den Sozialismus und Marxismus oder auch den neuen italienischen Faschismus. So fand sich in Paris eine Gruppe dieser jungen Thai-Studenten und auch Offiziere zusammen, deren Namen später in höchsten Positionen bekannt wurden. Doch bis dahin verging noch ein Jahrzehnt, in dem sich die mit der Machtfrage zusammenhängenden Veränderungen erst langsam und verdeckt anbahnten.

Der König galt als eigensinnig und exaltiert. Er kümmerte sich mehr um die von ihm gegründeten Pfadfinder und um seine große Leidenschaft, das Theater, als um die Politik. Seine hohen Ausgaben belasteten die Staatskasse sehr, deren wichtigste Einnahmequelle, die chinesischen Glücksspielhallen, schon auf Betreiben des Königs Chulalongkorn geschlossen worden waren. Im Alter von 29 Jahren hatte Vajiravudh den Thron bestiegen, zehn weitere Jahre verbrachte er als Junggeselle, dann aber heiratete er bald doppelt und dreifach, als sich in der ersten Ehe nicht gleich der erhoffte Nachwuchs einstellen wollte. Die Chronisten beschreiben ihn in seinen letzten Lebensjahren als einen unglücklichen, kranken Mann, dem nicht viel Kraft für sein hohes und schweres Amt blieb. Doch bleibt festzuhalten, daß unter seiner Regierung die allgemeinen Grundschulen eingeführt und die erste Universität gegründet wurde. Auch eine Reform des Familienrechtes wurde 1916 durchgeführt, die den Thais das Führen von Familiennamen vorschrieb. Als König Vajiravudh 1925 im Alter von 44 Jahren starb, war ihm kurz zuvor noch eine Tochter geboren worden, die jedoch für die Thronfolge nicht in Betracht kam. Der König hatte seinen Nachfolger testamentarisch bestimmt. Es war sein zwölf Jahre jüngerer Bruder Prajadhipok, der 1925 als Rama VII. den Thron bestieg, doch wenig Neigung zeigte, allein und absolut zu regieren. Also teilte er diese Bürde mit einem Obersten Rat und stellte sich die undankbare Aufgabe, die Ausgaben der Staatskasse und der von seinem Vorgänger sehr beanspruchten königlichen Schatulle drastisch zu senken. Dies bedeutete die Streichung vieler Stellen am Hofe und in den Behörden mit der Folge großer Unzufriedenheit bei den Betroffenen.

Von einer wünschenswerten Verfassung und parlamentarischen Regierung wurde schon viel geredet, trotzdem war es ein überraschender Schlag, als am 24. Juni 1932 Panzer vor Regierungsgebäuden in Stellung gingen und die führenden Minister und Prinzen sich alsbald verhaftet und in der Thronhalle versammelt sahen. Zur gleichen Zeit wurde dem König in seinem Sommersitz Hua Hin ein Ultimatum präsentiert, in dem drei Obersten im Namen einer bis dahin unbekannten »Volkspartei« die »konstitutionelle Monarchie« und damit eine Verfassung forderten. Die sorgfältig vorbereitete Aktion verlief ohne Blutvergießen, weil der König der Forderung nachgab und dies damit begründete, er habe bereits selbst erwogen, diesen Wandel zu vollziehen.

Obwohl dieses Staatsaktion vergleichsweise harmlos verlief und nur die Führungsschicht betraf, so wirkte ihr Wandel doch weit tiefer, als dies nach außen erkennbar war. Er verschob nachhaltig die Gewichte der Macht und Elite vom Adel zahlreicher Prinzen zu den Militärs, die sich in den nachfolgenden Jahrzehnten am Ruder des Staatsschiffs ablösten.

Der königliche Signatar der ersten Verfassung behielt die Krone nur für wenig mehr als zwei Jahre. Ein Augenleiden gab ihm den Grund, sich von den Machtkämpfen seiner Hauptstadt nach England zurückzuziehen. Dort erklärte er am 2. März 1935 nach Auseinandersetzungen mit den Machthabern in Bangkok seine Abdankung und blieb in diesem Exil bis zu seinem Tode im Jahre 1941. Seine Ehe war kinderlos geblieben, doch Königin Rambai Barni überlebte ihn um mehr als vier Jahrzehnte und wurde 1985 in Bangkok mit höchsten Ehren eingeäschert.

Nach den Regeln der Thronfolge waren nunmehr unter den zahlreichen Nachkommen des Königs Chulalongkorn jene an der Reihe, die von seiner Zweiten Königin Sawang abstammten. So erreichte der höchste Rang die Familie ihres jüngsten Sohnes, Prinz Mahidol von Songkhla, der bereits 1929 im Alter von 37 Jahren gestorben war, doch zwei Söhne und eine Tochter hinterlassen hat. Dieser Prinz hatte in den USA und auch in Deutschland Medizin studiert und sich mit großem Engagement für die ärztliche Versorgung im Norden Thailands eingesetzt, wobei er einer tödlichen Amöbeninfektion erlag. Während der Studienjahre hatte er in Amerika eine Thai-Studentin kennen- und liebengelernt, die als Waise in der Familie eines Hofarztes aufgewachsen und als Krankenschwester ausgebildet worden war, bevor sie mit einem Stipendium der Königin in Boston studieren konnte. Nach der Hochzeit 1920 wurde 1923 in London eine Tochter, 1925 in Heidelberg ein Sohn, Prinz Ananda, und 1927 in Boston dessen Bruder Bhumibol geboren.

In jenen Jahren konnte noch niemand ahnen, daß diese beiden Söhne eines Arztes ausersehen waren, einst die Krone ihres Landes zu tragen. Nach dem Tode des Vaters wuchsen sie zunächst in Bangkok auf. Dann zog die Mutter 1933 auf Geheiß des kinderlosen Königs in die Schweiz, um den Kindern dort eine gediegene, doch von Politik, Rang und Privilegien wenig beeinträchtigte Schulzeit zu ermöglichen. Schon drei Jahre später ging 1935 mit der Abdankung des Königs Rama VII. die Thronfolge auf den Prinzen Ananda über, der zunächst seine Schulzeit in Lausanne fortsetzte. Sein Aufenthalt in der Schweiz währte weit über ein Jahrzehnt, in dem rings herum und auch in Asien der Zweite Weltkrieg tobte. Die Schulzeit wurde nur unterbrochen, als 1938 der 13jährige Ananada nach Bangkok geholt wurde, um die religiöse Zeremonie der ersten Krönung zu absolvieren. Anschließend kehrte er wieder in die standesgemäße 12-Zimmer-Villa Watana am Hang über Lausanne zurück und setzte dort unter der Obhut der welterfahrenen Mutter mit Bruder und Schwester die Schulzeit fort, während in der fernen Heimat ein Regent seine Amtspflichten erfüllte.

Zweiter Weltkrieg: Die Japaner sind da!

In jenen dreißiger und vierziger Jahren sind die Namen zweier sehr gegensätzlicher Thai-Politiker eng mit den Geschehnissen im Lande und der Welt verknüpft. Der eine, Pibul Songkhram, war ein Offizier, der zum Diktator aufstieg. Der andere, Pridi Phanomyong, war ein Jurist und Zivilist, der sich als Universitätsgründer, Premierminister und Regent verdient gemacht hat. Beide lieferten sich einen zähen Positionskampf, zuerst als Freunde, später als erbitterte Gegner. Ihre Namen stehen für Prinzipien, die in jener Epoche aus der großen Welt auch in das abgelegene Thailand hinein wirkten. Die jeweiligen Gegner nannten Pibul einen Faschisten und Pridi einen Sozialisten. Gewiß ist, daß der eine ein Soldat und der andere ein Demokrat gewesen ist und daß beiden eine große Verantwortung in schwierigster Zeit aufgebürdet war. Vor, während und nach dem Zweiten Weltkrieg standen beide in den höchsten Positionen der Regierung, Pibul als Premierminister, Pridi schließlich als Regent und Vertreter des Königs, danach auch als Premier.

Beide kamen aus der Gruppe, die 1932 den Kampf für die Verfassung und gegen die Herrschaft der Prinzen geführt hatte. Nach der Gründung der Thammasat-Universität in Bangkok hatte sich unter deren Studenten eine intellektuelle Basis der Pridi-Anhänger gebildet, während Pibuls Machtstellung in der Armee verwurzelt war. 1938 löste Pibul als Premier den Anführer der Revolution von 1932, Oberst Bahol, ab und proklamierte ein neues Nationalbewußtsein. Der alte geographische Name Siam wurde durch Thailand ersetzt, um das Staatsvolk der Thais herauszuheben.

Als 1939 in Europa der Zweite Weltkrieg ausbrach, erklärte sich Thailand als neutral. Dieser Status wurde jedoch jäh beendet, als am 7. Dezember 1941 der japanische Botschafter freien Durchmarsch zu britischen Territorien, vor allem nach Birma und Malaya, binnen wenigen Stunden verlangte. Der Premierminister Pibul gab die Weisung aus, »zur Vermeidung unnötigen Blutvergießens« keinen Widerstand zu leisten, was aber nicht überall gleich befolgt wurde. An verschiedenen strategischen Punkten der ganzen Region waren die Japaner sofort zur Stelle und landeten große Kontingente. Weiter im Süden marschierten sie durch Malaya und nahmen Singapur von der kaum verteidigten Landseite her ein. Auch wurden große Teile Birmas besetzt; durch Thailand wurde der Landweg dorthin abgesichert und der Bahnbau in Angriff genommen.

Das Volk von Thailand hatte während der Kriegsjahre unter den Folgen der Warenknappheit und Geldentwertung zu leiden,

Siam um die Jahrhundertwende

Die Marktstraße von Phetchaburi im Jahre 1904, als der Streckenbau der Südbahn die Stadt erreicht hatte.

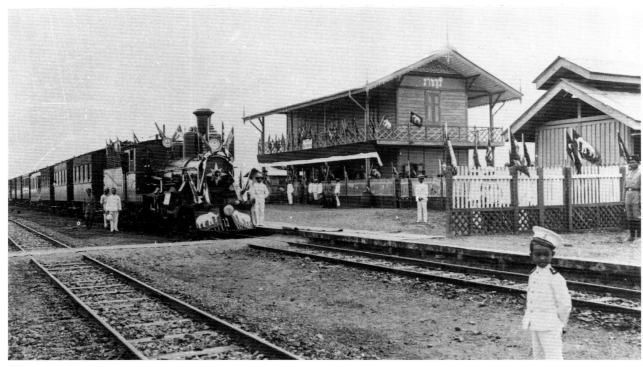

Die Bahnstation von Ratchaburi im Festschmuck mit dem königlichen Sonderzug im Jahre 1904.

Festlicher Autokorso im Jahre 1908 auf der neu angelegten Rajadamnoen Avenue in Bangkok.

Auf seiner Europareise im Jahre 1897 besucht König Rama V. Chulalongkorn (Mitte) auch den Altreichskanzler Otto von Bismarck (links) in Friedrichsruh.

Königssöhne als Fotoreporter im Jahre 1906, zweiter von links der 13jährige Prinz Prajadhipok, der 1925–35 als König regierte, zweiter von rechts der 14jährige Prinz Mahidol Adulyadej, der spätere Vater der Könige Ananda und Bhumibol.

Prinz Mahidol Adulyadej (1891–1929) als Marineoffizier im Jahre 1915, bevor er sein Medizinstudium aufnahm.

Links:
Japanisches Kriegsgeld 1942–45: 100-Dollar-Note, in Thailand ausgegeben, aber nie einlösbar gewesen.

Links unten:
Amerikanische Bomber greifen am 13. Februar 1945 die von Gefangenen in japanischer Zwangsarbeit erbaute »Brücke am Kwai« an und zerstören den Mittelteil.

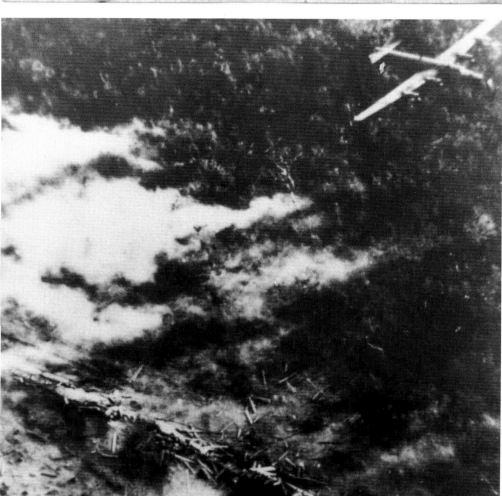

jedoch dank der eigenen Produktion nicht unter dem Hunger wie in anderen besetzten Gebieten. Die Japaner brachten viele tausend Kriegsgefangene, vor allem Holländer aus Indonesien, ins Land, um sie zum Bau der »Todesbahn« nach Birma einzusetzen. Dabei gab es nur wenig Berührungspunkte zwischen der Bevölkerung und der Besatzungsmacht, die sich auf ihre strategischen Vorhaben konzentrierte und kein Talent zeigte, sich bei ihren ungefragten Gastgebern auf irgendeine Weise beliebt zu machen.

Im Januar 1942 begannen Bombenangriffe der Briten auf Bangkok, worauf die Regierung des japanisch besetzten Landes den Krieg gegen Großbritannien und die USA erklärte. Der Botschafter Thailands in Washington, Seni Pramoj, unterließ jedoch die Übergabe dieser unter japanischem Druck erfolgten Erklärung an die amerikanische Regierung und proklamierte stattdessen eine »Bewegung zur Befreiung Thailands«, der sich alsbald viele in den USA und anderen alliierten Ländern lebende Thais anschlossen. Auch in Thailand selbst wurden geheime Kontakte zu den Alliierten geknüpft, wobei dem Regenten Pridi, der seit August 1944 dieses höchste Amt innehatte, eine geheime Schlüsselrolle zugeschrieben wird. Jedenfalls erklärten die Amerikaner nach dem Atombomben-Sieg über Japan jene thailändische Kriegserklärung, die nicht übergeben worden war, für »null und nichtig«, weil sie nicht dem Willen des Volkes entsprochen hätte. Damit wurde die künftige enge Zusammenarbeit zwischen Thailand und den USA eingeleitet. Doch mußte mit den Engländern ein eigener Friedensvertrag ausgehandelt werden, der als Reparation der Thais eine beträchtliche Reislieferung von 1,5 Millionen Tonnen sowie die Verpflichtung vorsah, einen Kanal zwischen dem Indischen Ozean und dem Golf von Thailand – wie das seit langem diskutierte Projekt des Durchstichs durch die Landenge von Kra – nur im Einvernehmen mit der britischen Regierung vorzunehmen. Dadurch wollten die Briten die Schlüsselrolle von Singapur am Seeweg nach Ostasien bewahren.

In den Kriegsjahren hatte Thailand mit Hilfe der Japaner vier malaiische Staaten zurückerhalten, die 1909 auf britischen Druck der Oberhoheit des Königs von Siam entzogen worden waren; auch diese Landnahme wurde 1946 wieder rückgängig gemacht.

Die Tragödie des jungen Königs

Bald nach dem Ende des Krieges und dem Abzug der Japaner hatte das Land ein ganz eigenes Leid zu tragen, das vom Volke mit tiefer Trauer empfunden wurde, in der Regierungsspitze jedoch zu einem harten Machtkampf entbrannte. Das Opfer war der König selbst, der 21jährige Rama VIII. Ananda Mahidol, der am Morgen des 9. Juni 1946 erschossen in seinem Bett aufgefunden wurde. Schauplatz dieser niemals eindeutig geklärten Bluttat war sein Schlafzimmer im Obergeschoß des Barompiman-Hauses, des von König Chulalongkorn im europäischen Stil erbauten Palais nahe des Großen Palastes und des Königstempels Wat Phrakeo. Die neben dem toten König gefundene Pistole stammte aus seinem Besitz und er hatte damit öfters Schießübungen vorgenommen. Doch ist die Frage bis heute offengeblieben, ob der tödliche Kopfschuß Mord, Selbstmord oder ein Unfall war. Auch waren viele Spuren in der Aufregung des tragischen Geschehens verwischt worden, so daß eine exakte polizeiliche Untersuchung kaum mehr möglich war.

Zum Zeitpunkt dieses Dramas stand Dr. Pridi Banamyong als Premierminister auf dem Gipfel seiner Macht, nachdem er sechs Monate vorher als Regent den nunmehr volljährigen König Ananda zur Heimkehr aus der Schweiz und Übernahme seines Amtes veranlaßt hatte. Zur gleichen Zeit mußte sich der Machthaber der Kriegsjahre, Feldmarschall Pibul, wegen seiner Zusammenarbeit mit den Japanern als »Kriegsverbrecher« einem Tribunal stellen, das ihn schließlich freiließ, weil es neue Gesetze nicht nachträglich anwenden wollte. Es sollte wohl eine Gnade sein, doch es wurde die Startlinie zur Rückkehr an die Macht. So war der eine, Pridi, ganz oben, der andere, Pibul, ganz unten, als der jähe Tod des Königs das ganze Land in Trauer und Unruhe versetzte. Bald verbreiteten sich die unsinnigsten Gerüchte in der Hauptstadt und wurden geglaubt, weil es keine eindeutigen Feststellungen und Beweise über Tat und Täter gab. Die Regierung konnte in das juristische Verfahren kaum eingreifen, immer mehr kritische Stimmen richteten sich gegen Pridi, der schließlich trotz eines Wahlsieges im August 1946 wenig später sein Amt einem politischen Freund übergab.

Am 7. Dezember 1946 mußten beide, Pridi und der Premier, Admiral Dhamrong, vor den Soldaten, die sie suchten, eine abenteuerliche Flucht ergreifen. Mit Hilfe von Engländern und Amerikanern konnte Pridi ins Exil nach Singapur gelangen, während Feldmarschall Pibul sich wieder an die Spitze der Armee stellte – das Riesenrad der Macht hatte sich total gedreht! Im April 1948 kehrte Pibul auf den Stuhl des Premierministers zurück, für weitere neun Jahre, in denen die Prozesse um des Königs Tod die Schuld immer näher an den geflohenen Pridi herantrugen. Schließlich wurden zwei Kammerdiener des Königs sowie ein Sekretär im Oktober 1954 zum Tode verurteilt und nach vergeblichen Gnadengesuchen am 16. Februar 1955 hingerichtet, ohne daß einer von ihnen als Täter überführt worden war. Ein vierter Verdächtiger war mit Pridi ins Exil gegangen – Furcht oder Schuld? Die Wahrheit um diese Tragödie versinkt immer mehr in Rätseln und im Schweigen der Toten.

Der Geburtsort Heidelberg hatte eine besondere Beziehung zwischen dem jungen König und Deutschland hergestellt. Darum gilt eine besondere deutsche Patenschaft dem ihm gewidmeten Tempel in Bangkok, Wat Suthat, in dem sein Denkmal steht und seine Asche beigesetzt ist. Als Festgabe der Bundesrepublik Deutschland zur 200-Jahrfeier der Chakri-Dynastie und der Hauptstadt Bangkok wurde die aufwendige Restauration der großen Wandbildflächen dieses Tempels in die Wege geleitet – ein Freundschaftsdienst zwischen den beiden Völkern, dessen Sinn noch besser durch den Einblick in das Schicksal dieses so früh Vollendeten verständlich wird.

Rückkehr des Königs Rama VIII. Ananda Mahidol und seines Bruders, Prinz Bhumibol, aus der Schweiz nach Thailand am 5. Dezember 1945.

Am Rande von Vietnam

In seiner zweiten Regierungsperiode als Premierminister von 1948 bis 1957 verstand es Marschall Pibul Songgram mit einigem Geschick, seine innenpolitische Stellung als »starker Mann« nach außen dadurch zu bemänteln, daß er sich stramm antikommunistisch und proamerikanisch darbot, letzteres wohl auch als Kompensation für seine Rolle während des Krieges. Dabei kam ihm auch zugute, daß sein geflohener Gegenspieler Pridi unter dem Odium des Königsmords nirgendwo im Westen Asyl gefunden hatte und schließlich von Peking aufgenommen wurde. Zweimal, 1949 und 1951, konnte Pibul mit der Armee eine von der Marine ausgehende Revolte niederschlagen, beim zweiten Mal nur dadurch, daß er von einem Kriegsschiff, auf dem er in Haft genommen worden war, durch den Menam mitten in Bangkok an Land schwimmen konnte. Von solchem Kaliber war dieser Mann, der als einziger Staatsmann auf der Seite der Verlierer – außer dem Kaiser von Japan – den Zweiten Weltkrieg politisch überlebte. Seine Weichenstellungen führten das Land an die Seite der Amerikaner und in der Folge an den Rand des Vietnam-Krieges. Bei Ausbruch des Korea-Krieges schickte Pibul 1950 thailändische Truppen an die Front.

Einige Monate später wurde in Manila der westliche Verteidigungspakt im pazifischen Raum (SEATO) von den USA, Frankreich, Großbritannien, Australien, Neuseeland, Pakistan, den Philippinen und Thailand unterzeichnet, wobei Bangkok das Hauptquartier aufnahm. Dem diktatorischen Regierungschef jener Jahre konnte es nur recht sein, daß sein König noch ein sehr junger Mann war, der den höchsten Rang am Totenbett seines Bruders übernommen hatte. Rama IX. Bhumibol Adulyadej war an jenem 9. Juni 1946 achtzehn Jahre alt (geboren am 5. Dezember 1927). Wieder trat ein Regent an die Stelle eines minderjährigen Königs, diesmal Prinz Rangsit, ein Halbbruder des Vaters, der das Ränkespiel der vorangegangenen Jahre als politischer Gefangener erlebt hatte.

Die folgenden Jahre bis zu seiner Krönung 1950 verbrachte Bhumibol wieder mit seiner Mutter in der Schweiz, um Schulzeit und Studium fortzusetzen. Doch war aus dem fröhlichen, musikbegeisterten Jungen mit einem Schlage ein stiller, ernster Mann mit einem jugendlichen, doch wenig bewegten Gesicht geworden, wie ihn die Welt seither – von den Jahrzehnten nur wenig gezeichnet – kennengelernt hat. Sein Bekanntheitsgrad in der internationalen Öffentlichkeit schnellte rasch in die Höhe, als er 1950 die

61

Zentrum des Reiches

Oben:
Seit 1782 ist das Areal des Königstempels Wat Phrakkeo und des Großen Palastes das religiöse und zugleich weltlich-repräsentative Zentrum des Königreiches. In der Mitte steht das Königliche Pantheon (Prasat Phra Thepidorn) mit dem hohen Prang, links daneben der Tempel des »Smaragd-Buddha« (War Phrakkeo), am linken Bildrand das Barompiman-Palais, jetzt Gästehaus für höchste Staatsbesuche, vorn links der Pavillon der Stadtgründungssäule.

Links:
Wenn bei hohen Festen die Flotte der alten königlichen Barken auf dem Menam vor den Palästen und Tempeln kreuzt, dann werden Szenen des alten Siam lebendig, deren Prunk schon die europäischen Besucher des 17. Jahrhunderts sehr beeindruckt hat.

Rechte Seite, unten:
Der Königstempel Wat Phrakkeo wird symbolisch von einem Fries vergoldeter Garudas getragen, die hier den Buddhismus eng mit den Hindu-Mythen verknüpfen. Der Garuda – halb Mensch, halb Vogel – bildet auch das Staatswappen und verkörpert im Dienste des Gottes Schiwa die Rettung aus Not und Gefahr.

Die Flucht von Tausenden von Kambodschanern vor den vietnamesischen Besetzern über die Grenze nach Thailand signalisiert die Fortsetzung der Spannungen in der Region nach dem Ende des Vietnam-Krieges (1975) bis in die späten achtziger Jahre.

18jährige Prinzessin Sirikit, eine Urenkelin des Königs Chulalongkorn, heiratete, die er ein Jahr zuvor als Tochter des thailändischen Botschafters in Paris kennengelernt hatte und die ihn wenig später nach einem schweren Autounfall in der Schweiz sehr fürsorglich pflegte. Ihre von Schönheit und Charme getragene Ausstrahlung gewann dem jungen Königspaar weltweite Sympathie und Achtung, die sich auch auf das thailändische Volk übertrugen, unabhängig von den im Ausland weit weniger bekannten Männern an den Hebeln der Macht.

Im Rahmen seines Bündnissystems geriet auch Thailand mit dem zunehmenden Engagement der Amerikaner in Vietnam an den Rand dieses Abgrunds. In der Folgezeit wurde auf dem Rücken der leidenden Völker von Vietnam, Laos und Kambodscha der Vormachtkonflikt dreier Großmächte – der USA, der Sowjetunion und Chinas – ausgetragen, wobei der Abzug der Amerikaner im Jahre 1975 diesen historischen Prozeß und auch die Leiden der betroffenen Menschen noch längst nicht beendet hat.

In Thailand brachte der Machtwechsel von 1957 einen Mann an die Spitze, der geschickt und besonnen den am Ende sehr unpopulären Pibul ablöste und ins japanische Exil schickte, wo er 1964 gestorben ist. Der neue Regierungschef, Sarit Thanarat, war gleichfalls ein hoher Offizier, der es verstanden hatte, die Machtbasis der Armee für sich zu gewinnen. Doch in der Regierung zielte er ganz unmilitärisch auf eine breite Palette von Reformen, die vom Straßenbau bis zur Finanzierung von Anschaffungen bei den Bauern und dem Ausbau des Elektrizitätsnetzes reichten. Große Staudammprojekte wurden in relativ wenigen Jahren verwirklicht, selbst das regionale Klima des trockenen Nordostens änderte sich durch die neuen großen Wasserflächen zugunsten der fruchtspendenden Feuchtigkeit.

Am Rande von Vietnam steuerten Sarit und seine Nachfolger einen Kurs, der den Amerikanern Stützpunkte und den eigenen Landsleuten viele Arbeitsplätze einbrachte, doch das direkte militärische Engagement weitgehend zu meiden suchte. Als Sarit 1963 plötzlich starb, wurde er im ganzen Lande sehr betrauert. Seinem Nachfolger, Feldmarschall Thanom Kittikachorn, gelang es nicht, die von Sarit erreichte Zufriedenheit breiter Massen mit der Herrschaft der militärischen Elite aufrechtzuerhalten. Er war ein hagerer, asketisch wirkender Mann, dem die Neigung zu harten Maßnahmen ins Gesicht geschrieben war. Bei einer großen Protestdemonstration der Studenten am 14. Oktober 1973 ließ er schießen. Es gab 69 Tote und über 400 Verletzte. Der König sprach im Radio von einem »Tag der großen Sorge« und akzeptierte noch am selben Abend den Rücktritt des Feldmarschalls, der mit der Lage nicht fertig wurde.

Balance und Fortschritt

Noch in der Nacht des »Tages der großen Sorge« berief der König einen zivilen Premierminister, den angesehenen Rektor der Thammasat-Universität, Sanya Dharmasakdi, der sich auf die Ausarbeitung einer neuen demokratischen Verfassung konzentrierte, der zehnten seit 1932, die im übrigen erstmals auch die Thronfolge durch eine Tochter des Königs ermöglicht. Im Rahmen des parlamentarischen Systems und des Kräftespiels der verschiedenen Interessengruppen und ihrer Parteien regierten von 1975 bis 1988 fünf verschiedene Premierminister mit unterschiedlichen Koalitionen.

Von ihnen konnte sich General Prem Tinsulanonda von 1980 bis 1988 am längsten auf dem Stuhl des Regierungschefs behaupten und seine Balancepolitik zum Teil auch gegen die Armeespitze durchsetzen.

Im Frühjahr 1975, als mit der Besetzung Saigons durch die Kommunisten der Vietnam-Krieg beendet wurde und man sich überall in Südostasien große Sorgen über die Zukunft machte, trat in Bangkok der erste nach der neuen Verfassung gewählte Premierminister, Kukrit Pramoj, sein Amt an und reiste wenig später auch nach Peking, wo er noch mit dem greisen Mao Tsetung sprechen konnte. Mit den Amerikanern erzielte er ein Abkommen über den Abzug aller Truppen und die Räumung der Stützpunkte in Jahresfrist. Der Verlust zahlreicher Arbeitsplätze in diesen Stützpunkten und die jähe Anhebung der Ölpreise haben für Thailand große Sorgen gebracht, auch wenn die Außenwelt das Land als touristische Insel der Stabilität und des Fortschritts inmitten eines großen Krisengebiets anzusehen lernte. Dieser Eindruck hat sich im jüngsten Jahrzehnt nur verfestigt und wird durch viele wirtschaftliche Fakten untermauert, die Ausbau, Wachstum und Leistungssteigerung signalisieren.

An der Stelle des militärischen SEATO-Paktes, von dem kaum noch gesprochen wird, hat sich die Gemeinschaft der Südostasiatischen Staaten (ASEAN – Association of South East Asian Nations, bestehend aus Thailand, Malaysia, Singapur, Indonesien, den Philippinen und dem seit 1984 souveränen Sultanat Brunei) gefestigt und ist zu einem gewichtigen Partnerbund geworden. Das größte Problem der Region, an dem Thailand schwer zu tragen hat, entstand aus der Flucht von Abertausenden Kambodschanern vor dem militärischen Zugriff der

König Bhumibol kennt sein Land und Volk wie kaum ein anderer. Unermüdlich besucht er auch entfernte Winkel im Norden wie im Süden, um durch seine Projekte verbesserter Bewässerung und Anbaumethoden vor allem den Bauern zu helfen. Bei den Bergstämmen des Nordens bemüht er sich, den als Basis des Rauschgifthandels bisher üblichen Mohnanbau durch Anbau von Obst, Gemüse und Blumen zu ersetzen. Man kennt ihn bei diesen Arbeitsbesuchen in einfacher Kleidung, mit Kamera und Landkarte, hier kniet er ebenso auf dem Boden wie die jungen Meos, die ihm kleine Geschenke darbringen.

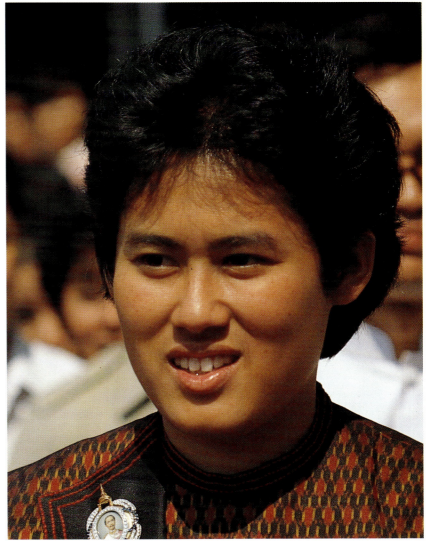

Prinzessin Maha Chakri Sirindhorn erfüllt zahlreiche Verpflichtungen der Königsfamilie und begleitet ihren Vater auf den Reisen im Lande in sachkundiger Assistenz für die verschiedenen Projekte.

Vietnamesen auf ihre Heimat, wo zuvor das grausame Regime der Kommunisten unter Pol Pot einen sehr hohen Blutzoll gekostet hatte. Die Flüchtlinge leben in Lagern nahe der Grenze und werden von internationalen Hilfsorganisationen notdürftig versorgt. An der Grenze wird immer wieder geschossen. Die Situation ist ein Herd des Unfriedens, dessen Beilegung ein seit Jahren ungelöstes Problem geblieben ist. Die Verhandlungen gehen in eine Runde nach der anderen – ebenso die Leiden der Betroffenen.

Wenn man in den ausgehenden achtziger Jahren nach Thailand schaut, so ist in den vier Jahrzehnten nach 1946 das Bild des schmalen, jungen und ernsten Mannes seit jener tragischen Stunde, in der er ganz unerwartet die höchste Würde und Bürde seines Landes auf sich nehmen mußte, immer mehr emporgewachsen. Für sein Volk ist König Bhumibol der hochverehrte Vater der Nation geworden, der sich unermüdlich und fürsorglich um viele Probleme kümmert und das Land wie kaum ein anderer bis in die entlegenen Winkel kennt und überblickt. Seine besondere Sorge gilt auch den Bergstämmen des Nordens. Eines seiner Projekte unterbindet dort den Mohnanbau, jene profitable Quelle der Opium- und Heroinproduktion, nicht durch staatliche Gewalt, sondern durch Überzeugungsarbeit und Förderung von Ersatzprodukten, wie Obst, Gemüse und Blumen. Seine Chitralada-Residenz in Bangkok ist von einem Versuchsgut und Fischteichen umgeben, in denen besonders ertragreiche Arten gezüchtet worden sind, um sie zur Weiterverbreitung im ganzen Lande zu verteilen. Im gleichen Sinne hat Königin Sirikit das Projekt »Support« und die Chitralada-Verkaufsstätten eingerichtet, um die Landfrauen in besserer Nutzung ihrer Talente zu hochwertigen Handarbeiten zu ermutigen.

Im April 1982 war die 200-Jahrfeier der Hauptstadt und zugleich der Chakri-Dynastie vor allem eine tiefempfundene Danksagung des ganzen Volkes an den König und seine Vorfahren, die in schwierigen Zeiten die Souveränität und den Frieden bewahren konnten. Als König Bhumibol am 5. Dezember 1987 seinen – in ganz Asien als Abschluß des fünften Lebenszyklus besonders geachteten – 60. Geburtstag feierte, konzentrierten sich Dank und Verehrung noch mehr auf seine Person, und es war gewiß mehr als ein Ritual, als der König vom großen Festplatz in den Tempel ging, um sein Knie vor Buddha zu beugen.

Es ist erstaunlich, wie wenig die Jahrzehnte das schmale, ernste Gesicht des Königs gezeichnet haben. Die starke Sensibilität dieses Mannes kommt in seinen dynamischen, farbenfrohen Gemälden viel offener zum Ausdruck als in seinem ruhigen Gesicht, wie es die Welt kennt.

Die vier Kinder des Königspaares sind längst erwachsen. Die älteste Tochter, Prinzessin Ubol Ratana, geboren 1951, ist durch die Heirat mit einem Amerikaner aus der verfassungsmäßigen Thronfolge ausgeschieden. Kronprinz Vajiralongkorn, geboren 1952, hat sich der fliegerischen Ausbildung gewidmet und nimmt vielfältige protokollarische Pflichten wahr. Prinzessin Maha Chakri Sirindhorn, geboren 1955, erfüllt zahlreiche Verpflichtungen der Königsfamilie und begleitet ihren Vater auf den Reisen im Lande in sachkundiger Assistenz für die verschiedenen Projekte. Mit dem Titel Maha Chakri, der auf den Gründer der Dynastie zurückgeht, hat der König ihre Qualifikation für die Thronfolge hervorgehoben, was auch einer breiten Volksmeinung entspricht, aber öffentlich nicht diskutiert wird. Die jüngste Tochter, Prinzessin Chulabhorn, ist die Ehefrau eines Fliegeroffiziers und widmet sich nach einer wissenschaftlichen Ausbildung der Förderung praktischer Projekte zur Pflege der Umwelt und der Natur als Lebensbasis.

Im heutigen Asien mit seiner dynamischen Entwicklung und auch mit der Dramatik bei den unmittelbaren Nachbarn Thailands sind Erfahrung, Besonnenheit, Integrität und Stabilität an der Staatsspitze von besonderem Wert. Diese Qualitäten verkörpert König Bhumibol wie kaum ein anderer Staatsmann seiner Epoche. Seinem Volk ist sehr zu wünschen, daß ihm diese Führungsqualitäten noch recht lange erhalten bleiben und auch jenen gegeben sein mögen, die eines Tages die Nachfolge antreten.

Es ist gut für ein Volk, über der Spitze der Macht noch eine Autorität der Moral zu wissen.

Zeittafel

ca. 500 000 v. Chr.	Funde der Alt-Steinzeit, u. a. in Ban Kao am „River Kwai".
ab 7000 v. Chr.	Ackerbaukulturen, Funde in der Nordostregion.
5. Jahrtausend v. Chr.	älteste Bronzefunde in Ban Chiang.
ab ca. 3500 v. Chr.	Reisanbau
ab ca. 500 v. Chr.	Eisenfunde in der Nordostregion.
100 v. bis 200 n. Chr.	Mon-Einwanderung nach Nord- und Zentral-Siam, Gründung der Dvaravati-Kultur.
ca. 100 v. bis 550 n. Chr.	Funan-Reich an der Golf-Küste.
ca. 200–400	Ausbreitung des Buddhismus bei den Mon-Stämmen.
500–1100	Die kleinen Reiche Tambralinga und Langkasuka im Süden unter indischem Einfluß.
600–1000	Blütezeit der Dvaravati-Kultur in verschiedenen Mon-Reichen.
9. Jahrhundert	Ausbreitung der Khmer-Herrschaft in Ost-Siam.
9. bis 11. Jahrhundert	Einfluß des Srividjaya-Reiches im Süden.
11. Jahrhundert	Beginn der Thai-Einwanderung im Norden aus dem Thai-Reich Nan-Chao im Westen von China.
1002 bis Mitte des 13. Jahrhunderts	Khmer-Herrschaft in Zentral-Siam, Lopburi ihr Zentrum.
13. Jahrhundert	Gründung der ersten Thai-Staaten im Norden (Lan Na Thai) und in Sukhothai.
um 1250	Verstärkte Thai-Einwanderung aus Nan-Chao vor dem Mongolen-Ansturm.
1275–1317	Blüte von Sukhothai unter Rama Kamhaeng (1293 „Stein von Sukhothai").
1296	Chiangmai als Hauptstadt des nördlichen Thai-Reiches unter König Mongrai.
1350	Ayutthaya wird Hauptstadt von Siam.
1378	Sukhothai wird unterworfen.
1431	Endgültige Eroberung der Khmer-Hauptstadt Angkor durch die Thais.
ab 1400–1590	Kämpfe mit den Birmanen.
1448	Phitsanulok vorübergehend Hauptstadt.
1518	Erstmals Portugiesen in Ayutthaya.
1568	Birmanen erobern Ayutthaya.
1578	König Naresuan vertreibt die Birmanen.
1605, 1612	Ankunft der Holländer und der Engländer in Ayutthaya.
1657–1688	Regierungszeit des Königs Narai.
1662	Ankunft französischer Missionare.
1675–1688	Der Grieche Konstantin Phaulkon in hohem Staatsamt unter König Narai.
1680–1687	Austausch von Botschaften zwischen Paris und Siam.
1688	Tod des Königs Narai, Phaulkon hingerichtet, die Franzosen zum Abzug gezwungen.
1763–1767	Angriff der Birmanen, sie belagern Ayutthaya, erobern und zerstören es.
1767–1782	General Taksin führt erfolgreiche Feldzüge zur Vertreibung der Birmanen; zum König erhoben, bestimmt er Thonburi zur Hauptstadt.
1782	Taksin gestürzt und zum Tode verurteilt, General Chakri zum König Rama I. erhoben, Gründer der Chakri-Dynastie und der Hauptstadt Bangkok.
1809–1824	Regierung des Königs Rama II.
1822	Englische Gesandtschaft in Bangkok.
1824–1851	Regierung des Königs Rama III.
1826	Freundschaftsvertrag Siam–England.
1833	Freundschaftsvertrag Siam–USA.
1851–1868	Regierung des Königs Rama IV. Mongkut, Politik vorsichtiger Öffnung und Reformen.
1865–1910	Regierung des Königs Rama V. Chulalongkorn, Fortsetzung der Reformen.
1893	Französische Kanonenboote auf dem Menam erzwingen Zugeständnisse in Laos und Kambodscha.
1897/1907	Europareisen Chulalongkorns.
1909	Die Oberhoheit über die malaiischen Sultanate Kedah, Perlis, Kelantan und Trengganu wird an England abgetreten.
1910–1925	Regierung des Königs Rama VI. Vajiravudh.
1917	Eintritt Thailands in den Ersten Weltkrieg auf Seiten der Alliierten.
1925–1935	Regierung des Königs Rama VI. Prajadhipok (Rücktritt 1935, Tod 1941).
1932	Nach Staatsstreich Verfassungsgebung, Beginn der konstitutionellen Monarchie.
1935	Einsetzung des 10-jährigen Prinzen Ananda Mahidol als König, ein Regent nimmt seine Amtspflichten wahr, Ausbildung in der Schweiz bis 1945.
1941	Japanische Landung in Thailand, Premierminister Pibul vermeidet Blutvergießen, schließt 1942 Beistandspakt mit Japan. Am River Kwai bauen die Japaner mit Tausenden von Kriegsgefangenen die „Todesbahn" nach Birma.
1945	Kriegsende, Abzug der Japaner, Rückkehr des Königs Ananda Mahidol.
1946	Mysteriöser Tod des Königs, als Rama IX. Bhumibol Adulyadej tritt sein Bruder die Nachfolge an.
1947	Militärputsch, Premierminister Pridi zur Flucht gezwungen, erneute Militärherrschaft, ab 1948 wieder unter Pibul.
1957–1963	Regierungschef Sarit Thanarat veranlaßt Bau von Staudämmen und Straßen.
1968–1975	Amerikanische Flugbasen in Thailand.
1963–1973	General Thanom Kittikachorn Premierminister, wird 1973 zum Rücktritt gezwungen.
1975	Neue Verfassung soll parlamentarisches System stärken.
1975	Ende des Vietnam-Krieges
1976–1988	Flüchtlingsnot an der kambodschanischen Grenze
1980	General Prem Tinsulanonda, unter Koalitionsregierung.
1982	Große 200-Jahr-Feier der Hauptstadt Bangkok und der Chakri-Dynastie.
1987–1988	Das thailändische Volk feiert den 60. Geburtstag des Königs Bhumibol.

Das Volk feiert seinen König

Neun Königen aus sieben Jahrhunderten wurde der Ehrentitel Maha (der Große) zugesprochen. Zum 60. Geburtstag des Königs Bhumibol im Dezember 1987 stehen ihre Bildnisse auf der Festwiese (von links): Mengrai, Naresuan, Narai, Taksin und die Chakri-Könige Rama I., V. Chulalongkorn, VI. Vajiravudh und IX. Bhumibol, dem 1987 viele Millionen Thais mit ihren Unterschriften diese Ehre zuerkannt haben.

Die großen Feste des Königreiches werden vom Volk nach seiner Art mitgefeiert: freundlich, selbstbewußt und in tiefer Verehrung für das Königshaus.

Die Elite glänzt bei festlichen Ereignissen gern in farbenprächtigen Uniformen. Hier sind hohe Militärs und ihre Damen auf der Festwiese der Hauptstadt (Sanam Luang) zur Feier des 60. Geburtstages des Königs in Gala erschienen.

Rechte Seite:
Zum Programm bestimmter Feiertage gehört der Besuch des Königs und seiner Familie im Haupttempel Wat Phrakkeo, wo er den Kontakt zum Volke findet und Gaben entgegennimmt; neben ihm Königin Sirikit, Kronprinz Vajiralongkorn und die Prinzessinnen Sirindhorn und Chulabhorn.

Volksglaube und Lebensart:
»DER MITTLERE WEG«

In der Hauptstadt wie im ganzen Lande sieht man viele Tempel, die meisten im Glanz frischer, leuchtender Farben und auch Vergoldungen. In dieser Beobachtung steckt bereits eine Antwort auf die Frage, wie sich die in der Einleitung dargestellte besondere Stellung Thailands im buddhistischen Kulturkreis auswirkt und sichtbar wird. Die Erhaltung, Ausstattung und Pflege der Tempel bedeutet für die Bevölkerung ein großes Opfer an Arbeit und Geld, was noch mehr für die Neubauten gilt, die vielerorts zu sehen sind. Aus alldem kann man den Schluß ziehen: Dieses Volk opfert viel für Buddha! Und solche Opfer kann niemand erzwingen, die Menschen bringen sie aus innerer Überzeugung und tief verwurzelter Gewohnheit dar. Dazu gehört auch, wie sie morgens auf den Märkten den Mönchen Lebensmittel in die Schalen legen und sich dann für die Annahme bedanken. Schon solche äußeren Symptome des vom Buddhismus geprägten Volksglaubens bezeugen einiges über die Identität der Thais in ihrer Kultur. Außerdem bestätigt sich gerade in diesem Lande die These vom Zusammenhang von Glauben und Kultur und von der Auflösung starker Kulturenergien durch religiöse Impulse auf ganz sichtbare Weise.

Überall im buddhistischen Kulturkreis stößt man auf das erstaunliche Phänomen, daß die Verbreiter dieser Lehre nicht nur durch Wort und Schrift gewirkt haben, sondern daß sie in besonderem Maße die Schöpfung von Bau- und Bildwerken in Gang gesetzt haben. Damit sind hohe Leistungen von Künstlern, Bildhauern und Bronzegießern sowie von Architekten und Bauhandwerkern verbunden, die ideel und materiell einen sehr hohen Energieaufwand bedeuten. Solche für die Kultur aufgewendeten Energien gab und gibt es praktisch in allen religiösen Systemen, doch im Buddhismus haben sie einen besonders hohen Stellenwert bis in die Gegenwart behalten, was in Thailand und auch im benachbarten viel ärmeren Birma deutlich hervortritt.

Auch wenn die eindrucksvolle Vielfalt der Formen und Farben religiöser Darstellungen dem fremden Gast zunächst als sehr exotisch und schwer verständlich erscheinen mag, so kann er doch seinen Blick für diese Symbolik schärfen und daraus interessante Erkenntnisse gewinnen. Dann zeigt es sich, daß die historischen Prozesse der Verflechtung aus sehr verschiedenen Ursprüngen auch heute und im Alltag vielerorts erkennbar und – wie in einem Bilderbuch sozusagen als »Kulturgeschichte zum Anfassen« – ablesbar werden.

Aufschlußreiche Symbole

Zwar setzen die farbenprächtigen Tempel mit ihren Buddha-Statuen die großen Akzente des religiösen Lebens in Stadt und Land, fragt man jedoch nach dem Sinngehalt der kleinen Geisterhäuschen, die überall in Thailand zu jedem Wohnhaus gehören, so gerät man an ganz andere Glaubensinhalte. Sie bestätigen jene Spuren, die vom Großraum China hierher führen und aus denen sich dann ein Eigenleben fortgesetzt hat. Der Glauben der Thais an den Schutzgeist jedes Hauses, des Dorfes, der Stadt und des ganzen Landes hat viel Gemeinsames mit den göttlichen Beschützern der Chinesen, die dort als machtvolle Hierarchie angesehen worden sind. Sie reicht vom höchsten Himmelsgott und Schutzherrn des ganzen Landes, den allein der Kaiser in seinem Himmelstempel in Peking anbeten durfte, über die göttlichen Schirmherren der Provinzen, Städte und Dörfer schließlich zu der untersten Ebene, wo jede Familie im Gott des Herdfeuers ihren ganz eigenen Schutzherrn verehrt, so wie sie vielerorts noch immer den Geistern der Ahnen am Familienaltar ihre Ehrerbietung bezeugt. Hier zeigt sich eine alte, abgewandelte Verwandtschaft zu den Geisterhäuschen der Thais, die darin dem Schutzgeist jedes Anwesens eine Heimstatt einräumen und ihm auch kleine Opfergaben darreichen. Diese Geisterhäuschen kennt man nicht in den anderen buddhistischen Ländern, sondern nur in Thailand: prunkvoll und farbenprächtig vor Luxushotels, schlicht – aber immer mit einem kleinen Tempeldach – vor der ärmsten Hütte. Hier zeigt sich auch die kulturelle Verflechtung: Die Hausgeister stammen aus dem alten China, und Buddha war ein Fürstensohn aus Indien! Doch sind sich die heutigen Thais der Verschiedenartigkeit ihrer kulturellen Wurzeln kaum mehr bewußt. Mit großem Stolz sehen sie ihre ganz eigene Thai-Kultur in weitem Abstand zu Indien und auch zu China, denn eben diese Thai-Kultur besteht bereits seit etlichen Jahrhunderten, wobei die Lehren Buddhas und die Verehrung von Göttern und Schutzgeistern sich auch nicht widersprechen, sondern in der Weisheit buddhistischer Lebensart einander recht gut ergänzen.

Der erste »moderne« König Mongkut – nach 27 Mönchsjahren regierte er von 1851 bis 1868 als vielseitig interessierter Initiator von Reformen und der Öffnung zum Ausland – ließ dem Volksglauben an einen besonderen Schutzgeist des Landes die gegenständliche Form verleihen. Nach dem Entwurf eines Prinzen wurde eine Statuette gestaltet und unter religiösen Riten aus Gold gegossen. Sie erhielt den Namen Phra Siam Thevadhiraj (Schutzherr von Siam) und einen Ehrenplatz in der Paisan-Taksin-Halle des Großen Palastes. Dort empfing die kleine Statuette zwar königliche Ehrungen, kam aber der breiten Öffentlichkeit kaum zu Gesicht. Die mehr im Verborgenen wirkende Existenz einer solchen Schutzkraft entspricht durchaus fernöstlicher Denkart. So kannte kaum jemand außerhalb des Hofstaates die kleine altgoldene Symbolfigur im königlichen Ornat, das Schwert in der rechten Hand, die linke zum Segen erhoben.

Es war eine denkwürdige Szene, als König Bhumibol bei der 200-Jahrfeier der Hauptstadt und der Chakri-Dynastie im April 1982 die kleine Symbolfigur in das Zentrum einer großen Zeremonie der Verehrung und des Gebets stellte. Dafür hatte er vor der alten Thronhalle des Großen Palastes einen Altar und Tafeln voller Opfergaben aufstellen lassen. Unter dem hohen goldglänzenden Baldachin stand die vergleichsweise winzige Statuette hoch oben im Zentrum der Blicke, Gedanken und Gebete der Königsfamilie und vieler Thais, denen dieses Symbol einer besonderen Gnade und des Schutzes für ihr Volk sehr viel bedeutet – heute mehr denn je, wie der Blick zu den leidenden Nachbarn gut verstehen läßt.

So war es weit mehr als eine glanzvolle Zere-

monie, als der König und die Königin vor der kleinen Symbolgestalt niederknieten.
Und kaum jemand in Thailand zweifelt an dem segensreichen Wirken eines Schutzgeistes für das ganze Land, so wie hier jeder sein Haus unter solche Obhut gestellt sehen möchte.

Anders als diese kleine und selten sichtbare Statuette begegnet einem die Symbolgestalt des Garuda sehr häufig und in allen Größen im ganzen Lande, an der Glasfront von Bankgebäuden ebenso wie an Militärmützen oder am Auto des Königs. Dieses Fabelwesen mit Vogelkopf, Flügeln und Menschenleib ist das offizielle Staatswappen. Es ist mit der indischen Mythologie ins alte Siam gekommen und dem Hindu-Gott Wischnu zugeordnet, den der Garuda einst aus der Gefahr gerettet hat. Beide verkörpern das Grundprinzip der Erhaltung, des Schutzes und der Rettung aus Not und Gefahr, also etwa das gleiche wie der »Schutzgeist der Nation«, nur aus der anderen Richtung der hier zusammengeflossenen Kulturströme. Selbst Buddha wird von Garuda getragen, jedenfalls im Nationalheiligtum des Wat Phrakkeo, wo der Königstempel mit dem sogenannten »Smaragd-Buddha« von einem allseitigen Sockelfries vergoldeter Garudas umgeben ist. Noch interessanter ist jedoch das vergoldete Schnitzwerk im Giebelfeld der Haupthalle, wo in höchster Position der Gott Wischnu auf den Schultern des Garuda dargestellt ist. Hier zeigt sich ein aufschlußreiches Zusammenwirken hinduistischer und buddhistischer Elemente, gilt doch der einst seinen eigenen Weg gegangene Buddha aus neuerer Hindu-Sicht als eine der zehn Erscheinungsformen des Gottes Wischnu und ist damit auch wieder in das vielschichtige spirituelle Universum des Hindu-Glaubens integriert.

Zwar empfinden sich die Thais als überzeugte Buddhisten und wollen mit dem Hinduismus wegen seines Kastenwesens nichts zu tun haben. Dennoch bilden Hindu-Götter und deren Prinzipien eine wesentliche, ergänzende Rolle neben den Lehren des Erleuchteten, die dieser selbst als Lebensregeln gepredigt hatte, wobei er nichts weiter als ein Lehrer der Erlösung durch Verzicht auf die Begierde sein wollte.

Als hinduistisches Urprinzip der Schöpfung aus göttlicher Weisheit tritt Brahma in Bangkok sinnfällig in Erscheinung. Kaum eine andere religiöse Stätte wird Tag für Tag derart mit Blumenkränzen und anderen Opfergaben überhäuft, wie die Kultstätte des Brahma an der sehr belebten Kreuzung zweier Hauptstraßen neben dem – inzwischen wegen Neubau geschlossenen – Erawan-Hotel. Als dieses einst führende Hotel der Hauptstadt in den sechziger Jahren gebaut wurde, kam es zu einer Serie von Unfällen, die erst abrissen, nachdem die Direktion dem höchsten der Schutzgötter, dem viergesichtigen Brahma, einen Ehrenplatz errichtet hatte. Seither ist viel zur Ausschmückung geschehen. Eine ganze Herde hölzerner Elefanten ist für die Gottheit gespendet worden, die dieses Reittier bevorzugt. Tänzerinnen in traditionellen Kostümen warten auf Spender, die sie zu Ehren Brahmas engagieren. Kränze aus Jasminblüten und Räucherstäbchen verströmen ihre Düfte und werden vor dem eisernen Gitter von einer ganzen Schar von Frauen und Kindern angefertigt und angeboten. Beson-

Oben links:
Zu jedem Haus in Thailand – von der Bauernhütte bis zur Bankzentrale – gehört ein »Geisterhäuschen« als Stätte des Schutzgeistes für das ganze Anwesen. Diese Sitte ist eine Weiterentwicklung aus altchinesischem Kulturgut, das das Thai-Volk aus dem Norden mitgebracht hat.

Oben Mitte:
Das Fabelwesen des Garuda – halb Mensch, halb Vogel – ist das Staatswappen des Königreiches Thailand (hier auf dem Auto des Königs). Der Garuda ist ein weitverbreitetes Schutzsymbol des Hinduismus, nach dem altindischen Mythos hat er die schützende und erhaltende Gottheit Wischnu aus großer Gefahr errettet.

Oben rechts:
Diese kleine goldene Statue aus dem 19. Jahrhundert verkörpert den »Schutzgeist der Nation« (Phra Siam Thevadhiraj) und hat einen Ehrenplatz im Großen Palast von Bangkok. Bei der 200-Jahrfeier der Chakri-Dynastie und der Hauptstadt (1982) stand die Symbolgestalt im Mittelpunkt einer königlichen Zeremonie.

Nachfolgende Doppelseite:
An Sonn- und Feiertagen ist der Königstempel Wat Phrakkeo das populäre Zentrum des religiösen Lebens in der Hauptstadt. 93 Prozent der rund 51 Millionen Thais sind Buddhisten der Alten Schule (Theravada), in der allein Buddha die höchste Ehrung zukommt. Die Menschen bringen Räucherstäbchen, Kerzen und Lotusknospen als Opfergaben dar, viele heften Blattgold als Symbol der unzerstörbaren Lehre des Erleuchteten an Statuen ihrer Verehrung und murmeln Gebete nach den Formeln alter Sutratexte, die mit persönlichen Bitten und Wünschen verknüpft sind.

ders in den etwas kühleren Abendstunden kommen viele Menschen hierher, um ihre Bitten und Probleme der höchsten Instanz vorzubringen – ohne Rücksicht auf die Grenze religiöser Systeme, wenn die Wirkungskraft sich doch erwiesen hat.

Auch der Hindu-Gott Schiwa, Urprinzip der Zerstörung und Erneuerung, vor allem aber der Zeugung, hat in Bangkok und anderenorts im Lande seine Opferstätten. So steht unter den Bäumen des Wat Po, das durch seinen riesigen liegenden Buddha bekannt ist, auf einem Felsblock ein steinerner Lingam, das Phallus-Symbol des Schiwa, und wird vor allem von Frauen aufgesucht, die sich mit ihren Blumenkränzen Kindersegen erbitten. Auf diese Weise suchen die Menschen in Thailand ihr Heil bei den höheren Mächten, an deren Hilfe sie glauben gelernt haben, und fragen nicht, woher sie zu ihnen gekommen sein mögen. Aus vielen solche Elementen verschiedener Herkunft haben die Thais sich ihr eigenes Geflecht des Glaubens, Denkens und Handelns hergestellt, für das in jeder Hinsicht – kulturell, geographisch, politisch und auch in der Mentalität – die Buddha-Erleuchtung vom »Weg der Mitte« einen treffenden kurzen Nenner bedeutet.

Natürlichkeit und Selbstverantwortung

Buddha selbst hatte den »mittleren Weg« natürlichen Lebens als Quintessenz seiner Erleuchtung und Pfad der Erlösung der Seele vom Kreislauf der Begierden und Leiden entdeckt und in das Zentrum seiner Lehren gestellt. Zuvor hatte er weder das Wohlleben des Fürstensohnes, noch die Entbehrungen des Asketen als Seelenheil empfunden. Man trifft in Thailand vereinzelt auf die

Oben links:
Die Verflechtung des Buddhismus mit seinem hinduistischen Nährboden zeigt sich in der Darstellung des Gottes Wischnu auf dem Garuda an der Giebelfront eines buddhistischen Tempels in Bangkok.

Oben rechts:
Besondere Verehrung wird dem hinduistischen Schöpfergott Brahma an diesem Ehrenplatz entgegengebracht, der an einer belebten Straßenkreuzung (neben dem ehemaligen Erawan-Hotel) zum charakteristischen Stadtbild der Metropole gehört.

Darstellung des Buddha kurz nach der Erleuchtung, wobei zwei Tiere zu seinen Füßen, ein Affe und ein Elefant, ihm die erste Nahrung zureichen und seine Hände die dankbare Entgegennahme ausdrücken. So ist das Leben nach den natürlichen Bedürfnissen ein wesentlicher Bestandteil der buddhistischen Lehre.

Dabei verknüpft Buddhas Lehrgebäude den Geschlechtstrieb als »Lebensdurst« mit dem Kreislauf des Leidens durch die Wiedergeburt, die in anderen Kultkreisen eine große Hoffnung, für Buddha jedoch ein ständiges Zurückgeworfenwerden bedeutet. Denn das einzige feststehende buddhistische Dogma lautet: Alles Leben ist Leiden! Damit entfernt es sich auch vom Hinduismus und seiner Grundregel, nach der Freuden und Leiden auf das Leben einwirken und der Mensch dazwischen seinen Weg so zu bestimmen hat, daß seine Seele keinen Schaden nimmt. Auch den hinduistischen Karma-Glauben an die Auswirkungen aller guten und bösen Taten für die Wiedergeburt der unsterblichen Seele hat der Buddhismus übernommen, jedoch abgewandelt. Nicht die Wiedergeburt in einer besseren, höheren Existenz, sondern das Verlassen dieses Kreislaufs wird von Buddha als letztes Ziel angesehen und gelehrt. Dazu dient ihm der »mittlere Weg«, dem er die »Vier Heiligen Wahrheiten« zugrundelegt, um ihn dann in den »Edlen Achtteiligen Pfad« zu gliedern. Die erste der vier Wahrheiten schildert alles Leben als Leiden. Die zweite Wahrheit erkennt im Lebensdurst und seinen vier Grundübeln – Sinneslust, Werdelust, Unwissenheit und Irrtum – die Ursachen für das Leiden und dessen ständige Wiederholung. Gemäß der dritten Wahrheit kann das Leiden durch die Aufhebung des Lebensdurstes überwunden werden. Die vierte Wahrheit führt zum Erkennen des »Edlen Achtteiligen Pfades«, der zum Ziel befreiter Seligkeit führen soll: »Rechte Einsicht, rechtes Entschließen, rechtes Wort, rechte Tat, rechtes Streben, rechtes Leben, rechtes Gedenken, rechtes Sichversenken!« (Es gibt noch andere Übersetzungen dieser aus dem Sanskrit in die altindische Pali-Sprache übertragenen Begriffe, die sehr differenziert Aktionen von Verstand und Seele aneinanderreihen, um den Handlungsbogen eines rechtschaffenen Lebens zu gliedern).

Ethik der Selbstbestimmung

Das »Rad der Lehre« mit den Vier Heiligen Wahrheiten und dem Edlen Achtteiligen Pfad hat Buddha selbst mit der grundlegenden Predigt von Benares in Bewegung gesetzt. Dieses erste große Bekenntnis nach der Erleuchtung wird von der Nachwelt als »Bergpredigt des Buddhismus« angesehen. Buddha lebte und lehrte ein halbes Jahrtausend vor Christus. Nach neuerer Erkenntnis wurde er um das Jahr 563 v. Chr. geboren und starb etwa 80 Jahre später um 483 v. Chr. Doch beginnt die buddhistische Zeitrechnung nach einer Überlieferung aus Sri Lanka mit dem Jahr 544 v. Chr. als Eingang des Erleuchteten in das Nirwana, das in höchster Vollendung erreichte Lebensziel. Nach jener alten Datierung zählt die buddhistische Welt die Jahre ihres Kalenders und hat 1956 ihr 2500jähriges Bestehen gefeiert. Dabei rückt die Predigt von Benares, mit der Buddha mit 35 Jahren, also um 528 v. Chr., an die Öffentlichkeit getreten ist, näher als sein Geburts- oder Todesjahr an den offiziellen Beginn des Buddhismus heran und kommt damit der historisch bedeutsamen Wirklichkeit sehr nahe.

Bei seinen indischen Landsleuten jener Zeit setzte Buddhas Ethik der inneren Selbstbestimmung neue Hoffnungen und Energien seelischer Befreiung in Bewegung. Das starre hinduistische Gesellschaftssystem unterteilen einst und jetzt Schranken der Vorbestimmung und damit auch der Kaste, die durch die Lehren Buddhas zerbrochen werden.

Neue Begriffe des Buddhismus haben das Dasein mit mehr Sinn und Inhalt erfüllt: Maitri (Sanskrit) wurde zur wichtigsten Tugend erklärt, zu verstehen als allseitiges Wohlwollen und -verhalten, als Güte und Liebe ohne Unterscheidung der Herkunft, Kaste oder Klasse, davon abgeleitet der Maitreya, der Allgütige, als Name für den Buddha der Zukunft. Als zweite Tugend lehrt der Buddhismus Mahakuna (das große Erbarmen) als tätige Barmherzigkeit bei Not und Leid, gleichfalls ohne Standesschranken. Die Praxis dieser Ethik hat den wesentlichen Unterschied zwischen dem Kastensystem der Hindus und den davon befreiten Buddhisten herbeigeführt.

Durch eigene Entscheidung und Selbstüberwindung formierte sich in der buddhistischen Gesellschaft die geistige Elite des Sangha (Mönchsgemeinde) als Orden weitgehender Selbstbeschränkung. Jeder Bhikku (Mönch) trägt in Thailand das gleiche safrangelbe Gewand, an dem kein Unterschied des Ranges erkennbar ist. (Zeichen der Würde werden als langstielige Wedel dem Betreffenden vorangetragen). Zu den mehr als 30 100 Klöstern (Wat) Thailands zählt praktisch jeder Dorftempel. Denn draußen auf dem Lande lebt die große Mehrzahl der rund 150 000 ständigen Mönche und vollzieht dort auch die Riten des täglichen Lebens, vor allem bei Todesfällen. Die Zahl der Mönche verdoppelt sich, wenn in der Regenzeit viele junge Männer feierlich in die Klöster einziehen, um dort ihre begrenzte Mönchszeit anzutreten. Die Äbte haben eine hochgeachtete, einflußreiche Stellung und bilden eine Hierarchie mit dem Patriarchen (Sangharaja) in der Spitze. Sein Amt ist hauptsächlich geistlicher und protokollarischer Natur ohne großen Verwaltungsapparat. Höchster Protektor des Buddhismus, aber auch aller anderen Religionen, ist der König, dem die buddhistische Ethik spezielle Pflichten der Gerechtigkeit und Barmherzigkeit auferlegt.

Als eindeutige Regel für Mönche gilt das Verbot jeder absichtlichen körperlichen Berührung, das nicht einmal einen Handschlag erlaubt und praktisch jede Berührung des anderen Geschlechts ausschließen soll, eben um jeglichen »Lebensdurst« einzudämmen. Dabei sind die Forderungen zwar absolut, doch die Wege relativiert, um der menschlichen Natur nahezubleiben. So verbringen die jungen Männer Thailands auch nur die sehr begrenzte Periode von einigen Wochen in der gelben Mönchsrobe und lernen dabei vor allem, wie sehr das Verzichtenkönnen auch die Probleme vermindert, die andererseits mit jeglichem Begehren verknüpft sind. Dabei ist der totale Verzicht jüngeren Menschen kaum nahezubringen, doch mit fortschreitendem Alter wird die darin steckende Weisheit immer mehr verständlich, die schließlich auch den körperlichen Tod als etwas Natürliches hinzunehmen lehrt, um dadurch die Seele für ein neues Leben zu befreien. Mit dem Leiden zu leben und ohne Leiden zu sterben – die dorthin führende Wegweisung mag vielleicht der Grund dafür sein, warum Buddha in seinem Kulturkreis mehr als jeder Gott verehrt und geliebt wird.

Während im Abendland und Nahen Osten der Gottesglaube im Zentrum der religiösen Überzeugung steht, hat sich in Indien und auch im Fernen Osten der Glaube an die Unsterblichkeit der Seele sehr stark entwickelt, damit zugleich das Karma-Denken mit seiner Selbstverantwortung für die Zukunft der Seele. Sie bedeutet in diesen asiatischen Kulturkreisen den eigentlichen Wert des Menschen, dem gegenüber alles Körperliche nur eine äußere Schale bildet. Von der persönlichen Selbstbestimmung und Selbststeuerung her erscheinen auch die moralischen Freiräume dort anders abgesteckt als im christlichen Abendland. Dessen mit der Sexualität eng verknüpfte Vorbelastung der »Erbsünde« erscheint den Menschen der hinduistisch-buddhistischen Kulturen fremd und schwer verständlich.

Nach ihrer Ethik handelt man nur dann sündhaft, wenn man anderen Menschen einen Schmerz oder Schaden zufügt. Für den hinduistischen Schiwa-Kult, der einst im benachbarten Khmer-Reich sehr wichtig genommen wurde, gilt der Zeugungsakt mit seiner Weitergabe des Lebens als der entscheidende göttliche Funke im Menschen, dem höchste Achtung und Verehrung zukommen. Mit solchen Einflüssen im kulturellen Erbgut sehen die moralischen Maßstäbe etwas anders aus als in Europa und richten sich vor allem gegen die Entwürdigung, die bei den ebenso sanften wie stolzen Thais einen elementaren Widerwillen auslöst. Auch für die Thais ist ebenso wie für Chinesen und Japaner der »Gesichtsverlust« etwas sehr schlimmes, und so reagieren sie sehr sensibel schon auf die geringste Beeinträchtigung von Ruf und Ehre, die sie bereits in einem kritischen Wort empfinden, erst recht aber in einem würdelosen Verhalten. Die Feinfühligkeit im Umgang miteinander ist aber auch ein Grundzug der nationalen Mentalität, der das Leben mit den Thais sehr angenehm machen kann, wenn man selbst solche Behutsamkeit schätzt und anwendet. Darum sind es unter den Gästen Thailands in wachsender Zahl die Frauen, die dieses Land und seine Menschen mit ihren empfindsamen, die Seele ansprechenden Qualitäten sehr ins Herz geschlossen haben.

Kontraste in Bangkok

Nachfolgende Seiten,
Seite 76:
Noch lebt die Atmosphäre des alten Bangkok mit seinen Klongs und Holzhäusern in stillen Winkeln abseits des Großstadtverkehrs, dem die meisten Klongs für den Straßenbau geopfert worden sind. An diesem Klong San Saep stehen die Häuser von Webern und Färbern, hier lebte auch der amerikanische Seidenproduzent Jim Thompson in seinem typischen Thai-Haus, bevor er 1967 in Malaysia spurlos verschwunden ist.

Seite 77:
Zu wenig Straßen für zu viele Autos lassen mit der rasch wachsenden Motorisierung die Verkehrsprobleme der Millionenstadt immer schlimmer werden. Die Einbahnregelung für zwei der drei wichtigsten Durchgangsstraßen bewirkt lange Umwege. Früher war dieser Straßenzug Ploenchit/Sukhomvit eine lange Ausfallstraße nach Südosten, jetzt führt er nur stadteinwärts; über der aufgestauten Verkehrsflut erreicht die dekorierte Fußgängerbrücke ein neues, elegantes Einkaufszentrum.

Die Metropole Bangkok:
MAGNET DER MACHT, DES MARKTES UND DER HOFFNUNGEN

Bangkok ist eine junge und dennoch sehr vielgestaltige Stadt. Mit ihren großen Kontrasten und verschiedenartigen Gesichtern wird die jüngst sehr rasch gewachsene Metropole von vielen Besuchern als eine Herausforderung an die Gefühle empfunden. Sie erweckt Zuneigung oder auch Abwendung, doch bei kaum jemandem Gleichgültigkeit. Für die meisten Gäste, die sich hier wohlfühlen, ist es vor allem die große Mehrheit der Thais, besonders der Frauen, die mit ihrer sanften, freundlichen und gewinnenden Art Sympathien wecken und Widrigkeiten in den Hintergrund treten lassen. Zweifellos ist der Anteil der Zuneigung gegenüber dieser Stadt und ihren Menschen weit größer als die Reaktion der Abneigung, für die es ganz reale Gründe gibt. Für die einen sind dies Opfer, wie sie mit jeder echten Liebe verbunden sind, für die anderen Erschwernisse, die ein noch so freundliches Lächeln nicht beseitigen kann. Doch stößt Kritik in diesem Lande auf psychologische Sperren und wird auch bei guter Absicht, nur selten als hilfreich akzeptiert. In dieser Stadt zu leben – und noch mehr: sie zu lieben – bedeutet, die damit verbundenen Probleme und Opfer schweigend zu ertragen, noch besser lächelnd, wie es die Thais gewohnt sind. Doch darf dabei hinter dem Lächeln durchaus ein Wissen stehen, das sich bei Zuneigung auch zum Verstehen wandeln kann, zumindest zu Einsichten, warum es so und nicht anders gekommen ist.

Ganz offenbar ist Bangkok mit all seiner Modernität und auch seinen Problemen gleichermaßen Schöpfung wie Opfer, ihre enorme Anziehungskraft hat die Hauptstadt geprägt und wirkt weit ins Land hinaus. Soviel Magnetismus verspricht in seinem Zentrum Macht, Karrieren und Reichtum, und in seinem Kraftfeld bestehen Systeme, die ehrgeiziges Streben herausfordern, vor allem in der Elite der Regierung, des Militärs und der Wirtschaftsunternehmen. Die Erfolge in dieser Elite sind hart errungen. Seit der »unblutigen Revolution« von 1932 sind die Privilegien der Prinzen durch die Vormacht der Militärs abgelöst worden, die auch in zivilen Behörden und sogar in parlamentarischen Positionen entscheidende Hebel besetzt halten.

Auch für das Marktgeschehen des ganzen Landes und für den wirtschaftlichen Erfolg geht von Bangkok eine alles an sich ziehende Magnetwirkung aus. Das Land draußen dient als Zulieferer für Waren wie für Menschen. Die Hauptstadt allein ist der große Aus- und Einfuhrhafen des Königreichs. Hier ballen sich die Zentralen der Unternehmen und Banken, hier kann man Geld verdienen. Dabei bilden Handel und Gewerbe – einschließlich des sehr aktiven chinesischen Elements – immer mehr eine mit Eifer und Erfolg arbeitende Mittelklasse, die sich deutlich sichtbar von der breiten Basis des einfachen Volkes abhebt. Solche Chancen locken viele geschäftstüchtige Talente des Landes an, auch wenn sich dabei nicht alle Hoffnungen und Träume erfüllen. In gleicher Weise ist die Hauptstadt der große Magnet der Hoffnungen auch für die breite Basis, für ungezählte Söhne und wohl noch mehr Töchter aus bäuerlichen Familien, die die Enge des dörflichen Lebens mit den verlockenden Chancen der Großstadt zu vertauschen suchen. Jedoch können sich für ihre große Mehrheit die meisten Hoffnungen nicht erfüllen, denn kaum jemand von ihnen rechnet mit den Problemen und Zwängen des Überangebots auf den ihnen offenstehenden Arbeitsmärkten der untersten Verdienstklassen.

So ergeben die sozialen Verhältnisse eine sehr steile gesellschaftliche Pyramide mit hoher Spitze, wachsender Mitte, aber auch sehr breiter Basis der Besitzlosen. Das bedeutet jenen Nährboden für Ausbeutung und auch für Kriminalität, wie er auch in anderen Metropolen als das unbarmherzige Resultat der Landflucht vorzufinden ist. Zwar bekommen die meisten Fremden die eigentlichen Slums in gewissen Stadtrandzonen kaum zu sehen, doch zieht die Armut ihre Furchen allenthalben in das Gesicht der Stadt und weckt im Nebeneinander mit dem Luxus gerade bei sensiblen Gästen der schönsten Hotels manch ungutes Gefühl.

Die Zuwanderung nach Bangkok hat ein ausuferndes Flächenwachstum und enorme Steigerungen der Bevölkerungszahl herbeigeführt. Die 3 Millionen Einwohner von 1975 haben sich 1988 im Großraum der Hauptstadt auf mehr als 8 Millionen beinahe verdreifacht. Wo vor ein paar Jahren noch Bauernhäuser an Klongs und Reisfeldern standen, ziehen sich heute neue Straßen durch endlos erscheinende Vorstadtsiedlungen mit weiten Wegen in die Stadt und zu deren Arbeitsplätzen.

Mit den Problemen der Landflucht und des rapiden Wachstums erfährt Bangkok ein ähnliches Schicksal wie andere Metropolen der Dritten Welt, wie Mexico City, Sao Paolo oder Djakarta, nur daß die menschliche Atmosphäre trotz allem bei den Thais einen Grundzug der gelassenen Freundlichkeit behält, die manche Mühsal leichter ertragen läßt. Dazu gehören vor allem die Verkehrsprobleme, die die Wege durch die Stadt sehr erschweren und als Folgen gewisser Wachstumsschäden nur mühsam zu meistern sind.

Gestern »Venedig des Ostens«, heute zu wenig Hauptstraßen und Schienenstränge

Bangkok feierte sein 200jähriges Bestehen im Jahre 1982. Das ist kein Alter für eine Stadt, wohl aber für die Chakri-Dynastie, die seitdem regiert hat! Die Gründung im Jahre 1782 erfolgte hauptsächlich aus der Befürchtung eines erneuten birmanischen Angriffs nach der Zerstörung der glanzvollen siamesischen Hauptstadt Ayutthaya im Jahre 1767 durch den alten Erbfeind im Westen. Dies war der Grund für den zum König erhobenen General Chakri, seine Residenz auf das Ostufer des Menam zu verlegen und nicht auf dem Westufer zu belassen, wo sein unglücklicher Vorgänger Taksin die Hauptstadt Thonburi hatte ausbauen lassen. Der erste Chakri-König wollte seine Residenz durch den breiten Fluß gegen Westen geschützt sehen und nahm dafür das etwas niedriger gelegene Schwemmlandufer in Kauf – nicht ahnend, welche Hochwassernöte die spätere Metropole heimsuchen könnten.

Zu jener Zeit und noch für weitere anderthalb Jahrhunderte waren die Hauptverkehrswege der Thai-Städte sowie der Reisbauern-Dörfer die Flüsse und Kanäle; das wichtigste Transportmittel des ganzen großen Reiches war das Boot.

So wurde Bangkok mit seinen Klongs zum »Venedig des Ostens« und blieb es bis in die dreißiger Jahre des 20. Jahrhunderts. Zahlreiche Kanäle durchzogen die Stadt ebenso

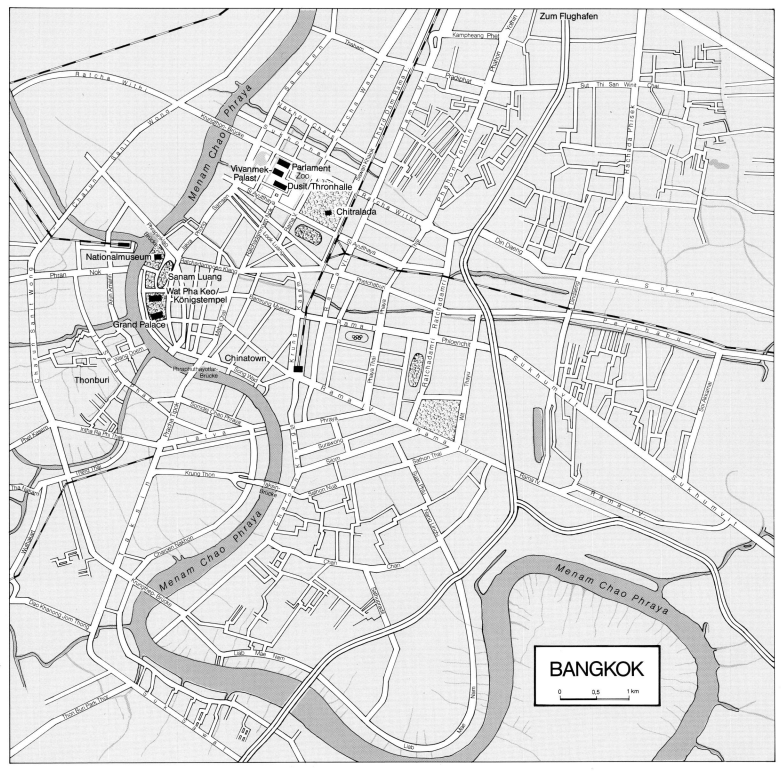

wie die sie umgebenden Reisfelder, die in der Regenzeit auch größere Wassermassen aufnehmen konnten, wie es im Einklang mit der Natur des Landes für den Reisanbau eingerichtet worden war. Die Stadt brauchte kaum Straßen, so lange sie ihre Kanäle hatte – und das Boot war ohnedies jedem anderen Transportmittel als Lastenträger überlegen.

Als König Chulalongkorn in den letzten Jahrzehnten des 19. Jahrhunderts europäische Hauptstädte und deren Prachtstraßen gesehen hatte, ließ er eine solche breite Allee mit Bäumen und Reitwegen auch in seiner Hauptstadt Bangkok anlegen. Diese Rajadamnoen Avenue verbindet in gestreckter Z-Form mit einer Länge von drei Kilometern den Großen Palast mit dem Dusit-Palast, der damals vor den Toren der Stadt stand und auf dessen Grund der König später den großen Kuppelbau der Dusit-Thronhalle beginnen ließ. Als Hauptstraße des alten Stadtkerns und des daran anschließenden Regierungsviertels ist die breite Rajadamnoen Avenue eine der wenigen Straßen von Bangkok, die auch dem modernen Verkehr gewachsen ist.

Zwar ließ der auf den Fortschritt bedachte König Chulalongkorn die langen Eisenbahnlinien vorantreiben, die den Norden, Nordosten und Süden Thailands mit der Hauptstadt verbinden. Aber ein Schienennetz für den Nahverkehr in der Hauptstadt wurde nicht vorgesehen, bis es dafür zu spät war.

Von den 8,3 Millionen Siamesen im Jahre 1911 lebten rund 700 000 in Bangkok, das etwa dem heutigen alten Stadtkern ent-

Die Übersichtskarte der Hauptstadt Bangkok zeigt den größten Teil des Stadtgebiets östlich der Flußschleifen des Menam Chao Phraya. Der 1782 gegründete Stadtkern mit dem Großen Palast und dem Königstempel Wat Phra Keo liegt am Ostufer des Flusses im Nordwesten des jetzigen Stadtgebiets. An den alten Kern schließt sich im Norden das Regierungsviertel um die Dusit-Thronhalle an, im Osten Chinatown, dessen viele kleine Straßen in der Übersicht weggelassen sind. Die neuen Bezirke östlich des Bahnhofs sind durch ein weitmaschiges Netz von Durchgangsstraßen und große besiedelte Flächen gekennzeichnet, die den Bau weiterer Verkehrswege blockieren. Eine Autobahn führt von Norden (Flughafen) und Süden (Pattaya) an die Stadt und den südlich gelegenen Hafen heran und bildet eine östliche Tangente in den neuen Stadtbezirken. Die Schienenwege dienen den Fernverbindungen. Den Nah- und Massenverkehr übernehmen zahlreiche Buslinien. Von den früheren Kanälen sind in Bangkok nur noch wenige vorhanden, während die jetzt eingemeindete westliche Schwesterstadt Thonburi noch ihr altes Kanalnetz behalten hat.

Farbenprächtige Tempel

Linke Seite, oben:
Einige der mehr als 400 buddhistischen Tempel von Bangkok prägen als herausragende Baudenkmäler das Gesicht der Hauptstadt. Goldglanz und Farbenpracht verleihen ihnen allen einen ganz eigenen, prunkvollen Charakter sakraler Bauwerke, wie er nur im buddhistischen Kulturkreis anzutreffen ist. Die drei markanten Turmbauten des Königstempels Wat Phrakkeo sind das goldene Chedi Phra Si Ratana, das König Mongkut um 1860 errichten ließ, die schlanke Spitze über der Tempelbibliothek (Mondop) und der hohe Prang über dem Pantheon der Chakri-Dynastie.

Linke Seite, unten:
Den »Marmor-Tempel« (Wat Benchamabopit) ließ König Chulalongkorn zur Jahrhundertwende erbauen und mit italienischem Marmor ausstatten. Er umfaßt eine große Sammlung historischer Buddha-Statuen.

Oben:
Der »Tempel der Morgenröte« (Wat Arun) gilt mit seinem 74 Meter hohen Prang als das Wahrzeichen von Bangkok. Das Bauwerk entstand unter den Königen Rama II. und III. etwa 1820–1830 und steht auf dem westlichen Menam-Ufer in Thonburi, wo sich die Residenz des Königs Taksin befand.

Unten:
Im Vorhof des Wat Suthat steht ein Denkmal (unten links) des Königs Rama VIII., der 1925 in Heidelberg geboren wurde und 1946 einen tragischen, frühen Tod erlitt. Wat Suthat war sein spezieller Königstempel. Aus diesem Grunde wurde die Restaurierung der weitflächigen Wandmalerei in der großen Haupthalle als Ehrengabe der deutschen Bundesregierung anläßlich der 200-Jahrfeier der Hauptstadt und der Chakri-Dynastie (1982) durch thailändische Künstler ausgeführt. Der Tempelbau wurde für die riesige Bronzestatue des aus Sukhothai herbeigeschafften Phra Buddha Sakyamuni unter Rama I. begonnen. Mit dem Sockel hat die im 14. Jahrhundert gegossene Statue eine Höhe von 16 Metern (unten rechts).

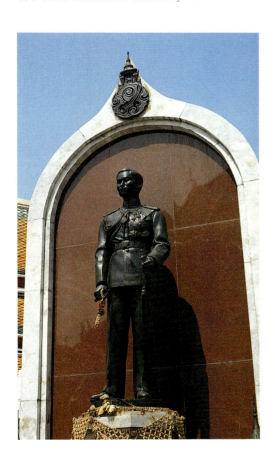

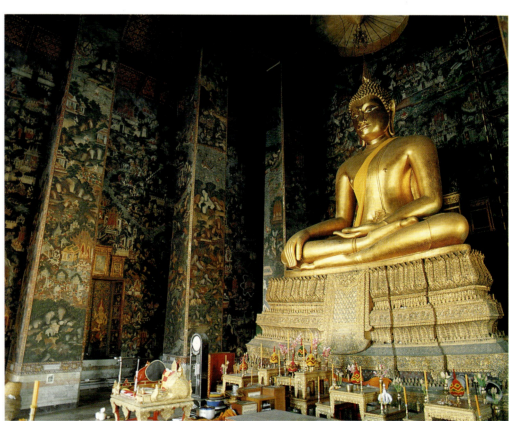

81

sprach, an den sich das Chinesenviertel und die New Road längs des Flusses als Außenbezirke anschlossen. In jener Gegend entstand 1916 der Hauptbahnhof nach der Planung des deutschen Eisenbahn-Direktors Luis Weiler, der von 1904 bis 1917 auch den schwierigen Bahnbau von Bangkok nach Chiangmai geleitet hat. Zu jener Zeit stand der Bahnhof nahe am Stadtrand, von dem aus nicht nur die Bahnstrecken, sondern auch die Ausfallstraßen ins Land hinaus vorangetrieben wurden. Entlang diesen langen Straßenzügen wuchs bald die Stadt weiter und immer schneller nach Osten, Süden und Norden ins Umland hinein. Zwischen den wenigen Hauptstraßen wurde der Baugrund durch kleine Querstraßen (Soi) erschlossen, von denen jedoch viele als Sackgassen enden. Auf großen Flächen ist dann die Stadt regelrecht zugebaut worden, so daß nachträgliche Durchbrüche für ein zweckmäßiges Straßennetz wegen der Grundstückskosten jetzt praktisch nicht mehr finanzierbar sind.

Die gleichen Hindernisse gelten für den Ausbau eines Schienennetzes für den Nahverkehr. Ein modernes Massenverkehrsmittel ist nur noch als Hochbahn über schon vorhandenen Hauptstraßen denkbar, und deren Netz ist in wichtigen Zonen sehr weitmaschig. Röhren für Untergrundbahnen wären bei den jährlichen Überschwemmungen der Regenzeit allzu großen Risiken ausgesetzt. Für die Wassermassen, die Bangkok offenbar von Jahr zu Jahr mehr heimsuchen, gibt es eine ganze Reihe von Erklärungen. Dazu gehört zweifellos die Tatsache, daß dem Hochwasser die früher vorhandenen freien Flächen fehlen. Auch wird man stutzig, wenn man mitten in der Stadt den Menam »rückwärts« fließen sieht und losgerissenes Pflanzenwerk ziemlich schnell flußaufwärts treibt. Durch die Kanalisierung und Uferbefestigung ist die Flußmündung zu einem engen Trichter geworden, in den die Flutwelle des Ozeans mit konzentrierter Kraft hineingedrückt wird. Auch heißt es, daß die immens gewachsene Bausubstanz der Großstadt und die Absenkung des Grundwasserspiegels dazu beigetragen hätten, den Schwemmlandgrund der Stadt insgesamt etwas sinken zu lassen und dadurch den Überschwemmungen der Regenzeit Vorschub zu leisten. Wer das Waten in den braunen Fluten ganzer Straßenzüge und Stadtviertel kennt und dazu die Unsicherheit, in welch gefährliche Löcher man dabei hineingeraten kann, der weiß, wie wenig paradiesisch auch hier das Tropenklima seinen Tribut fordert.

Die Verkehrsprobleme haben nicht nur ihr lokales Gewicht für die Bewohner der Hauptstadt, sondern machen auch ungezählten Besuchern zu schaffen. Deren Hotels liegen hauptsächlich in den neueren östlichen Bezirken.

Eine gewisse Konzentration der touristischen Einrichtungen ist beiderseits des Straßenzuges Ploenchit/Sukhumvit entstanden und säumt etliche Kilometer lang die ursprüngliche Ausfallstraße zur Südregion. Von dort sind es sechs bis zehn Kilometer zum alten Stadtkern mit seinen Sehenswürdigkeiten.

In der großen östlichen Zone schnellen Wachstums verfügt die Millionenstadt praktisch nur über drei breit gefächerte Hauptstraßen nach Osten: Petchburi im Norden, Rama I./Ploenchit/Sukhumvit etwa in der Mitte und Rama IV. weiter im Süden. Nach ständiger Überforderung dieser langen Verkehrsschluchten wurden in einem umstrittenen Experiment die ersten beiden zu Einbahnstraßen erklärt: Petchburi stadtauswärts und etwa einen Kilometer parallel dazu Ploenchit/Sukhumvit stadteinwärts, mit nur wenigen Querverbindungen. Jetzt füllen und verstopfen die Blechströme der Autos diese breiten Schluchten nur noch in einer Richtung, doch niemand zählt die zusätzlichen Umwegkilometer und damit die automatische Vermehrung des gesamten Verkehrsaufkommens. »Nur für Busse« gibt es jeweils einen Streifen in der Gegenrichtung, um dem öffentlichen Verkehrsmittel und seinen Benutzern die neuen, weiten Umwege zu ersparen. Angesichts großer Hotelkapazitäten mit tausenden von Gästezimmern in dieser Zone kann man sich leicht vorstellen, wie unmittelbar sich zahlreiche Bangkok-Besucher mit dem Transportproblem konfrontiert sehen, wenn sie sich in der Stadt frei bewegen wollen.

Neue Zentren und der alte Kern

Neben der großen touristischen Zone im Osten gibt es eine solche auch im Süden entlang der etwa zweieinhalb Kilometer langen Silom Road, deren kleine Nebenstraße Patpong als Zentrum des Nachtlebens von Bangkok gilt, aber auch einige Konkurrenz erhalten hat.

Auch in anderen Stadtteilen und in der alten Schwesterstadt Thonburi jenseits des Menam haben sich sehr lebhafte Zentren des Geschäftslebens entwickelt, mit Warenhäusern und deren Variante, der Shopping Centers, in denen die vielen verschiedenen Geschäfte einzelnen Inhabern gehören, auch mit Kinos und Restaurants, die den gehobenen Ansprüchen eines breiten Publikums zu entsprechen suchen. Daher kann man feststellen, daß Bangkok zwar einen alten Kern, aber kein eigentliches Zentrum des städtischen Lebens hat, sondern deren mehrere, die fast gleichrangig in den verschiedenen Bezirken pulsieren, wie es in einem Großraum mit mehr als acht Millionen Menschen auch zweckmäßig erscheint.

Im Hinblick auf das Verkehrsproblem und die touristischen Einrichtungen können die neueren, direkt am Menam errichteten Hotels als ein eigener, zukunftsweisender Komplex angesehen werden. Mit seiner über hundertjährigen Tradition hat das Oriental Hotel dort am Fluß schon seit langem eine besondere Position eingenommen. Einst war es am Ufer erbaut worden, um den Schiffspassagieren den Weg in die Stadt zu ersparen. Der ursprüngliche Bau ist als »Residenz der Autoren« erhalten geblieben und mit jetzigen Luxus-Suiten so bekannten Schriftstellern wie Somerset Maugham, Noel Coward oder John Steinbeck gewidmet, die hier gewohnt und geschrieben haben. Zwei größere Flügel sind 1958 und 1976 eröffnet worden. Die Gästeliste umfaßt viele prominente Namen aus der ganzen Welt. Die Umfrage eines amerikanischen Magazins hat dem Oriental Hotel nun schon seit einer Reihe von Jahren den ersten Platz unter den führenden Hotels der Welt zugesprochen. Es war verwunderlich, daß in den siebziger Jahren der zahlreichen Hotelbauten kein Investor an den Fluß ging und das Oriental seine attraktive Lage noch etliche Jahre lang allein behaupten konnte. Erst in den achtziger Jahren sind dann in seiner Nachbarschaft die großen Hotelbauten des Royal Orchid (Sheraton) und Shangri La emporgewachsen, weiter flußabwärts auch das Menam Hotel, so daß diese Bauwerke mit ihren Terrassen und Gärten sowie benachbarten Einkaufs- und Wohnkomplexen der Flußlandschaft im Südwesten der Stadt ein ganz neues Gesicht gegeben haben. Dabei bietet der Menam nicht nur eine abwechslungsreiche Szenerie, sondern auch einen – noch wenig von den Besuchern genutzten – Wasserweg zu den rund vier Kilometer entfernten Sehenswürdigkeiten des alten Stadtkerns. So hat eine Entwicklung entlang des Flusses begonnen, die wieder zum charakteristischen Wasserweg des Landes zurückgefunden hat, dort neue Bedürfnisse mit alten Traditionen vereinigt und wohl noch viel Zukunft haben wird.

Die weiträumige Ausbreitung der Stadt hat ihre alte Keimzelle mit dem Großen Palast und dem Königstempel Wat Phrakkeo in die Nähe des westlichen Stadtrandes gerückt, weil das heutige Ballungsgebiet sich über den Fluß hinweg nach Westen weit weniger ausgedehnt hat als nach Osten. Aber trotz dieser Verschiebung des Stadtgebiets bleibt die 200jährige königliche Residenz mit dem Nationalheiligtum des »Smaragd-Buddha« das staatliche und kulturelle Zentrum der Hauptstadt und des ganzen Landes und ist außerdem eine Sehenswürdigkeit von Weltrang.

König Rama IX. Bhumibol Adulyadej und Königin Sirikit entzünden die Kerzen auf dem Altar des Königstempels Wat Phra Keo zur Einleitung einer religiösen Zeremonie. Der König ist der oberste Schirmherr des Buddhismus in Thailand, aber auch der anderen Religionen. Die Kerzen symbolisieren das Licht der Lehre Buddhas und dessen fortwährende Erneuerung; sie gehören zum Ritual aller buddhistischen Zeremonien.

Altar der Könige, Zentrum des Reiches

Am Altar vor dem hohen Thron des grünlich schimmernden »Smaragd-Buddha« in der ehrwürdigen Halle des Wat Phrakkeo haben seit 1784 neun Könige der Chakri-Dynastie ihr Knie im Gebet gebeugt und die rituellen Kerzen entzündet, wie es nur dem König und der Königin zukommt. Damals hatte Rama I. die hohe Halle im Stil der Tempel von Ayutthaya errichten lassen, um dem hochverehrten Buddha-Bildnis eine dauernde Heimstatt neben der königlichen Residenz zu geben. Diesen Buddha – mit seinen 75 Zentimetern Höhe als Statue klein, doch als jadeähnlicher Halbedelstein von außergewöhnlicher Größe – hatte der Herrscher selbst als Trophäe seines Sieges über die Laoten mitgebracht, als er noch der Heerführer des Königs Taksin war. Die Herkunft des Buddha ist von Legenden umgeben, die ihn bis in die nordindische Heimat des Erleuchteten zurückversetzen, bevor sein historischer Weg mit der wechselvollen Geschichte des nördlichen Siam verknüpft wurde. Im Jahre 1434 wurde die Edelstein-Skulptur in Chiengrai unter der Gipsschicht einer etwas größeren Buddha-Statue entdeckt, die offenbar ihren wahren Wert wegen der Kriegszüge der Birmanen verborgen halten sollte. Zeitweise hatten auch die Laoten die Oberhand im Norden; ein Prinz nahm die Statue im Jahre 1552 mit nach Laos, wo sie bis zum Feldzug des Generals Chakri im Jahre 1778 hochverehrt in Verwahrung blieb.

Auf seinem elf Meter hohen Sockel ist der »Smaragd-Buddha« – der Name überhöht verklärend die Natur des Materials – der genauen Ansicht weit entrückt. Dreimal im Jahr wird seit der Zeit des Königs Rama II. das golddurchwirkte Gewand für die jeweilige Jahreszeit von königlicher Hand gewechselt. An bestimmten Feiertagen leitet der König selbst die Zeremonien in seinem Haupttempel, der an den Wochenenden von zahlreichen Thais besucht wird.

Alle Gegenstände und Symbole im Wat Phra Keo haben eine religiöse oder auch staatspolitische Bedeutung. Die Wandbilder in der Haupthalle stellen Szenen aus Buddhas Leben dar. Einzelne Buddha-Statuen wurden bei besonderen Ereignissen aufgestellt, so zuletzt ein kleinerer goldglänzender Bronzeguß anläßlich des 60. Geburtstags des Königs Bhumibol im Dezember 1987. Politisches Gewicht hatten die metallenen Bäumchen mit silbernen oder goldenen Blättern. Sie wurden als Tributgaben von Fürsten aus Laos, Kambodscha und Malakka hierher überbracht, die damit die Oberhoheit des Königs von Siam anerkannten – eine Symbolhandlung, die auch am Kaiserhof von Peking üblich war und offenbar von dort übernommen wurde, bis die Politik der europäischen Kolonialmächte jene Vasallen Thailands zu befreien vorgab.

Im Tempelbereich stehen drei weitere große Bauwerke in einer Reihe auf einer erhöhten Plattform nördlich der Haupthalle. Über einem älteren Bronze-Chedi mit einer Buddha-Reliquie hatte König Mongkut um 1860 das goldglänzende Phra Si Ratana Chedi errichten lassen, dessen Form von dem Chedi des Königstempels von Ayutthaya übernommen wurde. Der mittlere Bau mit dem zierlichen Mondhop-Dach auf quadratischem Grundriß beherbergt alte Schriften der Tempelbibliothek. An seiner Nordseite steht ein großes Modell des Tempels von Angkor Wat, an dem man sich einen Eindruck von dieser berühmten, nur noch schwer zugänglichen Tempelanlage der Khmer verschaffen kann.

Im Osten der Plattform steht das größte der drei Bauwerke, das durch die Eleganz seiner Formen auf kreuzförmigem Grundriß, seinen schlanken Prang über dem Zentrum und das helle Violett seiner Farbgebung auffällt. Als Ehrenmal (Pantheon) für die Chakri-Könige ist das Prasat Phra Thepidorn nur an einem Tag im Jahr, dem Chakri-Tag am 6. April, geöffnet. Dann kommt die Königsfamilie zur Ehrung ihrer Vorfahren hierher, und anschließend kann man durch die offene Tür einen Blick auf die lebensgroßen Bildnisse der acht Monarchen der Dynastie werfen, deren Gründer goldglänzend im Zentrum steht (siehe Bild auf S. 68) Auf der Terrasse des Pantheons fallen die Statuen von Fabelwesen auf, die – in Umkehrung des Garuda – oben Menschenleiber und unten Vogelbeine haben. Mit weiblichen Formen heißen sie Kinnari, in männlicher Version Kinnorn; ihre Heimat ist die Phantasiewelt nordindischer Mythen.

Die Tempelanlage, in der keine Mönche wohnen, ist von einem gedeckten Wandelgang mit Wandbildern des Ramakien-Epos und einer Mauer umgeben, die zwei Haupteingänge hat. Das Osttor ist an Sonn- und Feiertagen für den freien Zugang der Bevölkerung geöffnet. Ausländische Besucher werden zum Westtor gewiesen, wo sie neuerdings einen ziemlich hohen Eintritt (1988: 100 Baht) zahlen müssen, der allerdings auch den Besuch des vier Kilometer entfernten, erst 1986 eröffneten Vivanmek-Palastmuseums einschließt. Zum Westeingang führt eine schmale Gasse, dort findet man ein Lokal mit Erfrischungen, Ausstellungsräume und einen Souvenir-Laden, an dem der Name Chitralada auffällt, denn so heißt die Residenz der Königsfamilie im Nordwesten der Stadt. Ein Projekt der Königin Sirikit unter diesem Namen sammelt und ver-

Glanzvolle Paläste

Linke Seite:
Aus den Gründungsjahren der Hauptstadt stammt die Thronhalle Dusit Maha Prasat neben dem Großen Palast, davor der Pavillon Aphon Phimok Prasat, beides Beispiele klassischer Thai-Architektur.

Rechts:
Im Garten des adligen Wohnsitzes Suan Pakkad enthält der sogenannte Lack-Pavillon mit seinen Wandbildern aus der späten Ayutthaya-Periode um 1680 ein einzigartiges Kulturgut aus der Blütezeit der alten Hauptstadt.

Unten:
Den aus Teakholz erbauten Vivanmek-Palast bewohnte König Chulalongkorn um die Jahrhundertwende und hat darin zahlreiche Erinnerungsstücke an jene Zeit hinterlassen, die seit 1986 Besuchern zugänglich sind. In diesem großen runden Salon empfing der König seine Besucher zur Privataudienz; der große Teppich wurde eigens zur Wiedereröffnung des Palastes geknüpft.

kauft hochwertige Handarbeiten von Landfrauen, wie Stickereien, fein geflochtene Handtaschen, Lederwaren und Seidenblumen, um den Herstellerinnen eine zusätzliche Verdienstmöglichkeit zu erschließen und ihr Können möglichst hochwertig zu nutzen.

Der anschließende Bereich des Großen Palastes ist nur teilweise öffentlich zugänglich. Durch einen Torbogen betritt man die gepflegte Gartenanlage des Palasthofes mit dem dominierenden Bauwerk des Chakri-Palastes (Chakri Maha Prasat), der nur bei großen, repräsentativen Anlässen benutzt wird, etwa für Gala-Diners höchster Staatsbesuche. Dieser Bau wurde von König Mongkut in Auftrag gegeben, um morsch gewordene Holzbauten zu ersetzen. Nach den Plänen englischer Architekten entstand ein Prachtbau im Viktorianischen Stil, dessen Fertigstellung der königliche Auftraggeber jedoch nicht mehr erlebte. Sein Sohn Chulalongkorn ließ den Bau 1880 vollenden, um dort zwei Jahre später das 100jährige Jubiläum der Dynastie gebührend zu feiern. Vorher hatte er noch drei Thai-Dächer mit spitzen Prasat-Kronen auf das Bauwerk setzen lassen, das dergestalt als viktorianisch-siamesisches Baudenkmal seiner Epoche die nächsten hundert Jahre gut überstanden hat.

Aufschlußreich für die politische Situation am Ende des 19. Jahrhunderts sind die großen Gemälde, die König Chulalongkorn im Thronsaal des Palastes aufhängen ließ. Ihr Thema ist die souveräne Stellung Siams gegenüber den damaligen Kolonialmächten, aber auch die Öffnung gegenüber dem Westen, wie sie im Stil und in der Ausstattung des Palastes zum Ausdruck kommt. Die Gemälde zeigen den Empfang siamesischer Botschafter durch König Ludwig XIV. von Frankreich und eine ähnliche Szene bei Kaiser Napoleon III., der dieses Bild dem König Mongkut als Geschenk übergeben ließ, außerdem den Empfang des siamesischen Gesandten bei Königin Victoria sowie den britischen Botschafter Sir John Bowring bei König Mongkut. (Der Thronsaal ist nur bei besonderen Gelegenheiten zugänglich).

Das älteste und in seinem reinen Stil erhaltene Bauwerk des Palastbereichs ist die 1782 erbaute Krönungshalle für Rama I., Dusit Maha Prasat, die durch die Eleganz ihrer Formen und Proportionen besticht. Die vier übereinander gestuften Dächer von vier Flügeln vereinigen sich zu einem zentralen Prasat-Turm, dessen schlanke Spitze hoch in den Himmel ragt. Im Hauptsaal steht ein Thron, doch wurde die Halle nach der Aufbahrung des Königs Rama I. nur noch für Riten nach Todesfällen im Königshaus verwendet.

Neben der großen Dusit-Palasthalle steht in verkleinerter Wiedergabe der gleichen Formelemente der zierliche Pavillon Abhorn Pimok Prasat im Palasthof. König Mongkut hatte ihn im klassischen Thai-Stil errichten lassen, um darin bei bestimmten Gelegenheiten die Zeremonialkleidung wechseln zu können. Im gleichen Stil ließ sein Sohn Chulalongkorn den Pavillon im See des Sommerpalastes Bang Pa In errichten, der mit seiner Spiegelung im Wasser zu einem bekannten Bildmotiv und Wahrzeichen Thailands geworden ist.

Im Osten des Palasthofes steht die Amarinda-Vinitchai-Krönungshalle, deren Namen einem altindischen Indra-Mythos entstammt. Ursprünglich diente sie als Gerichtshalle des Königs Rama I., dann verlegten seine Nachfolger die Krönungszeremonie und andere Staatsakte dorthin. Der Thron hat die Form eines Schiffes unter zwei neunstufigen Schirmen, doch ist ein spezieller Sessel mit erhöhter Lehne nunmehr der Platz des Königs.

Der Durchgang zwischen dem Großen Palast und der Amarinda-Halle war einst das streng bewachte Tor zur privaten Residenz der Könige und ihrer Frauen. Dieser Teil der Palastbauten ist auch jetzt nicht öffentlich zugänglich.

Dazu gehört auch das im europäischen Stil gehaltene Barompimarn-Palais im Osten der Amarinda-Halle, das jetzt als Gästehaus der Regierung für höchste Staatsbesucher dient. König Chulalongkorn hat das Palais für seinen Kronprinzen Vajiravudh um die Jahrhundertwende errichten lassen. Bei seinem Staatsbesuch im Jahre 1984 wohnte dort auch der deutsche Bundespräsident Karl Carstens. Allerdings war dieses Palais auch der Schauplatz der Tragödie, die 1946 das Leben des jungen Königs Ananda Mahidol auslöschte.

Die Bauten im nordwestlichen Teil des Palastbereichs sind der Sitz hoher Behörden, so auch des Finanzministeriums, das praktisch in den Schutz der Palastmauer und -wache einbezogen ist. Die hohe Mauer riegelt den Palast zum Menam ab, wo eine Straße und der Uferstreifen mit dem königlichen Landungssteg die kurze Verbindung zum »Strom der Könige« herstellen.

Die ältere Schwester Thonburi

Der Menam ist hier etwa 200 Meter breit und trennt mit einem weiten Bogen die alte Schwesterstadt Thonburi von der königlichen Residenz, die von hier aus zur heutigen Millionenstadt gewachsen ist. Auf dem gegenüberliegenden Westufer steht der schlanke Prang des Wat Arun, das als »Tempel der Morgenröte« das markante Wahrzeichen der Hauptstadt geworden ist, obwohl es – bei genauerer Betrachtung – auf altem Nachbargrunde steht und auch in seinem abgewandelten Khmer-Stil eine historische Nachbarschaft repräsentiert. Für die kurze Überfahrt mit der Fähre muß man den Weg durch alte Lagerhallen der chinesischen Hafenhändler hindurch finden, die zwischen dem Tempelbereich des Wat Po und dem Fluß ihre Position seit Jahrhunderten innehaben. Die Überfahrt zum Wat Arun erschließt eine großzügige Tempelanlage, deren Garten sich zum Fluß hin öffnet. Wer die steilen Stufen des Prangs bezwingt, der wird auf der obersten Plattform durch einen eindrucksvollen Rundblick auf den Fluß und die Stadt belohnt.

Der Turmbau mit seiner Höhe von 79 Metern, zu denen noch weitere 5 Meter der Metallspitze hinzukommen, wurde unter König Rama II. begonnen, aber erst viele Jahre später um 1845 unter seinem Sohn Rama III. fertiggestellt. Zum Schmuck des hohen Prang ließ der König im ganzen Lande zerbrochenes Porzellan sammeln, um es als farbenprächtige Mosaiksteinchen zu verwenden. Im Torbau des Tempels befindet sich eine Gedenkstätte für den König Taksin, der nach dem Fall von Ayutthaya (1767) Thonburi zur Hauptstadt erwählt und hier seine Residenz eingerichtet hatte. Im lebhaften Geschäftszentrum der Stadt ehrt ein stolzes Reiterdenkmal den tapferen König, der das Reich nach der Niederlage von Ayutthaya wieder zusammengefügt hat, dann aber tragisch endete.

Mit einem Netz von Kanälen und vielen kleinen Gassen läßt der alte Kern von Thonburi ahnen, wie früher Bangkok ausgesehen hat. Auch kann man dort eine Reihe alter Tempel finden, in denen Kenner und Liebhaber vor allem die Wandmalereien schätzen. Die moderne Planung hat für die kleinere westliche Schwester der Hauptstadt ein funktionelles Straßennetz entworfen, das zügig ausgebaut wird. Nunmehr verbinden sechs Straßenbrücken die einstigen Schwesterstädte Thonburi und Bangkok, die immer mehr zu einem großen Ballungsgebiet zusammenwachsen. Die neueste – nach deutschen Plänen erbaute – Hängeseilbrücke schließt die südliche Spange der Autobahnen, die an die Stadt heran- und teilweise um sie herumführen.

Zonen des Wachstums

Der nahe Umkreis des Großen Palastes bietet als erste Wachstumszone der Hauptstadt eine interessante Konzentration kulturell und historisch wichtiger Stätten.

Der nächste und auch ehrwürdigste Nachbar des Großen Palastes ist der im Süden angrenzende Tempelbezirk des Wat Po – dies ist der populäre Name für den ältesten Tempel der Stadt, der offiziell Wat Phra Jetubon heißt. Eine verwirrende Vielzahl von größeren und kleineren Hallen, Galerien, Chedis und Nebengebäuden füllt diesen größten Tempelbereich der Hauptstadt bis auf den letzten Meter aus. Eine Straße teilt die Anlage, in deren Südhälfte sich die Residenz des Patriarchen, Wohnbauten für Mönche, eine Schule und eine Bibliothek befinden. Im nördlichen Bereich gilt das Interesse der meisten Besucher dem riesigen liegenden Buddha, der mit einer Länge von 46 Metern und einer Höhe von 15 Metern eine große Halle (Vihan) ausfüllt. Dieser Buddha im Zustand des Übergangs ins Nirwana ist ein Werk des frühen 19. Jahrhunderts. Die gigantische Gestalt besteht aus Backsteinen und vergoldetem Stuck, die Perlmutt-Intarsien an den sechs Meter langen Fußsohlen bekunden die Vollkommenheit des Erleuchteten. An kleineren Statuen bewegt sich im Luftzug hauchdünnes Blattgold, das Gläubige als Opfergabe hinterlassen haben. Der Weg vom Haupteingang zu diesem Vihan Phra Non ist von einem dichten Spalier von Verkaufsständen gesäumt, die neben Opfergaben, Räucherstäbchen und Kerzen auch vielerlei Souvenirs anbieten und den Durchgang zu den anderen Stätten der Tempelanlage praktisch versperren. Doch es lohnt sich, der ganzen Anlage mehr Zeit zu widmen. An der Haupthalle (Bot) findet man die feinen Marmorreliefs, die aus Ayutthaya stammen und deren Abdrücke auf Reispapier als spezielles Thailand-Souvenir begehrt sind. Die Perlmutt-Intarsien an den Teakholztüren zeigen Szenen aus dem Ramakien-Epos. Am Altar wird ein Aschenrest von König Rama I. als Reliquie verehrt. Darüber thront ein vergoldeter Bronzebuddha aus einem alten Tempel von Thonburi. Eine Folge von Innenhöfen mit Galerien und zahlreichen Buddha-Statuen umrahmen die Haupthalle. Rund 70 kleinere Chedis umgeben die Bauten, zu denen auch eine alte Schule der Gesunderhaltung gehört, in der die traditionelle Thai-Massage gelehrt und ausgeübt wird. An die Verknüpfung des Volksglaubens mit Hindu-Elementen erinnert das Schiwa-Symbol des Lingam auf einem Felsblock, den Frauen im Wunsch nach Kindern mit Blumenkränzen überhäuft haben.

Dieser Tempel ist der älteste der Stadt und stammt aus der Zeit vor der Hauptstadtgründung. Er steht auf dem Platz des früheren Wat Bodharam hinter den Lagerhallen chinesischer Händler, die einst dem König Rama I. Land für seine Residenz verkauft haben. Wer also heute etwas mühsam seinen Weg vom Wat Po durch den wimmelnden Betrieb in den Lagerhallen zum Steg der Fähre sucht, der bewegt sich in der eigentlichen Keimzelle der Stadt, die älter ist als des ersten Chakri-Königs stolze Bauten.

Hinter dem Großen Palast und seinem Mauerkranz dehnt sich im Norden das weite, unbebaute Oval, das Sanam Luang (Königlicher Platz), oder auch Pramane-Grund (Verbrennungsplatz) genannt wird, weil dort die Verbrennungen königlicher Leichname in eigens errichteten Pavillons stattgefunden haben, so zuletzt im Jahre 1985 nach dem Tod der 80jährigen Königin Rambai Barni, der Witwe des bereits 1941 gestorbenen Königs Rama VII. Prajadhipok. Die von Bäumen umsäumte Wiese ist aber auch der Schauplatz der großen Festakte. Dort feierte die Hauptstadt zusammen mit der Dynastie 1982 ihr 200jähriges Bestehen. Auch zum 60. Geburtstag des Königs Bhumibol am 5. Dezember 1987 wurde an gleicher Stelle der festliche Pavillon aufgebaut und der offizielle Staatsakt veranstaltet. In früheren Jahren fand auf der Wiese auch der sogenannte Sonntagsmarkt statt, doch wurde er inzwischen auf einen anderen Platz im Norden der Stadt verlegt.

An der Ostseite des Sanam Luang stehen große Regierungsbauten, vor allem das Justizministerium. Der kleine Tempelbau nahe am Wat Phra Keo ist dem Schutzgeist der Stadt, Lak Muang, gewidmet und beherbergt eine Säule als Wahrzeichen der Stadtgründung; hier herrscht ein reges Kommen und Gehen, auch kann man Tänzerinnen zu Ehren des Schutzgeistes auftreten lassen.

Die westliche Seite der großen Wiese gehört dem kulturellen Leben. Die wichtigsten Institutionen in diesem großen Komplex sind die Akademie und das Ministerium der Schönen Künste, das Royal Institut mit seiner Sammlung alter Schriften, der traditionsreiche Tempel Wat Mahadat, die Thammasat-Universität, das National-Museum, das historische Tempel- und Palastbauten umfaßt, sowie das neue National-Theater, zu dem die Schule für dramatische Kunst gehört, wo auch der traditionelle Thai-Tanz gelehrt wird.

In dieser Konzentration kultureller Stätten verdient das National-Museum besondere Beachtung. Gleich im Anschluß an die Eingangshalle unterrichtet eine sorgfältig zusammengestellte Folge von Objekten, Schaukästen und Bildern den Besucher über die wichtigsten Epochen der siamesischen Geschichte von der Steinzeit bis ins 20. Jahrhundert. Von besonderer Bedeutung in dieser Auswahl ist der »Stein von Sukhothai« mit seiner Inschrift des 13. Jahrhunderts, die das erste Reich der Thais in Siam beschreibt.

Die Sammlungen des Museums sind nach den historischen und kulturellen Perioden eingeteilt und lassen die verschiedenen Einflüsse, vor allem aus dem indischen Kulturkreis, deutlich erkennen. Den Hindu-Göt-

Das Denkmal der Demokratie steht in einem weiten Verkehrskreisel der Rajadamnoen Klang Avenue im alten Stadtkern. Es erinnert an die Verfassungsgebung von 1932, die als emporgehobenes Buch im Zentrum des Denkmals symbolisiert ist.

Das touristische Bangkok

Links:
Nach den touristischen Entdeckern Thailands der 70er Jahre aus Amerika und Europa hat in jüngster Zeit der Gästestrom aus Asien die Rolle Bangkoks als touristischer Magnet noch wesentlich gesteigert. In rasch gestiegener Zahl bieten Hotels und Gästehäuser aller Preisklassen Tausende von Zimmern an, allein mehr als 12 600 in 25 großen Häusern der Luxusklasse. An der Spitze steht das Oriental Hotel, das bereits seit Jahren in einer amerikanischen Umfrage als Nr. 1 unter den besten Hotels der Welt genannt wird. In seiner attraktiven Lage am Menam hat das Oriental (links) in jüngerer Zeit große Nachbarn bekommen (rechts das Shangri La), die hier den Fluß zu einer ganz neuen »Straße der Hotels« gemacht haben.

Rechts:
Die Abendsonne vergoldet einen Hotelgarten am Menam-Ufer (Shangri La) und stellt auch in der Großstadt eine von Wasser und Licht untermalte Ferienatmosphäre her. Dieses Stimmungsbild illustriert die jüngste Entwicklung, die fortschreitend die Reize der Flußlandschaft erschließt.

Unten:
Als Zentrum des Nachtlebens ist der Name der kurzen, schmalen Straße Patpong zum Begriff geworden. In den Tanzlokalen und Massagesalons warten freundliche und bereitwillige Mädchen auf Gäste aus aller Welt, von denen sie sich einen guten Lohn, im stillen aber auch die Chance für eine bessere Zukunft erhoffen. Viel Konkurrenz bewirkt gemäßigte Preise – nicht nur auf den Getränkekarten.

tern folgte Buddha im Wandel der Stile von eineinhalb Jahrtausenden; all diese Darstellungen vermitteln dem interessierten Besucher viel Aufschluß über die kulturellen Wurzeln Thailands und seiner Nachbarn. Der Tempelbau im Areal des Museums stammt aus der Gründungsperiode der Hauptstadt und wurde für das besonders verehrte Bildnis des Phra Buddha Sihing erbaut.

Der repräsentative Straßenzug der Rajadamnoen Avenue beginnt in der Südostecke der Sanam-Luang-Wiese beim Wat Phra Keo und führt von dort als langgestrecktes Z durch den alten Stadtkern und das Regierungsviertel zur Dusit-Thronhalle. Wo die Avenue die Wiese verläßt und nach Osten abknickt, steht ein Brunnen mit der Erdgöttin Thorani, die nach dem Mythos das Wasser der guten Taten Buddhas aus ihrem Haar windet und damit die Versucher des Erleuchteten hinwegspült. An der gleichen Ecke steht das »Royal« als einziges größeres Hotel dieser Gegend. Hier gilt es noch immer als »Erstes Haus« früherer Tage, auch wenn es die teure Spitzenklasse anderer Stadtteilen überläßt. Bei den Thais ist es populär, sie feiern hier gern Firmen- und Familienfeste. Auch hat es alte und junge Freunde aus der ganzen Welt gewonnen, die seine Lage nahe der kulturellen Stätten sehr zu schätzen wissen.

Die drei Abschnitte der Rajadamnoen Avenue sind in Nai, Klang und Nok aufgeteilt. Im mittleren Teil dominiert das breit angelegte Demokratie-Denkmal, das zur Erinnerung an die erste Verfassung von 1932 errichtet worden ist. Seither ist es aber nicht nur ein historisches Denkmal geblieben, sondern auch ein Schauplatz geworden. Bei den Studentendemonstrationen von 1973 gegen das Militärregime starben hier 71 Demonstranten unter den Schüssen der Armee, deren Spitzen jedoch wenige Tage später die Macht abgeben mußten.

Zu beiden Seiten des Rajadamnoen-Klang-Abschnittes liegen die ältesten Wohnviertel der Hauptstadt, von denen Banglamphu im Norden auch touristisch zu einem Begriff geworden ist. Dort gibt es eine ganze Reihe von kleinen Gästehäusern mit billigen Zimmern. Sie bieten vor allem den jüngeren »Rucksack-Touristen« preisgünstige Quartiere ganz nahe der vielbesuchten Kulturstätten, wie Wat Phra Keo und Nationalmuseum, und werden unter den »Budget-Touristen« mit all ihren Vor- und Nachteilen als praktische Tips gehandelt. Was die großen und teuren Hotels nicht bieten können, die preis- und verkehrsgünstige Nähe zu den interessantesten Sehenswürdigkeiten, das hat sich in Banglamphu als ganz eigener touristischer Mikrokosmos entwickelt.

In naher Nachbarschaft steht dort das von vielen Mönchen bewohnte Kloster Wat Bovornivet, in dem der Prinz Mongkut 14 Jahre lang als Abt lebte, bevor er 1851 den Thron bestieg. Der Bronze-Buddha im Bot ist in der Mitte des 13. Jahrhunderts in Phitsanulok gegossen worden. Zur Gründung des Tempels im Jahre 1827 wurde die Statue hierher gebracht. Zur Ehre Mongkuts haben auch spätere Könige hier ihre – wesentlich kürzere – Klosterzeit verbracht.

Im Viertel südlich der Rajadamnoen Klang Avenue steht einer der größten Tempel des Landes, Wat Suthat, an dem Platz mit der Riesenschaukel, zwischen deren beiden hohen Pfählen jedoch schon lange nicht mehr geschaukelt wird. Wat Suthat ist dem jungen König Rama VIII. Ananda Mahidol gewidmet, der 1925 in Heidelberg geboren wurde und 1946 unter mysteriösen Umständen den Tod fand. Sein Denkmal steht in einer Ecke des weiten Hofes. In der hohen Halle aus dem frühen 19. Jahrhundert thront die riesige Bronzestatue des Phra Buddha Sakyamuni, die Rama I. aus dem Haupttempel von Sukhothai hierherbringen ließ. In ihrer Basis ist die Asche des Königs Rama VIII. beigesetzt. Die Statue aus dem 14. Jahrhundert ist einer der größten und ältesten Bronze-Buddhas des Landes; sie hat mit ihrem Sockel eine Höhe von 16 Metern und ist von einer einheitlichen Wandmalerei auf schwarzem Grund umgeben. Die aufwendige Restauration dieser Wandbilder durch thailändische Künstler ist von der deutschen Bundesregierung als Ehrengabe anläßlich der 200-Jahrfeier der Hauptstadt und der Chakri-Dynastie gestiftet worden, um eine besondere Beziehung zwischen dem Geburtsland und dem Ehrentempel des jungen, tragisch geendeten Bruders des Königs Bhumibol aufrechtzuerhalten.

Nahebei im Osten erhebt sich der künstliche Hügel Phu Khao Thong (Goldener Berg) über der Tempelanlage Wat Sakhet. Die oberste Plattform trägt einen goldglänzenden Chedi und gewährt mit ihrer Höhe von 78 Metern einen eindrucksvollen Rundblick. Das Bauwerk wurde unter Rama III. begonnen und erst unter König Chulalongkorn fertiggestellt. Eine Buddha-Reliquie aus der nordindischen Heimat des Erleuchteten gelangte als Geschenk des Vizekönigs von Indien, Lord Curzon, für König Chulalongkorn in diesen Chedi hoch über der Stadt.

Ein weiterer interessanter Tempel in diesem alten Viertel ist Wat Rajabopit, erbaut 1863 unter König Mongkut. Im Zentrum der Anlage steht ein 50 Meter hoher, goldglänzender Chedi, der darin befindliche steinerne Buddha auf der heiligen Schlange stammt aus der Lopburi-Periode des 11. Jahrhunderts. Die schönen Perlmutt-Einlagen der Tempeltüren stellen die fünf königlichen Orden dar. Der kleine Friedhof neben dem Tempel ist eine Gedenkstätte für die direkten Nachkommen des Königs Chulalongkorn.

Der 1,5 Kilometer lange nördliche Abschnitt (Nok) der Rajadamnoen Avenue ist von Regierungsgebäuden gesäumt, zu denen auch das Tourismus-Amt von Thailand (TAT) mit seiner Auskunftsstelle gehört. Der Straßenzug endet vor dem Kuppelbau der Dusit-Thronhalle, wo das Reiterdenkmal des Königs Chulalongkorn alljährlich am 23. Oktober, dem Todes- und Gedenktag des populären Monarchen, mit Kränzen und Blumen überhäuft wird.

Eine besondere Erinnerungsstätte an diesen König und seine Zeit vor und nach der Jahrhundertwende ist das Vivanmek-Palais, das in den abgeschlossenen königlichen Gärten nördlich der Dusit-Thronhalle jahrzehntelang verborgen geblieben war, doch seit 1986 als Museum zugänglich ist. Dieses aus Teakholz erbaute Palais war die private Residenz des Königs Chulalongkorn und enthält zahlreiche Erinnerungsstücke aus seiner Zeit, darunter Geschenke europäischer Monarchen, alte Fotografien, Gemälde, Möbel, Geschirr – und auch die vermutlich erste Badewanne des Landes. Liebhaber der Nostalgie jenes Zeitalters kommen hier auf ihre Kosten, auch wenn sie das Palais nur in geführten Gruppen besichtigen können.

In naher Nachbarschaft zum Vivanmek-Palais ist das moderne Parlamentsgebäude erbaut worden, in das die Volksvertreter aus der Dusit-Thronhalle umgezogen sind, die nur noch höchsten Staatsakten des Königs vor dem Parlament vorbehalten bleibt.

Den religiösen Akzent in dieser großzügig geplanten Gartenstadt setzt der sogenannte Marmortempel, Wat Benchamabopit, mit dessen Gestaltung König Chulalongkorn 1899 einen Halbbruder, Prinz Naris, beauftragt hatte. Der königliche Architekt löste sich von einigen Regeln des traditionellen Thai-Stils und ließ eine Schiffsladung Marmor aus Carrara kommen, die den Namen und Stil des Bauwerks geprägt hat. Die hell schimmernden Säulen, Wände und Bodenflächen aus Marmor geben den farbigen Elementen der Dächer, Giebel und Fenster eine Basis von gediegener Eleganz. In der Haupthalle erstrahlt die vergoldete Statue des Phra Buddha Chinarat – eine Kopie des 600jährigen Originals von Phitsanulok – mit ihrer Aura vor dunkelblauem Hintergrund in festlichem Glanz und läßt verstehen, warum der König diese Wahl für seinen persönlichen Tempel getroffen hat, dessen endgültige Fertigstellung er jedoch nicht mehr erlebte. In der Basis der Statue ist ein Aschenrest Chulalongkorns beigesetzt, dem hier besondere Verehrung entboten wird. Den hinteren Tempelhof umrahmt ein Wandelgang, in dem 51 Buddha-Statuen die verschiedenen Zeitalter und Stile der Buddha-

Die Nationalversammlung tagt seit der Mitte der achtziger Jahre in dem modernen Parlamentsgebäude. Es wurde in der Nähe der Dusit-Thronhalle erbaut, die bis dahin als Plenarsaal des Parlaments gedient hat.

Darstellung – teils als alte Originale, teils als Kopien – repräsentieren.

In naher Nachbarschaft zum vielbesuchten Marmor-Tempel säumen Wassergraben und Mauern das weite Areal der Chitralada-Residenz, in der König Bhumibol wohnt. Gärten und Felder umgeben die niedrigen Wohnbauten, die im Grün ihrer Umgebung verborgen bleiben. Der König unterhält hier ein Versuchsgut. Man sieht Rinder auf der Weide, auch Fischteiche sind angelegt. Diese Arbeit gilt seit Jahrzehnten der Verbesserung des Lebens der Bauern – und schon ein kurzer Blick durch den Zaun von Chitralada zeigt, daß dort offensichtlich ein Landwirt zu Werke geht.

Stadt ohne Grenzen

In den ersten Zonen ihres Wachstums hat sich die Stadt von Süden nach Norden ausgebreitet, wie es die von König Chulalongkorn angelegte Verkehrsachse vom Großen Palast nach Chitralada vorgezeichnet hat. An dieses ältere und neuere »königliche Bangkok« haben sich in offenbarem Wildwuchs östliche Stadtviertel angeschlossen, die ein großzügiges Konzept für Straßen und Plätze vermissen lassen und eine sehr dicht bebaute Zone geschäftigen Lebens mit engen Gassen und schmalen Häusern geschaffen haben. Ein Teil dieses Gürtels im Süden ist als Chinatown bekannt und hat der in Bangkok schon lange ansässigen chinesischen Kolonie von Händlern und Gewerbetreibenden – wie vielerorts in der Welt – ihren charakteristischen Aktionsbereich überlassen. Als Verlängerung ihres Bezirks nach Süden haben die Chinesen die Geschäftsstraße »New Road« entlang des Menam gebaut und damit eine weitere Keimzelle der Stadtausbreitung geschaffen, die von dort aus große Flächen im Südosten in die Grundstücksspekulation einbezogen hat. Die Durchgangsstraßen sind dort ebenso unzureichend wie in den östlichen Bezirken mit ihren touristischen Einrichtungen.

In den letzten Jahren sind auch im Nordosten weite Flächen besiedelt worden, so daß man von einer Stadt ohne Grenzen sprechen kann, die sich wie ein Ölfleck rasch ihres Umlands bemächtigt. Die zur breiten Autobahn ausgebaute Ausfallstraße nach Norden passiert den vom Stadtkern etwa 25 Kilometer entfernten Flughafen Don Muang und ist auf dieser Strecke binnen wenigen Jahren beiderseits fast völlig bebaut worden. Wo vor kurzem noch Reisfelder lagen, sind jetzt Bürohochhäuser emporgewachsen, so daß man das Panorama der Stadt von Jahr zu Jahr kaum wiedererkennt und sich auf einen anderen, ganz westlichen Kontinent versetzt fühlt. Die neuen Außenbezirke haben einige breite, dem Autoverkehr angepaßte Straßen erhalten, doch zeigt der Plan auch dort, daß große Flächen schon wieder zugebaut worden sind.

Im Leben dieser jüngsten Teile der Metropole zeichnet sich viel Neues ab. Eine junge Mittelklasse wohnt dort draußen in kleinen Häusern, die sich an schmalen Straßen aneinander reihen. Diese Sois sind oftmals Sackgassen, die wie Kapillaren das Bauland auf großen Flächen bis auf den letzten Quadratmeter erschlossen haben. Wer dort wohnt, der sucht sich den Wunsch nach einem Auto zu erfüllen und vermehrt damit die Blechlawine, die sich jeden Morgen in die Stadt hinein- und abends wieder hinauswälzt. Abertausende von Autos sind für die Metropolen der achtziger Jahre nichts Besonderes, aber in Bangkok ist das alles sehr schnell und unerwartet gekommen.

Zum neuen Leben der Mittelschicht gehören noch andere Ansprüche, die mit Hilfe des Autos erfüllbar werden. Man fährt zu großen, eleganten Einkaufszentren und geht gern abends zum Essen aus. Mühevolles Kochen am eigenen Herd ist besonderen Gelegenheiten vorbehalten. Es gehört zum Alltag, sich den Reisnapf von den Köchinnen im Boot (auf dem Lande), am Straßenrand oder in kleinen Restaurants füllen zu lassen. Dieser Gewohnheit verdanken die neuen, großen Freiluftrestaurants in den Außenbezirken den Zustrom ihrer motorisierten Gäste und den Aufstieg zu Größenordnungen ganz eigener Dimension. Eines der größten hat mehr als 2000 Plätze in hölzernen Pavillons. Die gut aussehende Kellnerin im schönen Seidenkleid nimmt aufmerksam die Bestellnummern entgegen und spricht sie in ihr Mikrophon, wenige Minuten später gleitet lautlos auf Rollschuhen und spezieller Servicepiste der Bote aus der zentralen, computergesteuerten Küche mit dem Menü zur Anrichte der freundlichen Serviererin, die schon darauf wartet, ihre Gäste mit den gewünschten Speisen und ihrem Lächeln beglücken zu können. Wer jedoch meinen möchte, solche Hochburgen der Gastronomie seien in einer Tourismus-Metropole wie Bangkok für den internationalen Besucher geschaffen worden, der kann dort sehen, daß die Thais die überwiegende Mehrheit der Gäste stellen.

Diese kurze Skizze soll zeigen, wie sehr die Thais selbst die angenehmen Seiten ihres Landes zu schätzen wissen und die Ansprüche einer wachsenden Mittelklasse gestiegen sind. In der kontrastreichen Metropole Bangkok wachsen die neuesten bunten Blüten an jungen Erfolgszweigen, aber am alten Stamm einer Lebensweise, die schon immer ihren Sinn darin sah, die Leiden zu mindern, wie Buddha es gelehrt hat, und die Freuden zu mehren, weil es den Menschen wohltut – und gut gelohnt wird.

»River Kwai« – Siam im Urzustand

Links:
Ein Fluß zwischen Urwaldbergen, die im Westen eine schwer überschreitbare Barriere bilden – das ist die Landschaft am Mae Nam Kwae Noi, der als »River Kwai« durch den Film vom Brückenbau in japanischer Gefangenschaft der Welt bekannt geworden ist. Auf den nahen, schroffen Bergen verläuft die geschlossene Grenze zu Birma im Westen des zentralen Beckens von Thailand. Die Ufer des Mae Nam Kwae Noi sind aber auch uralter Kulturboden, die Archäologen haben dort Spuren vorgeschichtlicher Besiedelung entdeckt (siehe S. 26).

Rechts:
Auf dem Mae Nam Kwae Noi lebt ein Teil der Einwohner in Hausbooten und bietet solche Quartiere auch den Gästen an. Der Fluß ist hier noch mehr als anderenorts die Lebensader des Landes geblieben.

Unten:
In der Nähe des breiten Kao-Pang-Wasserfalls bilden Floßhäuser ein ganzes Dorf im Fuß. Fahrten auf dem Mae Nam Kwae Noi vermitteln das Erleben einer noch sehr ursprünglichen Natur.

Die Zentralregion:
NÄHRMUTTER DER KULTUREN

Ganz flach, mit Reisfeldern von Horizont zu Horizont und vereinzelten Baumgruppen an den Häusern und Wasserwegen – so sieht auf etlichen Tausend Quadratkilometern das ziemlich einheitliche Landschaftsbild der zentralen Menam-Ebene aus. Im Westen stehen schroffe Gebirgszüge am Horizont, im Norden und Osten wird das weite Becken von sanfteren Bergketten eingerahmt. Die Zentralregion ist seit alten Zeiten das siamesische Kernland und erstreckt sich über mehr als 400 Kilometer vom Meer bis zu den Bergen, die die Nordregion abtrennen, und bis zu 250 Kilometern von Westen nach Osten. Ein schmaler Streifen in den Bergen vor der birmanischen Grenze gilt offiziell als Westregion, wird jedoch in dieser Betrachtung als Rand der weiten Wanne in das Zentralgebiet einbezogen, zumal auch historisch und kulturell eine enge Verbundenheit besteht.

Das Flußsystem des Menam bildet die zentrale Verkehrsachse der Region und ist mit einer Gabel vergleichbar, die einen kurzen Stiel und lange Zinken hat. Der Ping aus dem Nordwesten ist 590 Kilometer lang, der Nan aus dem Nordosten ist mit 627 Kilometern noch etwas länger. Sie fließen bei Nakhon Sawan zusammen und bilden den wasserreichen Mae Nam Chao Phraya, der bis zur Mündung noch eine Länge von 365 Kilometern aufweist. Zusammen mit dem Nan erreicht der ganze Strom eine Gesamtlänge von 992 Kilometern, die knapp an den Rhein (1320 km) oder die Elbe (1165 km) heranreicht und von seinem großen Nachbarstrom, dem 4500 Kilometer langen Mekong, weit übertroffen wird.

Im Osten begrenzen die bewaldeten Ketten des Phetchabun-Berglandes die Zentralregion und bilden eine Wasserscheide zwischen den Zuflüssen des Menam und denen des Mekong im Nordosten. Diese Höhenrücken bis zu 1300 Metern stellten den Wander- und Kriegszügen der Völker keine großen Hindernisse in den Weg, weder den Khmer aus dem Südosten, noch den Thais aus der Gegenrichtung. Heute verbindet eine neue Straße von Phitsanulok nach Khon Kaen die obere Zentralregion mit der Weite des Nordostens. Im Gegensatz zu den östlichen Bergen sind die langen und schroffen Ketten im Westen viel schwerer passierbar und heute praktisch ohne offiziellen Durchlaß zum Nachbarn Birma.

Die generelle Nordsüd-Richtung des Menam-Systems bestimmte die Wanderwege der aus dem Norden kommenden Völker, von denen die Mon und die Thais das alte Siam entscheidend geprägt haben. Wie der historische Überblick zeigt, war die Zentralregion schon sehr lange vor diesen Einwanderern in vorgeschichtlicher Zeit bewohnt. Dann hat sich eine Kultur über die andere geschoben. Den kleinen Mon-Staaten folgten die Khmer-Herrschaft und die Thai-Reiche. Für sie alle war das fruchtbare Menam-Becken mit seiner Reisbauernkultur eine unermüdliche Nährmutter, die auch nach schlimmen Niederlagen immer wieder die Kraft und das Leben erneuert hat.

In der Zentralregion bilden die historischen Stätten eine lange, eindrucksvolle Kette und markieren den Schicksalsweg der Völker und Kulturen in diesem Lande ganz greifbar und aufschlußreich. Der Weg dieser Betrachtung beginnt beim River Kwai, an dessen Ufern Menschen der Steinzeit ihre Spuren hinterlassen haben, und folgt der geographischen Linie nach Norden, die mit den Stationen Nakhon Pathom, Ayutthaya und Lopburi bis in den Raum von Sukhothai etwas anders verläuft als die im historischen Kapitel dargestellte Entwicklung.

»River Kwai«:
Schicksalsfluß erschließt Urlandschaft

Die Welt kennt den Namen des River Kwai aus dem eindrucksvollen englischen Spielfilm von David Lean, der die Gefangenschaft unter den Japanern und den Brückenbau unter mörderischen Bedingungen im Zweiten Weltkrieg zum Thema hat. Für die Thais heißt der Fluß Mae Nam Kwae Noi und ist schon seit langem von schicksalhafter Bedeutung, die durch das Geschehen im Zweiten Weltkrieg nur noch einmal bestätigt worden ist. Er entspringt im Gebirge an der Grenze zu Birma, durchströmt ein 140 Kilometer langes Tal zwischen steilen Urwaldbergen, tritt bei der Stadt Kanchanaburi in die Ebene, vereinigt sich dort mit dem Mae Nam Kwae Yai zum Mae Klong und fließt nach weiteren hundert Kilometern in die Nordwestecke des Golfs von Thailand.

Das lange Gebirgstal dieses Flusses ist eine alte Paßstraße, die zur Grenze auf dem Drei-Pagoden-Paß (Chedi Sam Ong) emporführt. Auf der birmanischen Seite sind es dann noch etwa 160 Kilometer bis zur Hafenstadt Moulmein. Der Drei-Pagoden-Paß war jahrhundertelang das schicksalhafte Tor zwischen den beiden Ländern, das deren Armeen in beiden Richtungen passierten, zuletzt in den Jahren von 1786 bis 1802, als birmanische Angriffe von der neu formierten Thai-Armee des vom General zum König aufgestiegenen Rama I. zurückgeschlagen wurden.

Danach wurde es ruhig auf dieser Paßstraße, bis die Japaner dort im Zweiten Weltkrieg ihre »Todesbahn« nach Birma durch Tausende von alliierten Kriegsgefangenen bauen ließen. Aus japanischer Sicht bedeutete jener Bahnbau eine strategisch sehr wichtige Abkürzung des Weges nach Birma, das die Japaner 1942 bei nur schwachem britischen Widerstand besetzt hatten. Die am Nordufer des Kwae Noi entlanggeführte Strecke brauchte nur eine einzige größere Brücke, die an der Flußgabel bei Kanchanaburi den von Norden kommenden Kwae Yai überquert. Die Brücke über den »River Kwai« wurde zunächst provisorisch aus Holzstämmen errichtet, aber bald durch eine Eisenbrücke auf Betonpfeilern ersetzt. Die Eisenteile dafür kamen per Schiff aus dem damaligen Batavia (heute Jakarta), wo die Japaner in der besetzten holländischen Kolonie kurzerhand eine Eisenbahnbrücke für diesen Zweck demontiert hatten. Amerikanische Bomber haben diese Eisenbrücke am 13. Februar 1945 im Mittelteil zerstört (siehe Bild auf S. 60). Nach dem Krieg wurden die zerstörten runden Brückenbögen durch viereckige Elemente als japanische Reparationslieferung ersetzt.

Die »Brücke am River Kwai« ist heute ein vielbesuchtes Ausflugsziel. Tagestouren aus Bangkok verknüpfen meistens die Besuche des Riesen-Chedi von Nakhon Pathom, des »Schwimmenden Marktes« von Damnernsaduark und der Brücke, deren Name durch den Film und noch mehr durch die von den

Die Zentralregion umfaßt das weite Becken der Menam-Ebene. Sie ist seit alten Zeiten fruchtbares, dicht besiedeltes Reisbauernland, das von Flüssen und Kanälen bewässert wird. Im Süden begrenzt das Meer die Zentralregion, an den anderen drei Seiten erstrecken sich Höhenzüge. Sie tragen im Westen die Grenze zu Birma und öffnen sich im Norden und Osten zu den Übergängen nach Nord-Thailand und in die weite Nordostregion.

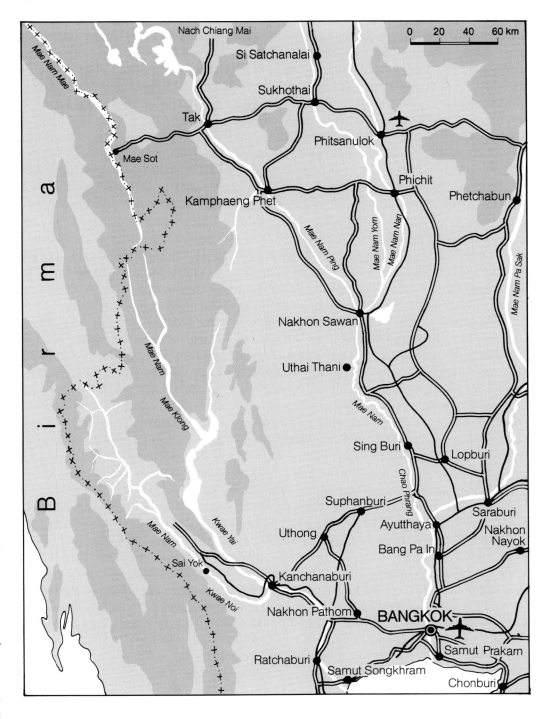

Gefangenen gepfiffene Marschmelodie weltbekannt geworden ist – auch wenn der Film nicht am Originalschauplatz, sondern in Sri Lanka in einem viel engeren Flußtal gedreht wurde.

Am Flußufer der Stadt Kanchanaburi haben ehemalige Kriegsgefangene aus Australien, Holland und England dazu beigetragen, aus Resten eines Lagers neben dem kleinen Tempel Wat Chaichumpol eine Erinnerungsstätte als »Todesbahn-Museum« herzurichten. In einem Geviert langer Lagerhütten mit Bambuswänden und Palmblattdächern findet man japanische und alliierte Ausrüstungsgegenstände wie Helme, Werkzeuge und Kleidungsstücke, vor allem aber Fotos, Zeichnungen und Zeitungsausschnitte von späteren Besuchen und Berichten sowie Karten der Lager und Bauabschnitte bis nach Birma. Bei den Mönchen des benachbarten Tempels findet sich noch ein schwindender Restbestand von Kriegsgeldnoten der japanischen Regierung, deren aufgedrucktes Versprechen, dafür Dollars zu zahlen, nie eingelöst worden ist (siehe Bild auf S. 60).

Ein Modell der Streckenführung der Eisenbahnlinie zeigt 14 Lager auf den 415 Kilometern bis zum Anschluß an die birmanische Bahn südlich der Hafenstadt Moulmein. Von den Lagern in Thailand und Birma wurde der Streckenbau gleichzeitig vorangetrieben, so daß die Linie von beiden Seiten her im Oktober 1943 nach etwa einjähriger Bauzeit fertiggestellt werden konnte. Am Mae Nam Kwae Noi war keine weitere Brücke nötig, doch mußten stellenweise hölzerne Viadukte an steilen Felswänden erbaut werden, wo das Hineinsprengen der Trasse nicht möglich war. Bis zum Drei-Pagoden-Paß hat die Strecke auf thailändischem Gebiet eine Länge von 304 Kilometern, auf der birmanischen Seite kommen noch 111 Kilometer hinzu. Diese Zahlen zeigen, daß sich der Hauptteil des Geschehens auf der thailändischen Seite im Tal des Mae Nam Kwae Noi abgespielt hat.

Der Bau der »Todesbahn« hat den Zweiten Weltkrieg auch in das abseits der Schlachtfelder gelegene Thailand getragen und zwei große Friedhöfe bei Kanchanaburi zurückgelassen auf denen 8702 Tote aus den Arbeitslagern, hauptsächlich Engländer, Australier und Holländer, begraben sind. In diesen langen Reihen von Gräbern hat aber nur etwa die Hälfte der gestorbenen Gefangenen die letzte Ruhe gefunden, denn sehr viele Opfer von Seuchen sind verbrannt worden; die Gesamtzahl der alliierten Toten wird auf 16 000 geschätzt. Die Zahl der Todesopfer unter den asiatischen Zwangsarbeitern geht ebenfalls in die Tausende, so daß heute niemand mehr sagen kann, wieviel Todesopfer dieser Bahnbau wirklich gekostet hat, für den über 60 000 Menschen hier arbeiten mußten.

Der größte Teil der Strecke ist im grenznahen Abschnitt nach dem Kriege stillgelegt und abgebaut worden. Die Bahn verkehrt noch auf dem 77 Kilometer langen Abschnitt von Kanchanaburi bis zur Ortschaft Nam Tok, in deren Nähe sich Flußdörfer auf dem Kwae Noi, Wasserfälle, die Hotelanlage »River Kwai Village« sowie Hausboot-Quartiere befinden. Die Fahrt mit der Bahn vermittelt im Flußtal eindrucksvolle Szenen einer noch wenig erschlossenen Landschaft von Dschungelbergen und fruchtbaren Tälern mit schroffen Gebirgsketten im Westen. Die Straße ist auf weiteren 94 Kilometern bis zur Ortschaft Thong Pha Phum ausgebaut, danach auf den letzten 80 Kilometern bis zur Grenze auf dem Drei-Pagoden-Paß nur schwer passierbar; gleiches gilt auf birmanischer Seite. Die Grenze ist geschlossen – dies alles zusammen bedeutet heute auf dieser schicksalhaften Route wieder Ruhe und Frieden.

Gute Ausgangspunkte für Bootstouren auf dem Kwae Noi sind das Hotel »River Kwai Village« sowie die Hausboot-Quartiere, die als stimmungsvolle schwimmende Hotels regen Zuspruch vor allem auch bei den Thais finden. Das Wohnen in Hausbooten entspricht der traditionellen Lebensweise der Einheimischen, die an flachen Uferstrecken Felder angelegt haben, aber auch vom Holzreichtum der Wälder leben und den Fluß seit

Nakhon Pathom – 2000 Jahre Kulturboden

Im Südwesten der zentralen Ebene liegt die alte Stadt Nakhon Pathom jetzt mehr als 40 Kilometer landeinwärts im fruchtbaren, von Flüssen und Kanälen durchzogenen Schwemmland. Vor zweitausend Jahren befand sich hier der Hafen, in dem ceylonesische Mönche mit den Lehren Buddhas landeten.
Darauf entwickelte sich die Dvaravati-Kultur der Mon-Reisbauern und ihrer kleinen Reiche. Zum Gedenken an jene Ankunft gab König Mongkut 1853 den Auftrag, einen riesigen Chedi an der Stelle des alten Heiligtums zu errichten. Dieser Phra Pathom Chedi ist mit 127 Metern das höchste Bauwerk des Buddhismus (Bild rechte Seite oben). In seiner Haupthalle wurde der viel verehrte Buddha Phra Ruang Rojanarit aufgestellt. Das Standbild im Sukhothai-Stil hat eine Höhe von 8 Metern, die erhobene rechte Hand bedeutet die Schlichtung von Streit und die Friedensstiftung (links).

Rechte Seite, unten:
Im traditionsreichen Reisbauernland rings um Nakhon Pathom hat sich das ländliche Leben noch vielfach in seinen alten Formen erhalten. In der Ortschaft Damnernsaduark kommen die Frauen in ihren Booten zum »schwimmenden Markt« zusammen. Nach altem Naturrecht ist das Marktgeschehen hier wie vielerorts noch immer eine Sache der Frauen.

alter Zeit als Lebensader und Transportmittel benutzen. In der Trockenzeit von Mitte Februar bis Mai geht der Wasserstand sehr zurück, dann machen Felsen im Flußbett gewisse Abschnitte schwer passierbar, auch die Wasserfälle werden spärlich. Nach der Regenzeit sind die Monate November bis Januar die günstigsten für Flußtouren auf dem Kwae Noi, die dann auch tagelang flußaufwärts diese Urlandschaft erschließen können.

Etwa 20 Kilometer westlich von Kanchanaburi führt eine schmale Abstecherstraße zu der kleinen Ortschaft Ban Kao. Dort berührt die Eisenbahntrasse eine Flußschleife, in deren Geröll bei den Bauarbeiten jene ersten Steinzeitfunde entdeckt wurden, die den Namen Ban Kao zu einem Begriff für die Archäologen gemacht haben. Ein kleines Museum steht an dieser prähistorischen Stätte und zeigt einige Funde. In größerer Zahl und besserer Qualität zeigt das neue Museum bei Kanchanaburi die Faustkeile und Steinbeile vom River Kwai. Von der frühesten Absplitterung bis zu den polierten Steinäxten kann man den Fortschritt jener Technik sehen, die sich damals über Jahrtausende erstreckte. Diese Eindrücke vermitteln zusammen mit der Flußlandschaft und den Dschungelbergen mit ihren Höhlen die Ahnung von einem steinzeitlichen Lebensraum, dessen Urzustand noch weitgehend erhalten geblieben ist, auch wenn sich in der Geschichte des Landes hier immer wieder viel Dramatisches abgespielt hat.

Die Provinzhauptstadt Kanchanaburi – von den Thais abgekürzt Kanburi oder Kan genannt – ist mit ihren über 30 000 Einwohnern das Verwaltungs- und Handelszentrum der fruchtbaren Täler zu Füßen der westlichen Berge. Das wirtschaftliche Leben der Stadt ist offensichtlich die Domäne zahlreicher Chinesen. Die neue Tempelanlage mit großer Pagode auf einem Hügel südlich der Stadt läßt den chinesischen Einfluß erkennen, auch liegt ein großer chinesischer Friedhof an einer Hauptstraße der Stadt.

Die einstige strategische Schlüsselposition am Zusammenfluß der beiden Kwae-Arme macht die Stadt mit einigen Hotels verschiedener Preisklassen jetzt zum günstigen Ausgangspunkt für Touren entlang dieser Wasserstraßen und in die sonstige Umgebung. Neben dem weitaus interessanteren Kwae Noi bietet auch der Kwae Yai landschaftliche Ziele, in erster Linie den Erawan-Wasserfall (ca. 70 Kilometer nordwestlich von »Kan«), der jetzt auf guter Straße erreichbar ist. Sein Wasser verteilt sich über runde Blöcke, die als Elefantenköpfe gedeutet werden – daher der Name: Erawan ist der dreiköpfige Elefant des Gottes Indra – und fließt in verschiedene Becken, in denen man baden kann. Nach weiteren rund 20 Kilometern erreicht die Straße den Staudamm, hinter dem der Srinagarind-Stausee das Flußtal auf einer Länge von mehr als 70 Kilometern zu einem bis zu zehn Kilometer breiten See auffüllt. Dort können Gästehäuser (der Elektrizitätsgesellschaft) und Boote gemietet werden. Die Entwicklung zu einer Erholungslandschaft hat bereits begonnen.

Inmitten der Zuckerrohrfelder 40 Kilometer nördlich von Kanchanaburi werden bei Bo Phloi Edelsteine zutage gefördert: in erster Linie blaue Saphire sowie die grauen Sternsaphire und braunen Tigeraugen, die in den Ortschaften der Umgebung auch geschliffen und zum Kauf angeboten werden. Der Abbau erfolgt nach uralter Methode mit Hilfe von Körben und Flaschenzügen, um das Erdreich aus tiefen Löchern herauszuholen und zu waschen. Auf diesen und anderen Fundstätten beruht der legendäre Ruf des Reichtums an Edelsteinen, der sich schon um das alte Siam herum verbreitet hatte.

Nakhon Pathom: Buddhas Brückenkopf

Das höchste Bauwerk des Buddhismus, Phra Pathom Chedi, steht in der Stadt Nakhon Pathom, 56 Kilometer westlich von Bangkok, und ist mit seinen 127 Metern noch ein wenig höher als die goldglänzende Schwedagon-Pagode von Rangun. In der flachen Schwemmlandebene kann man die charakteristische Glockenform des Chedi mit der hohen, geringelten Spitze und dem lichten Ocker seiner blanken Kacheln schon von weitem erkennen. Als König Mongkut im Jahre 1853 den Auftrag zu diesem gigantischen Bauwerk gab, war Nakhon Pathom eine seit Jahrhunderten verlassene und verfallene Stätte, an der ein alter Khmer-Prang einzustürzen drohte. Für den König war dies jedoch der heiligste Ort des Landes, den er schon als Mönch besucht hatte und nun gebührend ehren und zu neuem Leben erwec-

Unten links:
Ein Schauplatz stiller Tragik im Zweiten Weltkrieg ist erst danach der Weltöffentlichkeit durch die »Brücke am Kwai« bekannt geworden. Dort ließen die Japaner eine für sie strategisch wichtige Eisenbahnlinie von Thailand nach Birma bauen, deren wichtigste Brücke mit demontierten Eisenträgern aus Indonesien den Kwae Yai bei Kanchanaburi überspannt.

Unten rechts:
Beim Bahnbau der Japaner am River Kwai starben mehr als 16 000 Kriegsgefangene, von denen 8702 Engländer, Australier, Holländer und Amerikaner auf zwei Friedhöfen bei Kanchanaburi beigesetzt sind.

ken wollte: als Buddhas Brückenkopf in Siam, von dem aus die Lehre das ganze Land durchdrungen hatte.

Die Fertigstellung des Phra Pathom (heiligsten, ersten) Chedi hat Mongkut nicht mehr erlebt. Nach seinem unerwarteten Malaria-Tod ließ sein Sohn und Nachfolger Chulalongkorn einen Aschenrest des Vaters in der Basis der großen Buddhastatue Phra Ruang Rochanarit bestatten – als Heimkehr des Schöpfers zu seinem Werk und zu dem Höheren, dem er stets gedient hatte. Der Bau des großen Chedi gab der Stadt eine Bedeutung zurück, die sie schon vor zweitausend Jahren und danach als ein Zentrum des Mon-Reiches Dvaravati gehabt hatte, bevor sie vor knapp tausend Jahren in Schutt und Asche versank.

Nach der Überlieferung, die angesichts der schnellen Verlandung des nördlichen Golfes glaubhaft ist, lag das heutige Nakhon Pathom vor zweitausend Jahren als Hafen und Handelsplatz am Meer. Die indischen Seefahrer und Kaufleute nannten die Gegend Suvarnabhumi (Land des Goldes). Das Edelmetall kam von verschiedenen Fundstätten des Hinterlandes und war bei den Indern sehr begehrt, die ihrerseits Tauschwaren, vor allem aber die Technik von Bewässerungs- und Kanalsystemen ins Land brachten.

Zu den Sendboten Indiens gehörten auch die beiden Mönche Sona und Uttara, die nach der Überlieferung im Auftrag des Königs Asoka nach Suvarnabhumi geschickt wurden, um dort die Lehren Buddhas zu verkünden. Ob sie schon zu Lebzeiten dieses Königs – er regierte von etwa 270 bis 235 v. Chr. – oder später aus Sri Lanka kamen, ist nicht erwiesen, jedenfalls wurde ganz in seinem Sinne der Buddhismus im Lande verbreitet und von den Mon-Stämmen angenommen, die aus dem Norden gekommen waren und verschiedene kleine Reiche gegründet hatten.

Im dritten und zweiten Jahrhundert wurden weite Teile Indiens von der Maurya-Dynastie beherrscht, die Asokas Vater Tschandragupta gegründet hatte. Auch hatte er nach dem Todes des großen Alexander (323 v. Chr.) die Makedonier wieder aus dem Industal vertrieben. Doch war dies nur ein militärischer Sieg, hellenische Kulturgüter und Einflüsse blieben in Nordindien zurück und verfestigten sich in der Kunst des Gandhara-Stils, der für Jahrhunderte (von etwa 200 v. Chr. bis 500 n. Chr.) wirksam geblieben ist. Nordindische Gandhara-Künstler ließen sich vom Buddhismus inspirieren und haben als erste den Gautama als Person dargestellt. Solche Bildnisse in Stein und Bronze wurden etwa vom dritten Jahrhundert n. Chr. an im buddhistischen Kulturkreis verbreitet, in der ersten Phase auch mit den Elementen des Gandhara-Stils. Diese Hinweise machen es verständlich, warum in der frühesten buddhistischen Kunst Siams, die nach dem Mon-Reich Dvaravati benannt ist, auch Einflüsse aus Gandhara und damit die Spuren eines weit nach Osten gelangten Hellenismus vorhanden sein können.

Der siamesische Schauplatz jenes geistigen und künstlerischen Geschehens war Nakhon Pathom als Brückenkopf für die Lehren des Erleuchteten und die Kunst der dazugehörigen Bild- und Bauwerke. Neuere Ausgrabungen bestätigen, daß in diesem Bereich eine ziemlich große Stadt im Boden versunken ist, die als Zentrum des südlichen Mon-Reiches Dvaravati angesehen wird. Weitere Residenzen von Mon-Fürsten waren Uthong und Lavo (Lopburi) in der Zentralregion und Haripunchai im Norden. Die Blütezeit der Mon-Reiche mit ihrer Dvaravati-Kultur erstreckte sich vom vierten bis zum Beginn des elften Jahrhunderts und endete in der Unterwerfung durch die Khmer, die die südliche Hauptstadt (Nakhon Pathom) so gründlich zerstörten, daß sie für Jahrhunderte von der Bildfläche verschwand.

Die Funde von Nakhon Pathom und aus der Umgebung beweisen das hohe Niveau der Dvaravati-Kunst und ihre Verwandtschaft zum Gandhara-Stil mit seinen hellenischen Elementen. Größere Buddha-Bildnisse aus Stein und kleinere Terrakotta-Reliefs bestätigen jene Zusammenhänge auf deutlich sichtbare Weise. Immer waren es einzelne Menschen, die Kunst geschaffen, überbracht und weiterverbreitet haben. So ist es denkbar, daß nach den Missionaren aus Indien auch Künstler die weiten Wege zu den neuen buddhistischen Gemeinden nicht gescheut und die Weiterentwicklung ihres Stils durch eifrige Schüler in Gang gesetzt haben. Solche Prozesse sind in der buddhistischen Kunst von Dvaravati deutlich ablesbar. Markante Beispiele sind vier überlebensgroße steinerne Buddha-Statuen, die aus den Ruinen des Wat Phra Men am südöstlichen Stadtrand von Nakhon Pathom stammen. Die eindrucksvollste und am besten erhaltene dieser Statuen, Phra Kantharat, hat ihren Ehrenplatz im Wat Na Phra Men von Ayutthaya erhalten (siehe Bild S. 35). Eine zweite befindet sich im Nationalmuseum Bangkok, die beiden restlichen sind in Nakhon Pathom geblieben. Neben dem Ostaufgang zum großen Phra Pathom Chedi ist eine kleine Halle eigens für einen dieser Dvaravati-Buddhas neu eingerichtet worden, der andere thront auf einem Absatz der südlichen Freitreppe. Gemeinsames Stilelement ist die »westliche« Sitzhaltung auf einem Thron, die den frühesten Buddha-Bildnissen der Gandhara-Kunst entspricht und erst später vom »östlichen« Lotos-Sitz abgelöst worden ist. Auch der lebensnahe, beseelte Ausdruck in den Gesichtern ist ein Kennzeichen der Dvaravati-Kunst. Bei den Terrakotten fällt eine locker bewegte Körperhaltung auf, die den östlichen Stilrichtungen fremd ist und aus der späthellenische Einflüsse ablesbar sind. Charakteristische Beispiele dafür zeigen die zum Teil nur noch fragmentarisch vorhandenen Frieseile von der Basis des Chedi Chulapraton, eines alten Tempels von Nakhon Pathom, die jetzt im neuen Museum (vor der Südseite des Pra Pathom Chedi) zusammen mit anderen sehenswerten Funden der Region eindrucksvoll dargeboten werden (siehe Bild S. 36).

Am großen Chedi führen Treppen von den vier Himmelsrichtungen auf die ausladende Plattform, über der sich die Glockenform erhebt. An der Haupttreppe im Norden steht in einer hohen, offenen Tempelhalle der vergoldete Buddha Phra Ruang Rojanarit mit einer imponierenden Höhe von acht Metern (siehe Bild S. 96). Gesicht, Hände und Füße sind aus Stein und stammen aus der Sukhothai-Zeit, der Körper dazu wurde im gleichen Stil im 19. Jahrhundert in Bangkok in Bronze gegossen. Hinter der großen Halle befindet sich noch eine kleinere als Teil der Galerie, die die Basis des Chedi umrundet. Dort trifft man auf die seltene Darstellung des Buddha, der nach der Erleuchtung von einem Elefanten und einem Affen zu seinen Füßen die erste Nahrung entgegennimmt, um im Einklang mit seiner Erkenntnis ein ganz natürliches Leben fortzusetzen. Der riesige Kuppelbau des Chedi ist hohl, aber nicht zugänglich; dem Vernehmen nach birgt er die Reste der früheren Gedenkstätte sowie eine größere Buddhagestalt. Alljährlich im November findet in Nakhon Pathom ein großes Volksfest auf dem Areal des Phra Pathom Chedi statt, dann hängen Lichterketten von der Höhe herab und verknüpfen auf sinnfällige Weise seine einsame Spitze mit dem lebhaften Treiben auf dem Festplatz.

Weniger bekannt ist ein neues gigantisches Bauwerk im fruchtbaren Hinterland von Nakhon Pathom, das in ähnlicher Weise als herausragendes Wahrzeichen des Buddhismus konzipiert und verwirklicht worden ist, wozu es keiner königlichen Machtfülle, wohl aber der Initiative und Beharrlichkeit eines alten Abtes bedurfte. Sechzig Meter hoch ist die weiß leuchtende Statue des Buddha Phra Gagusanto auf dem weiten Gelände des Wat Phai Rong Wua in ländlicher Einsamkeit bei Talat, etwa 40 Kilometer nördlich von Nakhon Pathom. Der Schöpfer des vermutlich größten Buddha der Welt ist der zu Beginn dieses Jahrhunderts geborene Abt Phra Kru Upaipadathorn, der sich eine populäre Wallfahrtsstätte zur Aufgabe gestellt und dafür eifrig bei seinen Bauern gesammelt hatte. Ursprünglich sollte ein Bronze-Buddha, größer als

Ayutthaya – Mahnmal nationaler Tragik

Links:
Nach der totalen Zerstörung von 1767 durch die Birmanen liegt die einst glanzvolle Hauptstadt in Trümmern, die zu Mahnmalen jener nationalen Tragödie geworden sind. Vom 1424 gegründeten Wat Raja Burana ist nur die Eingangsmauer stehengeblieben, dahinter der zentrale Prang, unter dem 1956 ein Schatz gefunden wurde.

Rechts:
Ein Zeuge einstiger Dimensionen der Hauptstadt ist der liegende Buddha des Wat Lokaya Sutha, dessen Bauwerke völlig zerstört wurden. Die 30 Meter lange Gestalt besteht aus verputztem Ziegelwerk, ihr Stil der späteren Ayutthaya-Periode stuft sie als Werk aus dem 17. Jahrhundert ein.

Unten:
In der Nähe von Ayutthaya haben die Könige der Chakri-Dynastie die Sommerresidenz von Bang Pa In ausgebaut. Die meisten Bauwerke stammen aus der Zeit des Königs Chulalongkorn, dessen Standbild in dem zierlichen Inselpavillon steht. Das Menam-Ufer jenseits des Parks war 1881 der Schauplatz einer Tragödie, als die junge Königin Sunanda dort mit ihren zwei Kindern beim Kentern eines Bootes ertrank.

Mit einer Höhe von 60 Metern ist der in den siebziger Jahren aus Betonteilen errichtete Buddha Phra Gagusanto (etwa 40 km nördlich von Nakhon Pathom) vermutlich die größte von Menschenhand errichtete Statue des buddhistischen Kulturkreises. Der vergleichsweise winzige Mann auf den Treppenstufen läßt die Dimension der Statue erkennen, deren Errichtung auf die Initiative und Spendensammlung des örtlichen Abtes zurückgeht.

alle anderen, der Mittelpunkt werden und mit 26 Metern Höhe ein japanisches Vorbild übertreffen. Danach wurde der neue Bronze-Buddha bemessen, gestaltet, gegossen und (1969) aufgestellt. Aber es zeigte sich, daß man in Japan einen falschen »Konkurrenten« zum Maß gesetzt hatte und daß es einen größeren gab, den man nicht übertroffen hatte. Für einen weiteren Bronzeguß derartigen Ausmaßes aber reichten die Mittel nicht. Also mußte ein weniger aufwendiges Material herhalten: Beton – dann aber so groß wie nur möglich!

So entstand in den siebziger Jahren aus den Opfern ungezählter Spender und der Arbeit von Mönchen und Bauarbeitern jene gigantische Gestalt des allergrößten Buddha, der mit seiner rund zehn Meter langen Rechten die Erde anruft, umgeben von einem ausgedehnten Park voller buddhistischer Szenen aus Beton und Gips, die allerdings nicht jedermanns Geschmack treffen können. Weitere Maße sind rund 40 Meter von Knie zu Knie, die Kopfhöhe von 14 Metern, zu der noch die 6 Meter hohe Flamme der Erleuchtung hinzukommt. Wieviel Tonnen Zement dafür verwendet worden sind, konnte der Abt nicht sagen, nur: »Das Meiste ist gespendet worden.«

Zu den interessanten Zielen im Gebiet von Nakhon Pathom gehört der »schwimmende Markt« von Damnernsaduark, einer Ortschaft etwa 40 Kilometer weiter südlich inmitten des von zahlreichen Kanälen durchzogenen Bauernlandes. Dort ist der Hauptkanal des Ortes noch immer der Marktplatz, auf dem sich die Frauen in zahlreichen Booten einfinden, um ihre Produkte anzubieten und ihren Bedarf einzukaufen. Die typischen Szenen, die hier zum Alltag gehören, sind aus Thonburi bei Bangkok weitgehend verschwunden und haben aus Damnernsaduark eine touristische Attraktion gemacht, deren Besuch sich mit den anderen Zielen der Region gut verknüpfen läßt. Zu den Randerscheinungen des touristischen Zustroms gehören der große Autobusparkplatz ebenso wie das Angebot von Souvenirs in den Häusern am Kanal, die dadurch ihren Charakter verändert haben. Doch ist der eigentliche Marktbetrieb per Boot nach wie vor sehr rege. Viele Bauern wohnen noch immer an einem Kanal und nicht an einer Straße, und das Boot, mit dessen kurzem Ruder die Frauen sehr geschickt umzugehen wissen, ist das praktische und billige Transportmittel geblieben, an das die Menschen dieses Landes seit alten Zeiten gewöhnt sind.

Für die organisierten Busausflüge aus Bangkok in die westliche Region ist der »Rose Garden« (ca. 20 Kilometer östlich von Nakhon Pathom) eine touristische Attraktion, deren Erfolg einen ständigen Ausbau ermöglicht hat. In einer großen Holzhalle wird eine folkloristische Schau mit Tänzen, Kampfsport und Volksszenen dargeboten, zu denen auch eine Hochzeit gehört. Im Freigelände zeigen Elefanten ihr Können, Stiere kämpfen gegeneinander. Etwas abseits des großen Zuschauerstroms bietet ein hübsches Hotel seine idyllische Parkatmosphäre nahe vor den Toren der Hauptstadt und damit ein Ziel für Thaifamilien, die ganze Wochenenden in diesem unterhaltsamen Erholungspark verbringen – ein Beispiel mehr für den neuen Tourismus der Thais im eigenen Lande auf den Spuren der ausländischen Besucher.

Ayutthaya und Bang Pa In:
Glanz und Tragik eng verflochten

Die große Flußinsel Ayutthaya – rund 60 Kilometer flußaufwärts von Bangkok im Menam Chao Phraya an der Einmündung zweier Nebenflüsse – war einst das glanzvolle Zentrum des alten Siam und ist heute ein einzigartiger historischer Park, der den Glanz und Fall dieser Stadt greifbar vor Augen führt. Dieser spezielle Charakter ist aus der Tatsache entstanden, daß die Stadt nach der Zerstörung von 1767 nicht wieder aufgebaut worden ist, sondern mit all ihren Trümmern und Ruinen so liegenblieb, wie sie damals von Freund und Feind verlassen worden war. So ist Ayutthaya zu einem eindrucksvollen Mahnmal seiner eigenen Tragödie geworden. Weil kaum jemand mehr in den Ruinen leben wollte, blieb diese Stätte fast zwei Jahrhunderte lang sich selbst und der Natur überlassen, die viele Wunden mit ihrem tropischen Grün überdeckt hat.

Der Menam Chao Phraya umfließt die Insel im Westen und Süden, ein Kanal schließt den Wasserring im Norden. Die Fläche der Insel beträgt etwa zehn Quadratkilometer in länglicher Form mit knapp fünf Kilometern von Westen nach Osten. Nur ein kleiner Teil dieser Fläche am nordöstlichen Abschnitt der Ringstraße ist neu besiedelt und hat dort den Charakter einer Kleinstadt beiderseits ihrer Hauptstraße angenommen. Der übrige größere Teil der Insel ist mit viel Buschwerk und locker mit Bäumen bewachsen, dazwischen gibt es auch private Gärten und überall Ruinen.

Die Übersichtskarte nennt rund 35 Tempel, dazu Forts und andere Bauwerke, deren Reste sich auf der Insel und in ihrem näheren Umkreis befinden. Wie alte Karten zeigen, nahm die einstige Hauptstadt eine weit größere Fläche als die Insel ein, die den Kern der Stadt mit den zentralen Palast- und Tempelanlagen bildete und entlang der Flußufer durch einen Kranz von Mauern und Forts geschützt war. Eine einzige Brücke führt von Osten her auf die Insel, von Bangkok sind es dorthin etwa 70 Kilometer (davon 50 Kilometer auf der Nordautobahn).

Das Zentrum der Ruinenstadt markieren die drei hohen Chedis des Königstempels Wat Phra Si Sanphet, die die Zerstörung der Stadt und die nachfolgenden beiden Jahrhunderte dank ihrer massiven Bauweise überstanden haben. Sie sind von einem großen Tempelareal umgeben, in dem verwitterte Buddha-Statuen mit und ohne Kopf sowie ein Labyrinth von Mauerresten die Ausmaße der Anlage wie ihrer Zerstörung erkennen lassen. Ein neu erbauter Tempel, Viharn Phra Mongkon Bopit, steht in naher Nachbarschaft und bietet trotz seiner Höhe und Größe dem riesigen, alten Bronze-Buddha nur ein relativ enges Quartier, in dem die Dimensionen der rußgeschwärzten Statue kaum überblickt werden können. Bis zum Neubau des Tempels in den sechziger Jahren unseres Jahrhunderts umringten hohe Mauerreste und Säulen den 16 Meter hohen Bronzekoloß, der zum eindrucksvollsten Mahnmal der Zerstörung von 1767 geworden war. Einen solchen symbolhaften Rang kann man auch dem großen ruhenden Buddha des Wat Lokaya Sutha zusprechen, nur daß die 28 Meter lange Gestalt im Freien nicht so sehr die dramatische Zerstörung, sondern umso mehr die heutige Situation der Ruhe und des Friedens zum Ausdruck bringt. Auch diese Stätte gehört zum zentralen Bereich der einstigen Hauptstadt, ist jedoch nur auf schmalen Nebenstraßen in ihrer Abgeschiedenheit zu finden.

Im Gegensatz zu dieser Einsamkeit kommen viele Besucher zu den beiden benachbarten Anlagen des Wat Mahathat und Wat Raja Burana, deren Ruinen noch die einstige Größe und Bedeutung erkennen lassen. Wat Mahathat stammt aus der Gründungszeit von Ayutthaya im 14. Jahrhundert und ist heute ein großer Bereich mit den in die Parklandschaft eingebetteten Resten von Prangs, Chedis und Tempelbauten. Bei den Arbeiten an dem eingestürzten, einst 50 Meter hohen zentralen Prang wurde in der Basis ein kostbarer Goldschatz entdeckt, darunter kleine Buddha-Figuren und Votivtafeln, die jetzt im Museum von Ayutthaya zu sehen sind. Ein Teil des Schatzes befand sich in einem schön gearbeiteten Fisch aus Marmor. Auch in dem anderthalb Jahrhunderte später erbauten Wat Raja Burana kamen wertvolle Funde ans Tageslicht. In der Krypta unterhalb des stehengebliebenen Prangs wurden 100 000 kleine Votivtäfelchen aus Ton entdeckt, deren Verkauf wesentlich zur Finanzierung des Museums von Ayutthaya beigetragen hat. Auch sind dort Reste von Wandmalereien erhalten geblieben. Die beiden Chedis vor dem Tempel sind den Prinzen Ay und Yi gewidmet, die sich 1424 an dieser Stelle im Zweikampf um die Thronfolge gegenseitig getötet haben. Ein dritter Bruder gelangte als König Boroma Raja II. auf den Thron, ließ den Tempel errichten und die Asche der Zweikämpfer in den Chedis beisetzen.

Auch der Prang eines weiteren Tempels im zentralen Bereich, Wat Phra Ram, zeigt die Übernahme dieser Bauform der Khmer durch die Könige von Ayutthaya, die auch in den Gebräuchen der Hofhaltung viel von den benachbarten Gegnern übernommen haben. Wat Phra Ram ist einer der ersten Tempel Ayutthayas und wurde 1369 auf dem Verbrennungsplatz des ersten Königs, Ramathibodi, gegründet. Seine Bauwerke spiegeln sich in einem See des Stadtzentrums, der beim Loy-Krathong-Fest der »Schwimmenden Kerzen« im November ein vielbesuchter Schauplatz ist (Bild S. 46).

Außerhalb des großen Besucherstroms steht Wat Phra Men mit seinem eindrucksvollen alten Dvaravati-Buddha (Bild S. 35) jenseits des Kanals, der die Insel im Norden begrenzt. Die große Haupthalle (Bot) des Tempels ist der Zerstörung entgangen und ein Beispiel für den Tempelstil der späten Ayutthaya-Periode. Eine kleinere Nebenhalle (Vihan) nimmt den aus Nakhon Pathom dorthin gebrachten Stein-Buddha auf, der die Mon-Kultur vor weit mehr als tausend Jahren jetzt in der früheren Hauptstadt verkörpert und dort sehr verehrt wird, wie die Opfergaben zu seinen Füßen zeigen.

Auf der entgegengesetzten, südlichen Seite der Stadt stehen jenseits des Flusses zwei Tempel, von denen der alte, Wat Yai Chai Mongkol, unweit der Straße von Bangkok durch seinen hohen Chedi auffällt. König Naresuan hat nach seinem Sieg über die Birmanen, den er 1592 im Zweikampf gegen den Kronprinzen des Erbfeindes errungen hatte, dieses Bauwerk errichten lassen. Viele Thais haben in alter und auch in neuer Zeit Buddha-Statuen für diesen Tempel gestiftet. Das angeschlossene Kloster ist der Sitz eines hohen Patriarchen und eine spezielle Schule der Meditation. In der Nachbarschaft steht direkt am Ufer des Menam die große erneuerte Halle des Wat Phra Chao Phanan Choeng, die einen riesigen Buddha von 19 Metern Höhe beherbergt. Die Gründung dieses Tempels geht auf das Jahr 1324 zurück, als Ayutthaya noch nicht Hauptstadt war. Die Kolonie chinesischer Kaufleute hat diesen Tempel seit alten Zeiten gepflegt, erneuert und auch mit spezifischen Bildnissen des chinesischen Buddhismus ausgestattet, so daß er jetzt hauptsächlich von Chinesen aufgesucht wird. In der kleineren Halle (Vihan) flankieren zwei kostbare Buddha-Statuen, die eine aus einer Gold-, die andere aus einer Silber-Legierung, die größere zentrale Statue; beide waren lange – ähnlich wie der goldene Buddha des Wat Trimitr von Bangkok – von einer Stuckschicht ummantelt, die ihren wahren Wert verborgen hielt.

Die hier kurz dargestellten wichtigsten Tempelanlagen von Ayutthaya bilden nur die Spitze einer langen Reihe von alten Kultstätten, von denen auch viele andere den Besuch lohnen. Hinzu kommen die zum Teil erneuerten oder als Ruinen beeindruckenden Paläste, die das noch immer sehr vielgestaltige Panorama der einstigen Hauptstadt ergänzen. Für die große Mehrzahl der Besucher von Ayutthaya stellt sich jedoch das Problem, daß bei den Tagesausflügen von Bangkok die Zeit nur für den kurzen Blick auf wenige zentrale Stätten reicht. Für den interessierten Besucher, der sich eingehend und individuell in Ayutthaya umsehen wollte, war die Quartierfrage bis zur Mitte der achtziger Jahre ein schwieriges Feld, doch hat die Eröffnung eines größeren Hotels (U Thong Inn) mit hundert Zimmern Abhilfe geschaffen. Auch gibt es neue kleinere Hotel- und Motelanlagen, so daß auch dadurch ein individueller Aufenthalt in Ayutthaya erleichtert wird.

Die Tagestouren, die von Bangkok nach Ayutthaya veranstaltet werden, schließen meistens auch einen Besuch der königlichen Sommerresidenz Bang Pa In ein, die etwa zwanzig Kilometer südlich der alten Hauptstadt am Ostufer des Menam liegt. Schon die letzten Könige von Ayutthaya benutzten diesen Sommersitz, doch verfiel er nach

Lopburi – Brennpunkt der Geschichte

Linke Seite, oben:
In der Mitte des großen Menam-Beckens nimmt Lopburi seit mehr als tausend Jahren eine Schlüsselposition ein, weil hier die Verkehrswege aus dem Nordosten einmünden. Hier erreichten die Khmer das alte Mon-Reich Lavo und breiteten im 10. Jahrhundert ihre Herrschaft und Kultur aus. In der Stadt und ihrer Umgebung befinden sich interessante historische Stätten von der Gründung im 5. Jahrhundert bis zu König Narai, der im 17. Jahrhundert seine Residenz hierher verlegte. Der meistbesuchte Tempel dieser Gegend steht 20 Kilometer östlich von Lopburi auf einem Hügel und wurde über einer 1606 unter legendären Umständen entdeckten großen Fußspur errichtet, die die Stätte als Phra Putthabat (Buddhas Fußspur) populär gemacht hat. Der charakteristische Mondop-Tempel mit spitzem Dach wurde unter den ersten Chakri-Königen an der Stelle eines im Krieg zerstörten Tempels erbaut.

Linke Seite, unten:
Eine Sammlung von zahlreichen Bronzeglocken der verschiedenen Zeitalter befindet sich auf einer Terrasse des Phra-Putthabat-Tempels.

Rechts oben:
Die einstige Audienzhalle des Königs Narai ist nur noch eine Ruine. Hier hat er 1685 beim Empfang des französischen Botschafters in der Öffnung der Stirnwand gesessen, in der Nähe fand 1688 kurz vor dem Tod des Königs auch das abenteuerliche Leben seines europäischen Ratgebers Konstantin Phaulkon ein gewaltsames Ende.

Rechts:
Nach der Überlieferung wurde Lovo – später Lopburi – im Jahre 468 nach Chr. unter dem Schutz von Hindu-Göttern gegründet. Auf der Basis eines alten Hindu-Heiligtums ist der erneuerte Kala-Schrein der Stadtgründung gewidmet, der zu Ehren Tänzerinnen engagiert werden können.

dem Fall der Stadt und wurde erst von König Mongkut fast ein Jahrhundert später wieder erneuert und benutzt. Auch sein Nachfolger Chulalongkorn verbrachte hier regelmäßig die heißeste Jahreszeit. Die meisten jetzigen Bauwerke stammen aus seiner Zeit und weisen daher europäische Stilelemente des ausgehenden 19. Jahrhunderts auf. Eine Ausnahme bildet der Thai-Pavillon in dem kleinen See, den der Besucher zuerst in der ausgedehnten Parkanlage erreicht. Mit seinen abgestuften Dächern und der schlanken Spitze darüber repräsentiert das anmutige Bauwerk den traditionellen Thai-Stil und gehört mit seinen Spiegelungen im Wasser zu den am meisten fotografierten Motiven des Landes. Die Bronzestatue in der Mitte stellt den König Chulalongkorn dar. Der See wird an der Nordseite durch eine merkwürdige Brücke begrenzt, die zwei Bauten der Residenz miteinander verbindet. Auf dem Steg steht eine Sichtblende, die es den Frauen des königlichen Gefolges ermöglichen sollte, ungesehen die Brücke zu passieren. Im nördlichen Teil des Parks ist als Geschenk der chinesischen Kolonie an König Chulalongkorn ein repräsentatives Palais im chinesischen Stil errichtet worden. All diese Bauten ergeben ein Gemisch der verschiedenen Stile aus Ost und West, zu denen ein ungewöhnliches rundes Observatorium und ein neogotischer Turm noch hinzukommen.

In einem abgelegenen Teil des Parks steht in der Form eines Obelisken das Denkmal für die 1881 im Menam bei Bang Pa In ertrunkene Königin Sunanda. Die Inschrift des Königs Chulalongkorn auf dem Denkmal bekundet sein tiefes Leid, in dem ihm »der Tod sehr nahe und sogar vorziehbar« erschien. Mit der 21jährigen Königin ist ihre kleine Tochter ertrunken. Der Obelisk trägt ihre Bildnisse, außerdem einen weiteren Kinderkopf, der ein zweites, noch ungeborenes Kind in die Tragödie einbezieht. So ist der schöne Park von Bang Pa In auch der Schauplatz einer sehr traurigen Begebenheit, die einem der aktivsten und bedeutendsten Könige des Landes ganz persönliches Leid gebracht hat.

Lopburi, ein historischer Knotenpunkt

Schon vor dem Aufstieg der Reiche von Sukhothai und Ayutthaya war Lopburi – das alte Lavo – wegen seiner strategischen Lage ein historischer Knotenpunkt für die Zentralregion. Am gleichnamigen Fluß gelegen, kontrollierte Lopburi einen offenen Zugang von Osten, so daß es für die Khmer zu einer Schlüsselstellung für ihre Herrschaft in Siam vom 10. bis 13. Jahrhundert wurde. Aus diesem Grunde hat die siamesische Variante des damaligen Khmer-Stils den Namen Lop-

buri erhalten. Vorher zählte Lavo zu den Zentren der kleinen Mon-Reiche. Unter den Königen von Ayutthaya blieb das östlich des Menam gelegene Lopburi in den Nöten der birmanischen Invasionen eine Rückzugs- und Verstärkungsposition der Thais. Darum verlegte König Narai, der von 1657 bis 1688 regierte, seine Hauptresidenz nach Lopburi, zumal ihm Ayutthaya auch vom Meer her durch die Schiffe der Europäer leicht erreichbar und dadurch gefährdet erschien.

Das heutige Lopburi ist eine Stadt von knapp 40 000 Einwohnern, rund 160 Kilometer nördlich von Bangkok. Seine historischen Stätten und Funde umspannen mehr als fünfzehn Jahrhunderte. Nach der Überlieferung soll das alte Lavo im Jahre 468 n. Chr. gegründet worden sein. Danach ist seine Bedeutung in der Dvaravati-Periode vom 6. bis 10. Jahrhundert und anschließend als siamesisches Machtzentrum der Khmer erwiesen.

Auf die älteste Periode geht die hohe Basis des erneuerten Kala-Schreins zurück, auf dessen – vermutlich künstlichen, von Affen bewohnten – Hügel eine breite Treppe emporführt. In der kleinen neuen Halle steht ein Bildnis des Gottes Kala, der nach dem Hindu-Glauben über die Zeit und den Tod bestimmt und von der Bevölkerung hochverehrt wird. Tänzerinnen können zu seinen Ehren engagiert werden (siehe Bild S. 105). Nur ein Bahnübergang mit lebhaftem Verkehr trennt den Kala-Schrein von dem zentralen Platz mit dem bekanntesten alten Bauwerk von Lopburi, dem aus drei Khmer-Prangs bestehenden Wat Phra Sam Yod (Tempel der drei Türme). Ursprünglich war der aus Laterit-Blöcken errichtete Tempel offenbar der Dreiheit der Hindu-Götter Brahma, Wischnu und Schiwa geweiht, die jedoch dem Buddhismus weichen mußten, dessen Bildnisse dann im charakteristischen Khmer-Lopburi-Stil hier überdauert haben. Südlich von diesem markanten Wahrzeichen dehnt sich ein größerer Komplex mit einer Reihe von Tempeln aus und wird nach Westen, zum Fluß hin durch die Palastanlage (Narai Raja Niwet) ergänzt, die König Narai hier 1665 erbauen ließ und in der er 1688 gestorben ist. In jenen Jahrzehnten war Lopburi auch der wichtigste Schauplatz für den Aufstieg und Fall des Griechen Konstantin Phaulkon, dessen Residenz noch als Ruine vorhanden ist. Gleiches gilt für die Empfangshalle des Königs, Dusit Sawan Thanya Maha Prasat, in der noch die Innenmauer mit dem hohen Fenster steht, wo der König nach der zeitgenössischen Darstellung den französischen Botschafter empfing und der auf den Knien kauernde Phaulkon als Dolmetscher diente (Bild S. 48). Nach dem Tod des Königs Narai waren große Teile seines Palastes verfallen. Mehr als andert-

halb Jahrhunderte später ließ König Mongkut einen Flügel wieder aufbauen und als – verhältnismäßig einfache – Residenz einrichten. Dort befindet sich jetzt ein kleines Museum, in dem auch Funde der Dvaravati-Kunst und des Lopburi-Stils zu sehen sind. Unter den Tempeln der alten Stadt nimmt Wat Phra Ratana Mahathat den ersten Rang ein. Ein hoher Prang überragt die unter der Khmer-Herrschaft des 11. Jahrhunderts gegründete Anlage. Eine Reihe von Stuckreliefs im Khmer-Stil sind am Prang erhalten, andere sind restauriert worden. Die wichtigsten Sehenswürdigkeiten von Lopburi lohnen den Besuch wegen der ganz verschiedenen Zeitalter, die hier nahe beieinander in historischen Stätten vereinigt sind. Man kann sie gut zu Fuß erreichen, auch von den kleineren Hotels in der Nähe, deren mäßige Preise ihrem Standard entsprechen. Wer hier mit dem Auto unterwegs ist und in eines der Motels am östlichen Stadtrand gerät, den wird die Spiegelausstattung der Zimmer darauf hinweisen, daß man sich dort offenbar auf einen ganz anderen Zweck als auf den Besuch von Sehenswürdigkeiten im Zeichen der neuen Motorisierung eingestellt hat.

In der Umgebung von Lopburi ist der 17 Kilometer südlich gelegene Tempel Phra Buddha Path der populäre Wallfahrtsort zu einer wundersamen »Fußspur Buddhas« und darüber hinaus ein herausragendes Beispiel der siamesischen Baukunst. Als klassisches Mondhop-Quadrat mit pyramidenförmiger Dachkrone steht der Tempel an der Flanke eines Hügels, umgeben von Plattformen, Stupas und kleineren Bauwerken. Eine dreigeteilte Treppe mit großen Schlan-

Linke Seite:
Im Park der königlichen Sommerresidenz Bang Pa In ließ König Chulalongkorn dieses Denkmal errichten, das an den tragischen Tod seiner jungen Königin Sunanda in den Fluten des Menam im Jahre 1881 erinnert. Der Obelisk trägt die Köpfe der Königin, der mit ihr ertrunkenen Tochter sowie eines ungeborenen Kindes, das im Mutterleib sterben mußte.

Rechts:
Eines der größten Baudenkmäler der Khmer-Kultur in Thailand ist der »Tempel der drei Türme« (Wat Phra Sam Yod) in Lopburi, einem wichtigen Stützpunkt der Khmer-Herrschaft vom 10. bis 13. Jahrhundert. Die drei Prangs waren ursprünglich der Dreiheit der Hindu-Götter Brahma, Wischnu und Schiwa geweiht, bevor der Tempel in ein buddhistisches Heiligtum umgewandelt wurde.

genköpfen führt zum Hauptbau. Auf einer seitlichen Terrasse unterhalb des Tempels hängt eine lange Reihe von Bronzeglocken, und es ist erlaubt, ja gilt sogar als segensreich, ihnen Töne zu entlocken.

In der Mitte des Tempels hat die mit vergoldeten Mosaikplättchen ausgelegte fußförmige Vertiefung die Länge von etwa eineinhalb Metern und ist mit Opfergaben gefüllt und umgeben. Die Chronik ihrer Entdeckung geht ins frühe 17. Jahrhundert. Siamesische Mönche waren nach Sri Lanka gekommen, um die dortige »Fußspur Buddhas« aufzusuchen. Doch Freunde sagten ihnen, sie hätten sich die lange Reise ersparen können, denn nach den alten Pali-Texten müsse es eine solche heilige Fußspur auch in Siam geben. Nach ihrer Heimkehr verbreitete sich die Kunde im Lande und König Songtam ließ danach suchen. Der Bericht eines Jägers aus dem Jahre 1606 schildert die Verfolgung eines angeschossenen Rehs zu den Büschen, die den Stein mit der wundersamen, mit klarem Wasser gefüllten Form verbargen. Das Reh sei nach Berührung des Wassers unverletzt entkommen, auch habe das Wasser den Jäger selbst von einer langwierigen Hautkrankheit befreit. Nach Kenntnisnahme dieser Fundstätte und ihrer Begebenheit ließ der König dort einen Tempel errichten, der jedoch beim Fall von Ayutthaya zerstört wurde. Die jetzige Anlage stammt aus der Zeit des ersten Chakri-Königs, der auch die Tempeltore mit schönen Perlmutt-Einlagen anfertigen ließ. Alljährlich findet hier Ende Januar/Anfang Februar das große Tempelfest statt, zu dem Tausende von Menschen zu dieser Stätte strömen, die Buddha selbst nie gesehen ha-

ben konnte, aber jetzt – zweieinhalb Jahrtausende später – so sehr in seinem Banne steht.

Kamphaeng Phet:
Ruinen in der Einsamkeit

Am Ostufer des breiten Ping-Flusses war Kamphaeng Phet eine wichtige Garnison, die das Sukhothai-Reich nach Westen hin abzuschirmen hatte. Nach der Zahl, Lage und Bauweise seiner Tempel und Befestigungen war es eine größere Stadt, die vermutlich noch mehr als die 20 000 Einwohner der heutigen Provinzstadt hatte. Von der Hauptstraße Nr. 1, die Bangkok mit Chiangmai verbindet, führt eine kurze Abzweigung über die Ping-Brücke zur Stadt, deren neuerer Teil sich südlich und deren alte Bereiche sich nördlich der Brücke erstrecken. Unter Palmen und teilweise an alten Wasserflächen hat der historische Teil eine Ausdehnung von mehreren Kilometern und umfaßt die malerisch in der Einsamkeit verteilten Ruinen von rund zehn Tempeln, von denen zum Teil noch beachtliche Strukturen und Statuen vorhanden sind.

Unmittelbar am Fluß waren Wat Phra That und Wat Phra Keo die Haupttempel der alten Stadt, deren Wälle und Schutzgräben teilweise noch heute zu sehen sind. Von den Bauwerken stehen noch Säulen und einzelne Chedis im Tempelbereich. Eindrucksvoll ist eine Gruppe von überlebensgroßen steinernen Buddha-Bildnissen im Wat Phra Keo. Ihr Stil der mittleren Sukhothai-Periode (frühes 14. Jahrhundert) läßt auf die Blütezeit der Stadt schließen, die hier auf dem östlichen Ping-Ufer eine weit ältere

Ansiedlung auf dem Westufer abgelöst hat, von der ebenfalls noch Tempelreste im Gelände stehen.

Im Nordosten des Zentrums führt ein Fahrweg zu den Ruinen von weiteren acht Tempeln, die sich in der Landschaft verteilen, wobei es große Unterschiede zwischen diesen Anlagen gibt. Vom Wat Phra Non sind die Mauern weitgehend verschwunden, aber die große Gestalt eines ruhenden Buddha ist noch erkennbar. Sehr gut erhalten ist der etwa fünf Meter hohe stehende Buddha des Wat Si Iriyabot im charakteristischen Stil von Sukhothai. Vor einem dicken

Phitsanulok – Glanz des Alten Reiches

Nachfolgende Seiten,
Seite 108:
Als neues Verkehrszentrum im Norden des Menam-Beckens liegt die Stadt Phitsanulok im Bereich der historischen Stätten von Kamhaeng Phet, Sukhothai und Si Satchanalai, hat aber auch selbst ein Zeugnis des alten Glanzes bewahrt. Am Ufer des Mae Nam Nan steht der Haupttempel Wat Phra Si Ratana Mahthat mit seinem vergoldeten Prang und Stilelementen, die Nord und Süd vereinen; im Glanz der Abendsonne ist am Giebel das Hindu-Motiv des den Gott Wischnu tragenden Garuda erkennbar. Die aus der Ayutthaya-Periode stammenden Tempelbauten entgingen den Flammen, die 1963 große Teile der Stadt zerstörten.

Seite 109:
Ziel zahlreicher Pilger aus dem ganzen Lande ist der Phra Buddha Chinarat im Wat Mahathat von Phitsanulok, eine vergoldete Bronzestatue aus dem 14. Jahrhundert im Stil der späten Sukhothai-Periode. Mit ihrem charakteristischen Strahlenkranz ist diese Statue eines der am meisten verehrten und auch kopierten Buddha-Bildnisse.

109

Mauerrest des einstigen Mondhop-Bauwerks hat er als einziger von vier verschiedenen Buddhas an seinem Platz die Jahrhunderte überdauert. Am hohen Sockel des Wat Chedi Lom sind zum Teil, speziell an der Südflanke, noch die steinernen Elefanten erhalten, deren Vorderteile aus der Mauer herausragen. Nur die Rüssel sind abgebrochen, was sie zu mythischen Fabelwesen verfremdet.

Für Besucher, die mit dem Auto oder Bus zwischen Bangkok und Chiangmai unterwegs sind – die Bahn fährt auf einer anderen Route – bietet sich etwa auf halbem Wege (350 Kilometer von Bangkok, 317 von Chiangmai) Kamphaeng Phet als interessanter Haltepunkt an. Ein größeres Hotel internationalen Standards am Flußufer (Navarat) und mehrere kleinere, einfache Hotels ermöglichen die Übernachtung.

Phitsanulok: Ein kostbares Erbstück

Die Stadt Phitsanulok war schon im alten Siam und ist auch heute mit rund 75 000 Einwohnern ein wichtiges Verkehrszentrum im Norden der Zentralregion. Flughafen und Bahnstation – etwa auf halbem Wege zwischen Bangkok und Chiangmai – sowie Hotels verschiedener Preisklassen, an der Spitze des komfortable Pailyn-Hotel, machen die lebhafte Stadt zum Ausgangspunkt für den Besuch der historischen Stätten von Alt-Sukhothai (65 Kilometer) und Si Satchanalai (122 Kilometer).

Der Nan-Fluß teilt die Stadt in zwei Hälften, von denen die größere auf dem Ostufer den Eindruck erweckt, als sei sie eine geschäftige Neugründung. Der Grund für das neuzeitliche Stadtbild ist die dramatische Tatsache, daß ein Großbrand im Jahre 1955 weite Teile von Phitsanulok zerstörte und danach erst einmal reine Zweckbauten die Verluste zu ersetzen hatten.

Zum Glück hat das Feuer nicht auf die am Flußufer stehende, große und alte Tempelanlage Wat Phra Si Ratana Mahathat übergegriffen. Dort ist ein kostbares Erbstück des ersten Thai-Reiches von Sukhothai, die Bronzestatue Phra Buddha Chinarat, unangetastet und hochverehrt erhalten geblieben (Bilder S. 109). In der Haupthalle (Bot) des Tempels thront das goldglänzende Bildnis vor einer dunkelblauen Wand, umrahmt von einem goldenen Strahlenkranz, der die majestätische Schönheit der Statue noch mehr steigert. Dunkelblaue Säulen mit goldenen Ornamenten tragen das Tempeldach, das im Stil des Nordens an den Seiten tief herunterreicht. Ein vergoldeter Prang überragt die Mitte des Tempels im späten Khmer-Stil, wie er im Reich von Ayutthaya fortgesetzt wurde. Mit seiner Weihe im Jahre 1482 ist der Tempel ein Werk der ersten Ayutthaya-Periode und wurde vermutlich an der Stelle einer älteren Kultstätte errichtet. Die heutigen Bauten entstammen im wesentlichen einer Renovierung in den Jahren von 1733 bis 1756. Der Buddha selbst ist älter als der Tempel und ein Werk der späten Sukhothai-Periode im frühen 15. Jahrhundert.

Alter und Geschichte geben dem Phra Buddha Chinarat (»Siegreicher Herrscher«) über seinen hohen künstlerischen Wert hinaus die einzigartige Bedeutung einer mehr als 500jährigen ungebrochenen Existenz als nationale Kultstätte. Während Sukhothai verfiel und auch Ayutthaya unterging, ist der Buddha von Phitsanulok in seinem Tempel stets verehrt, gepflegt und in seiner zeitlosen, beseelten Schönheit sehr von den Thais geliebt worden, so wie es auch heute geschieht. Ungezählte kleine Nachbilder der Gestalt mit dem charakteristischen Strahlenkranz stehen auf Hausaltären im ganzen Lande. Als König Chulalongkorn seinen neuen, marmornen Königstempel, Wat Benchamabopit, in Bangkok erbauen ließ, wählte er den Buddha Chinarat von Phitsanulok als Vorbild für die zentrale Buddha-Gestalt in der Haupthalle, so daß dieses Bildnis jetzt auch sehr repräsentativ in der Hauptstadt vertreten ist.

Sukhothai:
Die Hauptstadt des Ersten Reiches

Ähnlich wie Ayutthaya ist das alte Sukhothai heute ein großer historischer Park und gehört zusammen mit Angkor Wat zu den bedeutendsten und eindrucksvollsten Stätten dieser Art in Asien. Der Vergleich mit Ayutthaya liegt nahe, weil auch Sukhothai nach dem Verlust der Macht nicht weiter als große Stadt bewohnt wurde und als unbenutzte Ruinenstätte die Jahrhunderte überdauert hat.

Nach schnellem Aufstieg und verhältnismäßig kurzer Blüte im 13. und 14. Jahrhundert war die prächtige Hauptstadt von Ayutthaya abgelöst worden und ins politische Abseits geraten. Auch ihre Tempel und Paläste verfielen, wurden nicht erneuert und blieben als Ruinen stehen. Sie lösen heute

Links:
Im Stil von Sukhothai (14. Jahrhundert) ist der ruhende Buddha mit seinen Gefolgsleuten in der Ruine des Wat Phra Keo von Kamphaeng Phet ein eindrucksvolles Kulturdenkmal des ersten Thai-Reichs in Siam. Die Statuen sind teilweise restauriert worden; sie trotzen seit Jahrhunderten an ihrem alten Platz dem tropischen Klima.

Rechte Seite:
Der Elefanten-Sockel des Wat Chedi Lom von Kamphaeng Phet gehört zu den eindrucksvollen, seit sechs Jahrhunderten verfallenen Ruinen der einstigen Hochburg des Sukhothai-Reiches.

bei den Besuchern Erstaunen und Bewunderung vor den Kunst- und Bauwerken aus, die hier noch immer das hohe kulturelle Niveau der ersten Thai-Hauptstadt in Siam repräsentieren. Die großen Tempelanlagen und zahlreichen Buddha-Bildnisse des ganz eigenen Sukhothai-Stils lassen erkennen, wie intensiv die Thais bei ihrer Einwanderung nach Siam den Buddhismus von der ansässigen Mon-Bevölkerung übernommen haben und wie starke Kulturenergien dieser Glauben auch bei ihnen ausgelöst hat.

Der alte Stadtkern hat einen rechteckigen Grundriß von 1840 mal 1360 Metern und war von einem Wall umgeben, von dem noch Reste vorhanden sind. Der viereckige Grundriß läßt auf eine Khmer-Gründung schließen, so wie auch der älteste Tempel, Wat Si Sawai, mit seinen drei Prangs offenbar als Hindu-Heiligtum im 12. Jahrhundert von den herrschenden Khmer errichtet worden war, bevor die Thais hier ihre erste Hauptstadt ausgebaut haben.

Das Umland ist eine reichlich bewässerte, fruchtbare Ebene. Nahebei erhebt sich im Westen eine sanfte Bergkette und trägt einige der mehr als 30 Tempelanlagen von Alt-Sukhothai, von denen noch Reste vorhanden sind. Dort in der Höhe steht auch zwischen den Säulen des Wat Sapan Hin eine 12,5 Meter hohe Buddha-Statue aus Stein, die mit ihrer Geste der Friedensstiftung zu den herausragenden Werken des Sukhothai-Stils gehört (Bild S. 113 oben).

Inmitten der alten Stadt bildet die große Tempelanlage des Wat Mahathat mit seinem Turm in der Form einer Lotosknospe das architektonische und religiöse Zentrum der einstigen Hauptstadt. Auf einer Grundfläche von 200 mal 200 Metern umfaßt die Anlage die zum Teil noch sehr hohen Mauern einer Haupthalle (Bot), 17 Nebenhallen und Kapellen sowie 185 Chedis verschiedener Größen. Zwei große stehende und etliche sitzende Buddha-Statuen sind erhalten geblieben und zum Teil restauriert worden. Mit ihren ovalen Gesichtern und deren besinnlich-heiterem Ausdruck verkörpern sie nicht nur einen eigenen Stil, sondern auch etwas von der menschlichen Atmosphäre der einstigen Hauptstadt des »Landes der Freien«, wie sie durch den Text auf dem berühmten »Stein von Sukhothai« (siehe S. 41) beschrieben wird.

Aus der Haupthalle des Wat Mahathat stammt die im 14. Jahrhundert geschaffene riesige Bronzefigur des Phra Buddha Sakyamuni, die König Rama I. nach Bangkok bringen und dort im Wat Suthat aufstellen ließ (Bild S. 81). Mit vielen Gängen zwischen den einzelnen Bauwerken oder auch -resten gleicht das Tempelareal einem Labyrinth, in dem man sich zwar nicht verirren kann, in dem aber hinter jeder Ecke eine Überraschung sichtbar werden kann, hier ein Stuckornament, dort ein Buddha, dann wieder ein interessanter Blick auf den zentralen Lotosturm oder eine der großen Statuen. Es lohnt sich, viel Zeit für den Besuch von Alt-Sukhothai mitzubringen, und dies gilt nicht nur für Wat Mahathat, sondern ebenso für die anderen Stätten des in jüngerer Zeit sorgfältig gepflegten historischen Parks, der zu einer Wallfahrtsstätte vieler Thais geworden ist.

Im nahen Umkreis des Wat Mahathat spiegeln sich malerische Ruinen in verschiedenen Wasserflächen. Im Westen umgibt der künstlich angelegte »Silbersee« eine kleine Insel mit den Resten des Wat Traphang Ngoen, dessen hoher Chedi die Säulen der verfallenen Haupthalle überragt. In nördlicher Nachbarschaft spiegeln sich die Säulen, Chedis und Buddha-Bildnisse des Wat Sra Si in dem sie umgebenden See, dem dieser »Tempel des schönen Teiches« seinen Namen verdankt. Der singhalesische Stil des großen Chedi deutet auf die Verbindungen zwischen Sukhothai und Sri Lanka hin, von wo aus die ursprüngliche Lehre des Theravada-Buddhismus in Siam erneuert und gefestigt wurde. Im Osten des Wat Mahathat umgeben die Lotosteiche des »Goldsees« die Ruinen des Wat Trapang Thong und stellten offenbar im ursprünglichen Stadtbild ein Gegenstück zum westlichen »Silbersee« dar. Zwischen dem »Goldsee« und dem Wat Mahathat befindet sich das »Ramkamhaeng-Nationalmuseum« mit aufschlußreichen Fundstücken aus der Sukhothai-Periode. Die Bronzestatue eines wandelnden Buddha ist charakteristisch für den Sukhothai-Stil, der erstmals die fließende Bewegung auf die Gestalt des Erleuchteten übertragen hat.

Außerhalb der alten Stadtwall-Grenzen steht im Nordwesten des Zentrums einer der interessantesten und am besten erhaltenen Tempel der Sukhothai-Zeit, das hohe Bauwerk des Wat Si Chum aus der zweiten Hälfte des 14. Jahrhunderts. Auf ihrem quadratischen Mondhop-Grundriß blieben die dikken Mauern erhalten und umgeben eine der größten Statuen des Landes, den 14,70 Meter hohen Phra Buddha Achana (den Verehrungswürdigen), dessen sitzende Gestalt aus

Si Satchanalai und Sukhothai – große Monumente des Ersten Reiches

Die Ruinenstätten von Si Satchanalai und Sukhothai sind sehr eindrucksvolle Monumente des ersten Thai-Reiches in Siam, das hier im 13. und 14. Jahrhundert eine hohe und kurze Blüte erlebte. Die Verlagerung der Macht überließ diese Stätten jahrhundertelang der Vergessenheit. So fielen sie Nachfolgern nicht zum Opfer, sondern konnten mit beachtlichen Resten die Zeiten überdauern. Seit einiger Zeit werden diese Stätten immer mehr als historische Parks geschützt und gepflegt.

Links:
Si Satchanalai ist zu Beginn des 13. Jahrhunderts am Mae Nam Yom als eine der ersten Thai-Städte in Siam gegründet worden und wurde dann die Residenz des Vizekönigs von Sukhotai. Im Zentrum der Anlagen haben die Chedis des Wat Chedi Chet Theo die Jahrhunderte überstanden, charakteristisch ist die hohe, schlanke Lotusknospenspitze (rechts) und die achteckige Kegelstruktur mit ihren Stufen und Nischen (vorn).

Links:
Viele Jahre lang hat diese alte Fährfrau die Besucher von Si Satchanalai über den Mae Nam Yom gesetzt und ihnen Ratschläge für die einsam gelegenen Stätten gegeben.

Rechte Seite, oben:
Auf einem Hügel über Alt-Sukhothai steht in der Ruine des Wat Sapan Hin eine 12,5 Meter hohe Buddha-Statue. Die Handhaltung der Streitschlichtung und Friedensstiftung läßt an das Schicksal dieser Hauptstadt denken, die nach kurzer Blüte im Rivalenkampf gegen das aufstrebende Ayutthaya unterlag.

Rechte Seite, unten:
Stille Wasserflächen umgeben die Tempel- und Palastruinen des historischen Parks von Sukhothai und tragen speziell in der Abendstimmung dazu bei, die Atmosphäre der Ruhe, Rückschau und Besinnung zu fördern. Im näheren Umkreis des alten Stadtzentrums befinden sich die Reste von mehr als 30 Tempeln aus dem 13. und 14. Jahrhundert.

Backsteinen und einem Stuckmantel geformt wurde. Der hohe Eingang gibt den Blick auf den Buddha in seiner ganzen Größe frei, zumal das Dach des Mondhop fehlt und die Sonnenstrahlen das Bildnis erreichen können (Bild S. 43 oben rechts). Innerhalb der dicken Mauer führt ein enger Gang in die Höhe. An seinen Wänden sind Zeichnungen und Inschriften erhalten geblieben, die praktisch zu den ältesten Darstellungen des Landes gehören. Ihre Themen sind zumeist legendäre Szenen aus dem Leben Buddhas (Jatakas). Der Gang hat eine Öffnung hinter dem Kopf des Buddha und einen Ausgang auf der Oberseite des Mauerwerks. Mit der Öffnung ist die Überlieferung verknüpft, daß während der Kriege mit Birma eine feindliche Streitmacht die Belagerung abgebrochen habe, nachdem in diesem Tempel vor der Stadt eine wundersame »Stimme des Buddha« sie dazu aufgefordert habe.

In diesem Bereich nördlich der Stadt befinden sich auch die Reste alter Brennöfen für die Celadon-Keramik der Sukhothai-Periode, deren graue und grünliche Gefäße vieler Formen mit Glasur und Bemalung zu jener Zeit weit in Asien verbreitet wurden. Das Vorkommen eines besonders geeigneten Tons in der Gegend von Sawankhalok nördlich von Sukhothai hat den Namen dieser Keramik geprägt, von der einst weggeworfene Bruchstücke und fehlerhafte Formen noch immer ausgegraben werden und auf den Markt gelangen.

Etwa zwölf Kilometer östlich von Alt-Sukhothai liegt die neue Bezirkshauptstadt gleichen Namens und bietet in einfachen, kleinen Hotels Übernachtungsmöglichkeiten. Die Quartierprobleme in Alt-Sukhothai sind in jüngster Zeit durch die Eröffnung eines Hotels (Ratchathani) erleichtert worden, interessierte Besucher können jetzt am Ort bleiben und mehr Zeit für ein intensives Kennenlernen der historischen Stätte aufwenden.

In der weiteren Umgebung liegt die Provinzhauptstadt Tak, rund 80 Kilometer westlich von Alt-Sukhothai am Ping-Fluß. An der Hauptstraße vor dem Stadtkern steht ein Ehrenschrein für den König Taksin, der hier Gouverneur war, bevor er zur Verteidigung nach Ayutthaya gerufen wurde. Tak war früher ein wichtiges Straßenkreuz auf der Höhe der etwa 200 Kilometer entfernten birmanischen Hafenstadt Moulmein. Doch endet jetzt die Straße dorthin nach etwa 80 Kilometern an der geschlossenen Grenze, die sich dort im Stammesgebiet der Karen durch die Berge zieht.

Etwa 40 Kilometer nördlich von Tak tritt der Ping-Fluß in die Ebene. Wo er den letzten Bergriegel durchbrochen hat, wurde Thailands größter und wichtigster Staudamm zu Beginn der sechziger Jahre erbaut. Mit der Höhe von 154 Metern und der Länge von fast 500 Metern ist der nach dem König benannte Bhumibol-Yanhi-Damm mit seinen Turbinenanlagen zu einem wichtigen Stromlieferanten geworden. Außerdem reguliert er den Wasserstand des Ping-Flusses, den er zu einem bis zu zwölf Kilometer breiten und im Haupttal etwa 120 Kilometer langen See mit einer Gesamtfläche von rund 300 Quadratkilometern aufstaut. Wo sich jetzt der See durch die Berge zieht, floß der Ping früher über Stromschnellen und Felsstufen durch eine enge Schlucht und war der wichtigste Verbindungsweg zwischen dem Norden und der Zentralregion, wie ihn der deutsche Eisenbahningenieur Luis Weiler eindringlich geschildert hat. Vor dem Ersten Weltkrieg plante und leitete Weiler den Bau der Bahnlinie von Bangkok nach Chiangmai, wählte dafür jedoch eine weiter östlich gelegene Trasse entlang des Nan-Flusses über Phitsanulok und Uttaradit, die ihm weniger schwierig erschien.

**Si Satchanalai:
Die Zwillings-Schwester von Sukhothai**

Alter, Stil und Funktion verleihen der einstigen fürstlichen Residenzstadt Si Satchanalai den Rang einer Schwesterstadt von Sukhothai. In abgeschiedener ländlicher Einsamkeit liegt die heutige Ruinenstätte von Si Satchanalai etwa 70 Kilometer nördlich von Sukhothai direkt am Yom-Fluß. Sie war im Sukhothai-Reich die Residenz des Uparaja, des Zweiten oder Vizekönigs, dessen zweithöchster Rang im Reich vor allem die militärische Führung bedeutete, um den König selbst nicht so unmittelbar den Risiken der Feldzüge auszusetzen. Bisweilen haben Kronprinzen diese Position eingenommen, die erst 1885 durch König Chulalongkorn aufgehoben wurde.

Si Satchanalai ist in der zweiten Hälfte des 13. Jahrhunderts unter der Regierung des Ramakamheng von Sukhothai als befestigte, prunkvolle Residenz angelegt und mit hohem künstlerischem Niveau ausgestattet worden. Der Turm des zentralen Wat Chedi Jet Teo hat mit seiner Lotosknospen-Spitze die gleiche Form wie der des Wat Mahathat in Sukhothai. Die seit dem 17. Jahrhundert verlassene Ruinenstätte ist mit drei zentralen Tempelanlagen und weiteren zehn im näheren Umkreis eine auch in vielen Einzelheiten eindrucksvolle historische Stätte. Eine neue Brücke über den Yom ermöglicht die Zufahrt, doch möchten Besucher früherer Jahre das erwartungsvolle Übersetzen mit der Fähre nicht missen.

Drei Kilometer weiter östlich steht in einer Flußschleife der hohe Prang des Wat Phra Si Ranana Mahathat, eines großen Tempels, in dem die Kulturen des alten Siam – Mon, Khmer, Sukhothai und Ayutthaya – sämtlich ihre steinernen Spuren hinterlassen haben.

Rechts:
In den Ruinen von Si Satchanalai hat dieses Stuckornament seit mehr als sechs Jahrhunderten Wind und Regen überstanden. Die Stadt war mit schönen Tempeln im 13. und 14. Jahrhundert die Residenz der Vizekönige von Sukhothai und ist später nach der Zerstörung durch die Birmanen von ihren Bewohnern aufgegeben worden.

Unten:
Am Rande von Alt-Sukhotai ist der älteste Tempel der einstigen Hauptstadt, Wat Si Sawai, mit seinen drei Prangs im Khmer-Stil ein greifbares Zeugnis des Macht- und Kulturwechsels von der Khmer-Herrschaft zum Thai-Reich. Die Dreiheit der Prangs bekundet die Gründung als Hindu-Heiligtum der Khmer im 12. Jahrhundert, bevor die Herrschaft an die buddhistischen Thai-Könige überging.

**Die Natur des Nordens:
Berge, Wälder, Elefanten**

Linke Seite:
Das Bad im Fluß erfrischt die Elefanten, die in den Teak-Wäldern Nordthailands noch immer zum Transport der Stämme herangezogen werden. In der Nähe von Lampang befindet sich die Elefantenschule der Forstverwaltung, in der drei- bis zehnjährige Elefanten und ihre Wärter (Mahouts) ausgebildet werden.

Oben:
Die Orchideen Thailands kommen in all ihrer Vielfalt aus den tropischen Regenwäldern. Sie gedeihen besonders gut in den windgeschützten Flußtälern des Nordens, wo diese Catleya-Prachtexemplare zugleich das Sonnenlicht und die Regentropfen zu trinken scheinen.

Rechts:
Zwanzig Meter hoch ist diese weiße Tropfsteinsäule im Eingang der Höhle (Tham) Pha Thai (20 Kilometer südlich von Ngao nahe der Straße nach Lampang). Die Höhle führt 400 Meter in den Berg hinein.

Der Norden:
BERGE UND TÄLER – ZWEI WELTEN!

Die Natur hat dem Norden Thailands den vielgestaltigen Charakter von Wäldern und Bergen gegeben, aus denen sich in den Tälern rauschende Bergbäche zu wasserreichen Flüssen vereinigen. Die Täler weiten sich nach Süden zu fruchtbaren Ebenen, die bereits in der Nordregion und noch mehr im weiten Zentralbecken zur Heimat der alten Reisbauernkulturen geworden sind. Schon der Name des ersten Thai-Reiches in der Nordregion, Lan Na Thai (Million Reisfelder der Thais) kennzeichnet bereits im 13. Jahrhundert die intensive Nutzung der Täler, die praktisch zu einem anderen Kulturkreis gehören als die schwer zugänglichen Berge mit ihren Menschen, deren Herkunft und Lebensweise eine eigene Welt bedeuten.

Die Berge der Nord-Region sind die Ausläufer des gewaltigen Gebirgsstocks Ost-Himalaya, der weiter im Norden als schwer passierbarer Riegel zwischen Tibet und China Höhen bis über 7000 Meter erreicht. Er teilt sich in zwei langgestreckte Kordilleren, von denen die westliche durch Birma und Südthailand bis zur malaiischen Halbinsel verläuft, während die östliche sich durch Laos bis zur vietnamesischen Ostküste erstreckt. Thailands höchster Berg ist der 2690 Meter hohe Doi Inthanon, der im Westen des Ping-Tales von Chiangmai aufragt. Die Täler des Nordens haben Höhenlagen von 250 bis etwa 400 Metern über dem Meer und deswegen ein Klima, das sich nur graduell von dem der Hauptstadt unterscheidet. In der Trockenzeit sind die Nächte kühler und die Luft wird als frischer empfunden, doch in der heißen Periode können die Temperaturen noch etwas höher klettern als in Bangkok. In der feuchten Jahreszeit wirkt sich der »Regenschatten« der verschiedenen Bergmassive in ihrem Umfeld aus, was mehr Niederschläge im Südwesten und Westen und mehr Trockenheit im Nordosten der Höhenzüge bedeutet. In den höheren Lagen – oft schon einige hundert Meter über den Tälern – kann es in der Trockenzeit vor allem in den Nächten empfindlich kühl werden. Die Wälder des Berglandes sind die Heimat des mächtigen Teak-Baumes, der Höhen bis zu 40 Metern erreichen kann und dessen große Blätter in der Trockenzeit abfallen, um in der größten Hitze den Boden unter den kahlen Riesen wie ein raschelndes gelbes Kleid einzuhüllen und gegen die Austrocknung zu schützen. Allerdings hat das Abholzen großer alter Teak-Bestände in den letzten Jahrzehnten bereits kritische Stimmen auf den Plan gerufen. Einige Flächen werden deshalb wieder planmäßig aufgeforstet, was jedoch noch nicht den Substanzverlust ersetzt, der nach wie vor in großen Flößen flußabwärts schwimmt, um die Märkte des begehrten Edelholzes weltweit zu bedienen.

Berg-, Wald- und Talvölker

Die deutlich sichtbare Scheidelinie zwischen den Tälern mit ihren Reis- und Gemüsefeldern und den Bergen mit ihren Wäldern ist nicht nur pflanzlicher und klimatischer Natur. Sie kann vielerorts in Nordthailand auch als eine ethnologische und kulturelle Grenze angesehen werden: In den Tälern leben die Thais, die Berge sind hingegen die Heimat anderer Völker und Stämme, die dort auch heute ihre eigene Identität bewahren. Ihre sehr unterschiedlichen Bräuche und Sprachen entstammen einerseits den Mon-Khmer-Ursprüngen im Nordosten oder auch der tibeto-birmanischen Herkunft im Nordwesten. Einige ihrer Siedlungsgebiete reichen weit nach Birma und Laos hinein. Zur kulturellen Vielfalt des Nordens kommt noch hinzu, daß die stärksten Nachbarn, die Birmanen und die Laoten, dort nicht nur Kriege geführt, sondern zeit- und gebietsweise auch geherrscht und ihr kulturelles Erbe hinterlassen haben.

Die Liste der Kulturen in Nord-Thailand zählt Stämme sehr verschiedener Herkunft und Kopfstärke auf. Dabei sind je nach der Höhenlage ihres Lebensraumes drei Gruppen zu unterscheiden: die Völker der Berge, der Wälder und der Täler.

Die eigentlichen Bergvölker sind aus dem Hochland des östlichen Himalaya eingewandert und bleiben aus Gründen der Gesundheit und Erfahrung in Höhen über 800 bis 1000 Metern, vor allem, weil sie ihre Anfälligkeit für gewisse tropische Krankheiten, in erster Linie die Malaria, kennen und sich in den Tälern nicht wohlfühlen, »weil dort ganz andere Menschen leben«. Bei dieser Gruppe stehen die Meo zahlenmäßig an der Spitze, eine Schätzung der frühen achtziger Jahre beziffert sie auf mehr als 40 000, die in einzelnen Dorfgemeinschaften verstreut in den Bergen nördlich von Chiangmai leben. Ihre ursprüngliche Heimat war der Nordwesten Chinas im heutigen Grenzgebiet zwischen Tibet und der Mongolei. Ihre Überlieferungen und auch chinesische Chroniken berichten von immer wieder aufflammenden Kämpfen gegen die Chinesen seit mehr als 4000 Jahren. Die ältesten Schilderungen chinesischer Siege über dieses stolze und »barbarische« Volk in den Gebirgen des Westens stammen aus der Zeit zwischen 2250 und 2220 v. Chr., als der Kaiser Chun sich als listiger und grausamer Sieger feiern ließ. Die jüngeren Chroniken über Meo-Niederlagen beschreiben militärische Aktionen der Jahre 1456 und 1775 gegen die aufständischen Bergvölker und die Hinrichtung des letzten Meo-Königs Sonom und seines Gefolges in Peking. Die Wanderbewegung der Meo-Stämme nach Süden erfolgte erst in den letzten zwei Jahrhunderten, aufgeteilt in Gruppen und Dorfgemeinschaften, die sich auf einen breiten Raum in den Bergen von Laos, Thailand und Birma verstreut und ihren politischen Zusammenhalt offenbar weitgehend eingebüßt haben. In höheren Bergwäldern lebten sie zunächst vom Anbau von Bergreis und auch Mohn nach der Brandrodung, wobei die nach einigen Jahren ausgelaugten Böden jeweils die Verlegung der Felder oder auch der Dörfer erzwungen haben. Regierungsprogramme suchen jetzt diese primitive Landwirtschaft, die den Wald zerstört und die Erosion fördert, durch bessere Methoden und Produkte, vor allem marktfähige Gemüse, zu ersetzen, kommen damit aber nur langsam voran. Dies gilt nicht nur für die Meo-Dörfer, sondern auch für die Stämme der mit ihnen entfernt verwandten Lahu (33 000) im nordöstlichen Bezirk Nan, der im Gebiet von Fang konzentrierten Lisu (20 000), die den Chinesen ihrer früheren Heimat näherste-

Im nördlichsten Zipfel Thailands treffen die Grenzen des Königreichs am Mekong mit denen von Birma und Laos zusammen und bilden das »Goldene Dreieck«, wo sich seit alter Zeit Handelswege kreuzen. In jüngster Zeit wird dort der Rauschgiftschmuggel von den Thai-Behörden energisch bekämpft. Doch sind die Grenzen der Nordregion mit Birma und Laos nur schwer kontrollierbar. In der Region sind die höheren Lagen die Heimat von verschiedenen Bergvölkern, die Täler dagegen als »Land der Millionen Reisfelder« in den Händen des Thai-Volkes, das hier lange ein eigenständiges Reich mit der Hauptstadt Chiangmai gehabt hat.

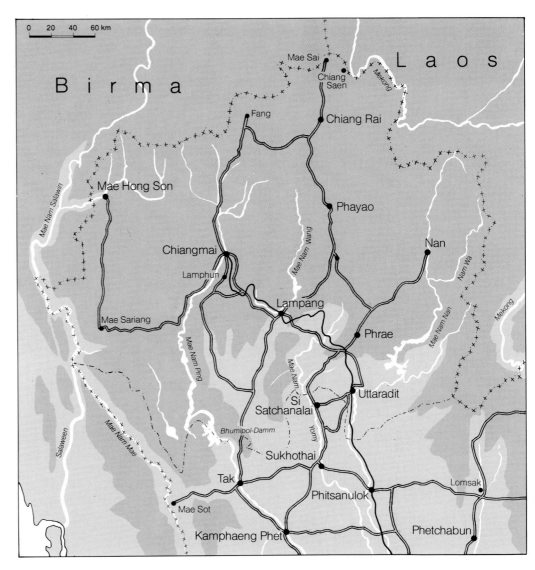

hen, sowie der Thin (28 000), die sich auf den Tee-Anbau oberhalb von Nan spezialisiert haben, und der mit den Meo verwandten Yao (24 000) und Akha (20 000), deren Dörfer in den Bergen des »Goldenen Dreiecks« liegen. Von sehr eigener Art sind die scheuen, kleinen Gruppen der Yumbri, die als die »Geister der gelben Blätter« durch Forschung und Literatur bekannt geworden sind. Sie durchstreifen als Jäger und Sammler auf sehr früher Kulturstufe die Wälder im Nordosten und haben keine festen Wohnstätten, sondern richten sich aus Ästen und Blättern – daher der von den Thais gefundene Name – ihre Schlafstätten her. Die Existenz dieser urtümlichen Menschen war bis ins zwanzigste Jahrhundert praktisch unbekannt, weil sie jeder Begegnung auswichen. Nur über ihre merkwürdigen Schlafstätten mit den gelben Blättern stieß man auf ihren Stamm, der den Forschern – darunter dem Deutschen Hugo Adolf Bernatzik – in den dreißiger Jahren unseres Jahrhunderts wertvolle Aufschlüsse über die Urformen menschlicher Existenz geliefert hat.

Bei der zweiten Gruppe der Kulturen in Nord-Thailand, die die Ethnologen »Waldvölker« nennen, ist der Lebensraum nicht nur auf kühlere Höhenlagen begrenzt. Hierzu gehören vor allem die Karen, die im Westen der Nordregion dies- und jenseits der Grenze leben und in Birma ein größeres eigenes Stammesgebiet behauptet haben. Nach der Farbe ihrer Kleidung werden sie in die Roten und Weißen Karen unterteilt, erstere leben im Norden, letztere im Süden des Stammesgebietes. Mit mehr als 200 000 Angehörigen in Thailand bildet dieses Volk die größte Minderheit unter den eigenständigen Kulturen des Nordens, deren gesamte Kopfzahl auf über 400 000 – mit stark steigender Tendenz wegen Zuwanderung und Kinderreichtum – zu veranschlagen ist. Eine Reihe von Karen-Dörfern liegt am Westrand der großen Ebenen und in den anschließenden Tälern und Wäldern; der weitaus größere Teil des Karen-Volkes – etwa 2,6 Millionen Menschen – lebt in Birma und sucht dort sein Gebiet selbständig zu kontrollieren. Wo der Asian Highway westlich von Tak die Grenze passieren soll, fehlt der Ausbau der Straße auf birmanischer Seite. Dort sind wiederholt schwere Kämpfe zwischen der birmanischen Armee und Karen-Kämpfern entbrannt, die die Kontrolle der – offiziell geschlossenen – Grenze und ihrer heimlichen Übergänge nicht der Regierung in Rangun überlassen wollten. Die sehr unterschiedlichen wirtschaftlichen Verhältnisse in Thailand und in Birma mit seinem »schwarzen Markt« legen es nahe, daß die birmanischen Karen unbehinderte Verbindungen zu ihren Stammesgenossen in Thailand pflegen wollen. Von der Thai-Seite ist zu hören, daß auf diesen Kanälen vor allem westliche und japanische Importwaren nach Birma gelangen und im Austausch dafür gefragte birmanische Produkte, wie Edelsteine und auch Antiquitäten, nach Thailand, jedoch kein Rauschgift, das die Thai-Behörden auf den Plan rufen und den »normalen« Handel beeinträchtigen könnte.

Die teilweise hellhäutigen Karen gehören der Sprache nach zur tibeto-birmanischen Völker- und Sprachfamilie, deren Wanderzüge aus dem Himalaya hauptsächlich an den Flüssen Irawadi und Saluen südwärts zogen, wobei die Birmanen im 10. Jahrhundert das Irawadi-Becken und die Karen schon vorher das Saluen-Tal besiedelt haben. Vor ihnen lebten Mon-Stämme beiderseits der Bergketten in Siam wie im späteren Birma. Dort hatte am mittleren Irawadi vom 3. bis ins 9. Jahrhundert das Reich des tibetanischen Pyu-Volkes bestanden, war aber von den Thais des Nan-Chao-Reiches im Krieg von 832–35 zerstört worden. So alt sind die Spannungen und Beziehungen der Völker im Grenzgebiet zwischen Thailand und Birma, das in der Gegenwart offenbar schwerer passierbar ist als vor anderthalb Jahrtausenden, als auch auf einer Handelsstraße zwischen dem Irawadi und dem Me-

Einfallstor der Völker

Oben:
Das Wat Prathat Haripunchai in Lamphun ist eine der ältesten buddhistischen Kultstätten des Landes und eine Gründung des 8. Jahrhunderts. Das kleine nördliche Mon-Reich Haripunchai hat sich sechs Jahrhunderte lang gegen die Khmer, Thais und Birmanen behauptet. Der vergoldete Chedi ist ein Bauwerk des 15. Jahrhunderts und 51 Meter hoch, er wurde über einem älteren Chedi aus dem Jahre 897 und einer noch älteren Reliquie errichtet.

Links:
Ein ganzer Wald von Geisterhäuschen steht an der Paßstraße zwischen Lampang und Ngao, die den äußersten Norden von Chiang Rai mit dem Zentrum verbindet. Die Häuschen wurden von Lastwagenfahrern für die Schutzgeister in diesen Bergen aufgestellt, um für allzeit gute Fahrt zu danken und zu bitten.

Rechte Seite:
Die Birmanen haben in Nord-Thailand nicht nur Krieg geführt, sondern aus den Zeiten ihrer Herrschaft auch Bau- und Kunstwerke hinterlassen. In einer Seitenkapelle des Wat Phra Keo Don Tao in Lampang ist die holzgeschnitzte Kassettendecke mit ihren Einlagen aus Perlmutt und Glas ein herausragendes Beispiel der birmanischen Kunst aus dem frühen 18. Jahrhundert.

kong der Warenaustausch zwischen Indien und China sich einen Landweg gebahnt hatte.

Neben den Stämmen der Berge und Wälder bilden die »Talvölker« die dritte Gruppe der Kulturen in Nord-Thailand, die zur größten und mächtigsten herangewachsen ist. In naher Verwandtschaft haben die Thais, Lao und Schan in der siamesischen Nordregion und in ihren Nachbarländern im Osten und Westen, in Laos und in den Schan-Staaten des heutigen Birma, ihre Reisfelder angelegt und untereinander um die Herrschaft gekämpft.

Heute leben Minderheiten der Laoten und Schan auch in Nord-Thailand, wobei die letzteren eine problematische Rolle spielen. In Birma bilden über 3,3 Millionen Schan die größte ethnische Minderheit mit etwa 9 Prozent der Gesamtbevölkerung und einem geschlossenen Siedlungsgebiet, das dem äußersten Nordwesten und Norden Thailands benachbart ist. Die Schan sind der westliche Zweig des nach Süden gewanderten Thai-Volkes von Nan Chao und sprechen eine dem Thai nahe verwandte Sprache, haben jedoch ihre Unabhängigkeit gegenüber den siamesischen Königen bewahrt und zeitweise in Birma eine machtvolle Position eingenommen. In ihren sogenannten Schan-Staaten behaupten sie auch jetzt eine auf Privatarmeen gestützte Autonomie, die jedoch im wesentlichen durch die Opium-Erzeugung und den Rauschgifthandel finanziert wird.

Den birmanischen Truppen sind die Milizen der Heroin-Bosse an Zahl und Bewaffnung überlegen. Der Thai-Armee ist es versagt, jenseits der Grenze einzugreifen, sie kann auch nicht das unübersichtliche Grenzgebiet der Berge, Wälder und Schluchten auf einer Länge von über 300 Kilometern bis auf den letzten Meter überwachen. Im Banne hoher Gewinnchancen finden sich immer wieder Träger und Transporteure, die auf verschwiegenen Pfaden die weiße, heiße Ware über die Grenze und zu den Verteilern des internationalen Marktes bringen. Dabei erhalten die Bergbauern, die den Mohn anbauen und das Rohopium gewinnen, nur den geringsten Teil des Profits. Auch sind sie sich der Folgen ihrer Lieferungen kaum bewußt, zumal das Opiumrauchen bei den meisten Bergstämmen als Genußmittel bekannt ist.

Die nahe Nachbarschaft der stammesverwandten Schan mit ihrer Rauschgiftproduktion hat das weltoffene Thailand mit seinen vielfältigen Verkehrsverbindungen zum berüchtigten Verteilerkopf der schlimmen Drogen vom »Goldenen Dreieck« gemacht und damit dem Lande ein Problem aufgebürdet, das der Regierung wie der überwiegenden Mehrheit der Thais große Sorgen bereitet. So schwerwiegend die Rauschkriminalität ist, so unsichtbar und für Außenstehende unerkennbar funktionieren ihre geheimen Kanäle durch das Land. Ebenso wie die Bevölkerung spürt und sieht der Besucher nichts von jenen Aktivitäten, auch wenn er sich am »Goldenen Dreieck« oder in grenznahen Dörfern von Bergvölkern aufhält. Der Norden hat seine schönen Landschaften, alte Kulturstätten und interessanten Anziehungspunkte, die man sieht, und daneben seine Probleme, die man nicht sieht, die aber in das Wissen über diese Region eingeschlossen werden sollten.

**Lampang und Lamphun:
Zwei tausendjährige Städte**

Der Norden hat ebenso wie der Süden eine Geschichte, die weit älter ist als die Staatsgründung der Thais, mit der der Bau der nördlichen Hauptstadt Chiangmai am Ende des 13. Jahrhunderts eng verknüpft ist. Wesentlich älter sind die kleineren Städte Lampang und Lamphun, die einst die beiden durch einen Höhenzug getrennten Flußebenen des oberen Ping und des Wang als Zentren der Mon und der Dvaravati-Kultur beherrschten und auf ein Alter von weit mehr als tausend Jahren zurückblicken können.

Lampang liegt rund hundert Kilometer südöstlich von Chiangmai und ist eine ruhige Provinzhauptstadt mit 45 000 Einwohnern, in der die Autos noch nicht die alten kleinen Pferdedroschken mit ihren Ponys verdrängt haben. Die Stadt hat schöne Tempel und gepflegte Häuser bessergestellter Familien, doch man sieht ihr das hohe Alter nicht auf den ersten Blick an. Erst die Ausgrabungen an einem alten, zerbrochenen Chedi haben Stuckreliefs im charakteristischen Dvaravati-Stil zutage gebracht und damit die Überlieferung von einem kleinen Mon-Reich in jener Periode vom 7. bis 9. Jahrhundert bestätigt. Zwei sehenswerte Kulturdenkmäler der Stadt sind jüngeren Datums. Die Birmanen, die von 1556 bis 1775 in der Nordregion kämpften und herrschten, haben im Wat Phra Keo Don Tao ein herausragendes Beispiel ihrer Baukunst aus dem frühen 18. Jahrhundert hinterlassen. Eine kleinere Kapelle neben dem großen Chedi ist mit ihrer geschnitzten Kassettendecke, farbigen Spiegeleinlagen und geschmückten Säulen als brillantes Schmuckkästchen buddhistischer Kunst ausgestattet worden (siehe Bild S. 121). Der Name des Tempels erinnert daran, daß der jetzt im Wat Phrakkeo von Bangkok verehrte »Smaragd-Buddha« hier in Lampang von 1436 bis 1468 untergebracht war. Ein Elefant, so berichtet die Chronik, der ihn von Chiangrai nach Chiangmai tragen sollte, wollte hier keinen Schritt weitergehen.

In schöner Lage vor der Stadt steht Wat Chedi Sao (Tempel der zwanzig Chedis) in den Feldern, neben der neueren Halle sind zwanzig Chedis vereinigt, verschieden im Alter und in der Größe, doch alle in weithin leuchtendem Weiß.

Für Liebhaber alter Tempel lohnt der Abstecher zum Wat Phra That Lampang Luang, das etwa zwanzig Kilometer südwestlich nahe der Ortschaft Ko Ka auf einem Hügel steht. Starke Mauern umgeben die Anlage, um sie bei Gefahr in eine Festung zu verwandeln. Ein über 50 Meter hoher Chedi mit vergoldeten Schirmen an der Spitze überragt die Hallen, von denen Viharn Luang, ein teilweise erneuertes Bauwerk aus dem späten 15. Jahrhundert, die größte ist. Unter ihrem hohen, dreifach abgestuften Dach empfängt die große, 1476 geschaffene Buddha-Gestalt besondere Verehrung. Das Museum des Tempels bewahrt einen kleineren vergoldeten Buddha aus Stein, von dem überliefert ist, er sei aus dem selben Nephrit-Block geschnitten wie das Nationalheiligtum Thailands, der »Smaragd-Buddha« in Bangkok. An der mit Kupferplatten geschlagenen Basis des Chedi wird ein Loch gezeigt, das von einer Kanonenkugel stammt, der einst ein birmanischer General zum Opfer gefallen sein soll.

Lampang hat mehrere Hotels, an der Spitze das Tipchang Garnet, die die Stadt zum Ausgangspunkt für Touren in die Umgebung machen können. Zwei Hauptstraßen führen in nördliche Richtungen. Im Nordwesten erreicht die gut ausgebaute Straße Nr. 11 nach 75 Kilometern Lamphun und nach weiteren 25 Kilometern Chiangmai. Nach Nordosten – und später Norden – verläuft die Hauptstraße Nr. 1 über Ngao (76 km), Phayao (134 km) und Chiangrai (207 km) nach Mae Sai (269 km), wo sie im äußersten nördlichen Zipfel des Landes die – dort für den lokalen Verkehr offene – birmanische Grenze erreicht.

Zwischen Lampang und Ngao lohnt sich ein Abstecher zu sehenswerten Zielen. Man passiert 46 Kilometer nördlich von Lampang einen Bergwald und dort einen Abhang mit hunderten von bunten Geisterhäuschen, wie sie in Thailand zu jedem Haus gehören. Hier wurden sie von Bus- und Lastwagenfahrern aufgestellt, um den Schutzgeist dieser Berge zu ehren und ihn um gute Fahrt zu bitten. An dieser Stätte wurde einst der Krieger Chao Poh im Kampf gegen die Birmanen getötet, doch soll er noch im Tode stehen geblieben sein und dadurch den Feind vertrieben haben. Jetzt verknüpft sich das Gedenken an ihn mit dem Glauben an die schützende Kraft seines Geistes, der nach der Landessitte geehrt und angerufen wird – und sei es auch nur mit einem Hupsignal.

Nach weiteren sechs Kilometern führt eine Seitenstraße von eineinhalb Kilometern zu der weltbekannten Elefantenschule der staatlichen Forstverwaltung. Ein stattlicher Komplex mit großen Ställen und den Quartieren für die Wärter (Mahouts) liegen dort in der Nähe des Flusses Huay Mae La im Wald. Insgesamt verfügt die Forstverwaltung in Nord-Thailand über rund 120 Arbeitselefanten, die zum Teil hier stationiert sind. Die nachwachsenden Jungtiere werden hier im Alter von drei bis fünf Jahren von der Mutter getrennt und dann fünf bis sechs Jahre lang trainiert, bis sie ziemlich ausgewachsen an die Arbeit gehen, die sie schon vom Training her gut kennen: Baumstämme heben, schleppen, ziehen und ins Wasser bugsieren. Jeder Elefant hat seinen Mahout, der mit ihm lernt und dann auch später – oft ein Leben lang – bei ihm bleibt. Viele Mahouts und Holzfäller kommen vom Stamme der Khamuk, der in der Nan-Provinz beheimatet ist. Die von einem Veterinär geleitete Elefantenschule (Young Elephant Training Center) steht Besuchern offen, die dort speziell in den Morgenstunden von 6 bis 9 Uhr das Training beobachten können, bei dem jeweils etwa sieben Jungtiere eine Klasse bilden, »schulfrei« sind die Sonn- und Feiertage. Wie für jede Schule gibt es auch hier Ferien, und zwar in den heißen Monaten von März bis Mai, in denen die Schule verwaist ist, weil die Tiere aus klimatischen Gründen in höher gelegene Lager gebracht werden.

Nahe der Elefantenschule ist eine Sehenswürdigkeit der Natur das ganze Jahr geöffnet: die Pha-Thai-Höhle, die etwa zehn Kilometer weiter nördlich unweit der Hauptstraße zu finden ist. Man muß 283 Stufen bewältigen, um zu dem hohen Schlund zu gelangen, hinter dem die Höhle etwa 400 Meter tief in den Berg eindringt. Das Besondere dieser Höhle ist ein riesiger Tropfsteinturm (Stalagmit) von 20 Metern Höhe, der einer Öffnung in der Höhe entgegengewachsen ist und »der steinerne Sonnenstrahl« genannt wird (Bild S. 117). Um die Mittagszeit fällt das Licht durch das Loch auf diese einzigartige Skulptur der Natur und bestätigt die Namensgebung auf sehr eindrucksvolle Weise.

In Lamphun, der kleinen, alten Stadt 25 Kilometer südlich von Chiangmai, erinnert der Name der großen, alten Tempelanlage Wat Phra That Haripunchai an das Mon-Reich, das hier vom 7. bis zum Ende des 13. Jahrhunderts bestanden und sich zuletzt noch sehr zäh verteidigt hat. Mit der Gründungsperiode des Mon-Reiches ist der Name der Königin Chama Thevi verknüpft, die zu Beginn des 8. Jahrhunderts als Prinzessin von Lavo (Lopburi) in den Norden gekommen ist, hier als Königin eingesetzt wurde und mit ihrem großen Gefolge den Buddhismus sowie verbesserte Methoden für den Reisanbau ins Land gebracht haben soll. Fundstücke des Dvaravati-Stils belegen die historische Überlieferung. Nach der Chronik von Haripunchai haben mehr als sechs Jahrhunderte lang 49 Mon-Könige regiert, bis im Jahre 1281 der Thai-König Mengrai die Hauptstadt durch Verrat einnahm und das Land in sein Lan-Na-Reich eingliederte. Die Chronik von Wat Phra That Haripunchai nennt 897 als Gründungsjahr, weil damals der König über einer Buddha-Reliquie einen ersten Chedi errichten ließ. Im Lauf von mehr als tausend Jahren ist der heilige Bau immer höher und prunkvoller ausgestaltet worden, bis er die jetzige Höhe von 51 Metern erreicht hat (Bild S. 120). Nach den Stilelementen ist die heutige Form im wesentlichen ein Werk des 15. Jahrhunderts. Die Haupthalle ist eine Rekonstruktion im alten Stil. Ein Feuer hatte 1915 das ursprüngliche Bauwerk zerstört, aber nicht den darin sitzenden großen Bronze-Buddha im nördlichen Stil von Chiang Saen. Neben der großen Halle steht auf der Nordseite ein offener Pavillon mit einem Bronzegong von zwei Metern Durchmesser, der der größte der Welt sein soll und vermutlich aus dem 13. Jahrhundert stammt. Auf der Südseite krönt ein kleiner, schmucker Holzbau im klassischen Thai-Stil einen hohen Steinsockel als charakteristische Tempelbibliothek, wie sie in ähnlicher Form auch in anderen Tempeln zu finden ist. Zu den weiteren Bauwerken der Anlage gehört ein viereckiger Chedi in Form einer steil ansteigenden Stufenpyramide, wie sie noch größer in einem anderen Tempel der Stadt, Wat Kukut, zu finden ist.

Beide Bauwerke stammen aus der Spätperiode des Mon-Reiches, vom letzteren ist eine Restauration im Jahre 1218 verzeichnet. Ihre quadratische Struktur läßt den Einfluß des Mon-Stils auf die Tempelformen der Birmanen erkennen.

In Lamphun zeigt das neue Museum an der Hauptstraße nahe beim Wat Haripunchai interessante Funde aus der Nordregion und auch hier aufschlußreiche Stuckfragmente der Dvaravati-Kunst, die die weitgespannte Verbreitung dieser aktiven Kultur der buddhistischen Botschaft vor mehr als tausend Jahren im ganzen Lande bestätigen.

Lamphun ist ein Zentrum der Seidenweberei, deren Werkstätten prächtige Brokate und die typischen Thai-Sarongs mit ihren aparten Farbstufen herstellen. Besonders gut und wohlschmeckend gedeihen in dieser Gegend die Lamyai-Früchte; ein berühmter alter Lamyai-Baum im Dorfe Tonkham soll seinem Besitzer jährlich den Gegenwert von tausend Mark für Früchte und Samen einbringen.

Vor den Mauern der alten Stadt Lampang steht der »Tempel der zwanzig Chedis« (Wat Chedi Sao) in den Feldern und findet als eine bedeutende Kultstätte der Nordregion hohe Verehrung.

Chiangmai, Zentrum des Nordens

Linke Seite:
In Chiangmai und seiner Umgebung gibt es viele Werkstätten traditioneller Handwerkszweige. Im Dorf der Schirmmacher, Bor Sang, werden aus Bambus die mit Papier oder Seide bespannten Schirme aller Größen angefertigt und bemalt.

Rechts:
Hoch über dem Tal von Chiangmai stehen die Tempelbauten des Wat Doi Suthep auf einem Bergrücken. Der Tempel wurde im 14. Jahrhundert gegründet, die jetzigen Bauten stammen aus dem 16. Jahrhundert.

Unten links:
Die hohe Halle (Vihan) des Bergtempels Wat Doi Suthep und ihre Vorbauten stammen aus dem 16. Jahrhundert und sind wiederholt restauriert und neu bemalt worden. Im charakteristischen Stil des Nordens fallen die Dächer weit nach unten ab, die stufenlosen Giebelfronten tragen vergoldetes Schnitzwerk.

Unten rechts:
Das Tempeltor von Wat Mengrai in Chiangmai ist mit seinen phantastischen Stuckornamenten ein beachtenswertes Beispiel für den von Birma beeinflußten »Barock des Nordens«.

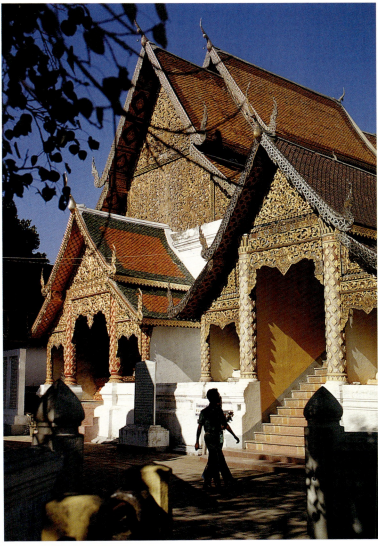

Chiangmai: Der Magnet des Nordens

In den Tropen haben Berge stets etwas Verlockendes, weil sie in der Höhe eine kühlere und frischere Luft verheißen, und so fühlen sich die Menschen jener südlichen Zonen von den Bergeshöhen angezogen, so wie die Bewohner nördlicher Klimazonen zur Wärme des Südens, zu lauen Lüften und sonnigen Stränden streben. Allein schon aus klimatischen Gründen ist Chiangmai, Hauptstadt des Nordens und Zentrum der Bergwelt, für die Thais ein verheißungsvoller Magnet, der zu einem Schwerpunkt des Tourismus ausgebaut worden ist.

Chiangmai ist mit über 100 000 Einwohnern in weitem Abstand zur 800 Kilometer entfernten Millionenmetropole Bangkok die zweitgrößte Stadt des Königreiches und wegen seiner Lebensqualität für viele Thais das beliebteste Reiseziel und Refugium bessergestellter Pensionäre. In den letzten zwanzig Jahren hat sich die Stadt weit über ihre alten Grenzen hinaus ausgebreitet. Auf dem fruchtbaren Ackerland, das noch vor fünfzehn Jahren die Stadt umgab, dehnen sich die Vororte als grüne Gartenstädte aus. Neue große Hotels wurden gebaut, die Innenstadt ist geschäftiger und auch eleganter geworden, aber noch kaum in die Höhe gewachsen. Selbst die kommerziellen Bauten des nächtlichen Bazars suchen mit ihren überkreuzten Giebelbalken den Stil des Nordens zu wahren. Bei aller Modernität kann man spüren, daß einflußreiche Bürger sich offenbar darum bemühen, das Gesicht der Stadt nicht ihrem Wachstum zu opfern.

Noch immer markiert ein breiter Wassergraben den quadratischen Grundriß der Stadtgründung von 1296, als König Mengrai seine neue Hauptstadt buchstäblich aus dem Boden stampfte. Nach der Chronik sollen 90 000 Arbeitskräfte damit beschäftigt gewesen sein, im Geviert von 2000 mal 1600 Metern die schützende Mauer zu errichten und den Wassergraben auszuschachten, in dem sich große Teile der Mauer noch heute spiegeln. Auch die ersten Tempel und Palastbauten entstanden in jener Gründungszeit, deren König Mengrai als der bedeutendste Thai-Herrscher der Nordregion unvergessen geblieben ist. Als kriegerischer junger Prinz der Thai-Einwanderer aus dem Norden wurde er um das Jahr 1258 zum König erhoben und gründete drei Jahre später die Stadt Chiangrai, von der aus er das Thai-Reich Lan Na Zug um Zug vergrößerte und sehr lange erfolgreich – bis 1317 – regierte. Ein Tal nach dem anderen wurde von den Thais erobert und besiedelt. Das Mon-Volk von Haripunchai wurde geschlagen, 1281 die Hauptstadt Lamphun erobert. Die Gefangenen des Siegers stellten die Mehrzahl der Arbeitskräfte, um in kurzer Zeit die neue Hauptstadt Chiangmai (»Die neue Stadt«) zu erbauen. Ein Bündnis mit den benachbarten Thai-Fürsten, Ramakamhaeng von Sukhothai und Prinz Ngam Muang von Phayao, verschaffte den jungen Thai-Staaten gegenseitige Unterstützung, vor allem gegen die Khmer im Osten und die Birmanen im Westen.

Die folgenden Jahrhunderte standen für Chiangmai und das Lan-Na-Reich im Zeichen der Verteidigung. Die ersten Thai-Könige von Ayutthaya versuchten vergeblich, die nördlichen Nachbarn in ihr Reich einzugliedern. Die Birmanen hatten mehr Erfolg und errangen 1556 die Kontrolle über Lan Na, die sie erst 1775 an den Thai-König Taksin verloren. Bei diesen Kämpfen wurde Chiangmai derart zerstört und ausgeblutet, daß die letzten Einwohner die Stadt verließen und sie zwanzig Jahre lang als leblose Ruinenstätte das Schicksal von Ayutthaya teilte. In den Kämpfen hatte sich Prinz Chao Kawila bewährt, der zum Fürsten von Chiangmai ernannt wurde und von König Rama I. den Auftrag erhielt, die Stadt zu neuem Leben zu erwecken. Unter dem Fürstenhaus Kawila wurde in den folgenden Jahrzehnten die Nordregion mit viel Eigenständigkeit zu einem aufstrebenden Teilstaat des siamesischen Königreiches, das nun endlich auch dort seine Grenzen festigen und absichern konnte.

Der kurze historische Überblick macht verständlich, warum in der Nordregion viel birmanisches Kulturgut vorhanden ist. Zwar haben die Birmanen eine andere Sprache, doch haben sie die gleiche Religion wie die Thais, so daß die Tempel im birmanischen Stil der gleichen Lehre des Erleuchteten dienen wie die Thai-Tempel. Heute sind die birmanischen Stilelemente in Thailands Norden die Zeugnisse einer schwierigen Vergangenheit, die ihre ganz eigenen Akzente in das kulturelle Mosaik gesetzt haben.

In dem weiten Tal von Chiangmai, das der Ping auf einer Höhe von etwa 300 Metern über dem Meer durchfließt, erhebt sich nahe der Stadt im Nordwesten das Massiv des Doi Suthep bis zur Höhe von 1539 Metern. Dort steht auf einem Vorsprung der Nordflanke der gleichnamige Tempel hoch über der Stadt (1080 Meter über dem Meer), die seit 1935 durch eine Straße mit dem Wat Phra That Doi Suthep verbunden ist. Initiator dieses Straßenbaus war der Mönch Phra Si Wichai, der zahlreiche Freiwillige dafür begeisterte und das Werk binnen sechs Monaten vollbracht hat, um den Tempel für Mönche und Wallfahrer besser zugänglich zu machen – an Touristen hat damals kaum jemand gedacht. Seit seinem Tode wird er als ein heiliger Mann verehrt, sein Standbild steht am Fuße der Straße, die nach elf Kilometern einen Park- und Marktplatz unterhalb des Tempels erreicht.

Wat Phra That Doi Suthep ist die meistbesuchte Sehenswürdigkeit der Nordregion, und kaum ein Besucher von Chiangmai versäumt den Weg dort hinauf. Beim Parkplatz beginnt die lange, von gekachelten Schlangenleibern flankierte Treppe, deren 300 Stufen zum Tempel emporführen. Die Eingangshallen mit steilen Dächern im Stil des Nordens haben Giebelfronten mit vergoldetem Schnitzwerk. Die Haupthalle öffnet sich zum heiligsten Bauwerk des Tempels, dem 24 Meter hohen vergoldeten Chedi, dessen erste Form hier im Jahre 1383 über einer Reliquien-Kassette errichtet worden ist. Mit der Wahl dieses Platzes ist die Legende verknüpft, daß ein weißer Elefant des Königs mit der Reliquie auf dem Rücken losgelassen wurde und den Weg hier herauf erwählte, um sich niederzulassen und zu sterben. Das daraufhin hier erbaute Kloster war zu jener Zeit eine wichtige Keimzelle für den von Sri Lanka her erneuerten Theravada-Buddhismus der ursprünglichen Alten Schule. Im Wandelgang des Tempels stellen neuere Wandbilder Szenen aus dem legendären Leben des Buddha sowie eine Reihe von buddhistischen Heiligtümern dar. Die vergoldeten Bronzeschirme an den vier Ecken der Chedi-Basis steuern ein birmanisches Stilelement zur reichen Ausstattung des Tempels bei. Die seit dem 14. Jahrhundert aufgezeichnete Chronik des Tempels ist erhalten geblieben und enthält wertvolle Angaben zur Geschichte der Nordregion.

Fünf Kilometer weiter bergauf hat das Königshaus im Jahre 1960 die Sommerresidenz Phu Ping Raja Niwet erbauen lassen, in der oft auch hohe Staatsgäste zu Besuch sind. An Wochenenden werden die schönen Gartenanlagen zur Besichtigung freigegeben, aber nur wenn keine Mitglieder der Königsfamilie anwesend sind. Eine Fortsetzung der Autostraße zum Wat Doi Suthep führt zum Palast, eine Abzweigung als unbefestigter Fahrweg zu dem Meo-Dorf Ban Dio Pui. Durch den touristischen Zustrom in den letzten Jahren hat das Dorf viel von seinem ursprünglichen Charakter verloren und ist zu einem Handelsplatz für Souvenirs und Fotoposen geworden, bei denen auch die schwarze Volkstracht des Bergstammes den Kameras dargeboten wird. Man sollte es den Meos dort oben nicht verübeln, daß sie die Chance ihrer Lage nutzen und ihr einst armes Dorf zum gewinnbringenden touristischen Marktplatz ausgebaut haben. Die Marktwirtschaft hat in diesem Lande eine sehr alte Tradition – warum sollte ein Bergdorf sich nicht darauf einstellen dürfen, nur um so armselig und »original« zu bleiben, wie es früher war. Wer solchen Wandel beklagt, der sollte untersuchen, in welche Richtung sich das Dasein der Menschen verändert hat und ob hart erarbeiteter Erfolg das Leben dieser Menschen sinnvoller oder sinn- und haltloser gemacht hat. Die Meo vom Doi Suthep haben es gewiß nicht mehr nötig, Mohn anzubauen, wie ihre Stammesgenossen jenseits der birmanischen Grenze und abseits aller touristischen Trampelpfade.

Der Blick von oben auf Chiangmai zeigt das Viereck des alten Kerns nur noch als kleinen Teil der Stadt, die weit in ihr Umland hinausgewachsen ist. Doch befinden sich die meisten Sehenswürdigkeiten innerhalb jener Mauern und breiten Wassergräben, die nun schon bald 700 Jahre alt sein werden. Das Zentrum des Stadtkerns durchquert von Osten nach Westen die Hauptachse Thanon Rajadamnoen und endet vor dem größten Tempel, Wat Pra Sing Luang, einer Gründung des Jahres 1345. Die Haupthalle ist ein großes Bauwerk alten Stils und neueren Datums mit reichem Schnitzwerk an den Giebeln. Die heiligste Stätte der Anlage ist jedoch eine wesentlich kleinere Kapelle im Hintergrund, Phra Viharn Lai Kam. Sie beherbergt ein legendäres und auch mysteriöses Buddha-Bildnis, Phra Buddha Sihing, von dem es drei identische Versionen gibt, eine hier im Norden, die zweite in der alten Hauptstadt des Südens, Nakhon Si Thammarat, und die dritte im Tempel des Nationalmuseums in Bangkok, wohin sie aus Sukhothai gelangt ist. Nach der Überlieferung soll das vergoldete Bronzebildnis, das mit seinem großen Sockel eine Höhe von 1,66 Metern hat, ursprünglich aus Sri Lanka stammen, doch Stilelemente sprechen eher für ein Werk der frühen Sukhothai-Periode des 14. Jahrhunderts. Verworrene Spuren des historischen Weges der stets hochverehrten Statue führen nach Chiangmai, Sukhothai und Nakhon Si Thammarat. Doch niemand kann sagen, welches jetzt das erste authentische Werk ist – oder ob ein Meister drei gleiche Statuen geschaffen hat, was ja beim Bronzeguß durchaus möglich ist. Nur ein Unterschied besteht seit 1922, als der Kopf des Buddha Sihing von Chiangmai gestohlen wurde und durch eine Kopie ersetzt werden mußte.

Auch in anderen Tempeln der Stadt gibt es sehenswerte Einzelheiten. Das größte Bauwerk von Chiangmai war zweifellos der 90 Meter hohe Chedi des Wat Chedi Luang, dessen Bau 1391 begonnen wurde und 1454 auf enormen Grundmauern diese Höhe erreichte. Genau hundert Jahre später hat ein Erdbeben die Spitze des mächtigen Turmbaus zum Einsturz gebracht. Die heutige Ruine hat noch immer eine Höhe von 60 Metern und läßt als massiger Stumpf die ursprünglichen Dimensionen und die damit verbundene Bauleistung erahnen (Bild S. 43 oben links).

Von ganz anderer Art ist das Tempeltor des Wat Mengrai, eines etwas versteckt in der südlichen Hälfte der Altstadt liegenden

In dem Bergtempel hoch über Chiangmai, Wat Phra That Doi Suthep, birgt der vergoldete Stupa eine bei der Gründung des Tempels im Jahre 1383 eingebrachte Reliquienkassette und wird als besonders heilige Stätte verehrt.

Tempels, der 1288 gegründet wurde und nach einer Erneuerung im Jahre 1953 dem Andenken an den Stadtgründer gewidmet worden ist. Das Tor aus dem 18. Jahrhundert ist in seiner üppigen Formenvielfalt ein gutes Beispiel für den Barockstil des Nordens, in den auch birmanische Einflüsse verflochten sind (Bild S. 125 unten rechts).

Als ungewöhnliches Abbild eines indischen Tempels steht Wat Chet Yot außerhalb des Stadtkerns an der nördlichen Umgehungsstraße. Hohe Außenmauern geben ihm eine strenge Kastenform, über der sich an den vier Ecken und im Zentrum vierkantige, nach oben verjüngte Türme erheben und kleine Stupas tragen. Der 1476 gegründete Tempel soll nach dem indischen Vorbild von Bodh Gaya, dem Ort der Erleuchtung Buddhas, gestaltet worden sein, wie es auch die Birmanen in Pagan nachgebaut haben. Der Gründer, König Tiloka, rief hier 1477 ein bedeutendes buddhistisches Konzil zusammen, seine Asche ist in einem der Stupas beigesetzt. In jüngster Zeit ist der Tempel in seiner alten Form wiederhergestellt worden.

An diesen Beispielen zeigt sich die Vielfalt der Kulturen, die in den Tempeln von Chiangmai ihr Erbe hinterlassen haben. Insgesamt befinden sich mehr als 70 Tempel in Chiangmai und seiner näheren Umgebung, davon etwa 20 in der inneren Stadt und sieben alte Anlagen innerhalb der Stadtmauer, an deren östlicher Seite sich das neuere lebhafte Geschäftszentrum anschließt. Dort stehen einige der neuen größeren Hotels, in den Geschäftsstraßen und auf dem eigens errichteten Nachtmarkt pulsiert das Leben bis in die späten Abendstunden, wenn die Luft kühler und von den Thais als spezielle Erfrischung des Nordens genossen wird.

Als populäre touristische Attraktion stellt das Kulturzentrum (Old Chiangmai Cultural Center) den Kontakt der Besucher zu Angehörigen der verschiedenen Bergstämme her. Sie wohnen in Häusern in der Bauart ihres Stammes, tragen dessen Tracht, führen seine Tänze vor und verkaufen kunsthandwerkliche Arbeiten, Webereien und Kleidungsstücke, von denen sich die einfach geschnittenen langen Hauskleider großer Beliebtheit bei den Besucherinnen von nah und fern erfreuen. Beim Kantoke-Dinner nördlicher Spezialitäten sitzt man auf dem Boden. In einer Arena werden authentische Volkstänze der verschiedenen Stämme gezeigt. Beim ersten Besuch ist es schwierig, die Meos, Karen, Yao, Lisu und Lahu an ihren meist schwarzen, bunt bestickten Trachten und prächtigen Kopfbedeckungen zu unterscheiden. Doch wirft es ein Schlaglicht auf die Entwicklung der

Bei den Bergvölkern

Oben:
Mit sehr verschiedenen Sprachen und Traditionen leben Dorfgemeinschaften der Bergvölker in den Gebirgen des Nordens und der Westgrenze zu Birma, wo ein Teil dieser Völker eigenständige Minderheiten bildet. Ihre Gesamtzahl in Thailand beträgt mehr als 400 000, von denen über 200 000 Karen die stärkste Gruppe bilden, gefolgt von über 40 000 Meo, um 30 000 Lawa und Lahu, um 20 000 Yao, Lisu und Akha sowie kleinere Gruppen. Die Meo-Frauen und Kinder tragen eine typische schwarze Stammestracht, mit ihren Näharbeiten und Stickereien erzielen sie auch auf dem touristischen Markt zusätzliche Einnahmen.

Links:
Blumen statt Mohn! In dieser Meo-Siedlung nördlich von Chiangmai hat sich der König selbst dafür eingesetzt, Nelken und andere Blumen statt des Opiumlieferanten Mohn für die Märkte der Städte anzubauen.

Rechte Seite, oben:
Im äußersten Norden liegt dieses Akha-Dorf nahe am »Goldenen Dreieck«; die Berge im Hintergrund gehören bereits zu Birma.

Rechte Seite, unten:
Tabakernte in einem Karen-Dorf bei Tak, wo das Gebirge beiderseits der Grenze zu Birma als Kernland der Karen-Stämme gilt. Die Tabakblätter werden zum Trocknen auf Bambusstäbe aufgespießt.

jüngsten Jahre, daß eine attraktive, gut Englisch sprechende Vertreterin der Karen hier nur eine abendliche Nebenaufgabe erfüllt, tagsüber Medizin studiert und nicht die einzige Studentin im Kulturzentrum ist.

In verschiedenen Stadtteilen gibt es einzelne Straßen und in der Umgebung ganze Dörfer, die im Zeichen eines speziellen Handwerks stehen. Die Werkstätten sind meistens gleich hinter den Verkaufsstellen zu finden und stehen den Kunden offen, die dort noch ganz traditionelle Herstellungsmethoden kennenlernen können. In den Straßen vor dem Südtor konzentrieren sich einige Handwerkszweige, so die Silberschmiede und nahebei auch die Hersteller der Lackwaren. Nach alter Art werden die Ornamente und Reliefs von Silberschalen- und Platten aller Größen noch immer mühsam über kleinen Ambossen gehämmert. Die glänzenden schwarzen und rötlichen Lackschalen, -tabletts und -teller entstehen aus Gerippen von Bambusgeflecht, die einer Mixtur aus Lehm und Asche Halt geben und dann mit den Lackschichten überzogen und immer wieder getrocknet werden, bis eine feste, gleichmäßige Glanzoberfläche erreicht ist. Dieses alte Handwerk ist auch in Birma verbreitet, dort dominieren die rötlichen Farben der aus bestimmten Harzen gewonnenen Lacke.

Das Teakholz liefert den nahebei gewachsenen Rohstoff für Schnitzereien und Möbel aller Art, von denen die Läden in der Hauptgeschäftsstraße Thanom Tapae vor dem Osttor angefüllt sind, die auch ein großes Angebot von Textilien der Bergstämme einschließlich ihrer schönen Stickereien ausbreiten. Große Werkstätten beschäftigen Dutzende von Schnitzern, ihr Hauptmotiv sind offenbar Elefanten aller Größen bis zu tonnenschweren Exemplaren, wie man sie als Tempelspende im Brahma-Schrein in Bangkok oder auch als Dekoration in teuren Geschäften wiederfinden kann. Gewiß gilt auch hier die Regel: Ohne Bedarf keine Produktion – und der Bedarf scheint ziemlich groß zu sein.

Das Dorf Bor Sang, das im Osten der Stadt in den Feldern eingebettet liegt, hat sich auf die Schirmherstellung spezialisiert. In allen Größen, vom kleinen Spielzeugschirm bis zum großen, bunt bemalten Sonnenschirm, findet man dort ein mannigfaltiges Angebot und kann alle Stufen der Herstellung anschauen. Die Gestelle werden noch immer nach alter, in ganz Asien verbreiteter Art aus Bambus hergestellt, was den Schirmen ihren speziellen Charakter gibt und sie in der ganzen Welt zu begehrten Dekorationsstücken macht. Als Bespannung wird ein eigens hergestelltes, wasserfestes Papier oder auch Baumwollstoff auf die Bambusrippen geklebt, wasserfest lackiert und gern auch bemalt. Exporte gehen in alle Welt. Man kann sich beispielsweise die großen Sonnenschirme als Paket – tunlichst per Schiffspost – nach Hause schicken lassen.

Am nördlichen Stadtrand liegen die Stallungen und Wiesen des Thai-Deutschen Milchwirtschaftsgutes (Thai-German Dairy Farm), das in den sechziger Jahren als Projekt der deutschen Entwicklungshilfe eingerichtet worden ist. Die deutschen Experten haben dort ausprobiert, welche Rinderrassen und Futtersorten für die – damals praktisch in Thailand unbekannte – Milchwirtschaft am besten geeignet sind. Inzwischen trinken die Thais gern Milch und essen auch Käsekuchen – aus dem Entwicklungsprojekt ist ein erfolgreiches Unternehmen geworden.

Ein traditionsreiches Erzeugnis des Nordens ist die grünliche oder bräunliche Celadon-Keramik, wie sie zur Zeit des Sukhothai-Reiches in den Brennöfen von Sawankhalok hergestellt wurde. Nach dem Fall von Sukhothai verlegten die Keramik-Hersteller ihre Werkstätten in das Tal von Chiangmai, wo sie bei dem Dorf San Kamphaeng geeignete Tonvorkommen gefunden hatten. Auf dieser Basis beruhen die verschiedenen größeren Betriebe der Stadt, in denen jetzt Celadon-Keramik – einst in China ein Vorgänger des Porzellans – hergestellt wird.

Die Milch gehörte noch vor zehn Jahren in Thailand zu den importierten Bedürfnissen der Ausländer. Die Thais waren keine Milchtrinker, viele konnten dieses vielgepriesene Nahrungsmittel nicht vertragen, ihre Magensäfte wollten nicht mitspielen. Ein mit großem deutschem Kosten- und Arbeitsaufwand gestartetes Milchwirtschaftsprojekt mit einem Mustergut bei Chiangmai drohte zu Anfang der siebziger Jahre wegen der zögernden Nachfrage zu scheitern. Inzwischen haben auch andere Europäer, voran die Dänen, solche Projekte eingerichtet und den Milchkonsum angeregt. Rinderrassen aus vielen Teilen der Welt wurden importiert und miteinander gekreuzt. Jetzt liefern sie in wachsender Menge Fleisch, Leder und soviel Milch, daß auch die Thais und ihre Magensäfte sich daran gewöhnt haben und man die kleinen Pappwürfel mit gekühlter Dauermilch überall kaufen kann, vor allem auch als Erfrischung für Autofahrer an den Tankstellen – ein Wandel in wenigen Jahren!

Mit rund 60 Hotels und Gästehäusern aller Preisklassen bietet Chiangmai Unterkünfte für jeden Geldbeutel. Die weit mehr als 4000 Gästezimmer verteilen sich zur Hälfte auf rund zehn Hotels der Spitzenklasse (Zimmerpreis über 500 Baht) und je zur Hälfte auf ein Dutzend Häuser der zweiten Kategorie (über 200 Baht) und kleinere Ho-

In der Tracht ihres Karen-Volkes, des größten Stammes der Nordregion, verkörpert diese Medizin-Studentin zugleich die moderne Entwicklung, die ihr Volk erreicht hat.

tels und Gästehäuser, die vor allem bei jüngeren Gästen mit schmaler Reisekasse beliebt sind. Die Gesamtzahl der Unterkünfte deutet an, daß sich in den Spitzenzeiten der Reisesaison Tausende von Gästen, darunter auch viele Thailänder, in Chiangmai aufhalten, um sich den Attraktionen der Stadt und ihrer Umgebung zu widmen. Das Ausflugsprogamm der Hotels sowie größerer und vieler kleiner Agenturen reicht von der Halbtagstour auf den nahen Tempelberg Doi Suthep bis zu tagelangen Rundfahrten durch den Norden und Trekking-Touren zu einsamen Bergdörfern.

Viele Chiangmai-Besucher kennen den Ausflug zu den Elefanten, die etwa 60 Kilometer nördlich der Stadt im malerischen Bergwald und Flußtal des Ping ihr Können im Umgang mit schweren Baumstämmen vorführen. Die Arbeitssaison der Elefanten in den Wäldern ist die Regenzeit; mit diesen Vorführungen überbrückt ihr findiger Besitzer, ein Holzunternehmer, auf praktische Weise die Arbeitspause in der touristischen Hochsaison der Trockenzeit und bietet den Besuchern sehenswerte Szenen.

An der gleichen Straße nach Norden liegt etwa 15 Kilometer nördlich der Stadt ein populäres Erholungsgebiet rund um die Wasserfälle des Mae Sa. Im Sai-Nam-Phung-Orchideengarten kann man zu allen Jahreszeiten mehr als hundert Arten bewundern, von denen viele aus den Wäldern des Nordens stammen. Der Bereich der Wasserfälle ist als Naturpark angelegt. Wanderwege führen am Fluß entlang, der sich in mehreren Stufen talwärts ergießt und in seinen felsigen Becken erfrischende Bäder bietet. Im weiteren Verlauf des Flußtales trifft man auf eine weitere Elefanten-Schule, die auch längere Ritte durch den Wald veranstaltet sowie auf die Bungalow-Anlage Mae Sa Valley Ressort, die als attraktives Feriendorf eingerichtet ist.

Auf der entgegengesetzten Seite von Chiangmai führt eine Straße nach Südwesten und an den Fuß des Doi-Inthanon-Massivs heran, das als langgestreckter Gebirgszug bis zur Höhe von 2590 Metern aufsteigt. Nach 57 Kilometern führt eine 48 Kilometer lange Abzweigung gut ausgebaut bis zum höchsten Gipfel des Königreiches empor, der eine Radarstation trägt. Das Gebiet um den Berg herum ist zum Nationalpark erklärt worden, für die Zufahrt zur Gipfelstation bedarf es einer Genehmigung.

Die sich dort hinauf windende Straße bietet bei entsprechendem Wetter – in der Trokkenzeit kann es sehr dunstig sein – eindrucksvolle Ausblicke auf das Tal und die Berge. Nach neun Kilometern trifft man bei einem Abstecher auf den Mae-Klang-Wasserfall, der in mehreren Stufen eine Gesamthöhe von hundert Metern hat und ein populäres Ausflugsziel für die Einwohner von Chiangmai geworden ist. Auf einem Fußweg kann man die höheren Stufen erreichen, in einiger Entfernung auch die Borichinda-Höhle. Eine Abzweigung vor dem Gipfel ermöglicht eine Rundfahrt durch einsame Hochtäler mit der Ortschaft Mae Chaem und der Pflanzenwelt des Himalaya, um von dort aus über das Dorf Ob Luang – in der Nähe eine tief eingeschnittene Schlucht – die kleine Stadt Hot im Ping-Tal, 88 Kilometer südlich von Chiangmai, zu erreichen. Südlich von Hot weitet sich der Ping zu dem langgestreckten Bhumibol-Yanhi-Stausee. Die Dörfer in dieser Gegend werden hauptsächlich vom Lawa-Volk bewohnt, dessen Frauen das Pfeifenrauchen offenbar sehr genießen.

Die Schäden früherer Brandrodungen in den Bergwäldern sind als kahle Flächen deutlich sichtbar; ein thai-dänisches Programm der Wiederaufforstung kann die abgeholzten Teak-Wälder zunächst nur durch schneller wachsende Kiefern ersetzen. Von Hot aus führt eine Straße durch endlos erscheinende Gebirgstäler fast hundert Kilometer weit nach Westen bis nahe an die birmanische Grenze heran und biegt dann nach Norden ab, wo sie nach weiteren 175 Kilometern die abgelegene Stadt Mae Hong Son im äußersten nordwestlichen Winkel des Landes erreicht. Die Flüsse in diesen Tälern streben dem Saluen zu, der streckenweise die Grenze zwischen Thailand und Birma bildet und bei der Hafenstadt Moulmein in den Indischen Ozean mündet. Die Flußtäler waren hier stets in Krieg und Frieden die historischen Hohlwege zwischen den beiden Völkern, wo sich einst im Grenzland des Nordens sehr viel mehr ereignet hat als in der Gegenwart.

Mae Hong Son: »Thailands Sibirien«

Mit diesem wenig verlockenden Namen und Vergleich charakterisierte eine Zeitung in Bangkok die Situation der einsamen Stadt und Provinz in der Nordwestecke des Landes und meinte damit nicht nur die klimatischen und geographischen Lebensbedingungen. Chiangmai bedeutet für viele Thais die attraktive Seite des Nordens, Mae Hong Son jedoch das Gegenteil: ein einsamer Außenposten, oft genug vom Feind überrannt, im Winter recht kalt und nicht nur erfrischend kühl, ein Platz für Menschen, die nur dort leben, weil sie es müssen oder nicht anders kennen. Auch solch ein Ruf macht neugierig: Wie sieht diese »letzte Ecke« wirklich aus?

Der kleine, nicht sonderlich schnelle Hoch-

In der abgelegenen Grenzstadt Mae Hong Son im äußersten Nordwesten Thailands bezeugt der birmanische Stil der Tempel den Einfluß der nahen Nachbarn, die oft herübergekommen sind und zeitweise große Teile der Nordregion besetzt haben. Erst seit dem 19. Jahrhundert konnten die Thais hier ihre Stellung festigen.

Das »Goldene Dreieck«

Oben:
Das »Goldene Dreieck« ist zum Begriff für das schwer kontrollierbare Grenzgebiet im Norden Thailands geworden, wo der Rauschgiftschmuggel nur mühsam bekämpft werden kann. Das eigentliche »Goldene Dreieck« bilden die Flußgrenzen an der Mündung des Mae Nam Ruak in den Mekong, mit Thailand im Süden (Vordergrund), Laos im Osten (rechtes Ufer) und Birma im Norden (Berge im Hintergrund).

Unten:
Weit abgelegen im nordwestlichen Bergland ist die kleine Stadt Mae Hong Son ein Vorposten nahe der Grenze, doch ohne offizielle Verkehrsverbindung mit Birma. Von der Höhe des Wat Phra That Doi Kong Mu umfaßt der Überblick die Stadt mit ihrem kleinen See, Tempeln im birmanischen Stil und dem Flugplatz (im Hintergrund).

Rechte Seite, oben links:
Nahe der birmanischen Grenze windet sich der Mae Nam Kok durch die Dschungelberge. Die Flußfahrt von Tha Thon nach Chiangrai vermittelt eindrucksvolle Landschaftserlebnisse.

Rechte Seite, oben rechts::
Im nördlichsten Zipfel Thailands ist die thai-birmanische Grenzbrücke bei Mae Sai die einzige Stelle, an der ein kleiner Grenzverkehr für die einheimische Bevölkerung beider Seiten möglich ist; im Hintergrund das blaue Tor nach Birma, das jedoch Ausländer nicht passieren dürfen. Bis zum letzten Meter dient die Brücke als Markt für beide Seiten.

decker der »Thai Airways« braucht nur eine gute halbe Stunde, um sich über dem Tal von Chiangmai in die Höhe zu schrauben und auf nordwestlichem Kurs über zahllose Bergbuckel die 120 Kilometer Luftlinie bis zum wesentlich kleineren Tal von Mae Hong Son zu überspringen und sehr knapp über weiße Chedis auf steiler Anhöhe hinweg zur Landung anzusetzen. Auf dem großen Umweg von über 360 Kilometern der alten, gewohnten Straßenverbindung über den großen Winkel von Hot und Mae Sanang wären es etliche Autostunden gewesen, mit dem Bus etwa neun Stunden. Ebenso lange braucht der Bus für die hundert Kilometer kürzere strategische Straße, die weit im Norden von Chiangmai einen Bogen in Grenznähe über die Ortschaft Pai durch die Berge schlägt, zu einem großen Teil aber noch nicht befestigt und für Personenwagen nicht zu empfehlen ist. So ist sogar eine große Rundfahrt per Bus von Chiangmai nach Mae Hong Son möglich, wobei die landschaftlichen Eindrücke gewiß das Zeitopfer aufwiegen können.

Mae Hong Son erweckt tatsächlich den Eindruck eines Ortes, den die Welt vergessen zu haben scheint und in dem man selbst die Welt vergessen könnte. In einem kleinen See spiegeln sich Tempeldächer und Chedis im birmanischen Stil, doch das beherrschende Wahrzeichen der Stadt steht 250 Meter über ihr auf der steilen Anhöhe des Wat Phra That Doi Kong Mu mit seinen beiden weiß leuchtenden Chedis. Von dort oben bietet sich ein eindrucksvoller Überblick über das von Bergen eingeschlossene Tal und die Stadt, in der man kaum rund 6000 Einwohner vermutet. Die quer im Tal liegende Piste des Flugplatzes erscheint dem Auge als ein Fremdkörper, der in die Harmonie des Ganzen einen Störfaktor eingebracht hat, und sie ist ja auch tatsächlich so etwas wie die große Fußspur einer ganz anderen und fremden Außenwelt, die hier eingedrungen ist. So waren dann auch die Insassen des Flugzeugs in der Hauptsache Uniformierte und Beamte mit strengen, verschlossenen Gesichtern und gelegentlich beobachtenden Blicken auf den Ausländer mit der unausgesprochenen Frage, welche Absichten den Farang wohl hierher führen könnten. An das schlichte touristische Interesse eines Einzelgängers ist hier noch schwer zu glauben. Man kennt Touristen nur als kleine, von einem Agenturmann aus Chiangmai geführte Gruppen oder als etwas abenteuerliche Gestalten, die mit dem Bus ankommen und die niedrigen Preise der beiden kleinen Hotels auch noch herunterhandeln wollen.

In den wenigen Läden der Hauptstraße ist das Angebot nicht groß: Schuhe und Textilien, aber kaum etwas aus Birma, keine Antiquitäten, Buddhas oder dergleichen, nur ein paar einfache Schnitzereien und Lackarbeiten. Die Marktstände sind nur am frühen Morgen besetzt und bald verwaist, wenn die Bauern etwas Gemüse, ein paar Hühner oder auch einen Fisch verkauft haben oder wieder mitnehmen, um vor der Tageshitze nach Hause zu kommen. Fragt man nach Verbindungen ins nahe Birma, so antworten verneinende oder gar ablehnende Gesten, als wolle man mit denen da drüben nichts zu tun haben. Daß es Kanäle gibt, zeigt das üppige Angebot der Kunsthändler in Chiangmai und in Bangkok an alten und neuen birmanischen Objekten. Doch läuft ein solcher Kanal nicht durch die Hauptstraße und die Läden von Mae Hong Son – jedenfalls tritt er hier nicht zutage. So verbleiben als sichtbare Spuren des nahen Nachbarn die Tempel der Stadt, die ganz und gar im birmanischen Stil gehalten und auch in jüngster Zeit erneuert worden sind. Charakteristisch sind die viereckigen Grundformen und die Ornamente aus Holz oder Blech, die wie Laubsägearbeiten aussehen und die Bauwerke überall verzieren. Die meisten Buddhas in den Hallen sind farbig bemalt, mit gelbem Gewand, roten Lippen und dunklen Augen wirken sie wie neu. Die weißen Chedis haben metallene Spitzen mit vergoldeten kleinen Schirmen. Die ältesten Tempelbauten der Stadt sind die beiden Chedis, die auf dem Berg über ihren Dächern 1860 und 1874 errichtet worden sind. Drei Jahrzehnte vorher war der Ort als ein Lager der Elefantenfänger gegründet worden, die so gründlich den wilden Elefanten nachstellten, daß es keine mehr in der ganzen Region gibt. Den Elefantenfang für die Herrscher von Chiangmai betrieben ursprünglich Angehörige des Schan-Volkes, das heute noch knapp die Hälfte der rund 150 000 Einwohner der Provinz Mae Hong Son stellt, während sich die andere Hälfte aus Dorfgemeinschaften der Karen, Meo, Lawa und Lisu sowie den Thais und der überall vertretenen chinesischen Minorität chinesischer Händler zusammensetzt.

Die Umgebung von Mae Hong Son bietet eindrucksvolle Landschaftsszenen, speziell an der Straße, die nach Norden weiterführt und dann parallel zur Grenze nach Osten einschwenkt. Dort stehen einige Zweitausender dies- und jenseits der Grenze. Auf den Paßhöhen der Straße öffnen sich großartige Panoramen, in den Tälern verdichtet sich der Wald zum Dschungel. Einsame Dörfer der Lisu und Schan verteilen sich im Bergland und in den Tälern, die sich zu fruchtbaren Oasen öffnen.

Von der Nordwestecke bei Mae Hong Son bis zum Dreiländereck im breiten Tal am Mekong hat das bergige Grenzland eine Ausdehnung von rund 250 Kilometern in west-östlicher Richtung. So weit erstreckt sich entlang der Grenze das unübersichtliche Hinterland des berüchtigten »Goldenen Dreiecks«, das heute mehr denn je zum Begriff für den Schmuggel geworden ist, auf dessen verborgenen Wegen die heißeste aller illegalen Waren, Heroin, von ihren Herstellern zu ihren Verteilern gelangt.

Am »Goldenen Dreieck«

Der genaue geographische Ort des »Goldenen« Dreiecks ist eine flache, mit Buschwerk bewachsene Landzunge an der Einmündung des von Westen kommenden Flusses Ruak in den breiten Mekong, der hier von Norden vorbeiströmt, bevor er sich bald wieder nach Osten wendet. Die Landzunge gehört zu Birma und verbreitet sich zu einem Dreieck, über dem sich im Hintergrund Berge erheben. Das gegenüberliegende Ostufer des hier etwa einen Kilometer breiten Mekong gehört zu Laos. Man sieht eine grüne Wand von Bäumen und Büschen und vereinzelt Häuser über der Böschung, am Horizont einen Höhenzug. Auch das thailändische Ufer im Westen des Mekong und im Süden des Ruak hat eine hohe Böschung, auf der die Straße direkt am Fluß verläuft. Dort hat ein findiger Thai ein rustikales Holzschild mit der englischen Inschrift »The Golden Triangle« – darunter auch in Thai – ans Ufer gesetzt und daneben einen Verkaufsstand für Getränke und kleine Souvenirs aufgebaut, in der sicheren Erwartung, daß die Autos und Busse der Touristen dann auch genau bei ihm halten würden. Vereinzelt gehen Bauern, Fischer mit ihren Netzen und auch gelb leuchtende Mönche auf der Straße, in Ufernähe gleiten Boote in größeren Abständen vorbei.

Auf der laotischen Seite scheint sich nichts zu rühren. Ebenso liegt die birmanische Landzunge als ein stilles Stück Natur zwischen dem schmalen Fluß und dem breiten Strom. Auf dem Thai-Ufer stehen dort die Häuser eines kleinen Dorfes, Sob Ruak, ganz dem Alltag hingegeben. Frauen hängen Wäsche auf die Leine, Hühner gackern, man hat nicht den Eindruck, daß hier der Schauplatz eines ganz anderen Geschehens sein könnte. Elf Kilometer weiter südlich liegt die alte kleine Stadt Chiang Saen direkt am Flußufer zu Füßen eines Hügels mit einem alten Chedi. Sie ist eine historische Stätte, denn sie war für die Thais die Eingangspforte nach Siam und die erste Gründung in diesem Lande, an die alte Tempelanlagen und der Name des frühesten Thai-Stils erinnern. Im Hinterland breitet sich die Ebene des Lao-Flusses aus, der 50 Kilometer weiter südlich, bei Chiangrai, aus den Bergen heraustritt. Eine Pforte nach Süden ohne Hindernisse der Natur und ein Knotenpunkt der uralten Verkehrswege am Mekong – das bestimmte auch die Funktion des

Dreiländerecks für den Warenaustausch seit alten Zeiten, wobei als Zahlungsmittel nur Gold angenommen wurde, nicht das Geld irgend eines Landes. Daher stammt der Name »Goldenes Dreieck«, und es ist nicht mehr zu ergründen, wann er aufgekommen ist.

Was sich heute unter diesem Stichwort abspielt, geschieht nicht – wie einst der Handel auf den Wasserstraßen – an jener Flußmündung, die leicht zu kontrollieren wäre, sondern weit im Hinterland der Berge und Wälder, die praktisch nicht zu überwachen sind. Bemerkenswert ist die Tatsache, daß sich am Grenzfluß Ruak, etwa 25 Kilometer flußaufwärts von der Mündung, der einzige geöffnete Grenzübergang zwischen Thailand und Birma befindet. Dort überspannt eine Brücke den Fluß, auf der thailändischen Seite ist der Schlagbaum geöffnet, auf der birmanischen ein blaues Eisentor für den »kleinen Grenzverkehr« der Bevölkerung von beiden Seiten, aber nicht für Ausländer. Auf der Brücke haben Birmanen Verkaufsstände aufgebaut, um für einfache Schnitzereien, bronzene Opiumgewichte, typische Lackgefäße und Handwebstoffe die begehrte harte Thai-Währung, am liebsten aber die Dollars der Touristen einnehmen zu können. Aber die Hoffnung ist größer als der Umsatz, denn diese birmanischen Dinge gibt es in Chiangmai in breiter Auswahl.

Der thailändische Grenzort Mae Sai hat sich zu einer sehr lebendigen, offenbar auch prosperierenden Stadt entwickelt, doch läßt sich schwer sagen, welcher Art die Geschäfte sind, die hier zum Erfolg führen. Dann und wann passiert ein Lastwagen die Grenze, vom Thai-Zoll nicht lange aufgehalten. Es sind Szenen der Normalität, wie anderswo auf der Welt an Grenzen zwischen befreundeten Ländern – und doch ist dieser Schauplatz die besondere Ausnahme an der sehr langen Grenze zwischen Thailand und Birma, ausgerechnet in jener Gegend, die als das »Goldene Dreieck« weltweit bekannt und berüchtigt ist.

Zum Programm der längeren touristischen Touren von Chiangmai aus gehört nach dem Ausbau der Straßen auch der Besuch der Grenzbrücke von Mae Sai ebenso wie der in der Nähe befindlichen Akha-Dörfer in den Bergen nordöstlich von Chiang Rai. Auch können diese Touren mit der Flußfahrt auf dem Mae Nam Kok verbunden werden, die zwischen Tha Ton und Chiangrai eindrucksvolle Landschaften erschließt (Bild S. 133, oben links) und die Natur des Nordens, seine Berge, Wälder und Flußtäler, als ein großartig mannigfaltiges Panorama nahebringt.

Auch im Alltag trägt diese Akha-Frau ihre Stammestracht und den dazu gehörenden silbernen Kopfschmuck. Sie lebt in einem Bergdorf ihres Volkes nahe der Grenze am »Goldenen Dreieck«, wo die Winternächte recht kalt werden können und warme Kleidung erfordern.

**Im Bergwald des Nordens:
Die unsichtbare Grenze**

Ausgangspunkt für die Bootsfahrt auf dem Kok-Fluß ist die Ortschaft Tha Ton, die etwa 30 Kilometer nordöstlich der kleinen Stadt Fang im Flußtal liegt. Die birmanische Grenze zieht sich hier nahe im Norden durch die Wälder und Berge, aber zu sehen ist sie nicht, auch gibt es keinen Übergang. Für die rund 60 Kilometer von Tha Ton nach Chiangrai braucht das Motorboot je nach dem Wasserstand und der Länge der Pausen dreieinhalb bis fünf Stunden. Agenturen in Chiangmai organisieren die Tour in Verbindung mit Rundreisen zu Bergstämmen und zum Goldenen Dreieck. Doch darf man sich nicht wundern, wenn zusätzlich ein Soldat ins Boot steigt und es sich neben seinem Gewehr bequem macht. Für etwa zwölf Kilometer verläuft die birmanische Grenze ganz nahe am Nordufer des Kok. Dort wurden vor etlichen Jahren Boote angehalten und die Insassen ausgeraubt, wobei die Täter nach Birma fliehen und dorthin nicht verfolgt werden konnten. Denn dort gibt es in dieser Gegend jenseits der Grenze keine Kontrollen der birmanischen Armee, sondern die bewaffnete Macht der Schan-Bosse, die nur auf ihre eigene Sicherheit und die ihrer »heißen Ware« bedacht sind.

Der Fluß schlängelt sich in einem anfangs engen, später breiteren Tal an steilen Felswänden vorbei, überall säumt ihn eine üppige, von Baumriesen überragte Vegetation. Nur wenige Hütten sind am Fluß zu sehen, vereinzelt liegen kleine Dörfer jenseits der hohen Böschung. Wo das Boot anlegt, tauchen Scharen von Kindern auf, von denen die meisten zum Bergvolk der Akha gehören. Der Überblick von einer Höhe zeigt beiderseits des Flußtales eine wellige Berglandschaft mit lockerem Baumbestand und offenen Flächen, die mit hohem Gras bewachsen sind.

Die Forstexperten sehen das Grasland des Nordens mit kritischen Augen, denn es zeigt ihnen die Wunden, die die Brandrodung in den Naturhaushalt der Wälder geschlagen hat. Wo gewisse hohe Grasarten (Alang-Alang- oder »Elefanten-Gras«) sich verbreiten, lassen sie zwischen ihren eng stehenden Halmen kaum noch andere Pflanzen zu und blockieren das natürliche Nachwachsen des Waldes. Gleichzeitig setzt eine Verarmung des Bodens an Mineralien ein, die an das Wurzelwerk der Bäume und dessen Biochemie gebunden sind, und das Wasser trägt die wertvollen Stoffe fort – in die Flüsse, zu den Ebenen und ins Meer. Der Kreislauf, den der intakte Tropenwald aus seiner vielschichtigen Biomasse beliefern konnte, ver-

Leben und Arbeit im Nordosten

Linke Seite, unten:
Beides wird von einer härteren Natur als im Zentralgebiet beherrscht, die mehr Mühsal auferlegt, aber auch mehr Kreativität herausfordert. Mit ihren Farben und Mustern erweisen sich diese Frauen als unbekannte Künstlerinnen am Webstuhl, aufgenommen in Ban Chiang, dem Ort wichtiger vorgeschichtlicher Funde (siehe S. 27).

Linke Seite, oben:
Vielgestaltige Formen der Keramik aller Größen finden sich in dem Dorf Dan Kwian, 15 Kilometer südöstlich von Korat an der Hauptstraße nach Surin.

Rechts:
Das Denkmal einer Frau wird in Korat (Nakhon Ratchasima) hoch verehrt. Es steht auf dem zentralen Platz der Hauptstadt der Nordostregion und ehrt Thao Suranari, genannt Khunying Mo, die Frau des 1827 von laotischen Angreifern ermordeten Gouverneurs, die an der Spitze der Frauen von Korat durch Kriegslist die Feinde vertrieb.

Unten:
Abendliches Stimmungsbild in der Landschaft des Nordostens bei Udon Thani: In einem kleinen Stausee fischen Frauen eines nahen Dorfes mit kleinen Hebenetzen zur Aufbesserung der Hauptmahlzeit. Große und kleine Stauseen haben im Nordosten zur Verbesserung der landwirtschaftlichen Erträge beigetragen.

armt zum Substanzverlust. Aus Wäldern werden Savannen, so wie in dieser – nur scheinbar unberührten – Landschaft, in der nicht nur das über Jahrzehnte hinweg anhaltende Rauschgiftproblem eine sensible Situation herbeigeführt hat.

Etwa zehn Kilometer vor Chiangrai bleiben die Berge zurück und der Kok vereinigt sich in der breiten Ebene mit dem Lao, der 50 Kilometer weiter nördlich in den Mekong mündet. Chiangrai war nach Chiangsaen am Mekong die zweite Etappe und Stadtgründung der Thais bei ihrem Vordringen nach Siam im 13. Jahrhundert. Von hier aus reiht sich eine Flußebene an die andere, sie konnten einst dem »Land der Million Reisfelder« Raum geben und den Weg nach Süden öffnen. Heute markiert die Landstraße Nr. 1, die Bangkok über Nakhon Sawan, Tak und Lampang mit Chiangrai und dem birmanischen Grenzübergang von Mae Sai im nördlichsten Winkel Thailands auf einer Länge von 1004 Kilometern verbindet, die historische Route.

Chiangrai hat sich auf seinen Grundmauern jahrhundertelang immer wieder erneuert, so daß heute kaum noch etwas Altes zu sehen ist. Zum bedeutendsten Tempel, Wat Phra Keo, gehört der – restaurierte – Stupa, in dem 1434 der »Smaragd-Buddha« entdeckt wurde und seinen verwickelten Weg durch die Geschichte antrat, der ihn schließlich zum Nationalheiligtum im Königstempel Wat Phra Keo von Bangkok erhoben hat. Mit einer Reihe von Hotels, auch internationalen Standards (Wiang Inn), und seinen Verkehrsverbindungen zu Lande, in der Luft und auf dem Wasser (auf den Flüssen Kok und Lao) ist Chiangrai zu einem günstigen Ausgangspunkt für Touren in den äußersten Norden geworden, die dem Besucher nicht nur Landschaftserlebnisse besonderer Art, sondern auch einiges Verständnis für die schwierigen Probleme in diesem Lande vermitteln können.

Charakteristische Mekong-Landschaft am »Goldenen Dreieck« bei Chiang Saen, im Vordergrund Tabakfelder, im Hintergrund das laotische Ufer.

Der Nordosten:
DAS WEITE, TROCKENE HINTERLAND

Das große »Elefantenohr« auf der Landkarte Thailands kennzeichnet die Dimension und Lage der Nordostregion als weites Hinterland des zentralen Beckens. Dort jedoch hat die Natur andere, weit härtere Lebensbedingungen den Menschen aufgezwungen, die ihrerseits mit Stolz und Selbstbehauptung reagieren. »Isan« heißt das Schlüsselwort des Nordostens, das die ganz eigene Art kennzeichnet: Menschen (Khon Isan) ebenso wie Speisen (Ahaan Isan) – oder was sonst dort zu Hause ist. Das Wort ist ein Stück alte Geschichte, denn es ist der Sanskrit-Name des Mon-Khmer-Königreiches Isana, das vor mehr als tausend Jahren in dieser Gegend bestand, bevor die Khmer weiter im Süden ihr machtvolles Reich von Angkor gründeten und von dort aus einen weiten Umkreis beherrschten. »Isan« bedeutet auch heute Einflüsse der Khmer von Süden her und der Laoten von Norden her in Sprache und Sitte, die sich mit den Thai-Elementen verschmolzen haben. Stolzes Selbstbewußtsein hat auch die kulturellen Zeugnisse der Nachbarvölker integriert, die als imposante Tempelbauten der Khmer und als laotische Wahrzeichen ihre Akzente in die Landschaft des Nordostens setzen. Die herausragenden Beispiele dafür sind der Khmer-Tempel von Phimai und der laotische That-Phanom-Chedi, der als hochverehrtes Wahrzeichen des Ostens auf dem thailändischen Ufer des Mekong steht.

Die Nordostregion ist ein weites, von Hitze und Trockenheit heimgesuchtes Hochplateau, aber sie ist nicht menschenleer, sondern ein vielerorts besiedeltes Bauernland mit Städten, die in jüngster Zeit rasch gewachsen sind. Zwar haben große Stauseen bereits das lokale Klima einiger Gebiete etwas verbessert, doch kann der sandige Boden die Feuchtigkeit nicht wirksam festhalten und liefert keine so guten Ernten wie die Flußbecken der Zentralregion. Heftige Regenfälle lassen die Flüsse schnell und stark anschwellen und tragen dazu bei, den Boden auszulaugen, statt ihn fruchtbar zu machen. Die Trockenzeit bringt dem Nordosten die höchsten Temperaturen des ganzen Landes um 40 Grad. Die Wasserstände der Flüsse schwanken enorm zwischen der Trocken- und Regenzeit. Der Mun, der die Region mit einer Länge von 673 Kilometern nach Osten zum Mekong durchquert,

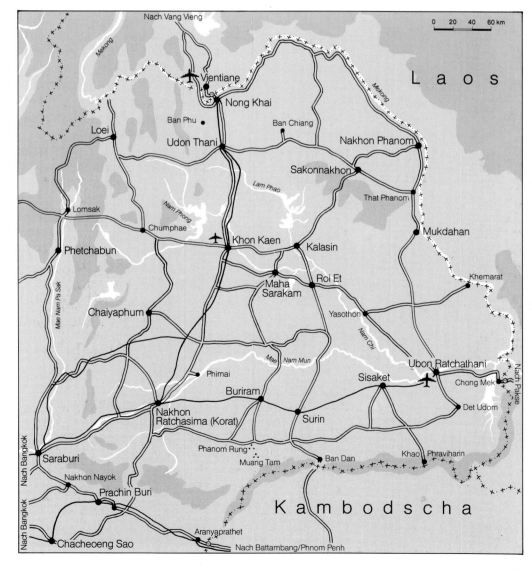

Der Nordosten ist mit dem trockenen Plateau von Korat die größte und ärmste Region des Landes. Im Norden und Osten umspannt sie der mächtige Mekong und bildet auf einer Länge von über 700 Kilometern die brückenlose, bis auf einen Übergang geschlossene Grenze zu Laos. Im Süden der Region zieht sich die Grenze zu Kambodscha durch menschenleere Dschungelberge. Das Leben der Bauern ist im Nordosten härter als in den anderen Regionen. Das Nachbarvolk der Khmer hat hier eine ganze Reihe von eindrucksvollen Kulturstätten seiner Epoche hinterlassen, der eine sehr alte Bronzekultur vorausgegangen war.

Die Tempel der Khmer

Linke Seite:
Es sind eindrucksvolle Wahrzeichen der Kultur und Macht dieses Nachbarvolkes, das vor rund tausend Jahren von Süden her in die Nordostregion und von dort nach ganz Siam vorgedrungen war. Die »Schlangen-Treppe« von Wat Prasat Phanom Rung ist ein herausragendes Beispiel für die Symbolik und Bildhauerkunst der Khmer, die diese Anlage im 12. Jahrhundert geschaffen haben. Die fünfköpfige Naga (heilige Schlange) war im Khmer-Reich ein legendäres Ursymbol, das auf den Schlangenkönig als Vater der Gründerin des Funan-Reiches zurückgeht und dann vom Hinduismus und auch vom Buddhismus übernommen wurde.

Rechts:
Der Khmer-Tempel Prasat Hin Phimai ist der bedeutendste seines Stils in Thailand und stammt aus dem 11. Jahrhundert, als er in einer großen befestigten Stadt der Khmer errichtet wurde. Das heutige Bauwerk ist eine Rekonstruktion aus den fast vollzählig auf der Trümmerstätte von Phimai vorgefundenen und in mühsamer Arbeit wieder zusammengesetzten Originalsteinen; ein großer Teil der Anlage bildet noch immer eine malerische Ruinenstätte.

Unten:
In ihrem halb zerfallenen Zustand haben die stärksten Mauern des Khmer-Tempels Prasat Muang Tam die Jahrhunderte überdauert. Er wurde im 10. Jahrhundert erbaut und ist einer der ältesten Khmer-Tempel in Thailand, im Vordergrund eine fünfköpfige Naga als Umrandung der Wasserfläche, die einst den ganzen Tempel umgab.

schwillt nach heftigen Regenfällen bis zu 11 Metern an. Selbst beim breiten Mekong ist das Ansteigen um 12 bis 13 Meter keine Seltenheit. Darum kennen viele Isan-Generationen nicht nur die Last der Hitze, sondern auch die Furcht vor dem Wasser, wenn sich die Schleusen des Himmels zu sehr öffnen. Zur Besserung der Verhältnisse ließ der Premierminister Sarit, selbst ein Sohn des Nordostens, in den sechziger Jahren eine Reihe von Staudämmen bauen, hinter denen sich große Seen gebildet haben. Doch die ungünstigen Faktoren des Sandbodens und der darunter liegenden Schichten konnten dadurch nicht geändert werden. Die Erde und das Klima bestimmen auch weiterhin den schwierigen Charakter der Region, in der das Leben der Bauern härter und sorgenvoller ist als in anderen Provinzen.

Das leicht gewellte Hochplateau von Korat bildet den Hauptteil der Nordostregion mit Höhen von 300 bis 400 Metern über dem Meer. Einzelne Höhenzüge steigen bis über 700 Meter an. Im Westen erheben sich die Ketten der Petchabun-Berge bis über 1700 Meter und bilden die Wasserscheide zwischen dem Menam-Becken und der Nordostregion, deren Flüsse zum Mekong fließen. Dieser große Strom ist auf einer Länge von rund 700 Kilometern im Norden und Osten des Korat-Plateaus die brückenlose Grenze zwischen Thailand und Laos, die er früher mehr als heute als nahe Verwandte miteinander verbunden hat.

Im Süden begrenzen lange Bergketten das Korat-Plateau. Auf diesem Höhenzug verläuft die kambodschanische Grenze durch einen rund 350 Kilometer langen Streifen von menschenleeren Dschungelbergen. Nur an drei Stellen gibt es dort Straßen zum Nachbarland, die durch die Krisenlage seit 1975 unterbrochen sind. Die Grenze war seit langem zwischen den Thais und Khmer in Bewegung und ist zuletzt nach dem Zweiten Weltkrieg festgelegt worden, als die Thais grenznahe Gebiete zurückgaben, die sie 1941 besetzt hatten. In den achtziger Jahren wurden verschiedene Abschnitte des Grenzgebietes zu Zonen der Flüchtlingslager und der Kämpfe zwischen den verschiedenen Widerstandsgruppen der Khmer und den Vietnamesen, die Kambodscha besetzt hatten. Die thailändische Armee hat dort Kontrollstellungen bezogen und Grenzverletzungen abgewehrt.

Zwei Hauptverkehrslinien erschließen den Nordosten. Von Bangkok aus führt die Bahn- und Straßenroute – mit amerikanischer Hilfe als »Straße der Freundschaft« (»Friendship Highway«) ausgebaut – zunächst zu der 250 Kilometer entfernten alten Hauptstadt der Nordostregion, Korat (Nakhon Ratchasima), die mit fast 90 000 Einwohnern den fünften Rang unter den thailändischen Städten einnimmt. Dort teilen sich die Routen. In nördlicher Richtung passieren Bahn und Straße die größeren Städte Khon Kaen und Udon Thani, um nach 370 Kilometern die Grenzstadt Nong Khai am Mekong nahe der laotischen Hauptstadt Vientiane zu erreichen. Dort stellen Fährboote die einzige offizielle Verbindung zwischen dem Königreich Thailand und der Volksrepublik Laos her.

Die östliche Bahnlinie verläuft von Korat parallel zur kambodschanischen Grenze über die Provinzstädte Buri Ram und Surin nach Ubon Ratchathani. Parallel zur Bahn ist weiter südlich und näher zur Grenze die Straße nach Osten ausgebaut worden, die dort in erster Linie strategische Bedeutung hat, aber auch die Fahrt zu interessanten Tempelanlagen der Khmer ermöglicht. Die Provinzstadt Surin ist durch ihr Elefanten-Fest bekanntgeworden, zu dem alljährlich im November an die 200 Elefanten vor zahlreichen Besuchern ihr Können zeigen. In den menschenleeren Dschungelbergen, zu denen im Westen der langen Kette der Khao-Yai-Nationalpark gehört, leben noch einige hundert wilde Elefanten als die geschützten Reste von einst Tausenden.

Das ausgebaute Straßennetz des Nordostens umfaßt als »Elefantenohr-Route« einen weit ausholenden Rundkurs, der von Korat nach Ubon Ratchathani im Osten führt, von dort aus im Norden bei Mukdahan den Mekong erreicht und dann mehr als 400 Kilometer am Strom entlang bis zur Grenzstadt Nong Khai verläuft, um in südlicher Richtung nach Korat zurückzuführen. Insgesamt hat dieser Rundkurs eine Länge von etwa 1360 Kilometern – was die Ausmaße der Region deutlich macht. Weitere Hauptstraßen stellen Querverbindungen in westöstlicher ebenso wie in nordsüdlicher Richtung her. Eine neuere Straße verbindet Khon Kaen im Zentrum des Nordostens mit dem rund 300 Kilometer entfernten Verkehrskreuz Phitsanulok im Norden der Zentralregion. Der Ausbau des Straßennetzes im Nordosten hatte nicht nur – wie beim »Friendship-Highway« während des Vietnam-Krieges – strategische Gründe, sondern dient vor allem dem wirtschaftlichen Anschluß und dem Transport der landwirtschaftlichen Produkte, bei denen der Nordosten seine Eigenständigkeit und Ertragslage Schritt für Schritt stärken konnte.

Die wichtigste Rolle in der Landwirtschaft des Nordostens spielt jetzt der stark ausgeweitete Anbau der Maniok- (oder Cassava-) Pflanze, einer Wolfsmilch-Art, deren stärkehaltigen Wurzeln das Tapioka-Mehl liefern, das vielseitig verwendbar ist, während Tapioka-Schrot und -Schnitzel als Viehfutter gefragt sind. Von 1958, dem Beginn der Anbau-Kampagne im Nordosten, bis zum Ende der achtziger Jahre hat sich Thailand zum Lieferanten von über 90 Prozent der Weltproduktion entwickelt, wobei die Bundesrepublik Deutschland der größte Abnehmer geworden ist. So existiert auch ohne den Tourismus eine wichtige Verbindung zwischen entlegenen Dörfern dieser Region und den Europäern als Verbraucher ihrer Produkte, was speziell bei Tapioka eine positive Bilanz für die Erzeugerregion bedeutet. In ähnlicher Weise wurde die Maisproduktion stark ausgeweitet, wobei Japan als Hauptabnehmer auftritt. In der langen Randzone am Mekong, die besser bewässert ist, werden in steigendem Maße Tabak, Baumwolle und Sojabohnen angebaut. Wo eine Bewässerung der Felder möglich ist, wird Reis als Hauptnahrung für den eigenen Bedarf gepflanzt, so daß auch im Nordosten Reisfelder zu sehen sind, aber in der Quantität der Ernte nicht, wie sonst in Thailand, an der Spitze stehen.

Korat: Das Tor zum Nordosten

Die alte Stadt Korat heißt jetzt offiziell Nakhon Ratchasima und ist das der Hauptstadt Bangkok zugewandte südwestliche Tor zum Nordosten, der als Korat-Plateau den gewohnten Namen weiterträgt. Auch für die Khmer war diese Gegend vor mehr als tausend Jahren ein Tor, jedoch in umgekehrter Richtung nach Siam, wo sie weite Teile unter ihre Kontrolle brachten.

Eine Heerstraße der Khmer führte durch die Ebene am Oberlauf des Mun; dort steht rund 50 Kilometer nordöstlich von Korat die Tempelanlage von Phimai und gilt als bedeutendstes Baudenkmal der Khmer in Thailand. Aber es gab noch andere Khmer-Städte im näheren Umkreis von Korat. Etwa 30 Kilometer südwestlich der Stadt wurden in den fünfziger Jahren in der Nähe der Ortschaft Sung Noen die Reste einer Khmer-Stadt aus dem 9. Jahrhundert entdeckt, deren einstige Mauern und Gräben ein Gebiet von zwei Kilometern Länge und anderthalb Kilometern Breite umschlossen haben.

In Korat selbst erinnert nur ein Viereck von Wassergräben mit einigen Resten der einstigen Stadtmauer an die Bedeutung als befestigter Vorposten des Reiches von Ayutthaya. Mit ihren lebhaften Geschäftsstraßen hat die Stadt ein neues Gesicht. Nur eines der früheren Tore ist wiederhergestellt worden. Davor steht auf einer Plattform das Denkmal einer Frau, die offenbar von der Bevölkerung sehr verehrt wird. Mit dem volkstümlichen Namen Khunying Mo war Thao Suranari die Frau des Gouverneurs, der im Jahre 1826 im Kampf gegen vordringende laotische Truppen gefallen war. Nachdem die Laoten Korat besetzt hatten, wurden sie von den Frauen der Stadt unter Führung von Khunying Mo zu einem berauschenden Gelage verführt und in heilloser Verwirrung von den herangeeilten Thai-Truppen geschlagen und vertrieben. Auch ein Tempel, Wat Sala Loi, im Nordosten der Stadt ist in seinem sehenswerten neuen Thai-Stil eine Erinnerungsstätte an Buddhas Lebensstationen und an die tapferen Frauen von Korat.

Neueren Datums ist auch der große Freizeitpark am westlichen Stadtrand. Hier hat der pensionierte Gouverneur der Tourist Organisation von Thailand, Somchai Hiranyakit, seine internationalen Erfahrungen eingebracht, um der Bevölkerung und besonders den Kindern seiner Heimatstadt eine Spiel- und Sportstätte mit großem Schwimmbecken, hohen Wasserrutschbahnen, Springbrunnen, Garten und Restaurant zu geben, wie viele Städte in aller Welt sie gern haben würden. Dieser »Silver Lake«-Erholungspark ist nicht für den internationalen Tourismus geschaffen worden, aber er ist ein Beispiel dafür, wie die Thais für sich selbst moderne Freizeitstätten ins Leben rufen, die dann auch ausländischen Besuchern offenstehen.

Das Maha-Virawong-Museum gegenüber dem Rathaus beherbergt zahlreiche Fundstücke aus der Region, hauptsächlich sind es Reliefs im Khmer-Stil mit Darstellungen aus der Hindu-Mythologie. Den Informationen des Museums ist zu entnehmen, daß die Experten rund 70 Baudenkmäler und Fundstätten der Khmer und älterer Kulturen in den Nordostprovinzen erfaßt haben, darunter etwa ein Dutzend größerer Tempelanlagen, von denen Phimai die bekannteste ist. Eine Reihe von Hotels verschiedener Preisklassen macht die lebhafte Stadt zum günstig gelegenen Etappenziel bei Reisen in den Nordosten und zu seinen Sehenswürdigkeiten.

Vor den Toren der Stadt liegt an der südöstlichen Ausfallstraße das »Keramik-Dorf« Dan Kwian, dessen vielgestaltige Produktion in dekorativen Ausstellungen längs der Straße zu besichtigen ist. Charakteristisch ist das Dunkelbraun der örtlichen Tonvorkommen. In den Werkstätten drehen die Töpfer ihre Scheiben traditionsgemäß mit den Füßen; unter ihren Händen sieht der Ton viel heller aus, als er dann später in dunkelbrauner Lasierung aus dem Brennofen herauskommt.

Ein anderes typisches Isan-Produkt ist die Seide, die in spezieller Webart und Einfärbung als Mut-Mee bekannt geworden ist. Neuerdings sollen dekorative Hemden aus Mut-Mee als offizielle männliche Nationaltracht gefördert werden und auch bei formellen gesellschaftlichen Ereignissen neben den farbenprächtigen und charakteristischen Thai-Seidenkostümen der Damen zur Geltung kommen. Das Dorf Pak Thong Chai, 28 Kilometer südlich von Korat, ist ein Zentrum der traditionellen Seidenweberei, wo viele kundige Thais ihren Bedarf direkt bei den Webern decken.

**Khao-Yai-Nationalpark:
Schutz und Erlebnis der Natur**

Für viele Besucher gibt es noch ein anderes Tor zum Nordosten: den Khao-Yai-Nationalpark, der sich mit seinem Bergland als ein menschenleerer Keil zwischen die Zentral- und die Nordostregion schiebt. Im Jahre 1959 wurde dort ein Gebiet von mehr als 2000 Quadratkilometern zum Nationalpark erklärt, um die Wälder vor dem Kahlschlag und die Tierwelt vor dem Abschuß zu schützen, aber auch das Naturerlebnis zu ermöglichen. Die höchsten Berge des Gebiets erreichen 1351 und 1017 Meter, die durchschnittliche Höhenlage beträgt 800 Meter, was für die Bewohner der tropischen Tiefebene und der rund 200 Kilometer entfernten Hauptstadt Bangkok bei entsprechendem Zugang und Ausbau ein erfrischendes Erholungsgebiet versprach.

Vor der Einrichtung des Nationalparks hatten Siedler erfolglos versucht, Gemüsefarmen zu bebauen, und dabei größere Flächen durch Brandrodung vernichtet, deren Spuren heute als Grasland zu sehen sind. Auch wurde viel Wild geschossen, spezielle Zielscheiben waren die Elefanten wegen ihres wertvollen Elfenbeins. Nur ein kleiner Rest überlebte. Inzwischen hat sich ihr Bestand wieder auf etwa 200 Tiere im Nationalpark erholt, und es ist anzunehmen, daß dies die größte in einem begrenzten Gebiet freilebende Anzahl asiatischer Elefanten ist, für die jetzt strenge Schutzbestimmungen bestehen. Sie leben einzeln und mit Jungtieren in kleinen Rudeln, die große Gebiete unbehinderter Bewegungsfreiheit brauchen. Am aktivsten sind sie in den frühen Morgenstunden und benutzen dann auch ganz gern die Straße, wie man an der frischen Losung leicht erkennen kann. Wie alles Wild im Nationalpark sind auch die Elefanten scheu und weichen den Menschen aus, so daß es nicht leicht ist, einen der Dickhäuter zu Gesicht zu bekommen. Die nächtlichen Fahrten zur Beobachtung des Wildes mit Hilfe

Tapioka-Ernte in der Nordostregion bei Khon Kaen: Aus den länglichen Wurzeln der Maniok-Pflanze wird ein vielseitig verwendbares Stärkemehl gewonnen und in großen Mengen exportiert.

Das Fest der Elefanten

Nachfolgende Doppelseite:
Es findet alljährlich im November in Surin statt. Dann steht diese Stadt im Süden der Nordostregion ganz im Zeichen der über hundert Dickhäuter und von Tausenden von Besuchern, die hier aus dem ganzen Land und der Welt zusammenströmen. Finale und Höhepunkt der Vorführung ist in der traditionellen Ausrüstung der »Aufzug der Kriegselefanten«, der erahnen läßt, wie die Kriege des alten Siam geführt wurden.

Ein wild lebender Elefant, aufgenommen im Khao-Yai-Nationalpark, ist zu einem seltenen Anblick geworden. In den Bergen dieses Nationalparks leben noch etwa 200 Elefanten und bilden den größten Restbestand in der Freiheit eines asiatischen Schutzgebietes.

von Scheinwerfern an einer bestimmten Wasserstelle wurden in jüngster Zeit nach dem Einspruch von Naturschützern reduziert.

In der schwierigen Balance zwischen den Erfordernissen des Naturschutzes und den Interessen der Erholungssuchenden wurde eine einzige Straße durch den Nationalpark zugelassen. Sie windet sich mit einer Länge von rund 80 Kilometern durch das Bergland und erreicht auf halbem Wege eine hochgelegene Raststätte der offiziellen Tourismusorganisation mit einem größeren Restaurant und einer Reihe von Bungalows am Ufer eines kleinen Sees, wo man in Doppelzimmern oder auch in Gruppenräumen übernachten kann. Etwa vier Kilometer weiter nördlich wurde ein Golfplatz mit 18 Löchern angelegt. Dort schlängelt sich das enge Tal des Lam Huai Takhong durch die Berge, einige Wasserfälle sind während und kurz nach der Regenzeit sehenswert, besonders der Kong-Keo-Fall, an den die Straße nahe heranführt. Dort gibt es auch angelegte Wanderpfade mit Hängebrücken über dem Fluß. Man kann große, bunte Schmetterlinge beobachten und wilde Orchideen entdecken. Weniger Scheu als die anderen Tiere zeigen die Affen in Erwartung ihres Anteils aus den Lunchpaketen der Touristen.

An der Südflanke des Berglandes von Khao Yai liegt am Ende einer Stichstraße bei Nakhon Nayok in einem anmutigen Tal das Erholungsgebiet von Wang Takrai, das durch die private Initiative des 1959 gestorbenen Prinzen Chumbot entstanden ist. Seine Witwe hat das Werk fortgesetzt und die Landschaft beiderseits eines kleinen Gebirgsflusses zu einem reizvollen Erholungspark ausgestaltet, in dem man in Bungalows übernachten kann.

Über den Khao-Yai-Nationalpark ist die Straßenverbindung von Bangkok nach Korat etwa 20 Kilometer länger als die vielbefahrene Landstraße Nr. 2, die mit 258 Kilometern die Berge nördlich umgeht und ihr Ziel auf schnellerer, aber nicht so reizvoller Strecke erreicht.

Phimai und die Khmer-Tempel: Kastelle einer strengen Herrschaft

Teile der alten Stadtmauer begrenzen noch immer das Rechteck, in dem die Khmer des 11. Jahrhunderts eine befestigte Stadt angelegt und einige Jahrzehnte später einen stolzen Tempelbau errichtet und nach dem Mahayana-Buddha Vimaya benannt haben, woraus der Ortsname Phimai entstanden ist. Im ursprünglich hinduistischen Khmer-Reich hatte im 11. Jahrhundert durch Verbindungen mit der Seemacht Srividjaya der von Nordindien kommende Mahayana-Buddhismus Fuß gefaßt. Ein Fürst aus diesem Kulturkreis konnte sogar als König Suryavarman I. die Macht im Khmer-Reich erringen und in weiten Teilen Siams festigen. Unter seiner Herrschaft von 1011 bis 1050 erlangte das Khmer-Reich seine größte Machtentfaltung, die auch den Ausbau und die Sicherung der Verbindungswege nach Siam gebot. Daher sind Phimai und andere Khmer-Gründungen durchaus mit den römischen Kastellen vergleichbar, die zur Kontrolle besetzter Gebiete und ihrer Verbindungswege dienten. Ebenso wie bei den Römern spricht auch bei den Khmer der Geist einer strengen Ordnung aus den Anlagen der Städte und Tempel. Mit ihrer stabilen Steinbauweise aus Laterit- oder Sandsteinblöcken waren die Khmer ihren Nachbarn weit voraus, nur der Rundbogen und das Tonnengewölbe gehörten nicht zum vielseitigen und phantasievollen Können ihrer Baumeister. Ihr charakteristisches Strukturelement war der rechte Winkel. Grundrisse, Wände, Öffnungen für Türen und Fenster sowie die exakt aufeinander passenden Bausteine und die oft großen und schweren Tür- und Fensterstürze sind überall nach dieser Grundregel gestaltet worden. Die bedeutungsvolle Ausnahme bilden die Türme über den Tempeln, die mit ihrer ovalen Spitze den Schöpfungsberg Meru symbolisieren.

Die heutige kleine Stadt Phimai hat etwa 2000 Einwohner und liegt zehn Kilometer abseits des »Friendship Highway« rund 60 Kilometer nördlich von Korat. Ihre Grundfläche und das Straßennetz entsprechen noch ziemlich genau dem Viereck von 1030 mal 560 Metern, das einst die Khmer mit einer vier Meter hohen Sandsteinmauer umgeben hatten. Wasserläufe – im Norden der Mun, im Westen und Süden der Klong Chakrai – boten eine zusätzliche Sicherung. Im Nordteil der Stadt bildet die Tempelanlage ein Rechteck von 206 mal 230 Metern mit einen Innenhof von 64 mal 86 Metern. Im Zentrum der Anlage steht der Hauptbau des Tempels, der einen kreuzförmigen Grundriß mit einer längeren Vorhalle im Süden und drei kürzeren Eingangsbauten in den anderen Himmelsrichtungen aufweist. Den Innenhof umgab eine nach innen offe-

Der Khmer-Tempel Prasat Phanom Rung in der Provinz Buriram beherrscht auf einer Anhöhe das weite Umland. Das Bauwerk des 12. Jahrhunderts ist aus seinen Trümmern und Originalsteinen in der ursprünglichen Form wiedererrichtet worden und repräsentiert den Stil von Angkor Wat.

ne Galerie, den äußeren Bereich eine dreieinhalb Meter hohe Sandsteinmauer, beide mit Torbauten (Gopuras) zu den vier Himmelsrichtungen. Die ganze Stadt und der Tempel sind mit ihrer Längsachse nach Süden mit leicht östlicher Abweichung genau zur Hauptstadt Angkor hin gerichtet. Von dort her erreichte die Heerstraße der Khmer das Südtor der Stadt und führte geradeaus zum Tempel.

Das zum Teil abgetragene und abgesunkene Mauerwerk verschiedener Bauten, die nur noch als Ruinen vorhanden sind, verwischt den einst sehr exakten und symmetrischen Charakter der Tempelanlage und lenkt den Blick auf den in seiner alten Form wiederhergestellten Zentralbau mit seinem charakteristischen Turm (Prasat). Bei der jahrelangen, sehr mühsamen Rekonstruktion war der Franzose Bernard Groslier als Berater tätig, der den Wiederaufbau von Angkor Wat zuletzt geleitet hat.

Das Sanktuarium von Phimai war eine eingestürzte Ruine, als im Jahre 1963 die Arbeit begann. Zahlreiche Trümmer lagen verstreut herum, sie wurden gesammelt und sorgfältig auf ihre Formgebung und vor allem auch auf ihre Bruchstellen untersucht, um zusammengehörende Stücke zu vereinigen und möglichst bei jedem Stein den ursprünglichen Platz im Bauwerk zu bestimmen. Dazu gehörte viel Einfühlungsvermögen in die Arbeitsweise der Khmer-Baumeister und -Steinmetzen und die Erfahrung, schon an geringen Bearbeitungsspuren den Stein zu lokalisieren. Erschwerend kam hinzu, daß die Verwitterung den porösen Sandstein dort teilweise deformiert hat, wo er sehr dem Regen ausgesetzt war. Schließlich ist es gelungen, die Halle und ihre Eingangsfronten, vor allem aber den 22 Meter hohen Turm fast vollständig aus vorhandenen alten Steinen wieder zusammenzusetzen. So erweckt der graue Sandsteinbau heute auf den ersten Blick den Eindruck, als hätte er dank seiner massiven Bauweise die Jahrhunderte schadlos überstanden. Erst bei genauem Hinsehen kann man erkennen, daß manche Profile doch nicht ganz zusammenpassen, umso mehr lassen sie die mühsame Arbeit erahnen, die dieses Bauwerk einst den Khmer-Steinmetzen und jüngst den Rekonstrukteuren bereitet hat.

Die steinernen Strukturen der Khmer in Phimai wie in ihren anderen Tempelanlagen geben auch einigen Aufschluß über die soziale Situation und die Staatsmacht ihrer Erbauer. Zu solchen Bauarbeiten mußten in großer Zahl Sklaven oder zeitweilige Zwangsarbeiter zusammengeholt, bewacht, angetrieben, auch untergebracht und versorgt werden, was nur in einem straff geführten machtvollen Staat möglich war. Die Khmer hatten mit ihrem zentralistischen System der gottgleichen Könige und strengen hierarchischen Schichtung eine Staatsform entwickelt, die auf der Höhe ihrer Macht in strenger Ordnung funktionierte. Für ihre Gegner, in erste Linie die Thais, waren die Khmer harte Zucht- und Lehrmeister, und sie haben in ihren Bauwerken eine Spur davon hinterlassen.

Man erreicht Phimai von der Hauptstraße aus über die Mun-Brücke, hinter der sich unmittelbar am Fluß das Museum befindet.

Dort wurden die Fundstücke aus der Umgebung zusammengetragen. Es sind vor allem Steinreliefs im Khmer-Stil, die inhaltlich den religiösen Wandel dieses Volkes vom Hinduismus zum Buddhismus zeigen. Der im Phimai gefundene Torso einer überlebensgroßen Statue des letzten bedeutenden Khmer-Königs Jayavarman VII. (1181 – 1219) ist ein Glanzstück jener Epoche im Nationalmuseum von Bangkok (Bild S. 39). Im Süden der Nordostregion – etwa 140 Kilometer südöstlich von Korat – sind zwei weitere Khmer-Tempel sehenswert, die nur einige Kilometer voneinander entfernt und in ihrem Charakter sehr verschieden sind. Auf einer einzelnen Anhöhe über den Feldern südlich von Prakhon in der Provinz Buriram beherrscht der spitze Turm des Prasat Phanom Rung das Umland zu seinen Füßen. Von Süden her führt eine breite Treppe zum Tempel empor. Einen unteren Absatz flankieren mächtige fünfköpfige Schlangen als steinerne Tempelwächter (Bild S. 140). In dieser Form ist die heilige Naga ein spezielles Symbol des frühen Khmer-Reiches und seiner mythischen Vorgeschichte. Das Sanktuarium und sein 25 Meter hoher Turm aus dem frühen 12. Jahrhundert wurden in der ursprünglichen Form wiederhergestellt und repräsentieren den Stil des zur gleichen Zeit erbauten Angkor Wat. In seiner Größe, Form und künstlerischen Bedeutung ist dieses Bauwerk mit dem Tempel von Phimai vergleichbar, in seiner landschaftlichen Position vielleicht noch eindrucksvoller. Die Ruinen der das Sanktuarium umgebenden Bauten tragen Merkmale der frühen Khmer-Zeit, so daß man annimmt, daß der jetzt sichtbare Tempel an der Stelle eines älteren errichtet worden ist. Die Heerstraße der Khmer hatte

Grenze ohne Brücke

Links:
Der mächtige Mekong, der vom Ost-Himalaya quer durch Indochina zum Chinesischen Meer fließt, bildet auf einer Länge von mehr als 700 Kilometern brückenlos die Grenze zwischen Thailand und Laos. Den einzigen offiziellen Grenzübergang bedienen die kleinen Boote des Fährdienstes bei Nong Khai, 16 Kilometer südöstlich der laotischen Hauptstadt Vientiane. Je ein thailändisches und laotisches Boot wechseln einander ab und können hier nur Personen mit ihrem Handgepäck befördern. Der Blick aus der thailändischen Grenzstation zeigt jenseits des Mekong das laotische Ufer, auf dem Fluß das laotische Fährboot.

Unten:
Die Pilzfelsen von Ban Phu (40 Kilometer südwestlich von Nong Khai) sind ein Naturwunder, das den Menschen schon seit vorgeschichtlicher Zeit Schutz unter seinen Dächern geboten hat.

Rechte Seite:
Das historische Wahrzeichen Thailands an der Ostgrenze am Mekong ist der Chedi des Wat Phra That Phanom (55 Kilometer südlich der Provinzhauptstraße Nakhon Phanom). Das Bauwerk im laotischen Stil steht auf Grundmauern aus dem neunten Jahrhundert und wurde nach seinem Einsturz von 1975 in alter Form neu errichtet.

Angkor in ziemlich gerader Linie über Prasat Phanom Rung mit Phimai verbunden, doch gibt es auf dieser Route nur mancherorts alte Spuren, aber keine neue Straße. Nur fünf Kilometer weiter im Südosten, aber ohne direkte Straßenverbindung, liegen die Ruinen von Prasat Muang Tam in einem lichten Wald der Ebene. Große Ecksteine mit Naga-Köpfen markieren die Umrisse der Anlage, in deren alten Wasserbecken sich die Tempelruine spiegelt. Als Gründung des 10. Jahrhunderts ist Muang Tam älter als Phimai. Der Name bedeutet »Untere Stadt« und läßt darauf schließen, daß sich in der Nähe auch eine größere Ansiedlung des frühen Khmer-Reiches befand, deren Holzhäuser und Palisaden jedoch völlig verschwunden sind. Halb verfallen, mit starken, aber schiefen Mauern und den charakteristischen Eingangsbauten (Gopuras) und Turmstümpfen zeigt sich Muang Tam noch in dem Zustand, in dem die Kultstätte ein ganzes Jahrtausend – mehr oder weniger – überstanden hat. Der Anblick ist eindrucksvoll und legt den Wunsch nahe, man möge diese Stätte so erhalten, wie sie ist, nur konservieren, schützen und sichern. Dies gilt vor allem für die Steinreliefs und zum Teil noch an ihrem Platz befindlichen Türstürze mit Szenen der Hindu-Mythologie.

Die politische Spannung der jüngsten Zeit zwischen Thailand und Kambodscha wirkt sich auch auf die Grenzsituation bei einem der bedeutendsten Khmer-Tempel aus. In der südöstlichen Ecke der Region steht etwa 100 Kilometer südlich von Ubon Ratchathani auf einem Berg der Dongrak-Kette die große Anlage des Prasat Khao Phra Viharn direkt auf der kambodschanischen Grenze. Der Berg fällt nach Süden steil ab, der Zugang zum Tempel befand sich stets im Norden auf thailändischem Gebiet. Ein internationaler Schiedsspruch des Jahres 1963 legte entsprechend dem Höhenzug die Grenze genau zwischen die lange, durch Absätze und Torbauten (Gopuras) unterbrochene Treppe und den Tempeleingang. In den Zeiten normaler Beziehungen zwischen Thailand und Kambodscha war der Besuch des Grenztempels kein Problem. Man konnte das weite Viereck einer gedeckten Galerie mit Fenster- und Türöffnungen zum Innenhof sehen, im Zentrum den teilweise eingestürzten Hauptbau, der als Kultstätte des Schiwa erkennbar ist und vermutlich im späten 10. Jahrhundert erbaut wurde. Vom Turm ist nur noch ein Stumpf vorhanden, zahlreiche Trümmersteine liegen auf dem Hof, wie die Kräfte der Natur sie dort hingeworfen haben. Die ganze Anlage erweckt in ihrer Abgeschiedenheit den Eindruck eines riesigen Grabmales einstiger Macht und Größe, von der nur noch diese Steine zeugen. Offiziell gilt der Zugang von der thailändischen Seite her als gesperrt. Besuchern wird empfohlen, vorher die Auskunft örtlicher Polizeiorgane oder Grenzposten über die aktuelle Situation am Tempel einzuholen.

Insgesamt zeigen die zahlreichen Bauten und Fundstätten der Khmer-Kultur, die vom Grenzgebiet und der Nordostregion bis weit ins Menam-Becken und den Norden Thailands reichen, wie intensiv und dynamisch der Khmer-Staat vor tausend Jahren die Bastionen seiner Kultur auf breiter Front vorgeschoben, aber ebenso dramatisch auch wieder verloren hat.

Surin: Das große Fest der Elefanten

Alljährlich in der dritten Novemberwoche rüstet sich die Provinzstadt Surin im südlichen Grenzland der Nordostregion, rund 450 Kilometer von Bangkok entfernt, zu einem großen Ereignis, wobei sie im Zustrom von Tausenden zu einem sehr speziellen Wallfahrtsort wird. Auf den Landstraßen rund um Surin spielt sich gleichzeitig ein Sternmarsch der Elefanten ab, die einzeln und in kleinen Gruppen mit ihren Mahouts tage- oder gar wochenlang unterwegs sind, um mit den Futterspenden der Bevölkerung und in der gewohnt ruhigen Gangart das gemeinsame Ziel zu erreichen: Das große Fest der Elefanten in Surin! Zum Auftakt am Samstag trifft frühmorgens der spezielle Liegewagenzug der Tourist Authority aus Bangkok mit einigen hundert ausländischen Gästen ein, deren Übernachtung die wenigen kleinen Hotels der Stadt überfordern würde, für deren Mahlzeiten jedoch eine Schulhalle als Großrestaurant hergerichtet ist. Ein großer Platz vor der Stadt ist abgezäunt, Tribünen sind aufgebaut und füllen sich zu der großen Schau am Vormittag, die Mensch und Tier von der Mittagsglut verschonen will.

Von ihrem Lager am Südrand der weiten Arena ziehen an die 200 Dickhäuter, unter ihnen etliche Jungtiere mit ihren Müttern, nach der Stärkung durch frisches Zuckerrohr in langer Reihe an den Tribünen vorbei und formieren sich zu den Darbietungen ihrer Spezialisten und Solisten. Jagdszenen zeigen, wie mit Hilfe trainierter Elefanten ein kleinerer Wildling in die Enge getrieben und mit einem starken Lasso am Bein eingefangen wird. Ein Rennen der grauen Kolosse demonstriert die hohe Geschwindigkeit, die sie erreichen können, wenn sie in Schwung kommen und freie Bahn haben. Großen Beifall erntet die Behutsamkeit, mit der ein tonnenschwerer Riese seine Stampfer über einen unter ihm liegenden Menschen hinwegsetzt, ohne ihn im Gesichtsfeld zu haben. Beim Tauziehen rutschen hundert Soldaten schließlich hinter dem Elefanten über den Platz. Beim fröhlichen Fußballspiel zweier Elefantenteams gilt der Gebrauch des Rüssels offenbar als erlaubter Kopfball. Zum großen Abschluß formiert sich die lange Front einer eindrucksvollen Parade in der Ausstattung früherer Zeiten und Kriege, in denen die Elefanten als allerschwerste Kavallerie dienten.

Nach dem eindrucksvollen Finale kann man auf einem Elefanten in die Stadt reiten. Am Nachmittag tauchen die grauen Riesen überall im Stadtbild auf und bewegen sich im Straßenverkehr, als wäre es immer so. Vor dem Bahnhof kann man statt eines Taxis einen Elefanten besteigen und sich auf hoher Warte durch die Stadt schaukeln lassen.

Wenn am nächsten Morgen der Sonderzug der Touristen nach Bangkok zurückkehrt, dann geht das Fest in Surin noch den ganzen Sonntag lang weiter. Wieder strömen Tausende zur Arena, ganze Dorfgemeinschaften treffen eng zusammengedrängt auf offenen Lastwagen ein. Das Programm ist das gleiche wie am Tag zuvor, nur die Zuschauer sind neu, und es ist abzusehen, daß das große Fest der Elefanten in Surin, das einzige seiner Art, demnächst auf drei Tage verlängert werden könnte.

Aber es stimmt auch nachdenklich, daß sonst überall auf der Welt nicht mehr so viele Elefanten zusammengebracht werden können.

**Ban Chiang:
Schatzkammer der Archäologen**

Eine Baumwurzel neben dem Tempel eines kleinen Dorfes brachte im Jahre 1966 den Studenten Stephen Young zum Stolpern und zu Fall. Dabei sah er vor sich einen merkwürdig bemalten Tonscherben in der Erde und legte ihn frei. Er wunderte sich über das spiralförmige Muster und zeigte den Fund in Bangkok seinem Vater, dem amerikanischen Botschafter, der ihn damit zur zuständigen Kulturbehörde schickte. Dort war der Name des Dorfes, Ban Chiang, unbekannt, aber man wußte, daß Keramik mit solchen Mustern schon verschiedentlich im Kunsthandel aufgetaucht war und als »sehr alt und wertvoll« angeboten wurde. Mit Hilfe der Universität von Pennsylvania wurden fachkundige Ausgrabungen begonnen. Schon sehr bald wurden Funde zutage gefördert, die den Dorfnamen Ban Chiang zum Begriff für eine ungeahnte archäologische Schatzkammer gemacht haben. Neben dem kleinen Dorftempel wurden Grablegungen mit Beigaben in Keramikurnen in mehreren Schichten freigelegt, deren unterste durch eine spätere Radiokarbon-Messung im fünften Jahrtausend v. Chr. eingestuft wurde. Daher stellten Bronzefunde aus der tiefsten Schicht zunächst einmal eine Sensation dar und lösten weitgehende Vermutungen über die Herkunft der Bronzebearbeitung aus. Die Meinungen der Experten gehen in dieser Frage noch immer auseinander. Doch steht fest, daß hier vor sechs- bis siebentausend Jahren Menschen einer relativ hohen Kulturstufe gelebt und interessante Zeugnisse ihrer Existenz hinterlassen haben (Bild S. 27). Der besondere wissenschaftliche Wert der Fundstätte liegt in den nachfolgenden Schichten, aus denen die ständige Besiedlung des Ortes und auch die kulturelle Entwicklung bis zur Eisenzeit vor etwa 2500 Jahren abzulesen ist. Daher kommt es bei den Funden von Ban Chiang sehr genau auf die Schicht an, aus der sie stammen und die nur bei archäologisch fachgerechter Ausgrabung bestimmbar ist. Ban Chiang ist zu einem sehr gefragten Herkunftsbegriff geworden, gerade weil es auch Funde »aus dem Acker« gegeben hat. Die schönen Farben und Muster steigern die Nachfrage nach diesen Krügen und Vasen, deren Originale strikten Bestimmungen unterliegen und das Land nicht verlassen dürfen. Inzwischen wird viel Keramik im Stil von Ban Chiang hergestellt, so daß man die charakteristischen »Fingerabdruckmuster« schon im Kunsthandel sehen kann.

Ban Chiang liegt in der Nordhälfte der Nordostregion etwa 50 Kilometer östlich von Udon Thani und wenige Kilometer abseits der Hauptstraße nach Sakhon Nakhon. Neben dem Dorftempel ist eine der beiden Grabungsstellen unter einem großen Schutzdach öffentlich zugänglich und als museales Anschauungsobjekt hergerichtet. In der etwa zehn Meter langen und bis zu sechs Metern breiten Ausschachtung sind Stufen verschiedener Höhe erkennbar, auf denen Fundstücke, hauptsächlich die charakteristischen Tonkrüge sowie Skelett-Teile, bloßgelegt sind. Doch fragt man sich, warum nicht im unmittelbaren Anschluß weitergegraben wird, wenn hier so vieles gefunden worden ist. Das früher sehr kleine Museum ist in einen stattlichen Neubau umgezogen, in dem die Fundstücke besser zur Geltung kommen und Informationstafeln in Thai und Englisch ausführlich Auskunft geben. Neben den Keramik- und Bronzeobjekten fällt eine eiserne, vom Rost zerfressene Speerspitze auf. Stempel und kleine Rollen aus Ton bezeugen die Verbreitung einer frühen Drucktechnik, die in ähnlicher Form auch bei weit entfernten alten Kulturen, beispielsweise auf den Kanarischen Inseln und in Mittelamerika bekannt war.

Die Fundstätte von Ban Chiang hat in Thailand die erste Kenntnis von der hohen Kulturstufe eines noch weitgehend unbekannten Volkes in vor- und frühgeschichtlicher Zeit vermittelt. Der Forschung ist hier ein ermutigender Anfang geglückt, der noch einiges mehr erwarten läßt.

Ban Phu: Der Wald der Pilzfelsen

Ein noch ziemlich unbekanntes Werk des »Bildhauers Natur« verbirgt sich in der Hügelkette bei der Ortschaft Ban Phu, die etwa 45 Kilometer nordwestlich von Udon Thani liegt und auch von der noch etwas näheren Grenzstadt Nong Khai am Mekong her erreichbar ist. Der einst weiße Stupa des Wat Phra Phuttabat Bua Bok markiert den Eingang zu der im lockeren Wald verstreuten Anhäufung merkwürdiger Verwitterungsformen, die am ehesten als »Pilzfelsen« charakterisiert werden können.

In dieser Werkstatt der Natur haben die unermüdlichen Steinmetzen Wind und Regen seit Urzeiten eine viele Meter dicke Felsschicht bearbeitet, die oben härter ist als unten. Also haben sie aus den weichen Schichten mehr herausgeholt als aus der harten und dadurch tiefe Kehlen und weit überragende Dächer geschaffen, die jetzt wie große Pilze im Wald stehen.

Auf einem Rundgang von etwa zwei Kilometern kann man an die zwanzig solcher steinernen Pilze anschauen, von denen einige mit ihrem schirmenden Dach recht gut Schutz bieten können. Das haben offenbar auch die Menschen eines vorgeschichtlichen Zeitalters erkannt und an einer Felswand Zeichnungen hinterlassen, die in rötlicher Farbe drei Rinder und in schwärzlichem Ton eine Gruppe Menschen darstellen. Über diese Bewohner ist nichts weiter bekannt. Doch gibt es die Entstehungslegende von einer Prinzessin und dem sie liebenden Prinzen, der ihren störrischen Vater durch diese aus dem Boden gestampften Bauten bezwang. Nach dieser Legende gibt es für einzelne Felsformationen Namen wie »Stall des Prinzen«, »Kessel des Riesen«, »Tempel des Vaters«, »Turm der Tochter« und »Tempel des Schwiegersohns«.

Nach Auskunft der Mönche, die hier leben, gibt es in einem größeren Umkreis noch viele weitere »Steinschirme«.

Der Mekong: Grenzfluß ohne Brücke

Der breite Strom des Mekong bildet an zwei Abschnitten die Grenze zwischen dem Königreich Thailand und seinem nahen Verwandten im Norden, Laos, dessen letzter König 1975 nach dem Ende des Vietnam-Krieges durch die Pathet-Lao-Regierung der jetzigen Volksrepublik zur Abdankung veranlaßt wurde. Bis dahin hatte der Mekong die beiden mit den Wasserwegen vertrauten Nachbarvölker verbunden. Seit 1975 trennt er sie als Schicksalsgrenze zwischen gegensätzlichen Gesellschaftssystemen. Nirgendwo gibt es eine Brücke über den Grenzstrom. Früher wurde sie nicht ge-

Mehr als zwanzig solcher »Pilzfelsen« stehen in sehr verschiedenen Formen im Bergwald bei Ban Phu und sind mit ihren eigenartigen Verwitterungsgebilden eines der interessantesten Naturwunder des Landes.

Der Südosten: Fischer, Strände und Touristen

Oben:
Alte Fischerdörfer und neue Hotels und Bungalows reihen sich an der Südostküste aneinander. Dahinter erheben sich schwer zugängliche Dschungelberge. Bei Ang Sila nahe dem populären Badeort Bang Saen gehört der Strand noch den Fischern. Im Hintergrund ragen bei Ebbe die künstlich angelegten Muschelbänke aus dem Wasser. Die bunten Fähnchen an den langen Bambusstangen dienen zur Markierung der ausgelegten Netze. Mit weißen Gesichtsmasken schützen einzelne Fischer sich vor den intensiven Sonnenstrahlen auf dem Meer.

Links:
Weite Flächen hinter den flachen Stränden bei der alten Provinzhauptstadt Chonburi dienen der Meersalzgewinnung. Hochsaison ist hier die heiße Jahreszeit im März und April, wenn die Sonne vor der Regenzeit fast senkrecht steht und das Wasser besonders schnell verdampfen läßt.

Rechte Seite:
Auf diesen Stegen bei Bang Saray werden in großer Zahl Tintenfische getrocknet, um in haltbarem Zustand auf die Märkte der Umgebung bis hin zur 160 Kilometer entfernten Hauptstadt zu gelangen.

braucht, weil überall Boote Menschen und Güter hin- und herüberbringen konnten, jetzt besteht kein Bedarf dafür, weil es nur wenig zu transportieren gibt. Bei auf den Fährverkehr bei Nong Khai, nahe der laotischen Hauptstadt Vientiane, ist die Grenze überall offiziell geschlossen.

Der kürzere Abschnitt der Mekong-Grenze liegt ganz im Norden Thailands am Goldenen Dreieck bei Chiang Saen und hat nur eine Länge von etwa 130 Kilometern. Von dort aus fließt der Mekong in östlicher Richtung nach Laos hinein und wendet sich in einer weiten Schleife bei der alten Königsstadt Luang Phrabang nach Süden. Nach weiteren rund 250 Kilometern durch das sehr dünn besiedelte laotische Bergland erreicht der Strom die thailändische Grenze bei Chiang Khan und biegt wieder nach Osten ein. Dort beginnt der zweite Grenzabschnitt, der mehr als 700 Kilometer lang ist und in einem großen Bogen Thailands Nordostregion umschließt. Nach weiteren rund 150 Kilometern breitet sich die laotische Hauptstadt Vientiane am Nordufer aus, nach einer engen Schleife liegt dort die thailändische Grenzstadt Nong Khai auf dem erhöhten Südufer.

Von Chiang Khan aus begleitet eine Straße den Mekong auf dem thailändischen Ufer und erschließt streckenweise sehr eindrucksvolle Panoramen des mächtigen Stromes. Südlich von Chiang Khan erstreckt sich die Provinz Loei am gleichnamigen Nebenfluß des Mekong. Im Tal gedeihen Baumwolle und Mais. Auf dem westlichen Höhenzug erstreckt sich die Berglandschaft des Phu Kradung-Nationalparks mit Höhen bis über 1500 Meter und einem Netz markierter Wanderwege, die unter den jüngeren Thais viele Liebhaber gefunden haben. Diese Gegend ist bekannt für ihre Thermometer-Rekorde mit den höchsten sommerlichen und den niedrigsten – nahezu winterlichen – Temperaturen des ganzen Landes.

Nahe am Mekong bei Pak Chom hat das Flüchtlingslager Ban Vinai die Dimension einer mittleren Stadt. Dort versorgen internationale Hilfsorganisationen mehr als 30 000 Flüchtlinge aus Laos, darunter viele Meos, aber auch Vietnamesen und Khmer, die den Mekong einst als Wander- und Handelsstraße und jüngst als Fluchtweg benutzt haben. Zwischen den Grenzstationen bei Nong Khai pendeln die Fährboote wie in früheren, entspannten Zeiten, abwechselnd eines mit der laotischen und eines mit der thailändischen Flagge. Thais und Laoten können die Erlaubnis für den Grenzverkehr bekommen, aber es sind stets nur wenige Passagiere auf den Fähren. Für die meisten Ausländer scheitert die Überfahrt am fehlenden Visum der Laoten, das nur in eng begrenzten Fällen erteilt wird, wobei dann in erster Linie der Luftweg offensteht. Der kleine Abfertigungsraum mit vergitterter Fensterfront zum Fluß, dem Tisch des Grenzbeamten und ein paar Bänken für Wartende führt vor Augen, auf wie wenig Grenzverkehr man sich hier eingerichtet hat. Auf mehr Zuspruch haben sich die Restaurants und Souvenirläden der Umgebung eingestellt. Hier passieren die Touristen aus aller Welt ausnahmsweise nicht die Grenze, sondern besuchen sie als Sehenswürdigkeit am großen Strom, der hier am markantesten für sie zugänglich ist.

Für die Thais markiert 350 Kilometer stromabwärts ein altes, erst jüngst erneuertes Wahrzeichen von nationalem Rang den Stolz der Isan-Region und deren Grenze am Mekong. Im Schmuck seiner goldenen Ornamente steht der That-Phanom-Chedi am Strom, wo er die ferne Ostgrenze bildet. Mit seinen geschwungenen Kanten ist der viereckige, 52 Meter hohe Turm ein charakteristisches Bauwerk des laotischen Stils, wie er auch für andere Tempel des Nordostens übernommen worden ist. Seine Grundmauern sind sehr alt und trugen vermutlich einen Khmer-Bau des 9. Jahrhunderts. Im Laufe der Zeit wurden die Bauten der Tempelanlage immer wieder verändert und erneuert, dabei blieben Khmer-Reliefs an der Ziegelmauer der Basis erhalten. Die Formgebung des großen Chedi stammt vermutlich aus dem 15. Jahrhundert. Doch brach der vielfach reparierte Turm, der große Risse aufwies, 1975 unter einem starken Wolkenbruch zusammen. Daraufhin wurden in den Tempeln des ganzen Landes Spenden gesammelt, um das Wahrzeichen des Nordostens wieder aufzubauen. Binnen drei Jahren konnte der Bau in der erneuerten alten Form, doch in frischem Glanz wieder errichtet und geweiht werden.

Vor dem Tempel liegt die kleine Stadt That Phanom direkt auf dem hohen Ufer des Mekong, der hier etwa einen Kilometer breit ist. Mehr als 50 Kilometer weiter nördlich ist Nakhon Phanom mit 33 000 Einwohnern die größte thailändische Stadt am Mekong. In der gleichnamigen Provinz haben sich viele Laoten und Vietnamesen als Bauern angesiedelt. Die Stadt war seit Jahrhunderten ein lebhafter Handelsplatz an der Flußroute mit einer starken chinesischen Kolonie. Mit der gegenüberliegenden laotischen Stadt Thakhek sind die Verbindungen offiziell unterbunden, doch läßt die alltägliche Ruhe am Fluß vermuten, daß die Risiken inoffizieller Verbindungen nicht allzu groß sind. Gleiches gilt auch über hundert Kilometer weiter südlich für das Städtepaar Mukdahan auf der thailändischen und Savannakhet auf der laotischen Seite, wie das Angebot typischer laotischer Handarbeiten auf dem Markt von Mukdahan zeigt. Einer der Tempel der Stadt wurde im vietnamesischen Stil von Flüchtlingen erbaut, die 1954 Nord-Vietnam verlassen und hier Zuflucht gefunden haben.

Der Mekong nimmt östlich der Provinzhauptstadt Ubon Ratchathani den Mun als größten Nebenfluß der Region auf, kurz bevor die Grenze sich vom Lauf des Stromes löst. An einem wasserreichen Zufluß des Mun wurde dort nahe der Grenze einer der größten Staudämme des Landes erbaut, dessen Elektrizitätswerk einen weiten Umkreis mit Strom versorgt. Hinter dem nach Prinzessin Sirindhorn benannten Damm hat sich ein See von über fünfzig Kilometer Länge aufgestaut. Das Projekt führt vor Augen, wie dort im äußersten östlichen Winkel des Landes ein großes Werk des technischen Fortschritts verwirklicht worden ist.

Der Südosten:
URWÄLDER, FISCHER UND TOURISTEN

In keinem anderen Landesteil gibt es so große Kontraste der Entwicklung wie im Südosten, der kleinsten der fünf Regionen des Königreichs. Ihr Gebiet erstreckt sich südöstlich der Hauptstadt Bangkok entlang der Ostküste des Golfs bis zur kambodschanischen Grenze, die dort in menschenleeren Dschungelbergen nach Norden verläuft. Die Urwälder rücken nahe an den dicht besiedelten Küstenstreifen heran, der von Fischerdörfern gesäumt ist. Ein solches Dorf an der Küste hat sich in den letzten zwanzig Jahren zum heutigen Seebad Pattaya verwandelt. In raschem Wachstum sind dort Dutzende von größeren und kleineren Hotels aus dem Boden gestampft worden. Binnen wenigen Jahren – etwa von 1973 bis 1978 – hat sich Pattaya mit großen Häusern der Spitzenklasse und jedem erdenklichen Komfort und Service zu einem der bedeutendsten touristischen Zentren Asiens entwickelt. Dieser Prozeß setzt sich jetzt in der näheren und weiteren Umgebung fort, wo es noch eine Reihe schöner Strände und Buchten gibt.

Wenn sich am Abend im bunten Neonlicht die Menschen und Autos in den engen Schluchten der Flanierstraßen von Pattaya drängen, dann ist es schwer vorstellbar, daß nur einige Kilometer landeinwärts allein die Geräusche der Natur den nächtlichen Urwald beleben. Seit parallel zur kambodschanischen Grenze eine strategische Straße ausgebaut worden ist, umschließen die Verkehrswege des Hinterlandes noch immer ein menschenleeres Gebiet von etwa 150 mal 80 Kilometern, in das nur einige Sackstraßen hineinführen. Die Dschungelberge erreichen dort Höhen bis zu 1633 Metern (Khao Soi Dao Tai), ihre Südflanke zur Küste hin ist das regenreichste Gebiet des Landes.

Die Küste bildet etwa einen rechten Winkel mit einem etwa 100 Kilometer langen nördlichen Schenkel, an dem auch Pattaya liegt, und einem weit längeren Abschnitt in östlicher Richtung, der in einen über 100 Kilometer langen, sehr schmalen Streifen ausläuft. Dort gehört praktisch nur noch die Küstenstraße von Trat bis Hat Lek zu Thailand, während die dahinter aufsteigenden Berge schon kambodschanisches Territorium sind. Der Küste sind zahlreiche Inseln vorgelagert, von denen die größeren bewohnt sind und einige in jüngster Zeit als Erholungsziele angelaufen werden. Dies sind in erster Linie die Inseln vor Pattaya, aber auch Ko Samet vor der Küste bei Rayong. Hier laden helle Sandstrände und kristallklares Wasser mit Temperaturen von 26 bis 30 Grad zum Baden und Tauchen an Korallenbänken ein.

Die wichtigste Verkehrsader der Region ist die über 500 Kilometer lange Küstenstraße, die in Bangkok als Thanom (Straße) Sukhumvit beginnt und diesen Namen auf ihrer ganzen Strecke beibehält. Sie ist zwischen der Hauptstadt und dem Badeort Pattaya auf einer Länge von rund 150 Kilometern als Autobahn ausgebaut. Die größeren Städte auf dieser Route sind Chonburi (68 Kilometer von Bangkok), der Naturhafen Sattahip sowie die Provinzzentren Rayong und Chanthaburi. Die Sukhumvit-Küstenstraße endet als schmale über hundert Kilometer lange Sackgasse an der kambodschanischen Grenze hinter der kleinen Stadt Trat. Dort gibt es keinen Übergang zum Nachbarland. Die einzige offizielle Grenzstation der Südostregion liegt etwa zweihundert Kilometer von der Küste entfernt bei Aranyaprathet an der Straßen- und Bahnverbindung zwischen den Hauptstädten Bangkok und Phnom Penh. Sie ist jedoch seit 1970 geschlossen, so daß auch das etwa 120 Kilometer weiter östlich in Kambodscha gelegene Angkor Wat – früher ein Ziel für Bustouren aus Bangkok – seither für den internationalen Besucherstrom aus Thailand unzugäng-

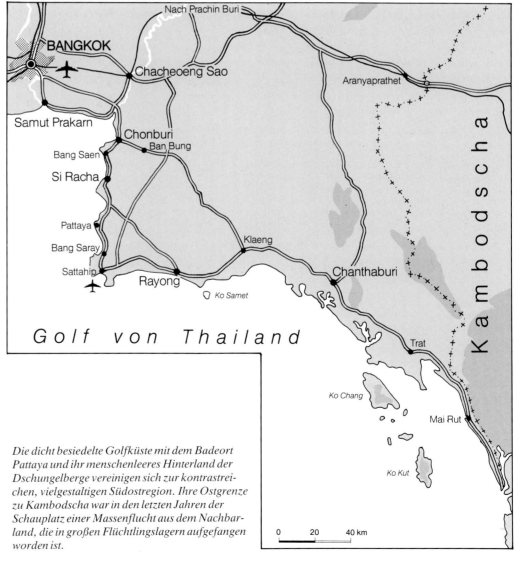

Die dicht besiedelte Golfküste mit dem Badeort Pattaya und ihr menschenleeres Hinterland der Dschungelberge vereinigen sich zur kontrastreichen, vielgestaltigen Südostregion. Ihre Ostgrenze zu Kambodscha war in den letzten Jahren der Schauplatz einer Massenflucht aus dem Nachbarland, die in großen Flüchtlingslagern aufgefangen worden ist.

Magnet Pattaya

Oben:
Die Strände der Südostküste und ihrer Inseln bilden in und um Pattaya (140 Kilometer südöstlich von Bangkok) die Basis einer raschen touristischen Entwicklung, die fortschreitend um sich greift. Im Süden von Pattaya wird der schöne, lange Strand von Jomtien immer mehr in diese Verwandlung einbezogen, noch ist er ein attraktives Ziel für die Badenden in Sonne und See, auch für die Windsurfer, deren Sport auch diese Küsten erreicht hat.

Links:
Die Inselstrände gewähren mit ihrem hellen, feinen Sand und kristallklarem Wasser Badefreuden besonderer Qualität, wie hier auf Ko Samet, einem bei den Thais schnell populär gewordenen Ausflugsziel vor der Küste bei Rayong.

Rechts:
Das Nachtleben von Pattaya spielt sich hauptsächlich in den offenen Bars ab, wo zahlreiche Mädchen darauf warten, ihre Gäste aus aller Welt zuerst einmal mit Getränken zu bedienen. Je nach Kontakt und Bedarf kann dann alles weitere verabredet werden. Die Strandstraße von Süd-Pattaya wird allabendlich zu einem neonfunkelnden »Strip« mit allen Angeboten, die in einem solchen Touristenzentrum Gewinn versprechen.

lich geworden ist. Doch sind in jenem Grenzgebiet Zehntausende vom Kambodschanern nach Thailand geflohen und leben dort in großen Flüchtlingslagern, wo sie von internationalen Hilfsorganisationen notdürftig versorgt werden.

Eine Spezialität der Region sind die Fundstätten von Edelsteinen in der Grenzprovinz Chantaburi nahe der gleichnamigen Stadt. In bestimmten Erdschichten sind dort hauptsächlich Saphire, Rubine und Topase eingelagert. Sie werden auf traditionelle Weise aus dem lehmigen Erdreich herausgewaschen und tragen viel dazu bei, Thailand zu einem interessanten Juwelenmarkt zu machen.

Im Gegensatz zu den unwegsamen Urwäldern des bergigen Hinterlandes ist der Küstenstreifen einschließlich einiger Flußtäler dicht besiedeltes und gut bewässertes Bauern- und Plantagenland für tropische Produkte wie Ananas, Kautschuk und Zuckerrohr; hinzu kommen Obst- und Gemüseplantagen speziell auch für den Bedarf des touristischen Zentrums Pattaya und der Hauptstadt Bangkok. Die schnelle Entwicklung von Pattaya hat nicht nur Hotels aus dem Boden gestampft, sondern auch im näheren Umkreis die Anlage von Obstgärten, Plantagen, Vieh- und Hühnerzuchtbetrieben herbeigeführt, dazu viel Handel und Gewerbe angezogen. Stellenweise wurde auch der Urwald zurückgedrängt, jedoch nicht so sehr wie in anderen Landesteilen, so daß er in dieser Region noch den weitaus größten Anteil der Gesamtfläche einnimmt.

Die Küste der Fischer

Die reichen Fischgründe des relativ flachen Golfs mit Tiefen bis zu 75 Metern gelten seit alter Zeit als sehr ergiebig und ernähren die Bevölkerung der Fischerdörfer, die auch nähere Märkte des Binnenlandes bis zur Hauptstadt beliefert. Die Modernisierung der Fangflotten seit den sechziger Jahren brachte zunächst eine Steigerung der Fänge, aber seit den siebziger Jahren auch den Rat der Experten, die Fanggebiete der neuen Trawler weiter in die offene See des Südchinesischen Meeres zu verlegen. Bis auf kleine Tintenfische und Makrelen, die in großer Menge gefangen werden, gilt der Golf schon seit den siebziger Jahren als »überfischt«. Die Fänge sind nicht mehr so ergiebig wie früher – und die Preise steigen auf den Märkten und erst recht auf den Speisekarten. Verschiedene Zuchtprogramme sind mit Hilfe ausländischer Experten angelaufen. Nach dem Ausbau der Trawlerflotte mit deutscher Hilfe haben die Japaner ein großangelegtes Programm der Garnelenzucht gefördert. An der Südostküste ist Rayong ein wichtiges Zentrum für die Erforschung und Entwicklung der Meeresfischerei, wo viel zukunftsweisende Arbeit für diese wichtige Ernährungsbasis des Landes geleistet wird.

Vor dem Hintergrund der Exportperspektiven geht das Leben in den Fischerdörfern seinen gewohnten Gang. Charakteristisch für die Ausbeute an dieser Küste sind aufgestellte Rahmen und auf den Stegen gespannte Schnüre, an denen zu Hunderten die Tintenfische in der Sonne trocknen. Hell leuchten und glitzern die handflächengroßen, durch einen feinen Bambusspieß gespreizten »Meeresfrüchte« im warmen Licht, das sie erhärtet und konserviert. Auf altbewährte Weise haltbar gemacht, kommen die »Squids« auf die Märkte des Hinterlandes und zu den Straßenständen, wo sie auf Holzkohlenglut geröstet und als beliebter nahrhafter Zusatzhappen verkauft werden. Ein anderes spezielles Produkt von der Küste der Fischer ist die penetrant würzige Fischsauce (Nam Pla), an die sich viele Thais derart gewöhnt haben, daß sie jedem Reisgericht diesen speziellen Geschmack beimischen. In verschiedenen Küstenorten, vor allem in Rayong, stellen Familienbetriebe nach einem wenig wohlriechenden Verfahren die Sauce aus kleinen, silbrigen Fischen her, die in großen Schwärmen im Golf vorkommen. In den einfachen Eßlokalen des ganzen Landes fehlt nirgendwo die kleine Nam-Pla-Flasche, aus der man sich ein paar Tropfen der orange-rötlichen Flüssigkeit auf den Reis schüttet. Wer nicht daran gewöhnt ist, kann jedoch das Empfinden erleben, daß Nam Pla noch stundenlang die Geschmacksnerven beschäftigt. Auch das Meersalz wird in bestimmten Abschnitten der Golfküste gewonnen, wo das Meerwasser zum Verdunsten auf größere Flächen geleitet werden kann.

In geschützten Buchten des inneren Golfs sind künstliche Muschelbänke aus Betonpfählen angelegt worden, die bei Flut im Wasser verschwinden, doch bei Ebbe heraustreten und dann auch kontrolliert und abgeerntet werden können.

Der große Strom des Tourismus bewegt sich an der Südostküste hauptsächlich auf der zur Autobahn ausgebauten Schnellstraße zwischen Bangkok und Pattaya, die hinter den Buchten der Küste eine möglichst gerade und schnelle Verbindung herstellt. Schmale Nebenstraßen führen zu den Fischerorten und Buchten sehr nahe und doch abseits der touristischen Rennstrecke.

Die Südostküste beginnt praktisch an der Mündung des Menam in den Golf. Dreißig Kilometer südlich der Innenstadt von Bangkok beherrscht dort auf dem östlichen Ufer die Stadt Samut Prakan mit ihren Forts das wichtigste Tor der Wasserwege und ist heute ein bedeutender Hafen der Trawler-Flotte. Nahe der Stadt liegen zwei vielbesuchte Ausflugsziele: die Krokodilfarm, mit rund 30 000 siamesischen und afrikanischen Exemplaren dieser noch immer furchterregenden Leder- und auch Fleischlieferanten die größte Reptilienzucht der Welt. Nahebei kann man in der weitläufigen Anlage »Ancient City« eine Reihe von Nachbauten historischer Bauwerke Thailands besichtigen und folkloristische Darbietungen besuchen.

Die nächste größere Stadt ist Chonburi (90 Kilometer südöstlich von Bangkok), ein geschäftiges Provinzzentrum mit mehr als 40 000 Einwohnern. Zahlreiche Geschäfte säumen die breite Hauptstraße und bieten Spezialitäten aus dieser Gegend an: getrocknete Fische, Gewürze, Korbwaren, steinerne Mörser und die Früchte der jeweiligen Saison. Chonburi hat eine lange Geschichte, doch sieht man der Stadt ihr Alter nicht an. Selbst der 32 Meter hohe Buddha am Berg über der Stadt ist ein Werk aus jüngster Zeit. In hellem Goldglanz sitzt er im tausendjährigen Stil von Dvaravati auf einem Thron; er war als größter Buddha des Landes geplant, hat diesen Rang jedoch an die 60-Meter-Statue des Buddha Phra Gagusanto (siehe Bild S. 102) abgegeben. Nach dem Fall von Ayutthaya (1767) hat der General Taksin hier in dem von den Birmanen nicht erreichten Südosten die ersten Truppen zum Gegenschlag gesammelt. Vor dem interessanten Tempel der Stadt, Wat Yai Intaram, stehen frische Blumen der Verehrung vor der Statue des späteren, unglücklich geendeten Königs. In der ersten Oktoberhälfte ist Chonburi der populäre Schauplatz eines traditionellen Wasserbüffel-Rennens, das mit seinem festlichen Rahmen zwei Tage füllt.

Wenige Kilometer südlich von Chonburi führt der Bogen einer schmalen Küstenstraße nach Ang Sila, einem Ort der Fischer und spezieller Steinmetzwerkstätten, in denen aus Granit kleine halbrunde Mörser zum Mahlen von Gewürzen hergestellt werden. Vor der Bucht von Ang Sila sind zahlreiche Muschelbänke angelegt worden. Ein steiler Hügel begrenzt die Bucht im Süden. An seiner Flanke lehnt sich ein neuerer kurioser chinesisch-buddhistischer Tempel in der Form eines Schiffsrumpfes an. Zur Ehre der Götter können die Gläubigen dort Serien von Feuerwerkskörpern knattern lassen, die mit ihrem Pulverrauch dem Tempel ein eher martialisches Gepräge verleihen.

Im Süden schließt sich die Landzunge von Bang Saen mit einem kilometerlangen Strand an, der den Vorzug schattiger Bäume und der Nähe zur Hauptstadt hat, deswegen auch bei der einheimischen Bevölkerung sehr populär ist. Ein Nachteil ist die Nachbarschaft von Flußmündungen. Sie tragen viele natürliche Schwebstoffe ins Meer, das hier nicht die Klarheit wie bei den vorgelagerten Inseln hat. Die Thais sind in ihren

Flüssen seit alters her an das lehmige Wasser gewöhnt, während für den internationalen Tourismus auch in diesem Punkt andere Maßstäbe gelten. Zu Bang Saen gehört nahe der Sukhumvit-Landstraße das Areal der Marine-Forschungsanstalt, deren Aquarium die vielgestaltige Tierwelt der thailändischen Gewässer zur Schau stellt und ein zoologisches und naturgeschichtliches Museum angegliedert hat.

Im nahen Hinterland von Bang Saen veranschaulichen der Bang-Phra-Stausee, der gleichnamige Golfplatz und der Naturschutzpark Khao Khiew die moderne Entwicklung am Rande des Dschungels. Der Stausee ist von 50 auf 120 Millionen Kubikmeter vergrößert worden, um die rasch gewachsenen Küstenorte mit Trinkwasser zu versorgen. Den Golfplatz mit einem kleinen Hotel hat die Tourist Organisation von Thailand in landschaftlich reizvoller Lage mit 18 Löchern angelegt; die Bar im Clubhaus wird von ihren Stammgästen »das 19. Loch« genannt. Der nahe Naturschutzpark Khao Khiew (Der grüne Berg) hat zwar einige Pfade, ist aber nicht als Erholungslandschaft ausgebaut, sondern dient in erster Linie dem Schutz der Tiere und der Natur des Regenwaldes. Um den Besucherstrom aus der nahen Hauptstadt aufzufangen und ihm etwas zu bieten, wurde ein »offener Zoo« eingerichtet, in dem die Tiere der Region in großen Freigehegen gehalten werden. Elefanten, Affen, Rehe und viele Vogelarten können dort in ihrer natürlichen Umwelt beobachtet werden. Eine spezielle Fasanenzucht soll einige Arten dieses durch die Jagd sehr dezimierten Vogels wieder im Urwald heimisch machen.

An der Küste führen bei den Kilometern 116 und 117 (von Bangkok) die Zufahrten zur Bucht von Si Racha, die mit ihren Fischrestaurants ein beliebtes Ausflugsziel für die Feinschmecker von Bangkok geworden ist. Die hier hergestellte scharfe Austernsauce gehört gleichfalls zu den landesweit geschätzten Spezialitäten der Region. In der Bucht war einst ein runder, etwa 30 Meter hoher Felsen die Heimstatt von Eremiten. Daraus ist mit der Zeit ein Tempel geworden, der so populär wurde, daß man einen Damm und eine Brücke baute. In der neuesten Version führt eine breite Fahrstraße zu den Marktbuden am Fuße der Ko Loi Sri Maharaja (Schwimmende Insel des Großen Königs), deren Gedenkschrein der Premierminister Sarit Tanarat, der von 1958 bis 63 regierte, als letzte Ruhestätte für seine Asche gewählt hat. Ein kleiner Tempel krönt die bunten Bauten auf dem Felsen mit weitem Rundblick auf die Bucht und das Meer.

Am westlichen Horizont liegt – eine dreiviertel Bootsstunde vor der Küste – die langgestreckte, bergige Insel Ko Si Chang, auf

Auf einer Anhöhe über der Stadt Chonburi ist der 32 Meter hohe, vergoldete Buddha ein Werk des 20. Jahrhunderts, erinnert jedoch in seinem Thronsitz an die frühesten Buddha-Statuen des indischen Gandhara- und siamesischen Dvaravati-Stils vor mehr als tausend Jahren.

der es einst viel bewegter zuging als heute. Die Insel war jahrzehntelang die Anlaufstation für Ozeanschiffe, die wegen ihres Tiefgangs nicht in die ständig verschlammte Menam-Mündung einlaufen konnten und hier mit Hilfe von Schleppkähnen ent- und beladen wurden. Der kleine Hafenort war ein Eldorado der Matrosen, locker waren die Sitten, die Mädchen, das Geld – und auch die Messer. Als Zoll- und Einwanderungsstation war die Insel für viele Chinesen das Tor nach Thailand, das sie in guter Erinnerung behielten und dem sie einen farbenprächtigen Tempel auf der Höhe über dem Hafen gewidmet haben. Auch die Könige Mongkut und Chulalongkorn schätzten die Insel wegen ihrer frischen Luft in der Sommersaison. Doch der Tourismus folgte weder den Matrosen, noch den Königen, so daß die Insel jetzt eher ein Ort für diejenigen ist, die die Einsamkeit und auch einen schönen Strand suchen, aber viel mehr nicht geboten bekommen als eine Insel »mit Vergangenheit«. Alles was Ko Si Chang einst bekannt und auch berüchtigt gemacht hat – und noch viel mehr! - spielt sich jetzt zwei Dutzend Kilometer weiter südlich auf dem Festland ab, wo Pattaya seinen rasanten Aufstieg in den letzten zwanzig Jahren erlebt hat.

Pattaya: See, Sonne, Sand... und Service

Im Frühjahr 1970 saßen in den Charter- Jets der großen deutschen Reiseunternehmen nach Thailand in der großen Mehrzahl Frauen. In Bangkok legten sie keinen Aufenthalt ein, sondern fuhren sofort nach Pattaya – zu ihren Männern. Es waren die deutschen Ehefrauen amerikanischer Offiziere und Unteroffiziere, deren Männer am Vietnam-Krieg teilnahmen und ihren Urlaub in Thailand verbringen durften. In Pattaya gab es ein Recreation Center (Erholungsheim) der Amerikaner und ein einziges Hotel internationalen Standards, das Nipa Lodge, wie es noch heute steht. Das jüngste Kind des im Nachkriegsdeutschland mit großem Nachholbedarf emporgeschnellten Tourismus, die Fernreise im neuen, preisgünstigen Jet hatte es möglich gemacht, ins ferne, exotische Thailand zu fliegen. In Pattaya gab es einen mit Palmen gesäumten Strand, ein warmes Meer unter tropischer Sonne, ein Hotel mit freundlichem Service und ein halbes Dutzend Fischkutter, deren Eigner gern zu einem Tagesausflug zu den Inseln am Horizont bereit waren, wo der Sand noch weißer und das Meer kristallklar war – ein Urlaubsparadies, in dem man den nahen schrecklichen Krieg für ein paar Tage ver-

»Flaggschiff der Ferienhotels«

Linke Seite:
Früher gehörte ein Teil dieses Kliffs außerhalb von Pattaya dem Königshaus, jetzt steht dort die stattliche Hotelanlage »Royal Cliff Beach Resort«. Sie ist eine Schöpfung des Schweizers Alois Xaver Faßbind, der sie seit den frühen siebziger Jahren ideenreich zum »Flaggschiff der Ferienhotels« von Südostasien ausgebaut hat, aufgenommen von einer Dschunke, die als Ausflugsschiff dazugehört.

Oben:
In der Spitzenklasse der thailändischen Luxushotels nimmt der neue »Royal Wing« als eigenständiger Flügel des »Royal Cliff« den ersten Rang ein.

Unten:
Als Wettbewerb der Schönheit und schöpferischen Phantasie bietet alljährlich der Festzug zum Auftakt des „Pattaya Festival" viel Augenweide. Mit ihren Festwagen wetteifern die Hotels und Institutionen um die Gunst der Besucher aus aller Welt, um ihnen eine unbeschwerte Ferienatmosphäre zu vermitteln.

gessen oder verdrängen konnte. Am Strand ging es lebhaft zu: Die Amerikaner hatten Fallschirme und Motorboote mitgebracht, es sah sehr waghalsig aus, sich am flatternden Schirm hoch und in rasantem Tempo übers Meer schleppen zu lassen. Auch die knatternden Wasser-Scooter (Flitzer), mit denen man mit viel Tempo und Lärm wie auf einem Motorrad über das Meer brausen kann, drehten vom Recreation Center aus ihre Kurven.

Für viele amerikanische Soldaten, die nicht in der glücklichen Lage waren, Ehefrauen nach Thailand fliegen zu lassen, war freundlicher Trost in Gestalt sanfter Thai-Mädchen zur Stelle. Am liebsten verwöhnten sie einen festen Freund, so lange er da war und wenn er wiederkam; der angesammelte Kriegssold in seiner Tasche ließ sich dafür gern und großzügig ausgeben. Die Mädchen lernten einiges Englisch, und für etliche von ihnen erfüllte sich sogar der Traum der Heirat nach Amerika, nur daß es mit der Großzügigkeit nicht immer so weitergegangen ist. Natürlich wurde eine solche Hochzeit gebührend gefeiert und sprach sich herum – als Quell vieler Hoffnungen, die sich nicht erfüllen konnten. Dann aber zogen die Amerikaner im Jahre 1975 ziemlich schnell ab. Der Vietnam-Krieg hatte ein für die westliche Großmacht ziemlich unrühmliches Ende gefunden, und in Thailand mußte das Leben nun ohne die zuvor reichlich ins Land geflossenen US-Dollars weitergehen.

In Pattaya blieben die bunten Fallschirme, Motorboote und Wasserscooter zurück, clevere Thai-Boys konnten sie aus den amerikanischen Restbeständen günstig übernehmen und das Geschäft damit auf eigene Rechnung fortsetzen. So fliegen und knattern sie heute noch, den Pattaya hatte in den Jahren von 1971 bis 1975 den Anschluß an den internationalen Tourismus ausgebaut und den Aufstieg zum attraktiven Badeort bewältigt. Wenn in Europas kalter Jahreszeit selbst am Mittelmeer die Strandhotels ihre Saison beendeten, dann füllten sich die Charter-Jumbos mit sonnenhungrigen, überarbeiteten, urlaubsreifen Fernweh-Touristen, denen der aufstrebende Fernreisemarkt die Chance bot, ihren Traum von Palmen am Meer zur verwirklichen und in die exotische Tropenwelt zu starten. Diese neu und relativ leicht per Jet erreichbare Wirklichkeit hieß vor allem Thailand und dort in erster Linie Pattaya für den eigentlichen Urlaub am Meer – die weit abgelegene Insel Phuket folgte in einigem Abstand.

In jenen frühen siebziger Jahren trug die große Fernreisewelle die Europäer, vor allem die Deutschen, zu Abertausenden zu den – damals neuen – exotischen Zielen auf drei Kontinenten, nach Thailand ebenso wie nach Mexiko, in die Karibik oder nach Ostafrika. Ceylon, Pattaya, Bali, Mombasa oder auch Acapulco waren ziemlich gleichzeitig in das Blickfeld des europäischen Tourismus getreten und stellten sich auf lockenden Prospektseiten der großen Reiseveranstalter vor. So weit diese Ziele auch auf der Welt verstreut waren, so waren sie doch gegenseitig Konkurrenten mit ziemlich angeglichenen Preisen. Also kam es noch auf etwas anderes, besonderes an – und darin konnte Thailand zwei Vorteile bieten: erstens seine geographische Lage als Drehscheibe zu weiteren interessanten Zielen, wie Hongkong, Singapur, Indonesien, Malaysia und Birma, zweitens aber im Lande selbst die eigenen Menschen, ihre freundliche, gewinnende Art im Umgang mit den Gästen, damit eng verknüpft eine ganz eigene Art von all dem, was man Service nennt und was in diesem Lande noch einiges mehr ist als woanders. Auch wenn es nur ein kurzer, flüchtiger Kontakt ist, ein freundlicher Blick und ein Lächeln stellen einen Hauch von persönlicher Atmosphäre her, die sich je nach der Situation fein abgestuft verdichtet. Überall wo Gäste Wünsche haben, sei es im Hotel, im Restaurant, im Frisiersalon oder beim Schneider, bemüht man sich um genaues Verstehen und um ebensolche Erfüllung. Service als selbstbewußt, umsichtig und freundlich dargebotene Hilfestellung und Wunscherfüllung – das ist der kurze psychologische Nenner für ein weites Feld, das im Blick auf den jähen Aufschwung der touristischen Zentren Thailands nicht unerwähnt bleiben sollte.

Für Thailand – und damit neben Bangkok auch Pattaya – war 1971 ein wichtiges Jahr seiner touristischen Stufenleiter. Als Gastgeber der Asiatischen Spiele rückte das Land in den Blickpunkt der Asiaten – von Arabien bis Japan. In neuen und großen Hotels der Hauptstadt wurden die Delegationen und Besucher aus vielen Ländern standesgemäß beherbergt. Es war der erfolgreiche Auftakt der sogenannten Tourismus-Industrie. Gleichzeitig mit großen und erstklassigen Hotels in der Hauptstadt entstanden solche Häuser auch in Pattaya, um den geschäftlich oder auch kulturell orientierten Aufenthalt in der Hauptstadt durch Ferientage am Meer ergänzen zu können. Bangkok brauchte Pattaya, und Pattaya ver-

Links:
Großstadtatmosphäre herrscht in den taghell erleuchteten Nächten von Pattaya. Nur der Name »Village« (Dorf) für den Südteil des Badeortes erinnert noch an das einstige Fischerdorf, dessen Aufstieg und Wandlung ein viel diskutiertes Phänomen touristischer Überentwicklung hervorgebracht hat.

Rechte Seite:
An seinem drei Kilometer langen Strand ist Pattaya zu einem Begriff der schnellen touristischen Entwicklung in Asien geworden. Mit über 8000 Hotelzimmern, davon mehr als die Hälfte in der Luxusklasse, ist Pattaya der größte Badeort des Kontinents, zu dem speziell im nördlichen Winter die Gäste aus der ganzen Welt anreisen.

dankt seinen Erfolg der nahen Metropole. In den Jahren von 1971 bis 1975 wurde ein großes Hotel nach dem anderen aus dem drei Kilometer langen Sandstrand des einstigen Fischerdorfes gestampft. Die Straße am Strand war schon vorher da und sie wurde die Hauptverkehrsader des Badeortes, die den Strand von den Hotels trennt – ein Planungsfehler, den Pattaya mit anderen schnell entwickelten Badeorten gemeinsam hat.

Europäische Manager brachten ihre Erfahrungen für Organisation, Ausstattung und Service in die neuen Hotels ein. Der Schweizer Alois Xaver Fassbind eröffnete 1971 das Pattaya Palace Hotel und setzte damit einen neuen Maßstab für die bald folgenden, noch größeren und eleganteren Häuser. Die weitere Laufbahn dieses Hotelmanagers ist heute ein wesentliches Stück der Pattaya-Geschichte. Bald wechselte er zum größten und damals als sehr gewagt angesehenen Objekt, das auf einem felsigen Vorsprung außerhalb der Ortschaft errichtet werden sollte. An einer der beiden Strandbuchten des Areals, das vom königlichen Haushalt erworben worden war, stand ein Sommerhaus der Königsfamilie. Also wurde das neue Großhotel Royal Cliff genannt und ist seither als »Flaggschiff der asiatischen Ferienhotels« zu einem Begriff geworden – eng verbunden mit dem Namen des Mannes, der das enorme Projekt seither zum Erfolg geführt hat. Im Jahre 1986 konnte Generalmanager Fassbind sich einen lang gehegten Hotelierstraum erfüllen und einen speziellen Luxusflügel festlich eröffnen, dessen 86 Suiten nach allen Regeln der Behaglichkeit ausgestattet sind. Damit umfaßt der gesamte Komplex rund 800 Zimmer und neben dem großen Hauptbau zwei spezielle Flügel für hohe und höchste Ansprüche, wie sie dem touristischen Markt Asiens entsprechen. Doch als der Schöpfer dieses luxuriösen Komplexes einen runden Geburtstag feierte, da wünschte er sich als Geschenk seiner Freunde eine Spende für die Krankenstation des Altenheimes von Pattaya, die nun – weit abseits vom touristischen Betrieb – seinen Namen trägt. Was bei der Eröffnung des Royal Cliff im Jahre 1974 als Wagnis anzusehen war, das hat sich inzwischen als kluger Weitblick erwiesen: Die Entwicklung außerhalb der engen Stadtgrenzen hat Zukunft, während sich die alte Strandmeile immer mehr zu einem sehr problematischen »Strip« des Massentourismus verdichtet hat. Im nördlichen Teil der Strandmeile dominieren die großen Hotels, doch im Südabschnitt bestimmt das Nachtleben mit seinen offenen Bars, mit Discos, Restaurants, Läden aller Art, buntem Neonlicht und dem Gedrängel vieler Menschen und zu vieler Autos in den engen Straßen die Szene. An langen Bartheken sitzen zu Dutzenden junge, etwas zu grell geschminkte Mädchen, von denen die meisten den Verkauf von Drinks nur als anknüpfendes Nebengeschäft betreiben, während die Barbosse nebenbei noch die Auslöse kassieren, die für das Mitnehmen eines Mädchens vor Geschäftsschluß fällig wird. Noch problematischer sind die eindeutigen Angebote von 12- bis 14jährigen Jungen, die überdies noch glauben, durch Hartnäckigkeit einen »Kunden« angeln zu können. Die kleineren Hotels in engen Nebenstraßen vermieten ihre Zimmer auch stundenweise. Das Geschäft mit dem Sex ist hier kein Geheimnis. Aber gleich neben den Bars hängen auch die Schilder »V. D. Clinic«, für die einen als Mahnung, für andere als Hinweis auf schnelle Hilfe bei Geschlechtskrankheit (Veneral disease). Im einschlägigen Bereich von Süd-Pattaya kommen noch arabische Schriftzeichen hinzu. Seit einigen Jahren haben die Araber nach dem Verlust von Beirut als Ziel verschwiegener Genüsse Bangkok und Pattaya als Ersatz entdeckt. Offenbar waren die Aids-Probleme Anfang 1988 weder den Arabern, noch den Thai-Mädchen bereits derart bewußt wie den meisten Europäern und Amerikanern. Und unübersehbar hat der Sog der schnellen touristischen Entwicklung auch viele Entwurzelte nach Pattaya gelockt, wo sie sich den leicht verdienten Touristen-Dollar erhoffen. Dies ist die Kehrseite der Erfolgsgeschichte von Pattaya, die dem internationalen Ruf des Badeortes geschadet hat.

Doch sollte man auch hier die Situation nicht einseitig sehen und beurteilen, sondern die Licht- und Schattenseiten gegeneinander abwägen. Dann zeigt es sich, daß hier viele tausend Menschen aus aller Welt ungetrübte Ferientage genossen und erst dadurch den Aufschwung herbeigeführt haben. Ein paar nüchterne Zahlen untermauern die Erfolgskurve von Pattaya: Binnen zehn Jahren hatte sich die Bevölkerung von 3000 Einwohnern im Jahr 1970 auf über 35 000 im Jahre 1980 mehr als verzehnfacht und sich danach auf dieser Höhe eingependelt. Das Stadtgebiet hat sich in jenen Jahren im Hinterland vor allem an den Zubringerstraßen zur Sukhumvit-Autobahn ausgedehnt. Geschäfte, Restaurants, kleinere

Edelsteine aus Lehmlöchern

Oben:
In der Gegend um Chantaburi treten Erdschichten an die Oberfläche, in denen die kundige Suche nach Rohedelsteinen lohnt. Die Sucher lassen den gewässerten Lehmboden durch ein Sieb rieseln und kennen unter den zahlreichen Steinen im Sieb diejenigen, bei denen sich unter der stumpfen Oberfläche ein Edelstein verbirgt. Arbeitsplatz dieses Ehepaares ist ein feuchtes Lehmloch, in dem 28 Grad Wassertemperatur die Suche erträglich machen.

Links:
Die Stadt Chantaburi ist ein Zentrum der Edelsteinschleifer, die in dieser Gegend gefundene Rohedelsteine bearbeiten. Hauptsächlich sind es graue Sternsaphire, seltener blaue Saphire, Rubine und Smaragde, daneben auch Topase, wie dieses Angebot eines örtlichen Händlers zeigt.

Rechte Seite:
Am gleichnamigen Fluß ist Chantaburi die traditionsreiche Hauptstadt der südlichsten Provinz in diesem Küstenstreifen. Im Stadtkern überragen Tempelbauten die alten Häuser auf ihren Pfählen am Flußufer.

Hotels und Gästehäuser haben an diesen Straßen einen Block nach dem anderen besetzt. Ähnliches geschieht jetzt auch am langen Jomtien-Strand im Süden von Pattaya. Bei den Hotels umfaßt die Liste von 1988 fünfzehn Häuser der Luxus-Kategorie mit über 3800 Zimmern sowie rund 50 Hotels und Bungalow-Anlagen der Mittelklasse mit über 3950 Zimmern. Hinzu kommen weitere Gasthäuser und Bungalows der unteren Preisklasse. Der Überblick ergibt eine Gesamtzahl von mehr als 8000 erfaßten Gästezimmern, davon fast die Hälfte in der Luxusklasse. Das bedeutet in der Hochsaison von November bis Februar, besonders aber zu Weihnachten und Neujahr 14 000 bis 16 000 Touristen, meist Ausländer, in der Stadt, dazu noch einige tausend Thais, die in Gästehäusern und Privatquartieren wohnen – und für sie alle den Strand von drei Kilometern, bis auf die Gäste weniger Hotels, die außerhalb der Stadt eigene Strände haben. Das Stichwort Überentwicklung ist in bezug auf Pattaya schon sehr strapaziert worden und bleibt dennoch gültig, auch wenn in jüngster Zeit die Investoren bereits an anderen Orten bauen lassen und Ausschau halten. Die Küste hat südlich von Pattaya nicht nur den etliche Kilometer langen Jomtien-Strand, an dem bereits viel gebaut wird, sondern auch in der Fortsetzung von rund 15 Kilometern bis zum Fischerhafen Bang Saray einen weiteren Sandstreifen, an dem sich schon einzelne Bungalow-Anlagen befinden und mehrere noch im Bau sind.

Die schönsten Badestrände von Pattaya säumen nicht das Festland, sondern die vorgelagerten Inseln, wo das Wasser glasklar und der Sand fein und weiß ist. Die vielen Boote, die vor dem Strand von Pattaya liegen, dienen in der Hauptsache den Fahrten zu den Inseln. Je nach dem Boot und dessen Motor dauert die Überfahrt etwas weniger oder mehr als eine Stunde, die aber völlig ausreicht, sich bereits einen bösen Sonnenbrand zu holen. Manche Bootsleute haben noch, wie in früheren Zeiten, Angelschnüre, Köder und eine Bratpfanne mit Spiritus-Brenner an Bord, so daß die gefangenen Fische anschließend gleich frisch gebraten am besten schmecken und den Anglern die relativ teuren Preise der Inselrestaurants ersparen. Die größte und meistbesuchte der drei nächstgelegenen Inseln ist Ko Larn mit weißen Stränden und Korallenriffen, die man aus Glasboden-Booten bewundern kann. Große Restaurants unter Sonnendächern gibt es dort schon länger, ein Golfplatz und eine Hotelanlage am schönen Nordstrand sind die neuesten Errungenschaften. Für Taucher sind die Korallenbänke von Ko Larn und auch von anderen Inseln sehenswerte Reviere der Vielfalt tropischer Fische.

Neben den Inseltouren ist der Elefanten-Kraal im nahen Hinterland der Stadt ein populäres Ausflugsziel. Dort zeigt jeden Nachmittag ein halbes Dutzend Elefanten ihr Können und ihr gutes Zusammenwirken mit den Mahouts. Etwas weiter entfernt liegt das Nong-Nooch-Village rund 15 Kilometer südlich von Pattaya an einem kleinen See im Wald und ist durch private Initiative zu einer attraktiven Sehenswürdigkeit ausgestaltet worden. Die Anlage umfaßt einen Orchideengarten, die Halle für eine Folklore-Schau, einen kleinen Zoo, den Platz der Elefanten, gepflegte Gartenanlagen und Bungalows, dazu Dschungelpfade zur Beobachtung der Tier- und Pflanzenwelt. Das Museum zeigt eine im Familienbesitz zusammengetragene Sammlung von Kunstwerken, alten Waffen und Möbeln. Einige Kilometer weiter haben die Fischrestaurants von Bang Saray ihre Terrassen auf Pfählen über dem Strand ausgebaut, die geschützte Bucht macht es möglich, dort über dem Wasser zu sitzen und zu genießen, was das Meer zu geben hat.

Die Abendstimmung von Pattaya ist ein immer wieder faszinierendes Spiel des Lichtes und der Farben. Wenn in der Trockenzeit kaum Wolken am Himmel stehen, erglüht das Meer unter dem roten Abendhimmel wie eine Kupferplatte, während die Sonne schnell und ziemlich senkrecht hinter dem Horizont verschwindet. Noch aufregender können die Wolkentürme der Regenzeit den Himmel gestalten. Wenn es am Nachmittag heftig geregnet hat, ist die Luft rein und etwas abgekühlt – auch jene Jahreszeit hat ihre Reize an dieser Küste, selbst wenn sie mit ihren Gewittern die Aktivitäten auf dem Meer einschränkt. Der tropische Tageslauf kennt mit der steilen Bahn der Sonne keine längere Dämmerung und keine kurzen Sommer- und langen Winternächte, sondern in der Äquatornähe ziemlich ausgeglichen je zwölf Stunden Tag und Nacht. Wie ein Feuerwerk entflammen die bunten Neonlichter, sie verdichten sich im Südteil der Stadt, der noch immer zur Erinnerung an das Fischerdorf auch von den Thais »Village« genannt wird und allabendlich das Leben und Treiben magnetisch anzieht. In zahlreichen Geschäften, vom Juwelier bis zum indischen Vielkramladen, an den für Pattaya typischen offenen Bartheken, in Restaurants und Discos, findet jeder fast alles, was er sucht, und oft genug, was er nicht gesucht, aber entdeckt hat. Selbst die Bank hält ihren Geldwechselschalter bis in den Abend geöffnet.

Das Nachtleben und -treiben in Pattaya hat gewissen Shows zum Erfolg verholfen, die anderenorts mit dem Kitzel der Verruchtheit behaftet sind, aber hier einen guten Ruf haben und als sehenswerte Darbietungen eine flott zubereitete Showman's-Kost verabreichen. Den hübschen und wohlgeformten, mit einem Hauch von Pariser Chique kostümierten Tänzerinnen im »Alcazar« wie auch bei »Tiffany's« sieht man es nur an der Schuhgröße an, daß die Natur ihnen eigentlich das andere Geschlecht zugewiesen hat. Solche Vortäuschung attraktiver Weiblichkeit, begleitet von visuellen und musikalischen Effekten und einer Prise Humor ist in Pattaya zum Dauererfolg geworden, nun schon auf zwei Bühnen, deren Akteure sich gegenseitig zu übertreffen suchen – je dreimal pro Abend, meistens ausverkauft.

An der Kasse stehen dort, wie vielerorts in Pattaya, Sammelbüchsen für das Kleingeld, das dem Waisenhaus zufließt. Der rührige Manager und Initiator dieses segensreichen Unternehmens ist der irisch-amerikanische Pater Raymond A. Brennan, Mitglied des katholischen Redemptoristen-Ordens, der ihn vor drei Jahrzehnten als Missionar nach Thailand geschickt hat. Viele Taufen hat er in diesem buddhistischen Land nicht vollziehen können, doch all seinen Eifer, gepaart mit Humor, Organisationstalent und Geschäftstüchtigkeit in das Unternehmen Pattaya Orphanage (Waisenhaus) eingebracht. Für rund 150 Kinder und eine Reihe älterer, heimatloser Menschen hat er ein Heim geschaffen, das ihnen Zukunft und Hoffnung gibt. Verschiedene Schulen sind angegliedert: für Blinde, für Taube, ein Sprechtraining für behinderte junge Erwachsene sowie die Berufsausbildung für Behinderte zum Mechaniker für Radio- und Fernsehgeräte. Die finanzielle Basis für diese Arbeit fließt aus den Sammelbüchsen, die der stadtbekannte Pater überall aufgestellt hat. Auch eine Kapelle ist aus Materialspenden der Bauherren entstanden, ganz im klassischen Thai-Stil gebaut und ausgemalt – mit Szenen aus der Bibel. Auch das ist Pattaya – weit abseits vom touristischen Betrieb, ganz hinten an der Sukhumvit-Autobahn.

Chanthaburi: Eine Kathedrale und der »Berg der Edelsteine«

Im kulturellen Mosaik des zu 95 Prozent buddhistischen Königreiches ist es eine beachtliche Überraschung, in einer ziemlich entlegenen Provinzstadt die größte christliche Kirche des ganzen Landes anzutreffen. In Chanthaburi, der Hauptstadt der gleichnamigen Südostprovinz, 330 Kilometer von Bangkok entfernt, steht die katholische Kathedrale »Zur Unbefleckten Empfängnis« als Zentrum einer Gemeinde von mehreren tausend Mitgliedern unter den über 30 000 Einwohnern der lebhaften Stadt. Die wachsende und blühende Gemeinde besteht hauptsächlich aus Nachkommen vietnamesischer Flüchtlinge, die um 1880 vor einer Christenverfolgung des Kaisers Gia Long geflohen sind und sich in der Provinz Chantaburi angesiedelt haben, in der schon seit dem frühen 18. Jahrhundert eine vietnamesische Kolonie bestand.

Französische Stilelemente prägen das Bild der Kirche. Das etwa sechzig Meter lange Schiff wird von zwei Turmstümpfen überragt. Der große Innenraum empfängt viel Licht durch zwei Reihen von Fenstern, die teilweise farbig gestaltet sind. Der Altarraum ist mit blank geschliffenen Marmorplatten ausgelegt. Man sieht es der Kirche an, daß sie von einer aktiven Gemeinde besucht und gepflegt wird, die es auch zu einigem Wohlstand gebracht hat. Die Vietnamesen dieser Gegend sind durch ihre christlichen Vornamen leicht von den Thais zu unterscheiden. Ein Teil von ihnen betreibt Landwirtschaft und Gartenbau; in der Stadt sind sie Geschäftsleute und Handwerker, auch Edelsteinschleifer. Speziell geflochtene Matten sind ein traditionelles, bei den Thais begehrtes Erzeugnis.

Durch die Stadt fließt der gleichnamige Fluß, an seinem Ufer sind die Häuser zum Teil nach der Art des Landes auf Pfählen errichtet. Die zentralen Tempel – Wat Klang aus dem 18. und Wat Bot aus dem frühen 19. Jahrhundert – stehen auf einer Anhöhe über dem Fluß. Neuere Teile der Stadt gruppieren sich an breiten Straßen um eine weiträumige Parkanlage mit Wasserflächen und geben der Stadt ein fortschrittliches Gesicht.

Ganz bestimmte und begrenzte Bereiche der näheren und weiteren Umgebung sind Fundstätten von Edelsteinen, erkennbar an Erdlöchern und Ziehbrunnen, nur daß kein Wasser, sondern Erdreich mit ihnen zutage gefördert wird. Eine bestimmte rötliche Lehmschicht enthält die kostbaren Einlagerungen von Saphiren, Zirkonen, Rubinen, Topasen, Onyx- und Granatsteinen. Das Erdreich wird in Körben aus den zehn bis zwölf Meter tief gegrabenen Löchern herausgehoben und mit einem Sieb gewaschen. Von den Steinchen, die dabei übrigbleiben, kann der eine oder andere etwas besseres als ein gewöhnlicher Kiesel sein und durch kundige Finger herausgelesen werden. Dann legen die Schleifer in der Stadt den kostbaren Kern bloß und bringen ihn zum Glitzern und Leuchten. Auch kleine Brennöfen gehören zu den Werkstätten der Schleifer, darin werden die Zirkone erst in der Hitze brillantweiß und Granate tief rot »gebacken«. Die nächstgelegenen Schürfgruben befinden sich einige Kilometer westlich der Stadt in hügeligem Plantagegelände bei der kleinen Ortschaft Khao Ploi Waan (Berg der Edelsteine), andere Schürfstellen liegen weit abseits der Straße nach Trat in den Bergen. Wer jedoch meint, an Ort und Stelle günstig zu Edelsteinen kommen zu können, der sollte nicht ohne fachmännischen Rat vorge-

In der entlegenen Provinzstadt Chanthaburi steht Thailands größte christliche Kirche. Sie wurde vor hundert Jahren von vietnamesischen Katholiken erbaut, die wegen einer Christenverfolgung um 1880 nach Thailand geflohen sind und jetzt in Chanthaburi eine stattliche Gemeinde bilden.

hen. Synthetische Steine sind von echten nur schwer zu unterscheiden, und sie können leicht den Weg dorthin finden, wo nach den echten gegraben wird – eben weil der Besucher dort nichts anderes als das Echte erwartet und zu bezahlen bereit ist, auch wenn er sich aus der Jackentasche eines fliegenden Händlers bedienen läßt.

Chanthaburi blickt auf eine lange Geschichte zurück. Vor den Khmer hatten die mit ihnen verwandten, unter indischem Einfluß stehenden Khom in dieser Gegend ihre Stadt Kankraburi erbaut (Buri heißt Stadt), wovon der heutige Name abgeleitet ist. Khmer-Ruinen befinden sich in näherer Umgebung. Zur Besiedelung und Sicherung gegen vietnamesische Angriffe ließ König Narai im 17. Jahrhundert Thais und Laoten aus dem trockenen Nordosten in dieses regenreiche, fruchtbare Gebiet übersiedeln. König Rama III. baute die Stadt und ihre Befestigungen in der ersten Hälfte des 19. Jahrhunderts aus. Die Feuerprobe kam mit den Franzosen, die 1893 Bangkok mit ihren Kanonenbooten bedrohten und Teile der Südostküste besetzten. In Chanthaburi verblieb ein französisches Regiment elf Jahre lang als Besatzungstruppe, bis Thailand durch Gebietsabtretungen in Kambodscha den Abzug erreichte. Doch ist der französische Stil der Kirche von Chanthaburi nicht mit der Anwesenheit der Franzosen verknüpft, sondern war zuvor von den vietnamesischen Katholiken ins Land gebracht worden. Deren Anwesenheit lieferte wiederum den Franzosen einen Grund, sich hier als »Schutzmacht« festzusetzen. Für den König Chulalongkorn war das französische Vorgehen ein schwerer Schlag und bereitete ihm auch einen ganz persönlichen Kummer.

Seine junge Königin Sunanda hatte den Pliu-Wasserfall im Dschungel nahe der Stadt (13 Kilometer südöstlich, jetzt Khao Srabap Nationalpark) als einen Lieblingsplatz auserwählt. Nach ihrem tragischen Tod durch Ertrinken im Menam (1881) hatte der König nahe bei dem Wasserfall einen Gedenkpyramide errichten und darin ihre Asche beisetzen lassen. Diese Stätte in fremder Hand war eine Herausforderung mehr für den König, den Abzug der Franzosen herbeizuführen. Für die heutigen Besucher des Nationalparks und des Wasserfalls in seiner tiefen Felswanne bietet die steinerne Pyramide im Urwald einen seltsamen Anblick, zumal die damit verbundene Tragik kaum mehr bekannt ist.

Die langgestreckte Südregion

Oben:
Sie hängt wie ein Elefantenrüssel am Zentralgebiet und beginnt bei der Provinzhauptstadt Phetchaburi. Dort sind alte Tempelbauten und ihre Kunstwerke von den Kriegszerstörungen 1758–67 verschont geblieben. Die Bauten des Wat Ko Keo Sutharam stammen aus dem 17. und frühen 18. Jahrhundert, die Wandmalerei von 1734 vereinigt eine Reihe von Stupas zu einer eigenwilligen Komposition, in der auch europäische und chinesische Elemente erkennbar sind. Auch der Buddha ist ein Werk der späten Ayutthaya-Epoche.

Links:
Nahe bei Phetchaburi ist Tham Khao Luang mit ihrem Lichthof eine der eindrucksvollsten Höhlen des Landes. Um die Mittagszeit erreichen die Sonnenstrahlen den Buddha, der diesem Naturwunder den Charakter einer Kultstätte gegeben hat.

Rechte Seite:
Im Haupttempel von Phetchaburi, Wat Mahathat, ist diese eindrucksvolle Gruppe von Buddha-Statuen zum Teil aus der Ayutthaya-Periode des 17. und frühen 18. Jahrhunderts erhalten geblieben. Bei der größten Statue im Hintergrund ist die Verlängerung der »Flamme der Erleuchtung« zu einer siamesischen Königskrone aufschlußreich. Die mit Blattgold bedeckten Statuen im Vordergrund zeugen vom regen Besuch der opferbereiten Bevölkerung.

**Ko Samet:
Die Insel des Dichters**

Eine andere Gedenkstätte an der Südostküste ist ein populäres Ziel der Thai-Jugend. Sie ehrt den berühmtesten Poeten des Landes, Sunthorn Phu (1786–1855), der gleichermaßen ein Dichter des Königs (Rama II.) wie des Volkes war, hoch geehrt wurde, aber wegen seiner freimütigen Sprache auch in Ungnade (Rama III.) fiel und sich in die Mönchskutte zurückziehen mußte. Sein Lieblingsplatz war eine von schönen Stränden gesäumte Insel vor der Küste, Ko Samet. Die vermutliche Stätte seiner Geburt (etwa zehn Kilometer südlich der Stadt Klaeng) ist zu einem Gedenkpark mit Statuen des Dichters und einigen der bekanntesten Figuren aus seinem Werk ausgestaltet worden. Einige Kilometer weiter südwestlich liegt Ko Samet langgestreckt vor der Küste. Der Fischerort Ban Phae ist der Hafen für die Fähren zur Insel, die besonders an den Wochenenden viel Besuch junger Thais aus Bangkok bekommt. Die Jugend liebt die Insel wegen ihrer besonders schönen Badestrände, deren Sand noch weißer und feiner ist als auf den Badeinseln vor Pattaya, und wegen der ungezwungenen Atmosphäre in den kleinen Bungalow-Anlagen, die in den letzten Jahren entstanden sind. Mit der einstigen Abgeschiedenheit und Ruhe, die der Dichter und nach ihm mancher Künstler hier genossen haben, ist es vorbei. Das Leben und Treiben eines Volkes, das jetzt auch seine Freizeitaktivitäten entfaltet, ist auf Ko Samet eingezogen, aber noch immer in einem mehr improvisierten als organisierten Stil, der noch ein gutes Stück von der »Tourismus-Industrie« entfernt ist.

Auf dem Festland zwischen dem Naturhafen Sattahip – Stützpunkt der Thai-Kriegsmarine – und der Gegend von Rayong siedeln sich immer mehr Bungalow-Ferienheime in der Nähe der Fischerdörfer an. Ein erstes komfortables Strandhotel ist 1986 als »Rayong Resort« auf einer Felsnase bei Ban Pho eröffnet worden. »Jenseits von Pattaya« heißt nunmehr das verlockende Stichwort, das in jene schöne, abwechslungsreiche Landschaft am Meer die Zeichen der Zukunft als Erholungsgebiet der Thais und ihrer Gäste setzt.

Der Süden:
SIAMS LANGER RÜSSEL

Die langgestreckte Südregion hat eine Ausdehnung von rund tausend Kilometern bis zur Grenze von Malaysia. Auf ihren Handelsrouten erreichten die Kulturgüter Indiens und mit ihnen auch der Buddhismus das alte Siam.

In der Blütezeit des alten Siam reichte der herrschende Arm der Könige von Ayutthaya viel weiter nach Süden, als die jetzige Staatsgrenze festlegt. Im bildhaften Gleichnis des Elefantenkopfes bildet den langen Rüssel die Südregion, die sich nach der hier übernommenen Einteilung direkt an die Zentralregion anschließt und etwa tausend Kilometer weiter südlich an der Grenze Malaysias endet.

Wo das Wasser der beiden River Kwai nach ihrem Zusammenfluß zum Mae Klong in der Nordwestecke des Golfes von Thailand das Meer erreicht, dort beginnt die langgestreckte Region, an der der eigentliche Süden hängt. Doch anders als beim dickhäutigen Vorbild verbreitet sich dieser geographische Rüssel nach unten. Er bildet in seinem oberen Teil einen streckenweise schmalen Korridor, der an seiner dünnsten Stelle bei Prachuap Khiri Khan nur etwa 15 Kilometer breit ist. Wie fast überall im Westen verläuft die birmanische Grenze auf der Höhenlinie der Bergketten, die dort nahe an den Golf herantreten und der thailändischen Küstenebene nur wenig Raum lassen. Auf einer Luftlinie von rund 400 Kilometern teilen sich Thailand und Birma den oberen Teil des Rüssels, bis an der langen Bucht von Kra und Ranong das thailändische Gebiet den Indischen Ozean erreicht. Diese nur wenige Kilometer breite, aber 50 Kilometer lange, fjordähnliche Bucht mit der kleinen Stadt Kra Buri markiert den Brennpunkt aller Kanalpläne. Denn von Kra Buri bis zum Flußhafen Chumphon an der Golfküste sind es nur weitere rund 60 Kilometer, auf denen sich jedoch ein Bergrücken den Kanalplanern seit jeher in den Weg geschoben hat. Immerhin hat sich England – wegen Singapurs Bedeutung – noch nach dem Zweiten Weltkrieg ein Mitspracherecht zum Kanalprojekt von Kra gesichert. Doch ist es in den letzten Jahrzehnten still um solche Pläne geworden, die den Seeweg zwischen China und Indien um rund 700 Kilometer verkürzen sollten; selbst die Japaner zeigen sich für ihren Welthandel kaum mehr daran interessiert.

An der Landenge von Kra beginnt der eigentliche Süden Thailands zwischen den beiden Meeren und verbreitet sich bei Surat Thani auf ein Gebiet von rund 500 Kilometern in nord-südlicher und bis über 200 Kilometern in west-östlicher Ausdehnung. Der geschützte Seeweg des Golfes hatte den Thais die Eroberung und Kontrolle des langen Verbindungsstreifens und der Südregion von ihrer Ostküste her ermöglicht. Zentrum ihrer Macht war dabei seit langem die heutige Stadt Nakhon Si Thammarat, die unter dem Namen Ligor schon lange vor der Thai-Herrschaft eine bedeutende Position einnahm. Der gleiche Seeweg hatte dem alten Siam in umgekehrter Richtung die Kulturgüter Indiens, die Hindu-Götter und die Lehre Buddhas gebracht. Dabei versahen die Kultur- und Handelszentren des Südens eine wichtige Mittlerfunktion, die jedoch durch die Dynamik des Thai-Staates von Norden her überlagert wurde und in den Hintergrund getreten ist. Ein Blick auf diese Verschiebung der kulturellen und politischen Dynamik gibt Aufschluß über die einstige Bedeutung des Südens, der für eine lange und einflußreiche Periode ein wichtiges Verbindungsglied für ganz Indochina mit bedeutenden Handels- und Kulturzentren gewesen ist. Der historische Überblick gibt über die einstigen Funktionen des Südens weitere Aufschlüsse, doch sei hier zur regionalen Geographie hinzugefügt, daß die Südgrenze zu den malaiischen Staaten bis in die jüngste Vergangenheit eine »Grenze in Bewegung« gewesen ist.

Die Thais und die Malaien sind Völker verschiedener Herkunft, Sprache und Religion, die einander respektieren und tolerieren, aber im persönlichen Leben, in Ehe, Familie und Gemeinde getrennte Wege ge-

Die Strände und Inseln des Südens

Linke Seite oben:
Sie sind bisher nur an einzelnen Punkten für den Tourismus erschlossen. Der breite Strand von Hua Hin war schon seit Jahrzehnten ein Ferienziel der thailändischen Oberschicht, bevor dort in jüngster Zeit auch internationale Hotels eröffnet worden sind.

Linke Seite unten:
Ein Freizeitzentrum eigener Art bildet die größte Hotelanlage an der Westküste des Golfs, das Regent-Cha-Am-Strandhotel, das zwischen einer Lagune und dem breiten, kilometerlangen Sandstrand angelegt ist.

Rechts
Im Hafen von Surat Thani werden Kokosnüsse von den vorgelagerten Inseln entladen, von denen Ko Samui in jüngster Zeit immer mehr zu einem attraktiven Ziel des internationalen Tourismus ausgebaut wird.

Unten:
Die schönen Palmenstrände von Ko Samui sind seit Jahren das abgelegene Ziel von jungen »Budget-Touristen«, die sich bei schmaler Reisekasse mit einfachen Quartieren zufriedengeben. Die ersten Hotels haben auch diese Insel und ihre Reize ins internationale Blickfeld gerückt.

hen. Eine Vermischung der buddhistischen Thais mit den islamischen Malaien wird allein schon durch die strengen Gebote des Koran-Rechts (Scharia) weitgehend unterbunden, weil für Ehepartner anderen Glaubens der Übertritt zum Islam zwingend vorgeschrieben ist, Buddhisten hingegen ihren Überzeugungen stark verbunden sind. Doch gab es Perioden, in denen die Thai-Könige der prunkvollen Metropole Ayutthaya die kleinen Fürstentümer auf der Halbinsel Malakka als ihre Vasallen betrachteten. Ihre Gegenspieler waren die europäischen Kolonialmächte, die Portugiesen, Holländer und schließlich die Engländer, die nacheinander in Malakka Fuß gefaßt hatten und die siamesischen Ansprüche schrittweise zurückdrängten. Noch im Zweiten Weltkrieg unterstellten die Japaner vier malaiische Fürstentümer – Kedah, Perlis, Kelantan und Trengganu – der Regierung in Bangkok als Lohn der Kooperation, was jedoch nach Kriegsende rückgängig gemacht wurde. Die dabei festgelegte Grenze hat zur Folge, daß jetzt etwa 1,8 Millionen islamischer Malaien im Süden Thailands leben. Außerdem verteilen sie sich als Kolonien geübter Fischer und Seefahrer auf viele Hafenorte der Golfküste.

Die gesteigerten Interessen Thailands an seinem äußersten Süden werden verständlich, wenn man die Hauptprodukte dieser Region für den Export in Betracht zieht: Zinn und Kautschuk. Wie im benachbarten Malaysia hat sich der Tagebau der Zinngruben auch in Landschaften der thailändischen Südprovinzen hineingewühlt, um die erzhaltigen Schichten herauszuspülen. In den gleichen Provinzen haben sich die eintönig ausgerichteten Baumreihen der Kautschuk-Plantagen von Malaysia her im feuchtwarmen Klima ausgebreitet.

Unwegsame Dschungelgebiete des Südens beiderseits der Grenze zu Malaysia haben lange als unsicher gegolten, weil sich dort Insurgentengruppen beider Länder immer wieder dem militärischen Zugriff entziehen konnten. In jüngerer Zeit konnte die Situation wesentlich entspannt werden, so weit sie politisch motiviert war. Einige Gruppen haben sich gestellt und ihre Waffen übergeben, um in ein friedliches Leben zurückzukehren. Doch bleibt ein Rest von Unsicherheit in manchen Gebieten, wo die Thais davor warnen, nachts allein auf einsamen Strecken unterwegs zu sein.

Im Landschaftscharakter der Südregion nimmt die Küstenebene am Golf den dominierenden Raum ein. Von den Bergen, die fast überall im Hintergrund stehen, kommen kleine Flüsse und bewässern fruchtbares Bauernland. Entlang der Küste erstreckt sich fast überall ein breiter Sandstrand, der sich an der Ostküste Malaysias fortsetzt. Der größte Fluß der Südregion, der Mae Nam Ta Pi, entspringt in den bewaldeten Bergen des Hinterlandes von Nakhon Si Thammarat und fließt etwa hundert Kilometer weiter nördlich bei Surat Thani in den Golf. In seinem Quellgebiet bei Lan Saka ist der Khao Luang mit 1835 Metern der höchste Berg der Südregion, in der es noch weite, menschenleere Gebiete tropischen Regenwaldes auf verschiedenen Höhenzügen gibt.

Nur wenige touristische Zentren

Der Süden hat abwechslungsreiche Landschaften, lange Strände und interessante Kulturstätten zu bieten. Doch die touristische Entwicklung hat sich bisher nur auf wenige Ziele konzentriert. Dabei nimmt die Insel Phuket die herausragende Spitzenstellung in der Südregion ein. Sie liegt an der Westküste im Indischen Ozean und ist durch eine kurze Straßenbrücke mit dem Festland verbunden. An den verschiedenen Strandbuchten der rund vierzig Kilometer langen Westküste gab es 1974 ein einziges Hotel, jetzt sind es rund zwanzig größere Häuser und Bungalow-Anlagen der Spitzenklasse sowie eine noch größere Anzahl der letzteren mit mittlerem und einfacherem Standard. Durch seinen Flughafen ist Phuket seit Beginn der touristischen Einwicklung mit der 870 Kilometer entfernten Hauptstadt Bangkok verbunden, so daß die meisten Besucher den Flug von reichlich einer Stunde der 14stündigen Busreise vorziehen.

Mit großem Abstand folgt die von schönen Stränden gesäumte Insel (Ko) Samui im Golf bei Surat Thani dem Vorbild von Phuket. Doch ist die rund dreißig Kilometer vor der Küste liegende Insel bisher nur mit Fährschiffen erreichbar und galt einige Jahre lang als »Geheimtip« für einfaches Leben mit niedrigen Kosten an schönen Stränden. Mit der auf Widerstände stoßenden Planung eines Flughafens hat bereits die Investition in Bungalow-Anlagen und Hotels höheren Standards eingesetzt, wodurch sich die touristische Atmosphäre der Insel zum Leidwesen ihrer alter Gäste und zur Freude anspruchsvoller neuer Besucher verändert.

Viel näher an der Hauptstadt liegen die Badeorte Cha Am (206 km) und Hua Hin (247 km) an der Golfküste und sind von Bangkok aus mit der Bahn oder dem Bus gut erreichbar. Nach dem Ausbau von Pattaya an der gegenüberliegenden Küste folgte in Cha Am und Hua Hin der Bau neuer Hotels am endlosen, breiten Strand, so daß jetzt auch internationale Gäste in diese Orte kommen, die bis dahin nur von bessergestellten Thai-Familien besucht wurden.

Eine touristische Sonderstellung nimmt die Stadt Hatyai ganz im Süden nahe der Grenze ein. Für die Malaien bietet Thailand offenbar viele Waren zu günstigeren Preisen an – und außerdem ein freizügiges Nachtleben. Sie kommen in großer Zahl über die nahe Grenze nach Hatyai und nehmen dadurch in der Statistik der Thailand besuchenden Ausländer mit über 765 000 Einreisen weit voraus den Spitzenplatz vor über 340 000 Japanern ein.

Doch sind die Besuche der Nachbarn meist nur von kurzer Dauer und mit dem internationalen Tourismus kaum vergleichbar. Als Badeort ist nahe bei Hatyai die alte Küstenstadt Songkhla bei den Thais der dicht besiedelten Umgebung populär. Weiter im Südosten sind die Hafenstädte Pattani und Narathiwat Zentren der malaiischen Bevölkerung.

Die Westküste am Indischen Ozean ist im Gegensatz zur Ostküste steil und buchtenreich mit vielen vor- und eingelagerten Inseln. Nahe bei Phuket ist die Bucht von Phangnga mit ihren steilen und malerischen Felsinseln eine landschaftlich herausragende Attraktion, die von zahlreichen Phuket-Gästen besucht wird.

Im Gesamtbild des Südens konzentriert sich der internationale Tourismus nur an wenigen Punkten – Phuket, Ko Samui, Cha Am/Hua Hin und Hatyai – so daß große Teile der Region, auch der langen Ostküste, noch kaum von den materiellen Segnungen und den Problemen des großen Gästestroms berührt werden. Als Verkehrsader des Südens ist die Bahnlinie, die nach Malaysia und Singapur weiterführt, dem Straßenbau weit vorausgegangen und wird auch heute noch von Freunden des Südens bevorzugt, die sich gern dem Landschaftserleben aus dem gemächlich rollenden, bequemen Abteil widmen. Nur Phuket liegt weit abseits der Bahnlinie, ist aber von der Bahnstation Surat Thani aus mit dem Fernbus (305 km) preisgünstig zu erreichen.

**Phetchaburi:
Das Observatorium des Königs**

Als oberste Perle an der langen Kette des Südens kann die traditionsreiche Stadt Phetchaburi angesehen werden, die am nördlichen Anfang des Küstenstreifens und seiner Verkehrswege die dominierende Position einnimmt. Die Stadt liegt am gleichnamigen Fluß zu Füßen einer steilen Anhöhe, auf deren Kuppen weiße Chedis und ein kleiner Palast verteilt sind. König Mongkut hat die Residenz errichten lassen, um sich hierher zu seinen naturwissenschaftlichen Studien zurückziehen zu können. Für astrologische Beobachtungen ließ er eigens die Kuppel einer kleinen Sternwarte erbauen. Mit diesem Platz und seinen Studien ist das Schicksal des Königs eng verknüpft, der bei der Beobachtung einer von ihm sehr exakt berechneten Sonnenfinsternis des Jahres 1868

Den Palast auf dem Berg von Petchaburi überragt ein weißer Pavillon als Gedenkstätte für König Rama V. Mongkut, der von 1851 bis 1868 regierte. An der nahen Golfküste hat er sich 1868 die tödliche Malariainfektion zugezogen.

von einem dafür günstigen, doch malariaverseuchten Ort der nahen Küste die tödliche Infektion davontrug. Die Bauten des Khao-Wang-Palastes staffeln sich auf verschiedenen Stufen der Höhe. Die Residenz des Königs ist als Museum zugänglich; alte Möbel, Bilder und Erinnerungsstücke lassen auf einen eher schlichten Lebensstil des einstigen Hausherrn schließen. Seine hagere Gestalt mit der einfachen runden Mütze, die er gern trug, steht als Bronzestatue in dem Ehrenpavillon hinter der Residenz mit dem Blick auf sein Observatorium, dessen Ausstattung jedoch entfernt worden ist.

Die Tempel der Stadt blieben vom Krieg der Birmanen von 1767 weitgehend verschont und teilweise als authentische Bauwerke der späten Ayutthaya-Periode erhalten. Den zentralen Tempel der Stadt, Wat Mahathat, überragt ein schlanker Prang, der im Stil von Ayutthaya erst in neuerer Zeit vollendet worden ist. Reiche Stuckarbeiten zieren die Eingangsfront der Haupthalle, in der in aufsteigender Anordnung Buddha-Statuen sitzen, von denen die größte ein Werk der späten Ayutthaya-Periode ist (siehe Bild S. 168). Während Wat Mahathat von den Häusern des Stadtkerns umgeben ist, blieb am östlichen Stadtrand die großzügige Anlage des Wat Yai Suwannaram mit den Bauten des 17. Jahrhunderts erhalten, denen jedoch die Spuren des Alters anzusehen sind. Besonders interessant sind die Wandbilder des nahe am Fluß stehenden Wat Ko Keo Sutharam. In der verhältnismäßig kleinen Halle unterteilen die Bilder aus dem Jahre 1734 die Wand durch scharf abgegrenzte Dreiecke. Bei näherer Betrachtung sind es die Umrisse von Chedis, die eine eindrucksvolle graphische Wirkung erzielen (siehe Bild S. 168)

An diesen Beispielen ist ersichtlich, daß sich für Gäste von Cha Am (40 km) oder Hua Hin (67 km) die Entdeckungsfahrt nach Phetchaburi lohnen kann, besonders wenn sie Liebhaber alter Tempel und deren stimmungsvoller Romantik sind.

Sehenswert ist auch die nahe der Stadt gelegene Khao-Luang-Höhle. Durch mehrere Öffnungen des Eingangs führen Stufen in die weite Wanne der Höhle hinunter, die durch ein großes Loch in der etwa fünfzig Meter hohen Decke eindrucksvoll beleuchtet wird. Durch verschiedene Buddha-Statuen hat die von der Natur gestaltete Halle – wie die meisten Höhlen in Thailand – den Charakter eines Tempels erhalten. Am eindrucksvollsten ist das Erlebnis von Raum, Dunkel und Licht, wenn in den Mittagsstunden der Sonnenstrahl steil herunter auf die größte der Buddha-Statuen fällt und deren Goldglanz die Höhle zusätzlich erleuchtet. An den Seitenwänden und unter dem Lichtschacht haben sich große Tropfstein-Gehänge gebildet. Unter den vielen Höhlen in den Kalkbergen Thailands ist die Khao-Luang-Höhle eine der eindrucksvollsten.

**Cha Am und Hua Hin:
Badeorte an endlosen Stränden**

Zwischen Cha Am und Hua Hin steht ein seltsames, riesiges Bauwerk einsam vor den Palmen am Strand: eine etwa 200 Meter lange Holzhalle auf hohen Pfählen, in der Mitte führt eine hölzerne, gedeckte Brücke bis über das Wasser, in das man dort hinabsteigen kann. Die Anlage ist ein königliches Badehaus, das sich jetzt in einem schwer zugänglichen militärischen Terrain befindet, offenbar seit Jahren nicht benutzt worden ist, doch sorgfältig gepflegt wird. König Rama VII. Prajadhipok, der von 1925 bis 1935 regierte, hatte in der Nähe die Sommerresidenz Klai Klangwan (»Sorgenfrei«) erbauen lassen, in der er 1932 die Sendboten der »unblutigen Revolution« empfangen mußte, die des Königs Einwilligung für eine Verfassung, aber auch den Machtwechsel von den Prinzen zu den Militärs herbeiführte. Das riesige Badehaus ist für König Vajiravudh erbaut worden, nachdem schon sein Vater Chulalongkorn mit seinem Hof hier gebadet hatte.

Stil, Dimension und die gedeckte Brücke zum Meer für die Damen des Hofes, die ungesehen ins Wasser gelangen konnten, geben dem Bauwerk den Charakter eines Zeitzeugen. In jedem Fall ist dieses aufwendige und in seiner abgeschlossenen Lage auch ziemlich umbekannt gebliebene Badehaus des Königshofes ein Beweis dafür, daß der Strand in dieser Gegend als ideal angesehen werden kann. Deshalb ist Hua Hin schon seit Jahrzehnten der Badeort wohlhabender Familien aus Bangkok, die sich hier Sommerhäuser errichten ließen. Die Eisenbahnlinie ermöglichte die bequeme Anreise lange vor dem Ausbau der Autostraße, der kleine Bahnhof war für den Empfang hochgestellter Persönlichkeiten attraktiv hergerichtet worden. Gleiches galt auch für das lange Zeit einzige größere Hotel am Strand, das traditionsreiche »Railway-Hotel«, das seinen Namen mit dem ersten Verkehrsmittel verbunden hatte.

Die große Ferieninsel Phuket

Links:
Die Insel liegt im Süden Thailands an der Westküste im Indischen Ozean und erlebt in jüngster Zeit die vielfältigen Wandlungen zu einem bedeutenden touristischen Zielgebiet. Doch verteilen sich die attraktiven Strandbuchten der Insel auf die mehr als 40 Kilometer lange West- und Südküste, so daß jede Bucht eine kleine Welt für sich bleibt und eine konzentrierte Überentwicklung noch keinen Platz gefunden hat. An der populären Patong-Bucht herrscht die charakteristische Ferienstimmung dieser Insel, die noch immer viel Platz bietet, obwohl sich die Zahl ihrer Gäste – vor allem aus Thailand selbst – in jüngster Zeit vervielfacht hat.

Rechte Seite oben:
Ein Beispiel für die neueste Entwicklung auf der Insel Phuket setzt diese aufwendige Anlage des Luxushotels Phuket Meridien, das höchsten Ansprüchen gerecht zu werden sucht. Die hohen Investitionen für ein Dutzend derartiger Anlagen der höchsten Preisklasse haben den touristischen Charakter von Phuket sehr verändert und ganz neue Akzente gesetzt.

Unten:
Charakteristisch für die Natur dieser Insel sind die von Palmen umsäumten Sandbuchten. Dieser Palmenstrand erstreckt sich vor der Anlage des Hotels Pan Sea, das im Pfahlbaustil sich der Landschaft anpaßt.

Während Pattaya in kurzen Jahren vom Fischerdorf zur Hotelstadt ausgebaut wurde, blieb in Hua Hin fast alles, wie es war, denn der große touristische Magnet an der gegenüberliegenden Golfküste liegt mit 154 Kilometern etwas näher an der Hauptstadt als Hua Hin mit 232 Kilometern, und dieser Unterschied von fast einer Autostunde machte sich sehr bemerkbar. Erst als internationale Gäste begannen, nach anderen Seebädern als Pattaya Ausschau zu halten, rückten in den letzten Jahren Hua Hin und das benachbarte Cha Am ins Blickfeld derjenigen, die nichts anderes als einen erholsamen und ruhigen Urlaub am Meer ohne viel sonstigen Betrieb suchten. Cha Am liegt 25 Kilometer nördlich von Hua Hin und war ein Badeort mit Bungalows für Thai-Familien, bis zu Beginn der achtziger Jahre in der Nähe ein großes luxuriöses Hotel für den internationalen Tourismus (Regent Cha Am) an den weiten Strand gesetzt wurde und alsbald Gäste aus aller Welt, an Wochenenden auch viele Thai-Familien, an sich gezogen hat. Mit über 500 Zimmern ist dieser Resort-Komplex eines der größten Hotels in Thailand geworden und hat viel dazu beigetragen, die westliche Golfküste mit ihren breiten, endlosen Stränden auch international bekannt zu machen. Seither sind in beiden Orten weitere neue Hotels eröffnet worden, darunter in Cha Am das Beach Garden Hotel mit rund 230 Zimmern und in Hua Hin das etwa ebenso große Royal Garden Resort mit hohem Standard für Gäste aus aller Welt. Das alte Railway-Hotel wurde total erneuert und heißt jetzt Sofitel Central; für Freunde gab es einen Abschied von mehr als nur dem gewohnten Namen.

In der Stadt Hua Hin, in der über 30 000 Menschen leben, hat der jüngste Zuwachs touristischer Einrichtungen spürbar mehr Betriebsamkeit gebracht. An der breiten Haupt- und Geschäftsstraße sind neue Läden eröffnet und alte ausgebaut worden. Am Hafen herrscht reger Betrieb in den Fischrestaurants mit vielen Thai-Gästen, die speziell an den Wochenenden ans Meer kommen. Auf dem nächtlichen Markt herrscht reger Betrieb. Junge Männer mit Samlors (Fahrrad-Rikschas) bieten vor den Hotels und Restaurants ihre Dienste an und verdienen recht gut an den Maßstäben der Touristen für den Geldwert des Baht, der für die Bevölkerung weit höher ist als für die Fremden.

Wer sich jedoch an dieser Küste dem Dunstkreis des Tourismus entziehen möchte, der hat dazu viel Raum und einige Gelegenheit. An dem langen Strand, der gelegentlich von Felsen und ans Meer tretenden Hügeln unterbrochen und zu flachen Buchten gegliedert wird, gibt es eine Reihe von Orten mit Bungalows für die einheimischen Wochenend- und Ferienbesucher. Mit einigen Sprachkenntnissen und der Anpassung an die Lebensweise ist es kein Problem, dort Quartiere zu suchen und zu finden. Ein solcher Ort ist 93 Kilometer südlich von Hua Hin die kleine Stadt Prachuap Khiri Khan, die an einer schönen Bucht genau dort liegt, wo das thailändische Territorium sehr schmal wird.

Nach weiteren 127 Kilometern erreichen Bahn und Straße den Fischerhafen Chumphon, rund 500 Kilometer von Bangkok entfernt. Hier bietet ein neues Hotel am Meer (Pornsawan Hotel) die Möglichkeit, auf der Fahrt zwischen Bangkok und dem Süden Station zu machen und das Leben in einem geschäftigen Fischerhafen zu beobachten. Bei Chumphon teilt sich die Straße. Neu ausgebaut führt sie am Golf entlang nach Chaiya, Surat Thani und Nakhon Si Thammarat. Die westliche Abzweigung geht zur Westküste am Indischen Ozean bei Ranong und weiter nach Phuket. Ihr Abschnitt zwischen Chumphon und Kra entspricht etwa dem Verlauf des geplanten Kanals von Kra, der wegen der dort sichtbaren Hindernisse wohl nur eine Idee bleiben wird.

Ko Samui: Gebremste Wandlung

Bis zur Mitte der siebziger Jahre war Ko Samui abseits der modernen Verkehrswege eine isolierte, selbstgenügsame Insel im Golf von Thailand auf der Höhe von Surat Thani, mit 247 Quadratkilometern und etwa 30 000 Einwohnern in zehn Dörfern sogar die zweitgrößte des Landes nach Phuket, aber der Außenwelt weitgehend unbekannt. Für die Menschen, die dort lebten, war es eine ziemlich glückliche Insel mit dichtem Palmenwald und geschützten Buchten. Sie waren es gewohnt, vom Fischfang und der Ernte ihrer besonders guten Kokosnüsse zu leben. Über die nächsten Häfen auf dem Festland, die rund vierzig Kilometer entfernten Fischerorte Khanom und Don Sak sowie die doppelt so weite Stadt Surat Thani bestand die Verbindung zur Außenwelt in altgewohnter Weise. Die geschälten Kokosnüsse mußten nach Ban Don, den Hafen von Surat Thani, gebracht werden, der alltägliche Fährverkehr lief über Khanom und

Am Strand bei Cha Am steht die stattliche Holzkonstruktion, die für König Prajadhipok nach 1910 als Sommerresidenz und Badehaus errichtet worden ist. Damit begann der Aufstieg von Cha Am und Hua Hin als Badeorte der Oberschicht von Bangkok.

An vielen Orten der Südregion wird in solchen Gruben nach einem alten chinesischen System Zinn abgebaut. Eine bestimmte Lehmschicht, die das oxydierte Metall enthält, wird durch einen Wasserstrahl herausgewaschen und als lehmige Brühe auf den Turm gepumpt. Von dort fließt sie über die Holzbrücke hinab, dabei setzt sich das schwere Zinnoxyd an bestimmten Stufen ab. Nach Unterbrechung des Abflusses wird der ziemlich reine Erzbrei in Säcke gefüllt und in die Schmelze geschafft. Auf ähnliche Weise wird um die Insel Phuket herum auch zinnhaltiger Meeresboden durch spezielle Schiffe abgebaut.

Don Sak. Die Inselbewohner nannten sich selbst Chao Samui (Samui-Leute) und meinten damit ihre spezielle Art, gern zu leben und zu lachen und mit sich und der Welt recht zufrieden zu sein. So war es nicht nur die Natur der grünen Insel mit ihren Stränden und Hügeln, sondern auch die menschliche Atmosphäre, die ihren attraktiven Ruf begründet hat.

Zu Beginn der siebziger Jahre kamen die ersten Fremden, meistens junge Leute mit wenig Gepäck und Geld. Sie fragten, wo sie schlafen könnten und waren mit kleinen Hütten am Strand zufrieden, die schnell aus Bambus und Palmblättern aufgestellt waren. Ein paar Baht pro Nacht und Gast waren für die Chao Samui ein leichter Zusatzverdienst, zu dem noch hinzukam, was die Frau für Reis und Fisch einnehmen konnte. Zuerst waren es nur wenige Ausländer, die hier und dort auftauchten. Aber es wurden immer mehr, und einige Insulaner stellten sich regelrecht auf sie ein, mit Strandhütten, Mahlzeiten, Getränken und Transporten zu den verschiedenen Stränden, wo ebenfalls Hütten für die Farangs erbaut wurden. Aus Surat Thani und selbst aus Bangkok kamen zu Beginn der achtziger Jahre reiche Leute und kauften Land am Meer, um darauf Bungalows für die Fremden bauen zu lassen. Ein Investor aus der Hauptstadt hatte offenbar unbesehen ein Stück Küste über einem Korallenriff gekauft und die schönsten und größten Bungalows genau dorthin stellen lassen, wo man keinen Fuß in das Wasser über dem scharfkantigen Korallengrund setzen kann. Mit schnellen Booten ist eigens für die Touristen ein Fährdienst zwischen Ko Samui und Surat Thani eingerichtet worden, weil die Gäste dort mit dem Flugzeug, Bus oder der Eisenbahn ankommen und die Insel so einfach und schnell wie möglich erreichen wollen.

Seit der Mitte der achtziger Jahre sind es nicht mehr einige hundert Inselgäste, sondern ein paar tausend pro Saison, die sich auf die Bungalow-Anlagen an den verschiedenen Stränden verteilen. Wer von den Inselbewohnern irgendwo ein paar Hütten aufstellen konnte, der tat es und glaubte wohl auch, mit einem Minimum an Ausstattung und an Preisen besonders vorteilhaft ins Geschäft kommen zu können. Dadurch ist Ko Samui zu einem Magneten für Aussteiger und »Langzeit-Urlauber« aus der ganzen Welt, aus Amerika, Australien und Europa geworden, die ihre eigene Subkultur und eine gehörige Portion Probleme mit auf die Insel gebracht haben. Der kleine Hafenort Na Thon an der Westküste der Insel hat sich zusehends auf diesen Tourismus eingestellt. Zwei billige chinesische Hotels, einfache Speiselokale und kleine Reiseagenturen wurden eröffnet, die nicht nur Bootstouren organisieren, sondern auch mit dem Stichwort »Visa-Verlängerung« einem speziellen Bedürfnis vieler Inselgäste nachzukommen suchen. Ende 1987 ist die Zahl der Bungalow-Anlagen der Insel auf nahezu hundert gestiegen, bei den neuesten haben sich Standard und Preisniveau immer weiter nach oben entwickelt. Das Straßennetz der Insel ist ausgebaut und asphaltiert worden, so daß jetzt eine Ringstraße von etwa fünfzig Kilometern Länge an alle wichtigen Strände und Punkte heranführt. Die Anlegestellen der Fähren befinden sich an der Westküste, die längsten und beliebtesten Strände, Chaweng und Lamai, jedoch etwa zwanzig Kilometer entfernt an der Ostküste, weitere Strandbuchten liegen im Norden und Süden. Je nach der Hauptrichtung des Monsuns herrscht an der Windseite ein höherer Seegang als im Windschatten. Im Dezember und Januar kann der Nordostmonsun sehr steif werden, als günstigste Jahreszeit haben sich die sonst in Thailand sehr heißen Monate von Februar bis Juni erwiesen; der meiste Regen fällt von Juli bis in den Oktober hinein.

Von den zahlreichen benachbarten Inseln sind vier größere bewohnt, eine knappe Bootsstunde im Norden ist Ko Phangan fast halb so groß und mit Ko Samui durch einen Fährdienst verbunden. Auch dort finden Gäste Unterkunft in Strandbungalows und können eine noch wenig vom Tourismus beeinträchtigte Atmosphäre erleben. Viele Freunde beider Inseln hoffen wenigstens, daß Phangan noch möglichst lange so bleiben und nur die große Nachbarinsel die Probleme des Wandels auffangen möge.

Sehr umstritten sind die Pläne und konkreten Vorbereitungen, auf Ko Samui einen Flughafen zu bauen, um den Zugang zur Insel zu beschleunigen, bequemer zu machen und den Anschluß an den internationalen Gästestrom zu begünstigen. Viele Chao Samui wollen ihre Insel nicht noch mehr dem Wandlungsprozeß der Tourismus-Industrie unterwerfen und meinen, es seien schon jetzt eher zu viele als zu wenige Fremde auf Ko Samui. Gegensätzlicher Meinung sind die Investoren, Manager und Beschäftigten der Hotels und besseren Bungalow-Anlagen. Sie wünschen sich mehr gut situierte Gäste, denen erst der Luftweg das

Eine bizarre Inselwelt

Oben:
Diese Inselwelt erstreckt sich in der Bucht von Phang Nga nahe bei Phuket und bietet ihren Besuchern eindrucksvolle Landschaftserlebnisse ganz eigener Art. Seit Jahrtausenden haben hier Regen, Wind und Wellen an dem weichen Kalkstein eines einstigen Bergstockes gearbeitet, ihn in Inseln und einzelne Felsen zerlegt, Höhlen und ganze Tunnels hineingebohrt und steile Türme geformt. Für viele Besucher von Phuket sind diese Inseln ein attraktives Ausflugsziel.

Links:
Durch diesen Wassertunnel kann man unter einem hohen Berg hindurchfahren. Die langen Tropfsteingehänge zeigen an, daß sich neben den Meereswellen auch das Regenwasser als Skulptor an diesen Kalkfelsen betätigt hat. Der Tunnel unter dem Berg hat eine Länge von etwa zweihundert und eine Höhe bis zu zehn Metern.

Rechte Seite unten:
Diese Felsenbucht der kleinen Insel Khao Ping und ihr auf stark unterspülten „Stiel" aus dem Wasser aufragender Steinturm dienten als Schauplatz eines James-Bond-Filmes, der das Naturwunder dieses Felsens weltbekannt gemacht hat.

181

In der traditionsreichen Hauptstadt des siamesischen Südens, Nakhon Si Thammarat, blickt der zentrale Tempel, Wat Mahathat, auf ein Alter von mehr als tausend Jahren zurück. Der große Chedi hat eine Höhe von 78 Metern und trägt eine goldene Spitze. Alte, von der Zeit geschwärzte Chedis wurden im Lauf der Jahrhunderte zu Ehren verdienter Persönlichkeiten errichtet.

Kommen wesentlich erleichtern würde. Der Ausgang dieser Auseinandersetzung ist noch offen. Wer Thailand kennt, der weiß, daß es noch viele Palmenstrände gibt, an denen sich die Gäste des Landes so wohl wie auf Samui fühlen könnten, gerade wenn es nicht zu viele werden. Infolgedessen verbreiten sich Wort und Wert eines »Tourismus mit Grenzen«. Offenbar sind die Probleme der touristischen Überentwicklung auch von den Chao Samui erkannt worden, gerade weil sie ihre Insel lieben, gern leben und lachen und für beglückte Gäste gute Gastgeber bleiben wollen.

Nakhon Si Thammarat: Das alte, mysteriöse Zentrum des Südens

In und um Nakhon Si Thammarat gibt es Rätsel und Legenden, die der Atmosphäre der traditionsreichen Stadt einen Hauch von Mystik beimischen. Da stellen sich Fragen ein, auf die niemand eine Antwort weiß und die dennoch zum Wesen dieser Stadt gehören. Ein Beispiel ist der hochverehrte Buddha Sihing in seinem kleinen Tempel neben dem Rathaus. Neben Chiangmai und dem Nationalmuseum in Bangkok birgt Nakhon Si Thammarat die identische, legendäre Bronzestatue sehr alten Stils, und niemand kann sagen, welche der drei die echte ist. Ein anderes Rätsel gibt die lange goldene Spitze des 78 Meter hohen Chedi auf, der den Haupttempel der Stadt, Wat Mahathat, mit seiner schlanken Glockenform überragt. Die Angaben schwanken zwischen 100 und 400 Kilo Gold, die dort oben mit ihrem Glanz die Unzerstörbarkeit der Lehre Buddhas symbolisieren. Ein Mysterium umgibt die Legende von der geheimen Flucht des abgesetzten Königs Taksin und sein Eremitenleben in einer Höhle nahe der Stadt nach seinem offiziellen Tod von 1782. Ein weiteres Rätsel betrifft den Ursprung der Stadt, die früher Ligor genannt wurde. Lag hier die glanzvolle Hauptstadt des Reiches Tambralinga? Vieles verbindet Ligor mit jenem vor tausend Jahren blühenden Reich, doch beschreibt ein chinesischer Besucher sehr genau um jene alte Hauptstadt einen Ring von Bergen, den es um Nakhon Si Thammarat nicht gibt.

In ihren Traditionen pflegt die Stadt, wie einst das Reich Tambralinga, die Verbindungen zu Indien ebenso wie zu China. Eine kleine Gruppe von Brahmanenfamilien setzt ein tausendjähriges Erbe fort und stellt auch jene Hindu-Priester, die bei bestimmten Zeremonien des Königshofes mitwirken. Aus China hingegen kam das Kunsthandwerk der Niello-Herstellung in die Stadt, einer speziellen Art von farbig-glasiger Emaille auf Silber mit Rippen und Ornamenten des Metalls zwischen den farbigen Flächen auf Tellern, Schalen und Vasen. Die alten Handelsbeziehungen förderten auch die Künste der Gold- und Kupferschmiede, die auf hohem Niveau weiter gepflegt werden. Mit dem malaiischen Kulturkreis verknüpft sich die bei bestimmten Festen dargebotene Kunst des Schattenspiels und die Herstellung der Figuren mit all ihren Charakter- und Rollenvariationen.

Knapp 40 000 Einwohner leben in der Stadt, die sich entlang ihrer nordsüdlichen Hauptstraße Rajadamnoen über etwa 15 Kilometer in die Länge zieht, während die kurzen Seitenstraßen in den nahen Feldern des fruchtbaren Umlandes enden. Nach der Überlieferung soll die Stadt einst am Meeresufer gelegen haben, doch jetzt ist die Küste etwa zwölf Kilometer entfernt. Flache Reisfelder mit Kanälen trennen die Stadt von der seichten Mündungsbucht des Flusses Khlong Cha Uat, der viel Schlamm in den Golf trägt.

In der Geschichte und Kultur des alten Siam hat Ligor eine wichtige Position eingenommen. Vor tausend Jahren war das in dieser Gegend zentrierte Reich Tambralinga eine bedeutende Drehscheibe für den Waren- und Kulturaustausch nach allen Richtungen: Indien im Westen, das Khmer-Reich und China im Osten, das Srividjaya-Reich im Süden und die Mon-Staaten im Norden. Ein siegreicher Fürstensohn von Ligor war als Suryavarman I. (1011–1050) der Gründer einer machtvollen Dynastie von Khmer-Königen.

Viele Fundstätten entlang der Küste, besonders in der weiter nördlich gelegenen alten Hafenstadt Chaiya (bei Surat Thani), bestätigen die Verbreitung der Hindu-Götter und der nachfolgenden buddhistischen Kultur von Sirvidjaya in dieser Gegend. Dazu gibt es sehenswerte Objekte, darunter einen großen Wischnu aus Stein, im Nationalmuseum und in der Sammlung des ehrwürdigen Wat Mahathat, des zentralen und größten Tempels von Nakhon Si Thammarat, der vor mehr als tausend Jahren gegründet wurde und seinen großen Stupa vermutlich im 13. Jahrhundert erhalten hat. Noch älter sind zwei kleine Hindu-Schreine, deren Schiwa-Lingam von Frauen mit der Bitte um Kindersegen noch immer verehrt wird.

In den Bergen 20 Kilometer westlich von Nakhon Si Thammarat trägt eine Wohnhöhle den Namen des 1782 abgesetzten und zum Tode verurteilten Königs Taksin. Nach der damit verknüpften Legende soll der König seinen Henkern entkommen sein und unter dem Schutz eines befreundeten Gouverneurs die letzten Lebensjahre als Eremit in dieser Höhle verbracht haben. Das verzierte Mauerwerk und die Wächterfiguren erwecken den Eindruck eines winzigen Palastes; weitere Tatsachen und Funde rücken die mysteriöse Legende in die Zone einer abenteuerlichen Wahrscheinlichkeit, wie sie in der Bevölkerung überliefert ist.

Unter den Thai-Herrschern von Ayutthaya und den ersten Königen der Chakri-Dynastie war Nakhon Si Thammarat das strategische Bollwerk der Thai-Dominanz im Süden. Doch ist die Stadt beim Ausbau der modernen Verkehrswege jahrzehntelang praktisch abgekoppelt worden. Für die durchgehende Eisenbahnlinie nach Süden wurde zu Beginn des 20. Jahrhunderts aus geländetechnischen Gründen eine Route im Binnenland bestimmt, mit der die Hauptstadt des Südens nur durch eine etwa sechzig Kilometer lange Seitenlinie verbunden ist. Die Landstraße nach Surat Thani im Norden (135 km) und Phattalung (103 km) sowie Songkhla (165 km) im Süden ist erst in den jüngsten achtziger Jahren für den Bus- und Autoverkehr fertiggestellt worden. Der Flughafen ist erst 1987 eröffnet worden. Aus diesen Gründen befindet sich Nakhon Si Thammarat für den internationalen Tourismus noch immer in einem »Dornröschenschlaf«, den Freunde der Stadt nicht bedauern, dem aber auf Grund ihrer kulturellen Bedeutung ein Entdecktwerden und Erwachen folgen kann, besonders wenn in das eine oder andere Mysterium mehr Licht fallen sollte.

Die Taksin-Legende

Nakhon Si Thammarat und die Berge im Westen sind der Schauplatz einer Legende, die sich seit zwei Jahrhunderten um den dramatischen Tod des Königs Taksin gerankt hat und dem damaligen Geschehen eine andere Wendung verleiht. Wie der historische Überblick zeigt, hatte Taksin zunächst als General und sodann als König nach dem Fall von Ayuttaya (1767) Truppen gesammelt, die Birmanen vertrieben, Abtrünnige besiegt und das Reich zu neuer Einheit geführt. Nach religiösen Wahnvorstellungen kam es zu einer Rebellion gegen Taksin, der widerstandslos in ein Kloster gehen wollte, aber – so die offizielle Version – hingerichtet wurde, während der herangeeilte General Chakri am 6. April 1782 den Thron bestieg. Während der Rebellion gegen Taksin unter der Führung von Phya Sanka wurden Verwandte und Anhänger des Königs verfolgt und getötet, später wurde auch Phya Sanka zum Tode verurteilt und hingerichtet – soweit die offizielle Geschichtsschreibung von jenen Gründungstagen der seither regierenden Chakri-Dynastie.

Als geheimnisvolle Variante dieses Sachverhalts behauptet eine vielen Thais bekannte, aber öffentlich kaum diskutierte Legende, Taksin sei mit Hilfe von Getreuen auf dem Wasserweg nach Nakhon Si Thammarat entkommen, während ein gleichfalls todgeweihter Verwandter sich habe hinrichten lassen – nach dem Gesetz des Hofes von Ayutthaya durch Erschlagen in einem Sack. In Nakhon Si Thammarat habe Taksin Zuflucht bei dem ihm ergebenen Gouverneur gefunden, der ihn in einer Höhle versteckte, wo der Flüchtling noch jahrelang das von ihm selbst erstrebte Leben eines Eremiten erlangen konnte. Soweit die Legende, zu der es auch die passende Höhle gibt: Wo etwa zwölf Kilometer westlich der Stadt die Bergwände des Khao-Luang-Massivs aufsteigen, dort führen bei dem kleinen Tempel Wat Khao Kun Phanom (rund 4 km abseits der Straße nach Lan Saka) 240 Stufen zu einer einst als Wohnstatt ausgebauten Eremiten-Höhle empor, in deren Nachbarschaft sich noch eine viel größere Höhle befindet. Die Bevölkerung nennt die Eremiten-Höhle Tham Taksin und bestätigt damit die Legende, daß der König hier seine letzten Lebensjahre verbracht habe.

Zum historischen Hintergrund der Legende gehört die Tatsache, daß am Hofe des Gouverneurs von Nakhon Si Thammarat, Chao Chon Patana, ein 1775 geborener Sohn Taksins aufwuchs und später zu hohen Ämtern aufstieg; als Noi na Nakhon wurde er zum Gründer eine angesehenen Familie der Stadt mit zahlreichen Nachkommen. Seine Mutter lebte am Hofe Taksins, während ihre ältere Schwester mit Chao Con Patana verheiratet war, aber 1774 an einem heftigen Fieber starb. Als Patana beim König ihren Tod beklagte, gab ihm Taksin die jüngere Schwester, die jedoch schwanger war. So kam der Sohn des Königs am Hofe von Nakhon Si Thammarat zur Welt, wo seine Mutter einen hohen Rang bekleidete. Dem englischen Autor Steward Wavell bestätigte zu Beginn der sechziger Jahre ein Arzt und Nachkomme Taksins in Nakhon Si Thammarat, Dr. Chamras, die Authentizität der Taksin-Legende mit vielen Einzelheiten als Überlieferung der eigenen Familie; Wavell hat darüber in seinem Buch »The Naga King's Daughter« (Die Tochter des Schlangenkönigs) ausführlich berichtet.

Aufgrund dieser und anderer Quellen ist der Autor im Jahre 1984 in Nakhon Si Thammarat und auch in Bangkok der Taksin-Legende nachgegangen. In Nakhon war Dr. Chamras nicht mehr am Leben, doch eine ältere Angehörige der Familie bestätigte die

Die Phi-Phi-Inseln

Links:
Sie liegen im Süden der inselreichen Bucht von Phang Nga im offenen Meer. Mit ihren Stränden, Tauchrevieren und Felsformationen sind sie ein interessantes Ziel und von Phuket wie von Krabi aus in etwa gleicher Entfernung (etwa 32 Kilometer) erreichbar. Die größere der beiden Inseln hat eine schmale „Wespentaille", an der sich die Strände von beiden Seiten sehr nahe kommen.

Unten:
In einer Felswand der kleineren Phi-Phi-Insel gibt eine große, zum Meer offene Höhle mit Felszeichnungen altertümlicher Segelschiffe noch einige Rätsel auf. An den Wänden der Höhle kleben kleine Schwalben ihre Nester, die bei den Chinesen als Delikatesse begehrt sind.

Volkskunst der Fischer
Rechte Seite:
Die farbenprächtig bemalten Boote der Fischer von Chum Pho (südlich von Songkhla) stellen beachtliche Werke der Volkskunst im alltäglichen Gebrauch dar. Zugleich markieren sie den Übergang zur Kultur der malaiischen Nachbarn, die eine im Süden Thailands konzentrierte islamische Minderheit bilden.

Geschichte von Noi nā Nakhon und dessen Mutter, auch daß die Familie dem Staat treue Diener gestellt und Landbesitz für die zentralen Behördenbauten der Stadt zur Verfügung gestellt habe. Zum Thema »Taksin in der Eremitenhöhle« wollte sie sich gegenüber dem fremden Ausländer jedoch nicht äußern, offenbar besteht noch immer ein Tabu zu dieser Frage, das Kundigen den Mund verschließt. Ein pensionierter Oberst der Thai-Armee berichtete dem Autor in seinem Heim bei Bangkok sehr freimütig über die Taksin-Geschichte, bestätigte dessen Aufenthalt nach dem Todesurteil im Süden und lieferte einen interessanten Hintergrund für das Geschehen, der bisher noch nicht in der einschlägigen Literatur aufgetaucht ist. Nach dieser Quelle habe Taksin, dessen Vater ein chinesischer Steuereinnehmer in Ayutthaya, die Mutter jedoch Thailänderin war, für seine Feldzüge viel Geldspenden von den Chinesen des Landes erhalten, die damals wie heute durch Jahrhunderte eine wichtige Rolle in Handel und Gewerbe spielten.

Nach dem Sieg und der befreiten Wiedervereinigung des Landes hätten die Geldgeber jedoch vom König Taksin verlangt, er solle eine chinesische Prinzessin zur Frau nehmen und das Königreich an China angliedern.

Diesen Wünschen habe sich Taksin aber nicht beugen wollen und mit seinem engen Freunde, dem General Chakri, einen Plan geschmiedet, die Souveränität des Reiches zu erhalten. Danach habe Taksin keinen anderen Ausweg gesehen, als den Wahnsinn, Rücktritt und Abgang in ein Kloster, um den Thron für Chakri freizumachen. Diesen Plan aber habe der Kommandant von Thonburi, Phya Sanka, durchkreuzt, um in Abwesenheit des in Kambodscha kämpfenden Generals Chakri selbst die Macht zu erlangen, was auch der Grund für sein späteres Todesurteil gewesen sei. Mit dieser Darstellung lieferte der Oberst einen sehr ehrenvollen, patriotischen Grund für Taksins Verhalten, nur konnte – oder wollte – auch er nicht sagen, was der Nachfolger Taksins über dessen Entkommen gewußt haben könnte. An der Schwelle des Königshauses herrscht noch immer ehrfurchtsvolles Schweigen.

Als wichtiges Indiz für die Wahrscheinlichkeit der Taksin-Legende verbleibt jene Höhle, die der hochgestellte Eremit bewohnt haben soll. Sie ist leichter zugänglich, als gewisse Quellen – offenbar zur Fernhaltung von Besuchern – behaupten. Die 240 Stufen sind gemauert und gut zu bewältigen. Unter dem Felsdach eines riesigen Überhanges steht Mauerwerk mit Zinnen und Stuckornamenten, Wächterfiguren flankieren einen Eingang. In einer Mauernische sitzt eine Buddha-Statue, die Mauer ist mit bunten Porzellantellern verziert. Hinter der rechten Mauer ist ein Raum von etwa drei mal sechs Metern durch einen kleinen Altar mit Buddha-Statue als Kapelle hergerichtet. Hinter der linken Mauer häufen sich Steine und Schutt, offenbar ist hier ein Teil der Decke heruntergebrochen.

Auch ohne das Wissen um die Taksin-Legende würde man sich fragen, was ein Eremit, der hier lebt und meditiert, wohl mit den Wächterfiguren und dem Mauerschmuck anfangen soll. »Mini-Palast« ist der Eindruck, der sich festsetzt und nicht mehr weichen will.

Ein paar Stufen unterhalb der Höhle schmiegt sich eine kleine Terrasse an eine hohe, senkrechte Felswand, in der sich natürliche Löcher als regelrechte Eingänge zu einer geräumigen, sehr hohen Höhle erweisen.

Dort öffnet sich eine erstaunliche Perspektive: Man steht wie auf einem Balkon etwa zwanzig Meter über dem flachen, von Wasserrinnen gezeichneten Boden der Höhle, die an die achtzig Meter hoch ist und von oben durch ein Loch im Berg einen Lichtstrahl empfängt. Hier drängt sich der erste spontane Eindruck auf: Wie ein Kathedrale! Und der zweite Gedanke rätselt: Wo fließt das Wasser hin? Wäre das nicht auch ein eventueller Fluchtweg für den Bewohner nebenan? In jedem Fall ist die Kombination der beiden Höhlen kaum idealer denkbar für einen Eremiten, der die verborgene Einsamkeit sucht und braucht und außerdem Verfolgung zu fürchten hat und ein zusätzliches Versteck zu schätzen weiß.

Wenn an der Taksin-Legende ein Körnchen Wahrheit ist, dann gäbe es kaum eine bessere Eremitage für den totgeglaubten König als diese beiden Höhlen im Lande des verschwiegenen Freundes.

Der Tempel zu Füßen der Bergwand besteht aus einigen kleineren Bauten, in denen ein alter Abt freundlich die fremden Besucher begrüßt. Sehr sorgfältig verwahrt er in einem abgeschlossenen Gitterschrank eine etwa zehn Zentimeter hohe, goldene Buddha-Figur, die vor einigen Jahren in dem Geröll der Höhle gefunden worden ist. Die Auskunft ist wortkarg: »Sie gehörte einem Eremiten! Bitte nicht fotografieren!« Mit lächelndem Wissen kennt er die Frage, die offen bleibt. Doch eine Antwort liegt nahe: Solch einen goldenen Buddha hat kein zur Armut verpflichteter Mönch! Sie läßt noch immer das Rätsel offen, nährt jedoch zusammen mit den Eindrücken oben in den Höhlen die Wahrscheinlichkeit, daß doch etwas dran sein könnte an der Taksin-Geschichte, die dann keine Legende mehr wäre. Aber sollte ein solcher Mythos nicht doch seinen letzten Schleier behalten?

Die Insel Phuket: Buchten, Bungalows und neuer Luxus

In den ersten siebziger Jahren gab es an den Stränden der Insel Phuket ein einziges Hotel mit ein paar ebenerdigen Holzhäusern und eine Handvoll Bungalows – aber auch einen neuen Flugplatz. Er stellte die schnelle Flugverbindung zur rund 900 Kilometer entfernten Hauptstadt her, wo sich die schönen, einsamen Strände der Insel bald bei den ausländischen Besuchern herumsprachen und zum Ausflug auf die ferne Insel einluden. Die Insel wurde schnell beliebt, zunächst nicht bei sehr vielen, aber bei treuen Gästen, die gern wiederkamen.

Mit einer Nord-Süd-Länge von rund vierzig Kilometern, einer Breite bis zu etwa fünfzehn Kilometern und eine Fläche von 810 Quadratkilometern ist Phuket Tailands größte Insel. Die Lage nahe vor der Küste der Andamanen-See, wie dieser Teil des Indischen Ozeans nach seiner Inselgruppe heißt, bringt der Insel ein verhältnismäßig ausgeglichenes Klima mit ruhiger See an den wichtigen Buchten der Westküste während des Nordostmonsuns von November bis April und im Gegenzug Wellenkämme und Regenschauer von Mai bis Anfang Oktober – also das beste Badewetter in der winterlichen Saison der nördlichen Hemisphäre.

Die Attraktivität von Phuket beruht auf den schönen, hell- und feinsandigen Badebuchten, die sich wie eine Perlenkette um die halbe Insel im Westen und Süden herumziehen, jede Bucht eine kleine, überschaubare Welt für sich und ihre Gäste, die sie nur selten verlassen. Der Flughafen liegt im Norden der Insel und wird durch die rund 25 Kilometer lange Hauptstraße mit der Insel- und Provinzhauptstadt Phuket im Südosten verbunden. Von dieser Hauptstraße zweigen verschiedene Stichstraßen zu den Stränden der Westküste ab, die untereinander kaum miteinander verbunden sind.

Die Hügel der Insel tragen zum Teil noch den ursprünglichen tropischen Regenwald, in den Tälern dehnen sich jedoch die eintönigen Kautschuk-Plantagen aus. Die zweite Quelle des Reichtums für ihre meist chinesischen Besitzer sind die Zinngruben, deren Erträge jedoch in jüngster Zeit wegen der gefallenen Weltmarktpreise sehr zurückgegangen sind. In dieser Situation hat die touristische Entwicklung eingesetzt und zunächst den Besitzern vieler kleinerer Bungalow-Anlagen Erfolg und Gewinn gebracht, gerade auch weil die Feriengäste dort eine sehr persönliche Atmosphäre schätzen.

Aber es ist nicht bei den Bungalows in ihren Buchten geblieben. In den letzten Jahren ist eine ganze Reihe von größeren Hotels auf Phuket eröffnet worden, die der Insel einen neuen Luxus mit entsprechenden Preisen gebracht haben, dazu eine neue Schicht von Gästen, hauptsächlich aus Japan, Singapur, Hongkong und auch Arabien, die ein solches Preisniveau gewöhnt sind und das alles zusammen sehr schön finden. Die Synthese der tropischen Natur, der schönen Strände und des neuen Luxus machen Phuket zu einem Erholungsgebiet von internationalem Rang.

Die alten Freunde der Insel können nach längerer Abwesenheit viele schöne Buchten nicht mehr wiedererkennen, doch den touristischen Managern schlägt das Herz höher, so groß und aufwendig sind die Projekte, die sie hier verwirklicht haben oder noch errichten wollen. Platz dafür ist noch immer vorhanden. Die meisten der neuen Luxushäuser konnten sich an einer eigenen, kleineren Bucht ansiedeln. Nirgendwo ballt sich ein Massenbetrieb, wie etwa in Pattaya, zusammen, auch wenn manche alten Phuket-Gäste hier oder dort – etwa am langen, beliebten Patong-Strand und seiner Geschäftsstraße – schon ein Zuviel beklagen.

Im Hinterland der Insel und in ihrer Hauptstadt gibt es kaum sehenswerte Ziele, die die Feriengäste von ihren schönen Stränden weglocken können. Doch die weitere Umgebung hat landschaftliche Reize, zu denen der Ausflug lohnt. In der östlich von Phuket gelegenen Bucht von Phangnga bietet ein Labyrinth steilwandiger Kalksteininseln und -felsen ein Landschaftserleben von seltenem Reiz. Das populäre Ziel ist dort jener bizarre Felsenturm, der für einen James-Bond-Film der siebziger Jahre als einzigartiger Schauplatz diente und jetzt danach benannt wird. Auf der Fahrt dorthin kann man in einem Wassertunnel unter einem hohen Berg hindurch fahren. Ein auf hohen Pfählen erbautes Inseldorf des Asli Laut (»Meeresmenschen« – malaiisch-islamische Fischer) hat sich mit Restaurants und einer ganzen Ladenstraße auf den Tourismus eingerichtet. Waren es vor zehn Jahren drei bis fünf Boote, die vormittags in der Saison am kleinen Strand der »James-Bond-Insel« lagen, so sind es jetzt zwanzig bis dreißig!

Ein anderes Ziel für Ausflüge mit größeren Booten vom Phuket-Hafen aus sind die beiden Phi-Phi-Inseln weiter im Süden der Bucht von Phangnga, die mit steilen Bergen und schönen, palmengesäumten Stränden so aussehen, wie man sich typische Südsee-Inseln vorstellt. Bei der immer mehr im eigenen Lande reisenden Thai-Jugend wurden sie in den jüngsten Jahren schnell populär. Inzwischen mischen sich auch ausländische Touristen unter die Passagiere der Fährboote in Phuket. Aus dem näheren Hafen Krabi kommen fast nur Thais zu den Inseln, um dort einfache Strandhütten zu mieten, zu baden, zu tauchen und eine abenteuerliche Höhle mit merkwürdigen Felszeichnungen zu besuchen, deren Ruf als Schlupfwinkel von Piraten durchaus glaubhaft erscheint.

Hatyai und Songkhla: Magnete im Grenzland

Während die Grenzen zu den anderen Nachbarn – Birma, Laos und Kambodscha – fast überall geschlossen sind, herrscht an den Grenzübergängen zu Malaysia die friedliche Normalität regen Verkehrs. In diesem Magnetfeld der offenen Grenze hat sich Thailands größte Stadt im Süden, Hatyai, mit ihren 130 000 Einwohnern als Knotenpunkt des Straßen-, Bahn- und Flugverkehrs in den jüngsten Jahren zu einem speziellen Zentrum des Tourismus entwickelt. Mit weit über 4000 Hotelzimmern, davon mehr als die Hälfte in rund zwanzig Häusern der ersten Klasse, konkurriert Hatyai mit Chiangmai um den dritten Rang der touristischen Zentren nach Bangkok und Pattaya, allerdings nur der Zahl nach, denn sonst ist hier im Süden vieles ganz anders als im Norden. Den enormen Aufschwung hat die nahe offene Grenze gebracht. Die überwiegende Mehrzahl der Besucher kommt aus Malaysia, es sind sehr kurze Besuche, aber sehr viele wegen der günstigen Einkaufsmöglichkeiten und wohl auch teilweise wegen des Nachtlebens. In der Statistik der 765 000 Einreisen aus Malaysia (1987) haben auch Familienbesuche einen Anteil, denn im Süden Thailands leben rund 1,8 Millionen Malayen diesseits der 1946 zuungunsten von Thailand korrigierten Grenzen. Die offene Grenze hat viel dazu beigetragen, trotz der sprachlichen und religiösen Unterschiede das Verhältnis zwischen den Nachbarvölkern zu entspannen und ein friedliches Miteinander zu entfalten, das den regen geschäftlichen und persönlichen Besucherverkehr der Malaien nach Hatyai und in die Südprovinzen herbeigeführt hat. Ein Wahrzeichen dieser guten Beziehungen ist die von der Regierung Thailands gestiftete neue, große Moschee von Pattani, des hauptsächlich von Malaien bewohnten Fischerhafens an der Ostküste.

Für die Besucher aus anderen Ländern, die in den Süden kommen, ist die Nachbarstadt

Die Moschee der Hafen- und Provinzhauptstadt Pattani ist als Geschenk der thailändischen Regierung an die islamisch-malaiische Bevölkerung der Südprovinzen erbaut worden. Bei der Grenzkorrektur von 1946 hat Thailand die Oberhoheit über drei malaiische Fürstentümer abgegeben, doch eine Minderheit von nunmehr rund 1,8 Millionen Malaien auf seinem Territorium behalten.

von Hatyai, das 25 Kilometer entfernt am Meer liegende Songkhla, das attraktivere und kulturell interessantere Ziel der Region.

Die Stadt liegt auf einer Landzunge am Südufer eines breiten, kurzen Kanals, der die ausgedehnte Seenplatte Thale Sap, den größten Binnensee des Landes, mit dem Meer verbindet. Vom Hafen führen die Wasserwege sowohl ins Meer hinaus, als auch in den Binnensee mit seinen Pfahlbaudörfern und Inseln. In seiner Schlüsselposition blickt Songkhla – von den Malaien Singora genannt – auf eine lange Vergangenheit bis in vorgeschichtliche Zeiten zurück. In Srividjaya-Reich des 8. bis 11. Jahrhunderts war Songkhla ein wichtiger Hafen des Fürstentums Tambralinga, des südlichen Nachbarn von Langkasuka.

Nördlich von Songkhla trennt eine rund 80 Kilometer lange Landzunge als Nehrung den Binnensee vom Meer. An schmaler Stelle auf ihrer Mitte lassen im Ort Sathing Phra größere Baureste des Srividjaya-Stils vermuten, daß sich hier ein wichtiges Zentrum, vielleicht sogar die Hauptstadt von Tambralinga befunden hat. Zu jener Zeit lagen der Hafen und die Befestigungen von Songkhla gegenüber der heutigen Position am Nordufer des Kanals und waren dort auf dem Landweg mit Sathing Phra verbunden. Die seinerzeitige Querverbindung durch die Halbinsel auf Flüssen und Landwegen wird zwischen Sathing Phra und der Westküste bei Trang vermutet, wo verschiedene Flüsse in den Indischen Ozean münden. Dabei konnten der Binnensee Thale Sap und in ihn mündende Flüsse einen wesentlichen Abschnitt der Wasserwege der Route übernehmen.

Unter den Thai-Königen von Ayutthaya war die Wasserstraße des Golfs der wichtige und leistungsfähige Transportweg und Nervenstrang des Reiches nach dem Süden, wo die Thai-Herrscher zeitweise die Oberhoheit über die ganze malaiische Halbinsel beanspruchten. Dafür war Songkhla ein wichtiger Stützpunkt der Thais. Eine alte Kolonie chinesischer Kaufleute, die dort auch den ihnen beistehenden Portugiesen eine Niederlassung eingeräumt hatten, bezeugt den Rang des Hafens als wichtiger Handelsplatz. Kurz vor 1678 hatte ein malaiischer Sultan den Hafen erobert und neue Befestigungen erbauen lassen. In jenem Jahr wurde er durch die Truppen des Königs Narai vertrieben. Unter den ersten Chakri-Königen wurden Hafen und Stadt an das Südufer des Kanals verlegt, wo sie sich weiter ausdehnen und besser an die Wege ins Hinterland angeschlossen werden konnten. Darum ist das heutige Songkhla praktisch eine Gründung des frühen 19. Jahrhunderts, doch in seinen Traditionen eine weit ältere Stadt, deren Reste am gegenüberliegenden Ufer des Kanals verfallen.

Stadt und Hafen wenden sich am nordwestlichen Ufer ihrer Landzunge dem Binnensee zu, an der anderen Seite säumt der breite Samila-Strand die Stadt am offenen Meer. Vor der weitgeschwungenen Strandbucht liegen die beiden Inseln »Katze« (Ko Meo) und »Maus« (Ko Nu). Form und Größe haben ihnen diese populären Namen gegeben. An Wochenenden füllt sich der Strand, unter dem Schatten von Casuarina-Bäumen werden Verkaufsstände aufgeschlagen. Autos, Busse und Lastwagen entladen ganze Familien und Dorfgemeinschaften aus der Umgebung und dem Hinterland, die hier ein paar Stunden Strandleben mit viel Spaß und Spiel suchen und finden. Wo ein paar Felsen das Südende der Strandbucht markieren, dort sitzt die Bronzestatue einer Meerjungfrau als Wahrzeichen des neuen Songkhla auf den Steinen. In der Nähe steht als führendes Haus hohen Standards das Samila-Hotel, scheint aber seit Jahren schon darauf zu warten, daß Songkhla noch etwas mehr vom Tourismus entdeckt werden möge.

An kulturellen Sehenswürdigkeiten bietet die Stadt die zentrale Tempelanlage Wat Klang (offiziell Wat Machimawat) mit interessanten Wandbildern aus Meisterhand, die Hafen und Volksszenen aus der Mitte des 19. Jahrhunderts darstellen. Zum Tempel gehört auch ein ziemlich vollgestopftes Museum, in dem sich Fund- und Erbstücke sehr verschiedenen Alters und Wertes befinden, darunter Objekte aus Sathing Phra im Srividjaya Stil, die die Blüte jener Kultur vor tausend Jahren erahnen lassen. Bei den alten Häusern der Innenstadt mischen sich chinesische, portugiesische und malaiische Stilelemente zu einem Ensemble von Traditionen und Betriebsamkeit, in das noch nicht die glatten, ausdruckslosen Fassaden moderner Bauten allzusehr eingedrungen sind.

Für das Nationalmuseum von Songkhla ist ein chinesisches Herrenhaus aus dem frühen 19. Jahrhundert renoviert worden, das einst der Sitz der führenden Familie in Songkhla gewesen ist. An der schönen Gartenfront mit ihrer geschwungenen Treppe kann man im Baustil auch etwas vom Lebensstil jener führenden Schicht in ihrer Zeit erkennen, wie sie auch in den alten, gediegenen Möbeln im Museum zum Ausdruck kommt. Ausstellungsstücke der verschiedenen Zeitalter zeigen die Einflüsse aus allen Richtungen, den Wechselgang der Geschichte, aber auch die Kontinuität, in der sich das Leben und der Güteraustausch an diesem alten Handelsplatz behauptet haben.

In der Nähe von Songkhla bieten der Binnensee und die Küste sehenswerte Ausflugsziele. Die weite Fläche des Thale Sap säumen Pfahlbau-Dörfer und Inseln. Etwa eine halbe Bootsstunde von Songkhla entfernt ist die dicht bewaldete Insel Ko Yaw ein Zentrum der Baumwollweberei, deren spezielle Muster die Produkte der Insel kennzeichnen. Nach Norden weitet sich der See mit endlosem Horizont wie ein Meer, nur daß die weite Wasserfläche meistens ganz ruhig ist. Randzonen des Sees und einige Nachbargewässer sind die Heimat vieler tropischer Wasservögel und zu Schutzgebieten erklärt worden.

Etwa fünf Kilometer südlich von Songkhla liegt das malaiische Fischerdorf Kao Seng am Strand, dessen Besuch sich lohnt: wegen der Malkunst der Fischer! Zwar pflegen die Malaien auch anderenorts ihre Boote gern bunt zu bemalen, aber in diesem Ort sind es bewundernswerte Werke der Volkskunst, denen leicht zu prophezeien ist, daß sie vermutlich eines nicht allzu fernen Tages ihrem rauhen Dienst auf dem Meer entzogen werden, um auf ehrenvollen Plätzen in Museen oder dergleichen vor Anker zu gehen. Mit ihren Farben, Ornamenten und eingefügten Landschaftsbildern und Blumen haben die Fischer von Kao Seng sich selbst zur Freude ihrer Boote bemalt, doch damit ein hohes Niveau der Volkskunst erreicht, das ihnen selbst vermutlich gar nicht bewußt ist.

An den farbenprächtigen Fischerbooten von Kao Seng zeigt sich der Übergang zur Kultur des malaiischen Nachbarvolkes, das in den südlichsten Provinzen Pattani, Yala und Narathiwat die Mehrheit der Bevölkerung stellt. Wo dort im Süden die Siedlungsgebiete der Völker ineinander verzahnt sind, dort endet jetzt auch das Königreich der Thais an jener immer wieder umkämpften und verschobenen, jetzt aber unumstritten festgelegten Grenze. Sie zieht sich durch einsame Dschungelberge, die nur wenige Übergänge zulassen. Zwischen den beiden Völkern ist es eine faire, offene und endlich auch friedliche Grenze. Möge es immer so bleiben.

REISEZIEL THAILAND

Im Königreich Thailand (in der Landessprache Prathet oder Muang Thai) leben über 52,5 Millionen Einwohner (Schätzung 1987) auf 513 115 Quadratkilometern (zum Vergleich: Bundesrepublik Deutschland mit West-Berlin 248 678 km²). Das Staatsvolk der Thai stellt rund 85 Prozent der Bevölkerung, darunter im Norden die nahe verwandten Minderheiten der Schan und Laoten; die chinesische, teilweise mit den Thai vermischte Minderheit wird auf 6 bis 10 Prozent geschätzt.
Die Staatssprache ist Thai mit eigener (altindischer) Schrift; die chinesische Volksgruppe spricht ihre Dialekte und schreibt Chinesisch, als internationale Umgangssprache ist Englisch in den touristischen Zentren verbreitet, doch kaum auf dem Lande.
Die Thais und die Chinesen sind überwiegend Buddhisten der südlichen Schule (Theravada, Hinajana) mit chinesischen Varianten. Im Süden und in Fischerhäfen der Golfküste leben rund 1,8 Millionen islamische Malaien (ca. 3,5 Prozent) als kaum vermischte Minderheit. Im Norden bilden verschiedene Bergvölker (Karen, Meo, Lahu, Lisu, Akha, Thin, Yao) mit insgesamt rund 400 000 Angehörigen Minderheiten mit anderen Sprachen.
Als neunter König der seit 1782 regierenden Chakri-Dynastie steht König Rama IX. Bhumibol Adulyadej seit 1946 (gekrönt 1950) an der Staatsspitze. Er ist seit 1950 mit Königin Sirikit verheiratet, der Ehe entstammen ein Sohn und drei Töchter. Gemäß der Verfassung von 1978 besteht das Parlament aus zwei Kammern mit 347 gewählten Abgeordneten und 244 ernannten Senatoren; der Premierminister wird vom Parlament gewählt.
Das Königreich ist in 73 Provinzen (Changwat) unterteilt.
Im Ballungsgebiet der Hauptstadt Bangkok (gegründet 1782) leben rund 8 Millionen Einwohner, in ihren Stadtgrenzen einschließlich der eingemeindeten Schwesterstadt Thonburi 5,2 Millionen. Die weiteren Städte des Landes sind bedeutend kleiner: Chiangmai (ca. 110 000 Einwohner), Hatyai (ca. 100 000), Khon Kaen (95 000), Korat (Nakhon Ratchasima-90 000), Udon Thani (82 000), Phitsanulok (75 000), Nakhon Si Thammarat (68 000), Songkhla (68 000). 18 Prozent der Bevölkerung leben in Städten, davon der überwiegende Anteil in Bangkok.
Die wichtigsten touristischen Zentren sind die Hauptstadt Bangkok, Chiangmai als Zentrum der Nordregion, der Badeort Pattaya, der Verkehrsknotenpunkt Hatyai im Süden mit zahlreichen malaiischen Besuchern, die Insel Phuket im Indischen Ozean, mit einigem Abstand die Insel Samui und die Badeorte Hua Hin und Cha Am an der Golfküste.

Ein- und Ausreise
Die internationalen Besucher Thailands bedienen sich hauptsächlich der Flugverbindung mit Bangkok; der regionale Verkehr aus Malaysia und Singapur benutzt auch die Bahnlinie (Bangkok–Singapur 1930 Kilometer, Fahrtdauer per Bahn zwei Tage) und die Straßenverbindung. Auf dem Seeweg werden ausschließlich Güter, aber kaum mehr Personen transportiert; eine Ausnahme bilden Kreuzfahrtschiffe, die meistens die Bucht von Pattaya anlaufen.

Internationale Flugverbindungen
Bangkok wird von einer Reihe internationaler Fluglinien angeflogen, aus den deutschsprachigen Ländern u. a. von der Lufthansa aus Frankfurt und München (direkt), von Thai International (direkt), Singapore Airlines, Garuda, Pan American u. a. aus Frankfurt, Swissair aus Zürich und Lauda-Air aus Wien, außerdem von Charterlinien wie Condor und LTU. Weitere Flugverbindungen bestehen durch die meisten großen europäischen und asiatischen Fluggesellschaften und durch einzelne Linien der osteuropäischen Länder und Nahoststaaten.

Aufenthalt und Visum-Bestimmungen
Für Staatsangehörige der Europäischen Gemeinschaft ist für einen Aufenthalt bis zu 15 Tagen nur der Reisepaß erforderlich; dieser Aufenthalt kann nicht verlängert werden, die Überschreitung ist strafbar. Gleiches gilt u.a. für Angehörige folgender Staaten: Australien, Dänemark, Finnland, Island, Israel, Japan, Jugoslawien, Kanada, Liechtenstein, Norwegen, Österreich, Schweden, Schweiz, USA und weitere Staaten, mit denen Thailand diplomatische Beziehungen unterhält. Voraussetzung für die 15-Tage-Aufenthaltsgenehmigung ist eine bestätigte Buchung der Weiter- oder Rückreise per Flugzeug oder Schiff (über 500 BRT).
Ein vorher eingeholtes Visum für jeden Aufenthalt benötigen Angehörige von Staaten, die keine diplomatischen Beziehungen zu Thailand haben, sowie Inhaber von Fremdenpässen und Hongkong-ID-Karten.
Für mehr als 15 Tage Aufenthalt erteilen die konsularischen Vertreter Thailands Visa folgender Kategorien, die vor der Reise einzuholen sind und für die Einreise binnen 90 Tagen, nach Antrag auch für mehrere Einreisen gelten:
1. Transit-Visum, gültig für 15 bis 30 Tage Aufenthalt;
2. Touristen-Visum, gültig bis zu 60 Tagen Aufenthalt;
3. Non-Immigrant-Visum für Aufenthalt bis zu 90 Tagen; Inhaber dieses Visums müssen bei der Ausreise eine Bescheinigung der Finanzbehörde (Tax Clearance Certificate) vorweisen. Diese Bestimmung gilt auch für Ausländer, die aus beruflichen oder geschäftlichen Gründen nach Thailand kommen, sowie für Ausländer, die bei einem Aufenthalt oder auf mehreren Reisen eines Jahres insgesamt mehr als 90 Tage in Thailand verbracht haben, außerdem für Ausländer mit Wohnrecht (Permanent Residence) in Thailand.
Die Nichtbeachtung der Bestimmungen über das Tax Clearance Certificate kann leicht zu Schwierigkeiten bei der Ausreise und zu empfindlichen Geldstrafen führen.
Die Verlängerung eines Touristen-Visums bis zu 90 Tagen Aufenthalt kann beim Ausländeramt (Immigration Division), Soi Suanphlu, Bangkok 10120, beantragt werden.

Visa werden durch folgende Stellen erteilt:
Diplomatische und konsularische Vertretungen des Königreichs Thailand in der

Bundesrepublik Deutschland
Thailändische Botschaft Ubierstraße 65
Te. 0228-351088 D 5300 Bonn-
Bad Godesberg
(Mo-Fr 9.00–12.30 und 14.00–16.00 Uhr)

Thail-Generalkonsulat Podbielski-Allee 1
Tel. 030-8312715 D 1000 Berlin 33
(Mo-Fr 9.00–12.30, 14.00–16.30 Uhr)

Thail. Generalkonsulat Meglinger Straße 19
Tel. 089-781997 D 8000 München 71
(Mo-Fr 9.00–12.00 Uhr)

Thailändisches Konsulat Königsallee 27
Tel. 0211-8382247 D 4000 Düsseldorf
(Mo-Fr 9.00–12.00 Uhr)

Thail. Honorar-Konsulat Roßmarkt 14
Tel. 069-20110 D 6000 Frankfurt 1
(Mo-Fr 9.00–12.00 Uhr)

In Österreich
Thailändische Botschaft Weimarer Straße 68
Tel. 348361 A 1180 Wien
(Mo-Fr 9.00–13.00 Uhr)

Thail. Generalkonsulat Formenek-Gasse 12.14
Tel. 365343 A 1190 Wien
(Mo-Fr 9.00–12.00 Uhr)

Thail. Konsulat Bahnhofstr. 26–28
Tel. 65615 A 6850 Dornbirn
(Mo-Fr 9.00–16.00 Uhr)

Thail. Konsulat Bozener Platz 2
Tel. 20461 A 6021 Innsbruck
(Mo-Fr 9.00–12.00 Uhr)

Thail. Konsulat Arenbergstr. 2
Tel. 71669 A 5020 Salzburg
(Mo-Fr. 9.00–12.00 Uhr)

In der Schweiz
Thailändische Botschaft Eigerstraße 60
Tel. 462281-2 CH 3007 Bern
(Mo-Fr 9.00–13, 15.00–17 Uhr)

Thail. Generalkonsulat Beethovenstraße 41
Tel. 2028575 CH 8002 Zürich
(Mo-Fr 9.30–11.30 Uhr)

Touristische Informationen:

Thailändisches Fremdenverkehrsbüro (TAT)
Bethmannstraße 58 D 6000 Frankfurt 1
Tel. 0611-295704, 295804

Botschaften in Bangkok

Bundesrepublik Deutschland,
9 Sathorn Thai Road, Tel. 2864223-7
(Mo-Fr. 8.00–12.00 Uhr)

Österreich
14 Soi Nandha, Sathorn Thai Road
Tel. 2863011
(Mo-Fr 8.00–12.00 Uhr)

Schweiz
35 North Wireless Road, Tel. 2528992-4
(Mo-Fr 8.00–12.00 Uhr)

Zoll- und Devisenbestimmungen
Bei der Einreise ist eine Zollerklärung auszufüllen. Zollfrei dürfen eingeführt werden: Dinge des persönlichen Reisebedarfs in angemessener Menge, wie Kleidung, Kosmetika, 200 Zigaretten oder 250 Gramm Tabak, ein Liter Wein oder Spirituosen, eine Foto-, Film- und Video-Kamera mit fünf Fotofilmen und drei 8 bzw. 16-mm-Filme bzw. Video-Kassetten; zusätzliches Filmmaterial wird mit einer Zollgebühr von 40 Prozent des Wertes belegt; Angehörige von Massenmedien können unter Umständen davon befreit werden.
Die Einfuhr von Rauschgift, Pornographie und Feuerwaffen ist verboten. Auch eine Reihe von Obst- und Gemüsesorten und bestimmte Pflanzen dürfen nicht eingeführt werden, Auskunft darüber erteilt Agricultural Regulatory Division, Bangkhen, Bangkok, Tel. 5791581.
Ausländische Währung darf bis zum Gegenwert von 10 000 US-Dollar ein- und ausgeführt werden; höhere Beträge sind deklarationspflichtig.
Die Ein- und Ausfuhr von thailändischer Währung über 500 Baht ist verboten.

Währung und Reisezahlungsmittel
Der Wechselkurs der Landeswährung Baht (100 Satang = 1 Baht) ist an den US-Dollar und einen internationalen Währungskorb gekoppelt. Gegenüber der D-Mark und den europäischen Währungen ergeben sich praktisch täglich Schwankungen aus dem bewegten Dollar-Kurs, wobei etwa 24 Baht ei-

nem Dollar entsprechen (Beispiel: 1 Dollar = DM 2,–, ca. 12 Baht = DM 1,–). In den Jahren von 1985 bis 1988 gab es beträchtliche Schwankungen zwischen 8 und 14 Baht für eine D-Mark.
Empfehlenswert ist die Mitnahme von DM- oder Dollar-Reiseschecks, die von den Banken montags bis freitags 9.00–15.30 Uhr (an speziellen Wechselschaltern in Bangkok und Pattaya auch später) zum Tageskurs – in Hotels meist mit beträchtlichem Abschlag – etwas günstiger als Banknoten eingewechselt werden. Die englischsprachigen Zeitungen (Bangkok Post und Bangkok World) veröffentlichen jeden Tag die aktuelle Kurstabelle, mit der man auch das Angebot der Wechselstuben vergleichen kann.
In vielen Geschäften sowie in den meisten Hotels werden die internationalen Kreditkarten (Diners Club, American Express, Master Charge/Eurocard) akzeptiert. Eurocheques sind bislang nur von der Thai Farmers Bank eingelöst worden (mit der Höchstgrenze von DM 400,– pro Scheck), neuerdings nur bei bestimmten Filialen in Bangkok bis zu drei Schrecks monatlich pro Konto (zur Absicherung gegen gestohlene Schecks).

Impfungen
Vorgeschrieben sind Impfungen nur noch für Reisende aus Seuchengebieten. Empfehlenswert sind Impfungen gegen Cholera und Hepathitis. Bei Reisen in Dschungelgebiete und auf die Insel Ko Samet ist die Einnahme eines Malaria-Vorsorgemittels geboten; Thailand ist bis auf Bangkok, Pattaya, Chiangmai und die Hochlagen der höheren Berge Malaria-Gebiet, daher ist Malaria-Prophylaxe für die Dauer einer Thailandreise empfehlenswert.

Stadtverkehr Flughafen Bangkok–Don Muang
In der Schalterhalle können folgende Transportmittel in die Stadt (ca. 25 Kilometer) gebucht werden: (Preise nach dem Stand Anfang 1988):
1.) Minibus (10 Passagiere) von Thai International zum Asia-Hotel alle 30 Minuten 60 Baht pro Person;
2.) Minibus (6–8 Passagiere) zu Hotels nach Wahl 100 Baht;
3.) Thai-International-Limousine zum gewünschten Hotel 300 Baht (individuell, bis 3 Personen);
4.) normales Taxi ca. 200–250 Baht (nach Vereinbarung vor Fahrtantritt).
Auf der als Autobahn ausgebauten Straße vor dem Flughafen verkehren öffentliche Busse (Nr. 4 und Nr. 13) in die Stadt; ein öffentliches Massenverkehrsmittel direkt vom Flughafen gibt es nicht.
Vom Flughafen nach Pattaya besteht mehrmals täglich direkte Busverbindung durch Thai International und andere Privatunternehmen.
Zwischen dem Gebäude des Internationalen Flughafens und dem neuen Inlands-Flughafen verkehren Pendelbusse.
Am Bankschalter an der Ankunftshalle erfolgt der Geldwechsel zu den offiziellen Tageskursen. Am Schalter der Thai Hotel Association kann man Zimmer in Häusern der mittleren und hohen Preisklasse buchen. Allgemeine touristische Auskünfte werden am Schalter der TAT (Tourist Authority of Thailand) erteilt.

Ausreise
Taxi oder Limousine-Service (zu buchen bei Thai International); preisgünstiger: Stadttaxi zum Asia-Hotel, von dort Mini-Bus.
Die Flughafensteuer beträgt bei Auslandsflügen 150 Baht, bei Inlandsflügen 20 Baht (Stand Anfang 1988). Thailändische Staatsangehörige zahlen eine Ausreisesteuer von 1000 Baht, auch wenn sie ihren Wohnsitz im Ausland haben.
Verboten ist die Ausfuhr von Buddha-Figuren, auch von Teilen davon, auf Antrag kann das Fine Art Department und das Handelsministerium eine Erlaubnis erteilen; eine Genehmigung des Fine Art Department ist auch für die Ausfuhr sonstiger Antiquitäten und Kunstwerke notwendig. (Seriöse Kunsthändler beschaffen die notwendigen Ausfuhrgenehmigungen und besorgen auch den zuverlässigen Transport per Post oder Fracht; der Seeweg dauert zwei bis drei Monate.)

Verkehrsmittel
Inland-Flugverbindungen
Im Inland verkehrt ausschließlich die nationale Fluglinie Thai Airways von Bangkok aus zu zehn Flughäfen auf der Nordroute, zu fünf Flughäfen im Nordosten, zu acht thailändischen Flughäfen auf der Südroute und im Anschluß daran nach Penang und Kuala Lumpur in Malaysia sowie nach Singapur.
Praktisch bestehen im Inlandsverkehr tägliche Verbindungen von der Hauptstadt zu allen wichtigen Städten des Landes, darüber hinaus sind weitere Städte in den Regionen mit Ausnahme des Südostens angeschlossen.
Im Norden wird Chiangmai täglich mindestens fünfmal angeflogen, von dort aus bestehen weitere tägliche Verbindungen nach Chiangrai und Mae Hong Son. Zweimal täglich ist Bangkok mit Pitsanulok verbunden, von dort aus erreichen Anschlußflüge an zwei bis fünf Tagen wöchentlich Loei, Tak, Mae Sot, Phrae, Nan und Lampang. Im Nordosten besteht jeweils mindestens eine tägliche Verbindung von Bangkok direkt mit Khon Kaen, Udon Thani und Ubon Ratchathani, sechsmal wöchentlich mit Sakhon Nakhon und dreimal wöchentlich mit Korat (Nakhon Ratchasima).
Im Süden ist Phuket mit mindestens sechs täglichen Direktverbindungen mit Bangkok der am meisten angeflogene Flughafen. Hatyai hat drei tägliche Verbindungen mit der Hauptstadt, zum Teil über Phuket, von wo aus Trang täglich einmal erreichbar ist. Narathiwat ist wöchentlich viermal, Pattani zweimal mit Hatyai verbunden. Eine zweite Strecke von Bangkok in den Süden erreicht täglich zweimal Surat Thani und von dort aus täglich einmal den neuen Flughafen von Nakhon Si Thammarat.

Eisenbahn
Thailands Bahnlinien wurden in den Jahrzehnten kurz vor und nach der Jahrhundertwende angelegt und bildeten nach den Wasserstraßen die ersten Landwege, die die entlegenen Landesteile im Norden, Nordosten und Süden mit der Hauptstadt verbunden haben. Die Hauptstrecken erreichen von Bangkok aus im Norden Chiangmai (750 km) mit einer Fahrtzeit von 12–13 Stunden, im Süden Hatyai (ca. 1000 km) in etwa 18 Stunden. Im Nordosten gabelt sich die Bahnstrecke in Korat (Nakhon Ratchasima) bei Kilometer 264, die nördliche Strecke erreicht über Khon Kaen und Udon Thani die Grenzstadt Nong Khai am Mekong nahe der laotischen Hauptstadt Vientiane nach weiteren 362 Kilometern; die östliche Abzweigung nach Ubon Ratchathani erschließt auf einer Strecke von etwa 320 Kilometern den Süden der Nordostregion. Eine weitere Bahnstrecke von Bangkok endet zur Zeit nach 260 Kilometern an der ehemaligen kambodschanischen Grenze bei Aranyaprathet; von dort bestand ein Anschluß zur Hauptstadt des Nachbarlandes, Phnom Penh.
Auf den Hauptstrecken verkehren die Züge mit drei Klassen, von denen die erste klimatisiert und gepolstert ist; für größere Strecken ist in der Hauptreisezeit (November bis März) die Vorausbuchung mit Platzreservierung empfehlenswert.

Straßenverkehr
Auf Thailands Straßen herrscht Linksverkehr (wie in England, Japan, Indien, Malaysia, Singapur u.a.). Das intensiv ausgebaute Straßennetz verbindet alle Landesteile miteinander und macht sie durch Buslinien erreichbar, die praktisch zum wichtigsten und preisgünstigsten Verkehrsmittel des Landes geworden sind. Es gibt zwei Preis- und Komfortklassen, klimatisiert und nichtklimatisiert, für den Überlandverkehr, von denen die letztere kleinere, engere Sitze hat. In Bangkok gibt es drei Busterminals für die Hauptrichtungen Norden, Osten und Süden:
Northern Bus Terminal für Fahrten nach Norden und Nordosten in der Phahanyothin Road, Telefon 2794484-7 für klimatisierte und 2796222 für nichtklimatisierte Linien (auch in Richtung Aranyaprathet – kambodschanische Grenze);
Southern Busterminal für Fahrten nach Westen und Süden in der Charan Sanitwong Road (Thonburi), Telefon 4114978-9 für klimatisierte und 4110511 für nichtklimatisierte Linien;
Eastern Busterminal für Fahrten in östliche Richtungen, auch an die Südostküste, in der äußeren Sukhumvit Road, (Soi 40), Telefon 391313310 für klimatisierte und 3922391 für nichtklimatisierte Linien.
Neben den öffentlichen Buslinien gibt es private Busgesellschaften, die von Bangkok aus speziell touristische Ziele, wie Pattaya und Hua Hin, bedienen und ihre Passagiere durch Zubringer-Kleinbusse von und zu den Hotels transportieren.
In der Hauptstadt ist das Busnetz das wichtigste Massenverkehrsmittel, erfordert jedoch genaue Kenntnisse des Systems und der Linienführung.

Taxis etc.
Für den lokalen Verkehr gibt es in den Städten wie auf dem Lande die Personenautos mit zwei Sitzbänken auf der Ladefläche (Songthaew = zwei Reihen), die je nach örtlichen Verhältnissen auf fester Route verkehren (und nur wenige Baht pro Person nehmen) oder auch individuelle Wünsche erfüllen.
Bei den Taxis muß man überall im Lande den Fahrpreis vor Fahrtantritt aushandeln, dies gilt auch für die Taxis in der Hauptstadt, die einen Taxameter haben (aber nicht benutzen). Zu den größeren Hotels gehören spezielle Hoteltaxis, die im Hotel gebucht und bezahlt werden, bedeutend teurer, aber auch größer und besser gepflegt sind als die öffentlichen Taxis.
Eine Spezialität von Bangkok sind die offenen Dreirad-Tuktuks, die billiger als Taxis fahren. Sie sind die lautstark motorisierte Version der Fahrrad-Samlors, die in vielen Provinzstädten (aber nicht mehr in Bangkok, Chiangmai und Pattaya) den individuellen Nahverkehr besorgen; auch bei ihnen gilt die vorherige Preisabsprache.

Flußboote
In der Hauptstadt ist der Menam mit seinen verschiedenen Booten ein wichtiger und interessanter, bisweilen auch praktischer Verkehrsweg. An vielen Stellen überqueren Fähren den Fluß, den Fahrpreis von 50 Satang (ein halber Baht) zahlt man in der Regel an einem kleinen Schalter am Steg. In der Längsrichtung verkehren schnelle, größere Expreß-Boote, auf denen man je nach dem Ziel drei bis zehn Baht bezahlt. Für individuelle Ausflüge auf dem Fluß und durch die Kanäle von Thonburi liegen am Oriental Pier neben dem gleichnamigen Luxushotel schnelle Motorboote bereit, mit denen der Preis – entsprechend der Erfahrung oder sachkundigem Rat – gemäß der Entfernung und Zeitspanne auszuhandeln ist.

Den Ausflugsverkehr nach Ayutthaya bewältigen hauptsächlich größere Flußschiffe (z.B. Oriental Queen mit Bordrestaurant). In der Regel bucht man eine Rundreise mit Bus und Schiff jeweils auf der Hin- oder Rückfahrt. Außerdem werden neuerdings Dinnerfahrten auf dem Fluß veranstaltet.

Geschäftszeiten
Es gibt keinen gesetzlich geregelten Ladenschluß. Viele kleinere Geschäfte, vor allem in Chinatown, sind auch in den Abendstunden, sowie an Sonn- und Feiertagen geöffnet. Auch die Kaufhäuser und Einkaufszentren haben täglich auf, schließen jedoch um 18 Uhr; in letzteren sind einzelne Läden auch länger geöffnet. In den meisten Büros privater Unternehmen wird montags bis freitags von 8 bis 17 Uhr gearbeitet, auch samstags von 8 bis 12 Uhr. Die Banken sind montags bis freitags von 9 bis 15.30 Uhr geöffnet (spezielle Wechselschalter auch länger und am Wochenende). Behörden sind in der Regel montags bis freitags von 9 bis 16 Uhr geöffnet. Banken und Behörden sind an den gesetzlichen Feiertagen geschlossen.

Kalender und Uhrzeit
Der offizielle Kalender richtet sich nach einer im Jahr 543 vor Chr. beginnenden buddhistischen Zeitrechnung (1990 = 2533 B.E. Buddhist Era). Im Jahreslauf gilt der internationale (Gregorianische) Kalender. Die Uhrzeit Thailands geht der mitteleuropäischen Zeit sechs, der deutschen Sommerzeit sieben Stunden voraus.

Feiertage und Feste

1. Januar (Neujahr) – gesetzlicher Feiertag
Ende Januar/Anfang Februar – Chinesisches Neujahr, drei Tage lang feiern die Chinesen im Familienkreis, das Geschäftsleben ist weitgehend lahmgelegt, Verkehrsmittel und Hotels sind ausgebucht.
31. Januar/1. Februar – Tempelfest Phra Buddha Path bei Lopburi, Wallfahrt und Volksfest.
Februar-Vollmond – Magha Puja (gesetzlicher Feiertag) zur Erinnerung an Buddhas große Predigt vor 1250 Mönchen, Laternen-Umzüge in allen Tempeln des Landes.
Februar, zweites Wochenende – Blumenfest in Chiangmai
April, Anfang – zehn Tage »Ayutthayas Ruhm« mit abendlicher Licht-und-Ton-Schau in den historischen Ruinen.
6. April – Chakri-Tag (gesetzlicher Feiertag) zur Erinnerung an die Gründung der Chakri-Dynastie durch die Thronbesteigung des Königs Rama I. am 6. April 1782. In Bangkok ehrt die Königsfamilie Rama I. an seinem Denkmal vor der Memorial-Brücke und im – nur an diesem Tag geöffneten – Pantheon der Chakri-Dynastie, Prasat Phra Thepidon, neben dem Königstempel Wat Phra Keo.
13.–15. April – Songkran (gesetzlicher Feiertag), buddhistisches Neujahr, in den Tempeln werden die Buddha-Statuen gewaschen, in den Städten und Dörfern bespritzen sich die Menschen mit Wasser.
5. Mai – Krönungstag (gesetzlicher Feiertag) zur Erinnerung an die Krönung des Königs Rama IX. Bhumibol im Jahre 1950, königliche Zeremonie im Wat Phra Keo der Hauptstadt.
Mai-Anfang – Königliche Pflugzeremonie (gesetzlicher Feiertag) auf dem Pramane-Platz in Bangkok durch Beauftragte des Königs, die im festlichen Rahmen ein altes brahmanisches Fruchtbarkeitsritual und Ernte-Orakel zelebrieren. Die dabei verstreuten Reiskörner werden anschließend als Glücksbringer aufgesammelt.
Mai (zweites Wochenende) – Raketenfest in der Provinz Yasothorn in der Nordostregion, Volksfest zur Beschwörung von Regen und Fruchtbarkeit.
Mai-Vollmond – Visakha Puja (gesetzlicher Feiertag), das höchste buddhistische Fest zur Erinnerung an die Geburt und Erleuchtung des Gautama sowie seinen Eingang ins Nirwana mit Gebeten, Prozessionen und Laternen in den Tempeln.
1. Juli – Bankfeiertag (Banken geschlossen)
Juli-Vollmond – Asanha Puja (gesetzlicher Feiertag) zur Erinnerung an Buddhas erste Predigt vor fünf Schülern, Beginn der Regenzeit-Klausur der Mönche und der Klosterzeit für viele junge Männer (mit deren Ordinations-Riten).
1./11. Juli – Kerzenfest in Ubon Ratchathani (Nordostregion), Prozession mit großen, kunstvollen Kerzen, Tänze und Volksfest zur Regenzeit-Klausur (Khao Phansa).
12. August – Geburtstag der Königin Sirikit (gesetzlicher Feiertag) mit Festschmuck und Illumination der Regierungsgebäude.
Oktober (nach dem Vollmond) – vierwöchige Toth-Kathin-Periode, nach der Regenzeit erhalten die Mönche neue Gewänder, Zeremonien in den Tempeln, speziell im Wat Arun in Bangkok.
23. Oktober – Chulalongkorn-Tag (gesetzlicher Feiertag) zu Ehren des Königs Rama V. Chulalongkorn, der 1868–1910 regierte. Sein Denkmal vor der Thronhalle in Bangkok wird mit Blumen und Kränzen geschmückt.
November-Vollmond – Loy Kratong zur Huldigung der Wassergeister, an Flüssen, Seen und Kanälen werden abends kleine Flöße mit Blumen und Kerzen dem Wasser übergeben; spezielle Veranstaltungen in Ayutthaya und Alt-Sukhothai.
November, drittes Wochenende – Elefantenfest in Surin (Nordostregion) mit Vorführungen von mehr als hundert Elefanten, Sonderzug der Tourist Authority (TAT) aus Bangkok.
November – Volksfest rund um den Phra Pathom Chedi in Nakhon Pathom.
November, Ende bis Anfang Dezember – »River-Kwai-Woche« in Kanchanaburi mit Licht-und-Ton-Schau an der historischen Brücke, Volksfest, Tänzen und Sonderzügen.
5. Dezember – Geburtstag des Königs Rama IX. Bhumibol (gesetzlicher Feiertag), Zeremonie mit der Königsfamilie im Wat Phra Keo in Bangkok; die öffentlichen Gebäude werden geschmückt und illuminiert; zuvor am 3. Dezember Parade und Appell der Elitetruppe vor dem König auf dem Platz vor der Dusit-Thronhalle.
10. Dezember – Verfassungstag (gesetzl. Feiertag).
31. Dezember – Silvester (gesetzlicher Feiertag)

Kulturelle und geographische Thai-Begriffe

Ao	Bucht
Amphoe	Bezirk
Ban	Dorf
Bhikku	Mönch
Bodhisattva	Heiliger (im Mahayana-Buddhismus)
Bot	Tempel-Haupthalle
Chaihat	Strand
Changwat	Provinz
Chao Phraya	höchster Ehrentitel
Chedi	sakrales Bauwerk, glockenförmig mit hoher Spitze (auch Stupa genannt)
Doi	Gipfel
Farang	Ausländer aus Europa oder Amerika
Garuda	mythischer Vogel, halb Mensch Nothelfer im Dienste Wischnus
Gopura	Torbau bei Khmer- und indischen Tempeln
Hat	Strand (Abkürzung von Chaihat)
Isaan	aus Nordost-Thailand
Jataka	buddhistische Legende
Karma	Gesetzmäßigkeit des Schicksalsweges
Keo	Edelstein, Juwel
Khao	Berg
Khun	Anrede, Herr, Frau, Fräulein
Klong	Kanal
Ko	Insel
Laem	Kap
Luang	erhaben, Ehrentitel
Mae Nam	Fluß
Maha	groß, bedeutend, Ehrentitel für Fürsten und Prinzen
Mahathat	Tempel mit Buddha-Reliquie
Mahayana	»Großes Fahrzeug«, nördlicher Buddhismus
Maitreya	Buddha der Zukunft
Muang	Stadt
Naga	mythische Schlange, mehrköpfig
Nakhon	große Stadt
Nam	Wasser
Pali	altindische Hochsprache buddhistischer Urtexte
Phra	hochwürdig, Ehrentitel, auch für Mönche und Kultstätten
Prang	Tempelturm im Khmer-Stil
Prasat	Ehrenhalle mit kreuzförmigem Grundriß und Spitzturm
Rama	Fürstenname aus dem Ramayana-Epos, Name der Thai-Könige
Raja	indischer Fürstentitel
Sala	Pavillon im Thai-Stil
Sangha	Orden der buddhistischen Mönche
Sanskrit	altindische Indogermanische Schriftsprache
Soi	Nebenstraße
Stupa	rundes sakrales Bauwerk mit hoher Spitze (wie Chedi)
Thanom	Straße, Avenue
Theravada	»Alte Lehre«, südlicher Buddhismus
Viharn, Vihara	Tempelhalle
Wai	Gruß mit zusammengelegten Händen
Wat	Tempelanlage, Kloster

Literatur

Beek, Steve van »Pattaya and South Eastern Thailand«, Hongkong 1981
Bernatzik, Hugo Adolf »Akha und Meau« Bd. I u. II, Innsbruck 1947
de Bèze, S.J. Pater »Revolution in Siam 1688«, Hongkong 1968
Boesch, Ernst E. »Zwiespältige Eliten«, Bern 1970
Botschaft der Bundesrepublik Deutschland »120 Jahre Deutsch-Thailändische Freundschaft«, Bangkok 1982
Cady, John F. »Southeast Asia – its historical development«, New York 1964
Chakrabongse, Prinz Chula »Lords of Life«, Bangkok 1982
Clarac, Achille »Guide to Thailand«, Bangkok 1981
Cooper, Robert und Nanthapa »Kultur-Knigge Thailand«, Singapur/München 1982/86
Cummings, Joe »Thailand – a travel survival kit«, Victoria/Australien 1984
Eulenburg, Graf Fritz zu »Botschaft nach Siam 1861–2« Berlin 1900
Govinda, Lama Anagarika »Die psychologische Haltung der frühbuddhistischen Philosophie«, Wien 1980
Höfer, Hans (Hrsg.) APA Foto Guide »Thailand«, Singapur 1979/86
Hoskin, John »Guide to Chiang Mai and Northern Thailand«, Hongkong 1986
Jumsai, M. L. Manich »Popular History of Thailand«, Bangkok 1978
Krairiksh, Piriya »Art in Peninsular Thailand prior to the Fourteenth Century A.D.«, Bangkok 1980
La Loubère »Kingdom of Siam«, London 1693
Mulder, Niels »Everyday Life in Thailand«, Bangkok 1979
Office of the Prime Minister »Thailand into the 80s«, Bangkok 1979
Quaritch Wales, H.G. »The Malay Peninsula in Hindu Times«, London 1976
Syamananda, Rong »A History of Thailand«, Chulalongkorn University Bangkok 1982
Wavell, Steward »The Naga King's Daughter«, London 1964
Weiler, Luis »Anfang der Eisenbahn in Thailand«, Bangkok 1979
Zierer, Otto »Buddhismus«, Salzburg 1982

Register

Die kursiv ausgewiesenen Seitenzahlen verweisen auf Bilder

Abhorn Pimok Prasat 86
Akha 116, *128, 129*, 135, *135*
Angsila *152*
Ayutthaya (Ayudhya) 7, *12*, 21, 40, 41, 44, *45, 46/47, 100/101*, 102–106

Ban Chiang 25, *27*, 28, *136*, 150 f.
Ban Kao 25, *26*, 98
Ban Phu *148, 151*, 151
Bangkok *18*, 21, *21*, 24, 40, 76 ff., 78 ff., *79*, 80–92
Bang Pa In 53, 86, *101*, 102–106, *106*
Bang Saen 158
Bang Saray *153*
Bergvölker 116 ff., *128*
Bhumibol-Yanhi-Staudamm *20*, 114, 131
Bo Phloi 98
Borobodur 32
Boroma Raja II., König 103
Bor Sang 130
Brahma 71, *74*
Buri Ram 142, 147, *147*

Cha Am 174, 175–178, *178*
Chaiya *31*, 32, 182
Chakri, Chao Phya, General 45, *51, 52*, 78
Chakri Maha Prasat (Bangkok) 86
Chang Chun 29, 32, 33
Chantaburi 158, *164, 165*, 166 f., *167*
Chiangmai (Chiengmai) 24, 36, 40, *41, 42, 43*, 122, *124, 125*, 126–131
Chiangrai 40, *118*, 122, 126, *133*, 134, 135, 138
Chiang Saen 40, 134, *138*
Chonburi *152*, 158, *159*
Chulabhorn, Prinzessin 66, *69*
Chulapraton (Nakhon Pathom) 36, 99

Damnernsaduark *19, 97*, 102
Dan Kwian *136*, 143
Doi Inthanon 116, 131
Doi Suthep 126
Drei-Pagoden-Paß 94, 95
Dusit Sawan Thanya Maha Prasat (Lopburi) 106
Dvaravati 29, 33, *33, 34, 35*, 36, *36*, 99, 106, 122, 123, *159*

Funan 28, 32, 36

Gandhara-Periode 8, 33, *36*, 99, *159*
Garuda *63*, 71, *71, 74*
„Goldenes Dreieck" 40, *119*, 116, *132/133*, 134 f.

Haripunchai 33, 36, 40, 126
Hatyai 174, 187 f.
Hot 131, 134
Hua Hin 24, 53, 57, *172*, 175–178

Jayavarman VII., Khmer-König 36, *39*, 147

Kala-Schrein *105*, 106
Kamphaeng Phet 107–110
Kanchanaburi 95, 98, *98*
Khao Khiew (Naturschutzpark) 159
Khao Ping *181*
Khao-Wang-Palast (Petchaburi) 175
Khao-Yai-Nationalpark 142, 143 ff., *146*
Khon Kaen 25, *27*, 94, 142, *143*
Khunying Mo (eigtl. Thao Suranavi) *137*, 142
Klong Toey 21,
Ko Larn 166
Korat (Nakhon Ratchasima) *137*, 142 f.
Ko Samet 155, *156*, 170

Ko Samui *173*, 174, 178 f.
Ko Si Chang 159
Kra 21, 171, 178
Kra Buri 171
Kukrit Pramoj 64
Kwae Yai 98
Kwai River (Mae Nam Kwae Noi) 25, *26*, 60, *92/93*, 94, *95*, 98

Lahu 116, *128*
Lampang *117, 121*, 122 f.
Lamphun 33, 40, *120*, 122 ff., 126
Langkasuka 32
Lan Na Thai (1. Thai-Reich) 40, 116, 123, 126
Lan Saka 32
Lan Xang 40
Lavo 33, 99, *105*, 123
Leonowens, Anna 49
Lisu 116, *128*
Lopburi 33, 36, *38*, 44, *104/105*, 106, 107
Loy-Kratong-Fest *46*

Mae Hong Son 131–134, *131, 132/133*
Mae Nam Chao Phraya (Menam) *14/15*, 16, 28, 33, 40, 44, 45, *62*, , 78, 86, 94, 102, 103
Mae Nam Kok *22/23*, 133
Mae Nam Kwae Yai 94
Mae Nam Ta Pi 32, 174
Mae Sai 13, 122, *133*, 135
Maha Chakri Sirindhorn 65, 66, *69*, 151
Mahayana 7, 8, 36
Mahidol von Songkhla, Prinz 57
Mekong 13, 28, 36, 37, 40, 52, 94, *132/133*, 138, 142, *148*, 151 ff.
Mengrai, Thai-König 36, 40, *41*, 68, 123, 126
Meo 116, 119, 126, *128*
Mukdahan 142

Naga 28, 147, 150
Nakhon Pathom 33, 36, 52, *96*, 98–102
Nakhon Phanom 151
Nakhon Ratchasima 142
Nakhon Si Thammarat (Ligor) 32, 48, 171, 182 f., *182*
Nam Tok 95
Nan-Chao-Reich 37, 40, 119, 122
Narai, König 44, 48, 68, *105*, 106, 167
Narai Raja Niwet (Lopburi) 106
Naresuan, Prinz 44, *68*
Ngam Muang 40
Ngao *118*, 122
Nong Khai 142, *148*, 151, 154
Non Nok Tha 25

Padmapani *31*
Pak Thong Chai 143
Patpong (Bangkok) 82, *88/89*
Pattani 187
Pattaya 24, 155–166, *155, 156/157, 160, 161, 162, 163*
Phang-Nga-Bucht (Phuket) *180*
Phaulkon, Constantin 44, *48*, 106
Phayao 40, 122
Phetchaburi 58, *168/169*, 174 f., *175*
Phimai 36, 139, 143, 146 f., 150
Phi-Phi-Inseln *184*
Phitsanulok 94, *108, 109*, 110, 142
Phra Buddha Achana 111
Phra Buddha Chinarat (Phitsanulok) 90, *109*, 110
Phra Buddha Path 106
Phra Buddha Sakyamuni *81*, 90, 111
Phra Buddha Sihing 90, 127, 182
Phra Gagusanto 99, *102*
Phra Pathom Chedi (Nakhon Pathom) *96*, 98, 99

Phra Pradaeng 36
Phra Putthabat (Lopburi) *104*
Phra Ruang Rochanarit 96, 99
Phra Siam Thevadhiraj 70, *71*
Phra Si Wichai 126
Phu Kao Thong 90
Phu-Kradung-Nationalpark 151
Phuket 21, 24, 174, *176, 177*, 186 f.
Pibul Song Khram 57 ,61
Prasat Hin Phimai *141*
Prasat Khao Phra Viharn 150
Prasat Muang Tam *141*, 150
Prasat Phanom Rung 147, *147*, 150
Prasat Phra Thepidorn *51, 62/63*, 83
Pridi Phanomyong 57, 60, 61

Rama Kamhaeng 37, 40, *42*
Rama I., König 40, *51*, 68, 83, 111
Rama III., König 167
Rama IV. Mongkut, König 33, 48, 49, *53, 54*, 86, 90, 98, 106, 174, *175*
Rama V. Chulalongkorn, König 49, 53, *54*, 56, *56*, 64, 68, 79, 86, 106, *106*, 167, 175
Rama VI. Vajiravaduh, König 56, 57, *68*, 175
Rama VII. Prajadhipok, König 57, *59*, 87, 175, *178*
Rama VIII. Ananda Mahidol, König 57, 59, 60, *61, 81*
Rama IX. Bhumibol Adulyadej, König 57, 61, *61*, 65, 66, 68, 69, 83
Rama Thibodi I., König 40, 103
Rambai Barni, Königin 57, 87
Ratchaburi 58

Sailendra-Dynastie 32
Sai-Nam-Phung-Orchideengarten 131
Sanam Luang 87, 90
Saowabha, Prinzessin 53
Sarit Thanarat 64, 142
Sathing Phra 32, 188
Sawankhalok 114, 130
Schan-Staaten 37, 122, 134
Seng Chih 29
Seni Pramoj 60
Sirikit, Königin 64, 66, *69*
Si Satchanalai 110, *112*, 114 f., *115*
„Smaragd-Buddha" 45, 48, *51, 62/63*, 71, 82, 83, 122, 138
Somchai Hiranyakit 143
Songkhla 183, 187 f.
Srinagarind-Stausee 98
Srividjaya 28, 29, 32, 182, 188
„Stein von Sukhothai" 41, 87, 111
Sukhothai 36, 40, *42, 43*, 49, 107, 110–114, *112, 113*, 114 f.
Sunanda, Lieblingsfrau Ramas V. 53, 106, *106*, 167
Sunthorn Phu 170
Surat Thani 32, *173*, 178, 179, 183
Surin 142, *144/145*, 150

Tak 114, 119, *129*
Taksin, König 44, 45, *50*, 68, 78, 86, 114, 126, 182 f., *183*
Takua Pa 32
Tambralinga 29, 32, 182, 188
Thale Sap 32, 188
Tham-Khao-Luang-Höhle *168*, 175
Tham Pha Thai *120*, 123
Thanom Kittikachorn 64
Thanom Sukhumvit 155
Tha Thon *133*, 135
That Phanom 151
Theravada 7, 8, 33, 40, 126
Thonburi *14/15*, 44, 45, 48, *50*, 86

Ubon Ratchathani 142
Udon Thani *137*, 142, 151
Uparaja (Vizekönig) 114
Uthong 40, 99

Vajiralongkorn, Kronprinz 66, *69*
Vihan Phra Non (Bangkok) 87
Viharn Phra Mongkon Bopit (Ayutthaya) 103

Wat Arun (Bangkok) 37, 50, *81*, 86
Wat Bovornivet 90
Wat Chedi Jet Teo (Si Satchanalai) 114 f.
Wat Chedi Lom (Kamphaeng Phet) 107, *111*
Wat Chedi Luang (Chiangmai) 127
Wat Chedi Sao 122, *123*
Wat Chet Yot 127
Wat Doi Suthep *125*
Wat Ko Keo Sutharam *168*, 175
Wat Kukut 123
Wat Lokaya Sutha (Ayutthaya) *101*, 103
Wat Luang 43
Wat Mahadat (Bangkok) 87
Wat Mahathat (Ayutthaya) 103
Wat Mahathat (Phetchaburi) *169*, 175
Wat Mahathat (Sukhothai) *42/43*, 111, 115
Wat Mengrai Chiangmai *125*, 127
Wat Na Phra Men (Ayutthaya) *35*, 99, 103
Wat Phra Chao Phanan Choeng (Ayutthaya) 103
Wat Phra Jetubon (Wat Po) 74, 86
Wat Phra Keo (Kamphaeng Phet) 107, *107*
Wat Phra Keo Don Tao *121*, 122
Wat Phra Kkeo (Bangkok) 9, *51, 62/63*, 69, 71, *72/73*, 80, 82, 83, *83*, 90, 122
Wat Phra Men (Nakhon Pathom) 99
Wat Phra Non (Kamphaegn Phet) 107
Wat Phra Phuttabat Bua Bok 151
Wat Phra Ram (Ayutthaya) 103
Wat Phra Ratana Mahathat (Lopburi) 106
Wat Phra Sam Yod (Lopburi) 106, *107*
Wat Phra Sing Luang 127
Wat Phra Si Ratana Mahathat (Phitsanulok) *38*, 110, 114
Wat Phra Si Sanphet (Ayutthaya) 103
Wat Phra That (Kamphaeng Phet) 107
Wat Phra That Doi Kong Mu 134
Wat Phra That Doi Suthep 126, *127*
Wat Phra That Haripunchai (Lamphun) *120*, 123
Wat Phra That Lampang Luang 122
Wat Phra That Phanom 139, *149*, 151
Wat Po (Bangkok s. Wat Phra Jetubon) 74, 86
Wat Prasat Phanom Rung *140*
Wat Rajabopit 90
Wat Raja Burana (Ayutthaya) *100*, 103
Wat Sakhet 90
Wat Sala Loi (Korat) 143
Wat Sapan Hin (Sukhothai) 111
Wat Si Chum (Sukhothai) *43*, 111
Wat Si Iriyabot (Kamphaeng Phet) 107
Wat Si Sawai (Sukhothai) 111, *114*
Wat Sra Si (Sukhothai) 111
Wat Suthat (Bangkok) 61, *81*, 90, 111
Wat Traphang Ngoen (Sukhotai) 111
Wat Trapang Thong (Sukhothai) 111
Wat Trimitr *6*
Wat Yai Chai Mongkol 103

Yao 116, *128*
Yom-Fluß 114, 115
Yumbri 116